曾国藩全集

[清]曾国藩 著

日记

第四卷

河北人民出版社

图书在版编目（CIP）数据

曾国藩全集．日记/(清)曾国藩著．-- 石家庄：河北人民出版社，2016.9（2021.4 重印）

ISBN 978-7-202-11189-5

Ⅰ．①曾… Ⅱ．①曾… Ⅲ．①曾国藩（1811～1872）—全集②曾国藩（1811～1872）—日记 Ⅳ．① Z425.2 ② K827=52

中国版本图书馆 CIP 数据核字 (2016) 第 074321 号

书　　名	曾国藩全集　日记 ZENGGUOFAN QUANJI RIJI
著　　者	[清]曾国藩
责任编辑	马　丽　张静中
美术编辑	李　欣
责任校对	付敬华
版式设计	俊书装
封面设计	Dh2o
出版发行	河北人民出版社　（石家庄市友谊北大街330号）
印　　刷	三河市三佳印刷装订有限公司
开　　本	787毫米×1092毫米　1/16
印　　张	108
字　　数	1 789 000
版　　次	2016年9月第1版　　2021年4月第4次印刷
印　　数	11 001-14 000
书　　号	ISBN 978-7-202-11189-5
定　　价	226.00元

版权所有　　翻印必究

日 记

同治七年	1
正　月	2
二　月	10
三　月	18
四　月	26
闰四月	34
五　月	43
六　月	52
七　月	60
八　月	69
九　月	78
十　月	86
十一月	94
十二月	103

同治八年 ... 115

- 正　月 ... 116
- 二　月 ... 126
- 三　月 ... 135
- 四　月 ... 143
- 五　月 ... 151
- 六　月 ... 159
- 七　月 ... 167
- 八　月 ... 174
- 九　月 ... 182
- 十　月 ... 190
- 十一月 ... 197
- 十二月 ... 205

同治九年 ... 213

- 正　月 ... 214
- 二　月 ... 222
- 三　月 ... 229
- 四　月 ... 237
- 五　月 ... 245
- 六　月 ... 252
- 七　月 ... 259
- 八　月 ... 267
- 九　月 ... 274
- 十　月 ... 282

闰十月	290
十一月	298
十二月	305

同治十年	313
正　月	314
二　月	321
三　月	328
四　月	335
五　月	343
六　月	350
七　月	357
八　月	365
九　月	375
十　月	385
十一月	396
十二月	403

同治十一年	411
正　月	412
二　月	419

日記　同治七年

正 月

初一日

黎明至贡院拜牌。旋归，家人行礼毕，见客多次。吃饭后，又见客十余次，直至巳正，见客始毕。清理文件，习字一纸，阅苏诗。中饭，请幕友两席，未正散。阅苏诗七古十余页。至后园一览。傍夕小坐。夜温《史记》二首。与纪泽谈出处之宜。二更三点睡，极得甘寝。

初二日

早饭后清理文件。见客一次。出门拜客数十家，惟黄军门及湖南会馆一坐，午初归。习字一张，阅苏诗七古。坐见之客二次。中饭后，米利坚人蒲安臣来拜。本在京充公使五六年，今将回国，皇上又派令到外国出使，与军机章京志刚等同使英、法等国，将由上海来此一见，坐半时许。又立见之客一次，坐见者一次。阅本日文件，校对苏诗七古十六页。傍夕与纪泽一谈。夜核批札稿簿，倦甚。二更后，温《古文·传志类》。三点睡，五更醒，亦佳眠也。

初三日

早饭后清理文件，见客一次。旋出门至下关洋人船上回拜蒲安臣，坐良久。渠令水、陆兵操演，请余阅看。午初起行，进城拜李稚荃，因留便饭，观渠厂中制造各器之所，饭后回署，往返约五十里，未正归。坐见之客二次。习字一纸，写对联四付。傍夕小坐。夜核批稿各簿，二更后朗诵《古文·情韵之属》。三点睡，五更醒。近日常得美睡，或体气稍佳耶！

附 记

年终密考折单　　速办报销奏
水师补缺折件　　另觅善书接屠

初四日

早饭后，坐见之客二次，彭雪琴谈最久。清理文件。旋又立见之客三次，坐见者六次。习字一纸。中饭后阅本日文件。又立见之客二次，坐见者三次，鲍学使谈颇久。阅苏诗七古数页。至后园与蔡贞斋久谈。夜核批稿各簿，二更后与纪泽一谈，阅《刘随州诗集》。三点睡，三更后成寐，五更醒。夜间，接沅弟信，知于十二月十一日辰时生孙，喜慰无已。

初五日

早饭后清理文件。见客，立见者三次，坐见者二次，衙门期也。习字一纸。陈作梅、彭雪琴先后来一谈。巳正三刻，出门拜将军，久谈。午正二刻至李雨亭处赴席，渠与庞、王、杜公请也，申初散。归，坐见者二次，立见者三次。阅本日文件。酉刻与幕府同至后园一览。夜核批稿各簿颇多，三更后阅《刘随州诗集》。三点睡，三更后成寐，五更醒。

初六日

早饭后清理文件。旋见客，立见者三次，坐见者三次。习字一纸。巳正至水西门送鲍学使还京，寄请圣安，午正散。至雪琴处坐，旋与同看圣庙，未初归。请雪琴及同乡诸君春酌，申正散。阅本日文件。晡时，与纪泽儿一谈。夜核批稿各簿，二更后，阅阮文达《揅经室集》。三点睡，颇得佳眠。

初七日

早饭后清理文件。见客，立见者二次。坐见者五次。习字一纸。围棋二局。阅苏诗七古，陆续看十五页，申刻毕。中饭后阅本日文件。申正，坐见之客一次。酉刻至幕府久谈。夜核批稿各簿。是日午未间，写澄弟信一件，嘱其来金陵一行，老年兄弟，欢聚一次。二更后与纪泽一谈，阅《揅经室集》。四点睡，四更末醒。

初八日

是日，恭逢祖考星冈公九十五冥寿，未及设祭。早饭后清理文件。旋见客，坐见者五次，立见者三次。习字一纸。又立见之客一次，坐见者三次。疲乏殊甚，懒于治事。围棋二局。中饭后阅本日文件。又坐见之客一次。阅苏诗七古数页。申正后，体中小觉不适，与纪泽儿久谈。傍夕得家信，内有沅弟寄纪泽之信，字迹秀润异常，当有后福。夜核批稿各簿，内批昭忠祠册，沉吟最久。二更后写信与沅弟。吾父于丙、丁两年得四曾孙，当是人口蕃衍之象。吾兄弟当专意教育子孙，以期家声不坠。

初九日

早饭后清理文件。旋见客，坐见者四次，李质堂谈甚久。习字一纸。围棋二局。添沅弟信一页。午刻至黄军门处赴席，申正归。阅本日文件。懒于治事，写零字颇多。傍夕至幕府一坐。夜核批搞各簿，二更后核信稿二件。四点睡，三更后成寐，五更醒。

初十日

早饭后清理文件。接见司道，谈甚久。旋立见之客五次，坐见之客三次。习字一纸。围棋二局。因说话稍多，疲惫殊甚，不能治事。中饭后阅本日文件，写少泉信二页、雨生信一页，共三百余字，阅苏诗七古六页。傍夕小坐。夜核批稿各簿，二更后核信稿一件，阅《刘梦得诗集》。三点睡，三更成寐。梦魇殊甚，五更醒。

十一日

早饭后清理文件，习字一纸。见客，坐见者四次，谈甚久。围棋二局。阅苏诗七古毕。中饭后阅本日文件。见客一次。写李眉生信四页。至幕府一谈，后园一览。夜核批稿各簿，办年终密考单。二更后与纪泽谈诗。旋又核密考单。四点睡，四更末醒。

十二日

早饭后清理文件，习字一纸，坐见之客三次。围棋二局。阅苏诗七律五页。

午刻阅杜小舫等所拟江苏水师营制事宜。午正请李质堂及司道等春酒，共三席，十五人，申初散。阅本日文件。阮文达之孙恩海送《雷塘盦主弟子记》，即文达之《年谱》也，阅数十页。又坐见之客一次。夜核批稿各簿，又阅《阮文达年谱》。二更后与纪泽一谈。办年终密考单。四点睡，五更醒。

十三日

早饭后清理文件，习字一纸。见客，坐见者三次，立见者二次，谈甚久。围棋二局。午刻见客，坐见者一次，立见者一次。阅《东坡年谱》，将其生平出处分为五节，以便读诗。中饭后阅本日文件。又阅《东坡年谱》并七律，至申正止。旋核批稿各簿。傍夕小坐。夜阅《阮文达年谱》。二更后办密考单。五点睡，三更二点成寐，五更醒。

十四日

早饭后清理文件。见客，坐见者三次。习字一纸。围棋二局。莫子偲来，论袁漱六所送《汉书》景佑本之伪，久谈。中饭后阅本日文件，旋阅苏诗七律廿页。申正核批札各稿簿。傍夕静坐片刻。夜将年终密考单办毕。二更后核改折稿二件。三点睡，三更后成寐，四更末醒，旋又稍寐。

附记

钟瑜　韦长清　　回周信，书局事
与鸿信　　　鄂信言子彬

十五日

是日，贺节者皆辞不见。其远来拜年者，仍与相见。早饭后清理文件。坐见之客五次，立见者一次，厉伯符谈最久。旋围棋二局。何子永来，谈极久。中饭后。因说话太多，因惫殊甚。阅本日文件，习字一纸，阅苏诗七律十页。申正后核批稿各簿。蔡贞斋来一谈。傍夕静坐片时。夜改折稿二件。营中龙灯来署一戏。三更后与纪泽一谈。倦甚，不复能治事。三点睡，三更后成寐。

十六日

早饭后清理文件。见客，坐见者三次，立见者二次。习字一纸。围棋二局。

又见客二次，谈甚久。阅苏诗七律十页。中饭后阅本日文件。坐见之客一次。写纪鸿儿信一件，写对联四付。傍夕小坐。夜核批稿各簿，作片稿一件。湖北商贾龙灯入内，至后园一看。二更后阅白香山闲适古调。四点睡，四更末醒，旋复微寐。

十七日

早饭后清理文件。见客，立见者三次，坐见者二次。习字一纸，核对各折片。专差发年终密考等折。围棋二局。阅苏诗七律十二页。午正出门，拜客三家。至竹如处一谈，至春织造处赴宴，申正归。阅本日文件。至幕府一谈。折差自京归，接京信多件。阅十二月邸钞，核批稿各簿。四点睡，三更成寐，四更末醒。是日阅张清恪之子张懿敬公师载所辑《课子随笔》，皆节抄古人家训名言。大约兴家之道，不外内外勤俭、兄弟和睦、子弟谦谨等事。败家则反是。夜接周中堂之子文斋谢余致赙仪之信，则别字甚多，字迹恶劣不堪。大抵门客为之，主人全未寓目。闻周少君平日眼孔甚高，口好雌黄，而丧事潦草如此，殊为可叹！盖达官之子弟，听惯高议论，见惯大排场，往往轻慢师长，讥弹人短，所谓骄也。由骄字而奢、而淫、而佚，以至于无恶不作，皆从骄字生出之弊。而子弟之骄，又多由于父兄为达官者，得运乘时，幸致显宦，遂自忘其本领之低，学识之陋，自骄自满，以致子弟效其骄而不觉。吾家子侄辈亦多轻慢师长，讥谈人短之恶习。欲求稍有成立，必先力除此习，力戒其骄；欲禁子侄之骄，先戒吾心之自骄自满，愿终身自勉之。因周少君之荒谬不堪，既以面谕纪泽，又详记之于此。

十八日

早饭后清理文件。见客，坐见者二次，立见者一次。习字一纸。围棋二局。阅苏诗七律十三页。中饭后，竹如来坐，久谈。阅本日文件。坐见之客二次。写对联七付。至幕府一谈。夜核批稿各簿，二更后核信稿三件。三点睡，是夕甚得佳眠。

十九日

早饭后清理文件。坐见之客三次。习字一纸。围棋二局。阅苏诗七律十八页，至申正始毕。午正请吴竹如、厉伯苻、何子永等春酌，未正散。阅本日文件。酉刻至幕府久谈。核批稿各簿。夜核信稿廿余件。二更温《孟子》，朗诵数十章。三点睡。

廿日

早饭后，坐见之客脱漏次数，立见者二次。戴醇士之长子有恒、季子穗孙来见，尚能世其家学。穗孙新得优贡，气宇轩昂，可喜也。清理文件，习字一纸。围棋二局。阅苏诗七律十四页毕，又阅七绝七页。中饭后阅本日文件。见客一次。至幕府一谈。申正核批稿各簿。傍夕小睡。夜核信稿六件，二更后温《古文·气势之属》。三点睡，三更后成寐，五更醒。

廿一日

早饭后行开印礼。清理文件。习字一纸。坐见之客二次。围棋二局。阅苏诗七律卅四页，至申正止。中饭后阅本日文件。申刻写对联五付、挂屏四幅，约三百余字。傍夕小坐。夜核批稿各件。三更后核定刻字法式四条、书局章程八条，约改三百余字。五点睡，三更四点成寐，五更三点睡。

附　记

京信托买《伊阙颂》　　乔信托拓碑

廿二日

早饭后清理文件。坐见之客三次，立见者一次。习字一纸。围棋二局。雨亭、省三来坐，久谈。写沅弟信一封，以新会陈氏所刻廿四史寄弟收藏。余本有两部，兄弟分藏，俾子侄得以分看也。午正三刻至魁将军处赴宴，酉正归。阅本日文件。与子侄辈一谈。夜核批稿各簿。二更后阅《唐宋诗醇》中之白香山诗。三点睡，虽醒过两次，而是夕睡极酣美。

廿三日

早饭后清理文件，习字一纸。见客，坐见者六次，立见者二次。围棋二局。阅苏诗七律毕。中饭，请张石朋、戴世兄便饭。饭后阅本日文件。将苏诗补遗中七绝之未钞者百四十首阅一过。至幕府一谈。傍夕小坐。夜写李小泉信一件，改信稿二件，核批札各稿簿。二更后温《古文·辞贼类》。三点睡，屡醒，而尚属佳眠。

廿四日

早饭后清理文件。见客，坐见者三次，立见者一次。习字一纸。围棋二局。选苏诗五古，盖余昔年所抄苏诗未抄五古，兹提其尤雅者，拟选为一帙，另抄之。坐见之客一次。未初请魁将军、春织造及两山长春酌，申正散。阅本日文件。坐见之客一次。傍夕小坐。夜核批札各稿簿，二更后温《文选》赠答诗。三点睡。

廿五日

早饭后清理文件。至箭道阅收标人员马箭，巳正即入。其步箭，请黄军门与庞省三阅看，申刻始毕。习字一纸。围棋二局。选苏诗五古。中饭后清阅本日文件，阅戴醇士诗文集，题识两纸，约二百字。剃头一次。至幕府一谈，后园一看。傍夕小坐。夜核批稿各簿，核信稿四件。二更三点睡，三更后成寐。

廿六日

早饭后清理文件，见客，坐见者三次，立见者一次。习字一纸。围棋二局。又坐见之客三次。选苏诗五古毕，不过四十余首耳。中饭后阅本日文件。旋写对联十付，写扁字四十余个。傍夕写纪瑞侄信，灯后毕。又写沅弟信一页，共约六百余字。核批稿各簿。倦甚，二更后不复能治事。三点睡，甚得甘寝。

廿七日

早饭后清理文件。见客，坐见者一次，立见者二次。习字一纸。围棋二局。苏诗看毕。又看杜诗。余在京所抄十八家诗，惟杜、苏二家最多，故先校核此二家，余亦将次第校阅也。午刻，坐见之客三次。中饭后将《杜公年谱》阅一过，阅本日文件。申初写横披、直幅二件，约百八十字，写对联三付，写扁字卅余。傍夕至后园一览。夜核批稿各簿。二更后将雪琴所咨水师补缺单一核。三点睡。

廿八日

早饭后清理文件。见客，立见者三次，坐见者二次。习字一纸。围棋二局。阅杜诗五、七古，用钱笺本、玉句草堂本、卢刻五家评本校余钞本，至未正止，仅校十页。午刻，坐见之客二次。中饭后阅本日文件。天气骤热，烦燥之至，不能治事。核信稿十余件。申刻写对联八付、扁字数个。钱子密来一谈。接正月初四日澄弟等信。至后园一览。夜核批札各稿簿，改信稿五件。二更后不能治事。三点睡，不甚成寐。

廿九日

早饭后清理文件。见客，坐见者三次，立见者一次。习字一纸。围棋二局。校杜诗至水正止，仅校十页，批识稍多。中饭后阅本日文件。接沅弟信，知纪官侄于正月初九日申刻生子，欣慰之至。吾兄弟共得五孙，丁口渐盛。只望儿侄辈读书，少有所成，将来孙辈看作榜样，便是世家好气象。若儿侄辈不能发奋用功，文理不通，则榜样太坏，将来孙辈断难成立。此中关键全在纪鸿、纪瑞二人。吾家后辈之兴衰，视此二人为转移也。申刻写对联九付。至后园一览。连日将园中瓦砾再挑于山上，渐增高矣。傍夕小坐。夜核批稿各簿。二更后核水师补缺一案。三点睡，三更后成寐。

二 月

初一日

早饭后清理文件。见客，坐见者二次，立见者二次。习字一纸。围棋二局。校杜诗五七古，至未正止。钞本十二页，钱笺则廿三页。中饭后阅本日文件。申初写对联十付，旋写零字，令刻工试手。至后园一览。夜核批稿各簿。二更后核水师补缺一案。出题，待明日考书院之用。四点睡。天气奇冷。三更二点始稍成寐，四更四点即醒。

初二日

早饭后清理文件。坐见之客一次。围棋二局。习字一张。雷雨大作。严寒异常，雨竟日不息。巳正阅校杜诗五、七古，陆续至申刻止，校十六页。中饭后阅本日文件。申刻，因愁霖阴惨，寸心郁闷，老境日逼，而学术无成，歔欷者久之。申正核批稿各簿，核信稿四件。傍夕小坐。夜，眼蒙殊甚，不能治事。二更后核雪琴咨中水师补缺案一条。四点睡，五更后醒，在近日为佳眠矣。

附 记

送家信，搭郭船　　　李船厂分黄银

初三日

早饭后清理文件，习字一纸。围棋二局。阅校杜诗五七古十页。坐见之客一次。午刻，张石朋带来之扬州监生马铸，字蓉汀，善画小照。余生平未画过一次。因命之画。马与余对坐，张石朋与王子云陪坐。约大半个时辰画毕。持与家人，以为颇肖也。中饭后阅本日文件。阴雨严寒，愁闷殊甚。写沅弟信一件。申刻后即未治事。傍夕坐睡片刻。夜核批稿各簿。二更后核信稿六件，核水师补缺一案事宜，清单尚未核毕。三点睡，不甚成寐。雨至黎明未息。自初二早至初四早，大雨两日两夜未少停止，深恐淫潦为灾，有伤岁事，忧系无已。

初四日

早饭后清理文件。唐鹤九来一谈。习字一纸。围棋二局。批校五、七古，至未正止，共廿页。中饭后阅本日文件。至幕府与子密及贞斋等一谈。申正写对联七付。傍夕小坐。夜核批稿各簿，核水师补缺一案。粗毕。二更后阅白香山闲适诗。四点睡，天气奇寒，尚得佳眠。夜间阅苏诗，有二语云："治生不求富。读书不求官。"余为广之云："修德不求报，能文不求名。"兼此四者，则胸次广大，含天下之至乐矣。

初五日

早饭后，坐见之客四次。清理文件，习字一纸。围棋二局。午刻批校杜诗至未正止，共十三页。中饭后阅本日文件。坐见之客一次。申刻写对联十一付、扁一方。倦甚，不复能治事。至后园一览。傍夕小坐。夜核批稿各簿。旋阅白香山诗。二更三点睡，三更成寐。

附记

事宜添一条，水师归本地辖

初六日

早饭后清理文件，习字一纸。围棋二局。坐见之客一次。批校杜诗十二页，至未正止。中饭后阅本日文件。坐见之客一次。申初写对联十二付。旋至幕府久谈。傍夕小坐。夜核批稿各簿。二更后，将内江水师补缺单核对填写，皆雪琴所拟定者也。三点睡，三更后成寐。是日雨止，申刻略见太阳，而寒冷尚如深冬。久不闻直隶军事消息，殊为悬系。

初七日

早饭后清理文件，习字一张。围棋二局。立见之客一次，坐见者一次。写澄弟信一封，约五百字。批校杜诗仅三页许，未正毕。中饭后清理文件，写对联十付。困倦殊甚，不能治事。至纪泽书房一坐，至后园一览。傍夕与朱洪章一谈。夜核批稿各簿，二更后眼蒙殊甚，不办一事。三点睡，颇得安眠。

初八日

早饭后清理文件。见客，坐见者三次，立见者一次。习字一纸。围棋二局。又坐见之客四次，李小湖、雨亭两次，谈甚久。中饭后阅本日文件，批校杜诗三页，写对联七付。至后园久览。是日园中种竹，又于山上盖一茅亭。因本日见客说话太多，即在园中散闷。夜核批稿各簿，核长江水师事宜一条。约三百余字。二更三点睡，三更后成寐。屡醒，不得酣眠。

初九日

是日丁祭，黎明至圣庙，率僚属行释奠礼。雨不甚大，尚能成礼。礼毕，则雨大矣。归署。早饭后清理文件，习字一纸。围棋二局。见客，立见者一次。坐见者二次，李幼泉谈甚久。批校杜诗十三页，申正毕。中饭后阅本日文件。坐见之客一次，立见者二次。大雨竟日，申正稍息。至幕府久谈。傍夕小睡。夜核批稿各件，又添长江水师事宜一条，约二百余字。二更后阅姚选《今体诗钞》。三点睡，五更醒，颇得佳眠。

初十日

早饭后清理文件。见客，坐见者二次。习字一纸。围棋二局。巳正，郭远堂事丞来，久谈。又坐见之客一次。是日，将军、织造及司道等在余署公请中丞。午初，各客到齐，午正入座，未正二刻散。阅本日文件。坐见之客一次，立见者一次。出门至粮道署内，回拜郭中丞。至后园一览。夜核批稿件各簿。二更后倦甚，偶阅《周易述闻》。三点睡，四更未醒。

十一日

早饭后清理文件，习字一纸。坐见之客三次。围棋一局。出门至河下送郭远堂之行，午刻归。阅批杜诗，至未正毕。中饭后阅本日文件。坐见之客一次。写对联十八付、扁一幅、直幅一帧。至后园一览。天气甚寒，有似深冬。夜核批稿各簿。二更后毕。倦甚，闭目稍坐。旋看《经义述闻》数页。三点睡，三更后成寐，五更醒。今年匆匆又过四十一日，老境日催，而学术无成，不胜感叹！

十二日

早饭后清理文件。见客，坐见者五次，立见者一次。习字一纸。围棋二局。阅杜诗，批校五、七古毕。又坐见之客一次。中饭后阅本日文件，坐见之客一次。天气奇冷。旋写对联七付、扁二方。至后园一览。傍夕小睡。夜核批稿各簿，阅《经义述闻》数页。二更后温《古文简本》。四点睡，不甚成寐。是日将书院甄别榜发出。

十三日

早饭后清理文件。旋见客，坐见者二次。立见者二次。习字二纸。围棋二局。又坐见之客二次。批校杜诗五律，至未正止，仅校十一页。中饭后阅本日文件。申刻写对联九付。天气奇冷，过于严冬。后园茅亭将盖毕，屡次去看。傍夕小睡。夜核批稿各簿。二更，陈作梅、李幼泉来谈。闻山东之兵在直隶败溃，刘松山之勇疲极多逃者。杨鼎勋、郭松林之勇亦纷纷遁逃，不愿渡黄。恐张总愚一股又将大振，忧灼无已！三点睡，尚能成寐。

十四日

早饭后清理文件，习字一张。见客，坐见者三次。围棋二局。批校杜诗五律十一页。中饭后阅本日文件。李壬叔来久谈，又与之围棋二局。旋写对联四付、挂屏四张，约二百余字。傍夕至后园茅亭一览。夜核批稿各簿。三更后倦甚，默诵《诗经》。三点睡，三更后成寐，五更醒。

十五日

未黎明，至大程子祠主祭，祭毕回署。早饭后清理文件。见客，坐见者二次，雪琴坐甚久。习字一纸。围棋二局。批校杜诗至未正毕，凡十二页。中饭后清理文件。至后园一览。写对联五付、挂屏二幅。约二百字。申正核批稿各簿。傍夕小睡。夜核订水师未尽事宜一条，将本辕人员斟酌补缺毕。二更后核信稿各件。心绪憧憧，如有所失。念人生苦不知足，方望溪谓汉文帝之终身，常若自觉不胜天子之任者，最为善形容古人心曲。大抵人常怀愧对之意，便是载福之器、入德之门。如觉天之待我过厚，我愧对天；君之待我过优，我愧对君；父母之待我过慈，我愧对父母；兄弟之待我过爱，我愧对兄弟；朋友之待我过重，我愧对朋友，便觉处处皆有善气相逢。如自觉我已无愧无怍，但觉他人待我太薄，天待我太啬，则处处皆有戾气相逢。德以满而损，福以骄而减矣。此念愿刻刻凛之。三点睡，通夕不甚成寐。

十六日

早饭后清理文件，习字一纸。坐见之客一次。围棋半局。至钟山书院送诸生上学。旋至尊经书院送上学。旋至黄昌岐处道喜，渠于十四日生子也，午刻归。坐见之客一次。雪琴搬至署内来住，与之一谈。中饭后阅本日文件，批校杜诗四页。坐见之客一次，写对联九付、屏一幅，约百余字。申正核批稿各簿，傍夕小睡。夜，至雪琴房中一坐。旋核水师补缺一案。二更后温《书经·皋陶谟》。三点睡，昨夕，微雪兼雨，本日大雨，竟日不止。天气奇寒，深恐伤麦，忧系无已。是夕颇得酣寝。

十七日

早饭后清理文件，习字一纸，坐见之客四次。与雪琴一谈。围棋二局。又坐见之客一次。说话太多，舌尖滞涩。批校杜诗四页。中饭后。周缦云、吴竹如先后来久谈；刘印渠来久谈。因留在署中居住。说话太多，疲倦殊甚。傍夕始将本日文件一阅。夜饭后又与印渠、雪琴一谈。旋核批稿各簿。二更与印渠一谈。疲倦小睡。三点睡，三更后成寐，醒二次，尚属佳眠。

十八日

早饭后清理文件。与印渠、雪琴一谈。习字一纸。围棋二局。坐见之客四次，立见者一次，又与印渠久谈。午刻清理水师铸印单。中饭，请印渠等小宴。坐见之客一次。阅本日文件。至后园一览。写纪鸿儿信一件。傍夕与幕府久谈。夜核稿批各簿。二更至印渠处一谈，倦甚。三点睡，颇得佳眠。

十九日

早饭后清理文件。与印渠、雪琴一谈。习字一纸。旋坐见之客五次。围棋二局。黄昌岐来一谈。午刻将水师续定事宜核毕。留昌岐与印、雪等便饭。饭后阅本日文件，写对联四付、直幅一件，百余字。又与印渠等一谈。本日大雨，竟日夜不息。阴雨太久，深恐伤麦，焦灼之至。傍夕小坐。夜写王静庵、陈舫山各信一件。核本日批稿各簿。二更后阅梅伯言所选《古文辞略》。四点睡，四更三点醒。

廿日

早饭后清理文件。坐见之客二次，立见者一次，衙门期也。旋与印渠、雪琴一谈。习字一纸。围棋二局。午刻与印渠久谈，渠告辞回籍矣。又坐见之客一次。批校杜诗七页，至申初始毕。中饭后阅本日文件。坐见之客一次。闻李眉生之堂兄号石兰者，于舟次梦魇，百呼不醒，竟于次日午刻死去，亦异闻也。写对联十付、挂屏一幅。至后园久览。剃头一次。傍夕小睡。夜核批稿各簿。与纪泽、雪琴先后一谈。二更后拟改折稿，经营半晌而不果。三点睡，三更后成寐，五更醒。是日晴霁，稍以为慰。

廿一日

早饭后清理文件。见客，坐见者二次。习字一纸。围棋二局。又坐见之客三次。午刻改折稿一件。中饭后阅本日文件。与雪琴一谈。写对联四付，又改折稿一件。傍夕小坐。又改折稿一件，核批稿各簿。二更后困倦殊甚，阅《古文辞略》。三点睡，五更醒。是日清晨，红日照窗，方以为喜。辰正转风，大雨竟日，宵深不止，奇寒可怖，殊以岁事为忧。

廿二日

早饭后清理文件。习字一纸。围棋二局。坐见之客一次。批校杜诗十二页，至未正止。中饭后阅本日文件极多。申刻写对联五付、屏二幅，约百七十字。至幕府与子密等一谈。傍夕小睡。夜核对水师补缺各折片。二更后核批稿各簿。出题，为明日考惜阴书院课之用。是日巳刻阅敬敷书院卷十本。二更四点睡，三更后略成寐，不得酣眠。

附 记

川笋　　蛏鲜　　李阅卷

廿三日

早饭后清理文件，习字一纸。围棋二局。坐见之客一次，与雪琴一谈。批校杜诗五律十一页，至未正毕。中饭后阅本日文件。写对联六付、挂屏一幅。至后园一览。酉初改折稿一件、片稿一件，灯后核毕。核批稿各簿，二更后又核片稿一件。未正见客，坐见者一次，立见者一次。三点睡，三更后成寐。

廿四日

早饭后清理文件，习字一纸。见客，坐见者二次，立见者二次。围棋二局。批校杜诗五页。又坐见之客一次，立见者一次。午刻请客小宴，四川癸卯门生在此者五人，请一便饭，未正散。又坐见之客一次。阅本日文件。申初，丁雨生中丞来久谈。傍夕，去与雪琴一谈。夜核批稿各簿，二更后阅杜公五言长排，疲困殊甚。三点睡，极得酣眠。

廿五日

早饭后清理文件。见客，坐见者二次。习字一纸。围棋二局。又坐见之客二次，立见者一次。批校杜诗十页。五律校毕。中饭后坐见之客一次。出门拜丁雨生中丞，久谈。旋又拜富副都统，酉初归。阅本日文件。至幕府一谈。傍夕小坐。夜核批稿各簿，写沅弟信二页，未毕。二更后温《古文·传志类》中之《史记》。三点睡，尚能成寐。是日午后晴霁，麦稼或不大伤，深以为慰。

廿六日

早饭后清理文件。见客，坐见者二次，立见者二次。习字一纸。围棋二局。写沅弟信又三页毕，批校杜诗十三页。中饭，请丁雨生、陈心泉等小宴，申初毕。雨生即在署中居住。阅本日文件。疲倦殊甚，不能治事。傍夕小睡。夜核批稿各簿。写刘岘庄信一件，核改各信二件。二更三点睡，不甚成寐。是日上半日晴霁，申酉间又复下雨。麦稼恐将伤损，深以为忧。

廿七日

早饭后清理文件，与雨生一谈。习字一纸。围棋二局。雨生来久谈。核信稿三件。约改四百余字。中饭后阅本日文件。批校杜诗八页。雨生来久谈。写对联三付。傍夕小坐。夜核批稿各簿。二更后添信件两片。三点睡，尚能酣眠。是日大雨竟日，深以伤麦为忧。

附　记

总署信　　御碑　　机器扁

廿八日

早饭后清理文件，习字一纸。围棋二局。见客，坐见者五次。改信稿一件，批校杜诗六页。中饭后阅本日文件。丁雨生来久谈。阅邸钞。陈舫仙发新疆效力赎罪，深为骇叹！宦途崄巇，良可危惧。而闻舫仙在防，私自回省。当贼匪渡黄之日，即该司到省之日，又未尝无应得之罪也。添写许仙屏信三页。是日辰刻行礼，拜发万寿本。申刻料理折差进京信件。傍夕小坐。夜核批稿各簿，改刘省三信稿约五百字。二更四点睡。

廿九日

早饭后清理文件，习字一纸。坐见之客一次，与雪琴、雨生一谈。旋陪雨生至会馆看地球，又同至昭忠祠一看，午正归署。中饭后阅本日文件。添刘省三信二页，写对联五付、挂屏六幅。与雨生一谈。围棋二局。傍夕小睡。夜核批札稿。雨生来久坐。二更三点后将稿核毕。四点睡。本日天气晴霁，麦稼或不大伤。

昔年曾以居官四败、居家四败书于日记，以自儆惕。兹恐久而遗忘，再书于此，与前次微有不同。居官四败：曰昏惰任下者败，傲狠妄为者败，贪鄙无忌者败，反复多诈者败。居家四败：妇女奢淫者败，子弟骄怠者败，兄弟不和者败，侮师慢客者败。仕宦之家不犯此八败，庶有悠久气象。

卅日

早饭后，因内人生日，雪琴、雨生及黄昌岐约来拜寿。旋清理文件。出门至白下寺送雨生之行，又至水西门河干送雪琴之行，归。习字一纸。围棋二局。坐见之客二次。批校杜诗七律七绝，至申刻止，杜诗校毕。惟五排、五绝，在京时本未钞此二种，遂未校也。未正阅本日文件，甚少。申正写对联八付。陈杏生远谟来久谈。旋至幕府久谈。折弁自京归来。傍夕小坐，夜核批稿各簿。二更后核片稿一件，约改四百字，未毕。四点睡。

三　月

初一日

早，谢绝贺朔之客。饭后清理文件，习字一纸。围棋二局。旋坐见之客二次。批校《韩诗》，将传、序等一阅，仅校《南山》一首而已。中饭后阅本日文件，写对联九付，写昭忠寺御碑，因纸坏未果写。与陈杏生同至后园久谈。傍夕小睡。夜核批稿各簿，二更后温韩文。三点睡，尚得佳眠。

初二日

早饭后清理文件。见客，坐见者一次，立见者一次。习字一纸。围棋二局。批校《韩诗》五页。中饭，请杏生小酌，适唐焕章来，因请其入座，未正散。陈作梅来一谈，又坐见之客一次。阅本日文件，写对联七付。天气阴雨微寒，不似三月景象，深为厪虑。身体亦觉萧索颓散，不愿治事。傍夕小睡。夜核批稿各簿。旋拟改复总理衙门信稿。二更三点睡，尚未改及小兰。竟夜大雨，寒如严冬。岁事可忧之至，不甚成寐。

初三日

早饭后清理文件，习字一纸。见客一次。围棋二局。将外海水师及各国条约检查数处。批《韩诗》六页。中饭后阅本日文件，改复总理衙门信稿，至二更三点止，共千余字，尚未改毕。未刻，雨亭来久坐，是日阴雨凝寒，深以岁事为忧。四点睡，尚能成寐。

附　记

蔡国祥　　雨生信

初四日

早饭后清理文件。坐见之客一次。将总理衙门回信改毕，约三千字。习字一纸。围棋二局。批《韩诗》四页。午正请两山长及省三、晓莲等小宴，酬其衡文之劳也，申刻散。旋阅本日文件，又批《韩诗》六页。至后园与纪渠侄久谈。夜核两日之批稿簿，将水师补缺及各折片清单核对一过，明日将发报也。二更后朗诵《古文·识度之属》十余首。四点睡。是日阴晴各半，凝寒如故。

初五日

早饭后清理文件。坐见之客二次。习字一纸。围棋二局。批校《韩诗》十页。接澄、沅两弟信，澄弟许以四月来此。中饭后阅本日文件。易光莲来久坐。写丁雨生信一件。至幕府久谈。旋写御碑，因纸笔俱不适意，不果写。傍夕至后园与纪渠侄一谈。夜核批稿簿。温杜诗七古，朗诵十余首。诵《哀王孙》，如欲堕泪。又诵《离骚经》。二更三点睡，三更后成寐。

初六日

早饭后清理文件，习字一纸。坐见之客四次，立见者二次。围棋二局。批《韩诗》七页。中饭后写澄弟信一封。坐见之客一次。阅本日文件，写对联六付、扁字十余个。酉刻倦甚，小睡，傍夕至后园与纪渠一谈。夜核批稿各簿，二更后诵杜诗数十首。三点睡，极得甘寝。近日晴霁两天，表稼或尚可望，稍为一慰。

初七日

早饭后清理文件。坐见之客一次，立见者一次。习字一纸。围棋二局。批校《韩诗》十一页，中饭后毕。阅本日文件。申刻核稿件十余件，写对联七付。旋又核信稿三件。傍夕与渠侄一谈。夜核批稿各簿，又核信稿一件。二更后倦甚，不愿治事。三点睡，尚能酣寝。

初八日

早饭后清理文件。坐见之客三次，立见者二次。习字一纸。围棋二局。添李少荃信二页，又核保单寄去。会见之客二次。批校《韩诗》七页。中饭后阅本日文件。天气阴雨，麦稼将伤，愁闷之至，不能治事。至幕府子密、贞斋处先后久谈。傍夕小睡。夜核批稿各簿。二更后阅王、李、高、岑七古。三点睡，三更后成寐，屡醒，不得酣眠。

初九日

早饭后清理文件。坐见之客一次。习字一纸。围棋二局。批阅《韩诗》十三页。中饭后，坐见之客一次。阅本日文件。小睡片刻。核改信稿五件。傍夕至后园与陈杏生一谈。钟山之云甚厚，本日雨多，麦已全坏，再不放晴，岁事将不可问，忧灼之至。夜核批稿各簿，二更后温《古文·叙记类》。三点睡，尚能酣眠。

初十日

早饭后清理文件。坐见之客三次，衙门期也。习字一纸。围棋二局。批校《韩诗》八页。午正，坐见之客一次。中饭后阅本日文件。坐见之客一次，谈甚久。天气阴雨，愁闷殊甚。至幕府与黎莼斋久谈。写沅弟信一封。雨中至后园亭一览。傍夕小睡。夜核批稿各簿，二更后温《古文·论著类》。三点睡，尚能成寐。

附记

庞商霆案　　　雨商江阴供支

十一日

早饭后清理文件。见客，坐见者一次，立见者一次。习字一纸。围棋二局。批校《韩诗》，五、七古及联句校毕，律句则本未抄也。中饭后阅本日文件。观邸钞，有大不适于心者，郁闷久之，坐睡片刻。申刻写对联七付。酉刻，坐见之客二次。至后园览良久。是日天大晴明，麦稼或尚可救全几分。夜核批札稿簿。二更后倦甚。旋阅《周易》两卦。三点睡，三更后成寐。

十二日

早饭后清理文件，习字一纸。出门拜省三、作梅、竹如三家，皆会晤久谈，午初二刻归。阅太白诗五页。阅棋一局。中饭后阅本日文件。见客一次。至幕府一谈。旋坐睡片刻。申正剃头一次。旋写对联七付。至后园一览。余盖屋三间，本为摆设地球之用，不料工料过于坚致，檐讨于深，费钱太多，而地球仍将黑暗不能明朗，心为悔慊。余好以"俭"字教人，而自家实不能俭。傍夕与纪泽谈，令其将内银钱所账目经理，认真讲求俭约之法。夜核批稿各簿。二更后阅《乐府诗集》。三点睡。

附 记

申商植卿

十三日

早饭后清理文件，习字一纸。坐见之客二次。围棋二局。太白之诗见于郭茂倩《乐府诗集》者凡百有八篇。余将批校太白诗，因将目录抄一遍。已正至后园亭中与蔡贞斋一谈。午正，李雨亭来一谈。中饭后阅本日文件。批校太白诗四页。小睡片刻。申正写对联七付。旋核信稿一件，颇长。傍夕小睡。夜核批稿各簿，二更后温《古文·情韵之属》。三点睡，甚得酣眠。

十四日

早饭后清理文件。旋见客，立见者一次，坐见者一次。习字一纸。围棋二局。李幼泉来久谈。批校太白乐府。中饭后，坐见之客一次。阅本日文件，又校乐府二页。坐睡片刻。申正写对联七付。酉刻添申夫信四页，约四百余字。夜核批稿各簿，核信稿一件，二更后温《古文·辞赋类》。三点睡，不甚成寐。

十五日

早饭后清理文件，习字一纸，批校李诗三页。围棋二局。已初二刻出门，至小校场祭先农坛，行耕籍礼，午正一刻归。见客一次。中饭后阅本日文件。刘南云自湘乡来此，久谈。小睡片刻。申正写对联七付。酉刻核批稿各簿。傍夕至后园一览。夜核改信稿一件。二更后阅《江南通志》之《寺观门》。四点睡。

十六日

早饭后清理文件，习字一红。坐见之客二次。围棋二局。又坐见之客二次，谈颇久。批校《太白乐府》。中饭后阅本日文件。王子蕃来一谈。旋至杏生处一谈。又批校《太白集》。申正写对联四付，疲困殊甚，睡颇久。夜核批稿各簿。二更后，将缪刻《太白乐府》与郭茂倩集一对。四点睡，是日阴雨，岁事殆不可问矣，忧叹无已！

十七日

早饭后清理文件，习字一纸。围棋二局。坐见之客二次。批校《太白乐府》。午刻，坐见之客一次。中饭后阅本日文件，批校太白诗。坐见之客二次。吴竹如谈最久。写对联七付。傍夕至后园一览，小睡片刻。夜核批稿各簿，写对蒋纯卿信二页。二更后温《古文·序跋类》。三点睡，三更后成寐。

十八日

早饭后清理文件。坐见之客二次。习字一纸。围棋二局。又坐见之客二次。批校《太白乐府》，每日仅校廿首或十余首。盖余于乐府向未用功，兹稍一措意，全无入处也。中饭后阅本日文件。九江税务司康发达来见，又坐见之客一次。小睡片刻。申正写对联七付。旋核批稿各簿。至幕府一谈。傍夕小睡。夜，将作《龙神庙碑》，翻阅各书，尚未下笔。二更四点睡，尚能成寐。是日上半天大晴，至申酉间，变为阴雨，傍夕又晴霁，初更时星月皎洁，二更后雷雨交作，风热亦狂，夜深雨止，又见星月。黎明，朗月当空，又晴明矣。

十九日

早饭后清理文件。坐见之客二次。习字一纸。围棋二局。又坐见之客二次。批校《太白乐府》毕。中饭后阅本日文件。与杏生一谈。小睡片刻。申刻写对联五付，至后园观览。酉刻核批札稿簿。傍夕小睡。夜作《龙神庙碑》数行，写零字颇多。二更四点睡。是日上半天晴明，未申间大雨，夜间星月甚朗，又有晴象，而麦稼已坏矣。

廿日

早饭后清理文件。坐见之客二次。习字一纸。围棋二局。批校太白诗十页。坐见之客二次，陈虎臣坐甚久。中饭后阅本日文件。至后园久览。小睡片刻。申刻写对联七付。酉刻核批稿各簿。旋又至后园一览。傍夕小睡。夜写零字甚多，作《龙神庙记》粗毕。二更三点睡，三更后成寐。

廿一日

早饭后清理文件。习字一纸。围棋二局。坐见之客二次，立见者一次。批校太白诗十页，未正毕。中饭后阅本日文件。至后园一览。小睡片刻。申正写对联八付，核批稿各簿，核信稿一件。傍夕小睡。夜写零字颇多，将《龙神庙记》再为修改。二更后温《古文·情韵之属》。三点睡，尚能成寐，四更末醒。是日又雨，深以麦稼为忧。

廿二日

黎明至昭忠祠行礼，共三祠：一为湘军陆师昭忠祠，居中；一为金陵军营官绅昭忠祠，居东；一为楚军水师昭忠祠，居西。余与昌岐、雨亭三人各祭一祠。祭毕，在庙早饭。饭后同登鸡鸣山，望玄武湖。旋寻关帝庙旧址。归家，坐见之客三次。清理文件。习字一纸。围棋二局。又见客一次。午刻批诗甫一页，蔡贞斋来久坐。中饭后阅本日文件，批校太白诗十页。申正写对联八付。接澄弟等三月初信。至后园久览。傍夕小睡。夜核批稿各簿。二更后，将沅弟金陵一军前后奏案略一翻阅，将作《昭忠祠碑记》，恐有遗误也。三点睡，五更醒。

廿三日

是日为皇上十三岁万寿，黎明至贡院行礼。旋至关帝庙阅看，归。饭后清理文件。见客一次。习字一纸。围棋二局。批校太白诗七页，中饭后又校四页。阅本日文件。至后园一览。小睡片刻。申正写对联八付。酉刻核批稿各簿。傍夕至后园一览。夜核信稿二件，约改三百余字。二更后又将金陵一军奏案翻毕。三点睡，三更后成寐，五更醒。

廿四日

早饭后清理文件。习字一纸。围棋二局。立见之客一次，坐见者三次，赵惠甫谈甚久。午刻批校太白诗。中饭后又批校二页，阅本日文件。小睡片刻。至幕府一谈。申刻写对联八付，核批稿各簿，至后园久览。傍夕小睡。夜再将金陵一军奏案摘录一二。二更四点睡。连晴三日，麦稼或有可望，稍为一慰。

廿五日

早饭后，坐见之客二次，衙门期也。旋清理文件，习字一纸。围棋二局。阅太白诗至未初止，批校十一页。午刻，立见之客一次，坐见者一次。中饭后阅本日文件。小睡片刻。申正写对联七付。至后园一览。核批稿各簿，核信稿一件。傍夕小睡。夜将金陵一军奏案摘录。二更四点睡，三更后成寐。是夜与纪泽论为学之道不可轻率评讥古人，惟堂上乃可判堂下之曲直，惟仲尼乃可等百世之王，惟学问远过古人乃可评讥古人而等差其高下。今之讲理学者，动好评贬汉唐诸儒而等差之，讲汉学者，又好评贬宋儒而等差之，皆狂妄不知自量之习，譬如文理不通之童生而令衡阅乡试、会试之卷，所定甲乙岂有当哉？善学者于古人之书，一一虚心涵咏，而不狂妄加评隲，斯可矣。

廿六日

早饭后清理文件。见客，坐见者一次，立见者一次。习字一纸。围棋二局。阅太白诗，批校十一页。午正见客一次。中饭后阅本日文件。小睡半时许。至幕府一谈。申正写屏幅一件。朱星槛自湖南来，与之久谈，又坐见之客一次，酉刻核批稿各簿。与赵惠甫至后园一览。夜核改信稿二件。二更后将金陵一军奏案摘录完毕。四点睡，三更二点成寐。是日又雨，真有一暴十寒之忧。

廿七日

早饭后清理文件。坐见之客二次，立见之二次。习字一纸。围棋二局。批校太白诗十三页，未正毕。中饭后阅本日文件。坐见之客一次，谈颇久。小睡半时许。申正写对联八付。旋核批札稿，未毕。傍夕小坐。夜又核批稿簿，二更三点毕。三点睡。三更末，大雨如注，寸心忧灼。一则麦稼全坏，岁事可虑；一则纪泽今日辰刻出城迎母，未刻坐小船至上游，风大雨大，不知果宿何处，展转不能成寐。

附 记

寄许银至仙屏处　　　沅信言舒黄事

廿八日

早饭后清理文件，习字一纸，围棋二局。见客，坐见者一次，立见者一次。批校《太白集》十三页。中饭后，立见之客二次。是日大雨如注，自辰正至午未停。未刻，内人率儿孙媳妇到署，与之一谈。黄军门来一谈。阅本日文件。小睡片刻。申正写对联三付、扁二方。写沅弟信一件，约四百字。傍夕入内室一谈。夜核批稿簿。三更后倦甚，小坐，不能治事。三点，改信稿一件。四点睡，三更后略得成寐，五更醒。

廿九日

早饭后清理文件，习字一纸。围棋二局。坐见之客四次，立见者一次。批校《太白集》五页。小睡片刻。中饭后阅本日文件。坐见之客一次，因请南云等便饭，未正二刻始散。散后倦甚，又小睡半时许。酉刻，添陈舫仙信二页。夜核批札稿簿。二更后小睡，三点入内室睡，三更后成寐，四更末醒。

卅日

早饭后清理文件，习字一纸。围棋二局。见客，坐见者一次，立见者二次。批样李诗十一页。凡坐见之各三次。阅书，时作时止，至未刻毕。中饭后，又坐见之客二次。小睡半时。阅本日文件。申正写对联八付。旋核批稿簿。傍夕小睡。夜写零字甚多，写信复陈作梅。旋将霆营闹饷折稿一核，未毕。二更三点睡，三更后成寐，五更醒。

四 月

初一日

早饭后，步行至城隍庙求晴，因苦雨伤麦也。归来，坐见之客二次。清理文件，习字二纸。围棋二局。批校太白诗。午正倦甚，小睡片刻。中饭后阅本日文件，又阅李诗四页，《太白集》批校一过毕。家仅有缪刻，无注本。借莫氏张齐贤、萧士赟本，又太模糊，无善本可校，以意批点而已。李小湖来久坐。申刻写对联五付。剃头一次。核批稿各簿，未毕。傍夕小睡。夜将批稿核毕。旋改霆营折稿毕。二更三点睡，三更二点成寐。是日幸晴，二更微雨。

初二日

早饭后清理文件。坐见之客一次，立见者三次。透明步祷至城隍庙，卯正归。习字一纸。围棋二局。校白太傅《新乐府》。巳正，南屏自湖南来，谈最久，又坐见之客一次。中饭后阅本日文件，再校《白香山乐府》。小睡片刻。至惠甫处与南屏一谈。申刻写对联七付。天气热甚，至后园一览。酉刻核批札簿，未毕。傍夕小睡。夜又核批稿簿，旋核信稿四件。二更三点睡，三更后成寐，五更醒。

初三日

早饭后至城隍庙行礼，辰正归。坐见之客二次。清理文件，习字一纸。围棋二局。校白太傅《新乐府》毕。小睡片刻。中饭后阅本日文件。天气奇热，仅着一汗衫而犹嫌烦躁。小睡片刻。申刻写对联八付。酉正核批稿各簿。傍夕小睡。夜核信稿四件。二夜后诵杜诗七律。三点睡，三更后成寐。

初四日

早饭后至城隍庙行礼，旋至报销局迎接李小泉等，俟良久，未到，辰正归。清理文件，习字一纸。见客，坐见者四次，立见者二次。李小泉来久坐。中饭后阅本日文件。立见之客一次。围棋二局。申刻写对联八付。旋核批札稿。傍夕小睡。夜阅吴南屏所著《诗国风原指》。二更三点睡，三更后成寐。

初五日

早饭后至城隍庙步祷。旋李至筱泉处回拜。归，见客，坐见者五次。清理文件，习字一纸。围棋二局。阅白香山诗四页。倦甚，小睡。中饭后阅本日文件，写澄弟信一件，约四百字。小睡半时许。写对联五付，核批稿各簿，未毕。傍夕小睡。夜核批稿各簿毕，写竹庄信一页，核说信稿二件。二更三点睡，三更后成寐。是日，自巳刻微雨，至夜不息，阴寒殊甚，岁事可忧之至。

初六日

早饭后至城隍庙步祷。归，坐见之客五次，立见者二次。清理文件，习字一纸。围棋二局。改片稿一件，约改二百字。阅校白香山七古。中饭后阅本日文件。阴雨连绵，愁闷之至，不愿治事，小睡片刻。申刻写对联七付。是日，派戈什哈回湘，迎接澄弟，料理一切。核改京信稿五件，傍夕小睡。夜又核信稿三件，核批稿各簿，二更三点睡。

初七日

早饭后清理文件。坐见之客二次。习字一纸。围棋二局。又坐见之客一次。李筱泉来久坐。午刻，请吴南屏、陈作人等便饭，申初散。阅本日文件。申正写对联七付。酉刻小睡。夜核批稿各簿。二更，阅吴南屏所为《春秋三传义求》。三点睡。

初八日

早饭后至城隍庙步祷。归，坐见之各三次，立见者一次。清理文件，习字一纸。围棋二局。巳正，陈作梅来一谈，又坐见之客一次，立见者一次。午刻校白香山七古，中饭后粗毕。阅本日文件。未正，李筱泉来久坐，至酉初始去。说话太多，不能治事。至后园一览。新屋三间已成，将地球移入其中。夜核批稿各簿。二更后，核信稿一件，约改三百字。四点睡。

初九日

早饭后，步行至城隍庙。因天气晴明，即行撤坛。礼毕，至汪梅村家一坐。归，坐见之客二次，立见者一次。清理文件，习字一纸。围棋二局。阅校黄山谷诗七古七律二种。将任、史两谱一阅，批校三页许。午正请小泉小宴，黄昌岐、陈心泉等陪之，申初二刻散。阅本日文件。申正，李眉生来久谈，陪至后园茅亭一坐。雨大，不能遽归。傍夕归，小睡。夜核批稿各簿。二更后阅吴南屏所著《孟子考义发》。三点睡，三更后成寐。

初十日

早饭后，坐见之客二次，衙门期也。清理文件，习字一纸。围棋二局。立见之客一次，坐见者一次，李筱泉来久坐。午刻阅黄山谷七古、七律，批点仅及三页。中饭后阅本日文件。李眉生来久谈。申正写对联九付。酉正小睡。夜核批稿各簿。二更后改信稿一件，约三百字。拟作一诗酬吴南屏，久索未得。四点睡。是日阴雨竟日，夜间雨尤大。麦稼既已无望，尤恐大水为灾。本日闻贼又窜运河以北，至东昌一带，焦灼之至。第二孙女患病，啼哭竟夕，亦增愁闷。

十一日

早饭后清理文件，习字一纸。围棋二局。坐见之客一次。写丁雨生信二页、筱泉信一页，批校山谷诗。午正，吴南屏来一谈，与同中饭。饭后，同至昭忠祠一看，申正归。阅本日文件，写对联六付、横披一幅，约一百字。傍夕小睡。夜核批稿各簿。二更后拟作诗而久未就。四点睡。

十二日

早饭后，坐见之客三次，立见者二次。清理文件，习字一纸。围棋二局。批校山谷诗。中饭后又校二页，阅本日文件。小睡片刻。坐见之客一次。申正写对联五付、挂屏四幅。酉刻核批稿各簿。戌刻小睡。夜作诗廿余句，未毕。二更三点睡，三更后成寐。

十三日

早饭后清理文件，习字一纸。围棋二局。批校山谷诗甫一页许，李筱泉来辞行，久谈二时许。中饭后，雷鹤皋来一谈。未刻出城送筱泉之行。归，与眉生久谈。阅本日文件。申正，写对联六付、挽幛一付。酉刻核批稿各簿。傍夕小睡。夜作计十余句，《喜吴南屏至》七古一首作毕。二更三点睡，三更后成寐。

十四日

早饭后清理文件，习字一纸。围棋二局。将作日诗录写送南屏处。批校山谷诗。立见之客一次，坐见者一次。午正倦甚，小睡。中饭后阅本日文件，核信稿一件。至南屏处一坐，昨日搬入署内也。与幕府同至后园新屋久谈。申刻写对联四付。李雨亭来久谈。傍夕不睡。夜核批札稿簿，阅《姚惜抱诗集》。二更后，阅吴南屏所为《经说》。三点睡。

十五日

早饭后清理文件，习字一纸。围棋二局。立见之客一次，坐见者三次。批校山谷诗四页。中饭后阅本日文件。眉生来一谈，省三来久谈。申刻写对联七付，核批札稿簿。傍夕小睡。夜，南屏来久谈，二更二点始去。三点睡。

十六日

早饭后清理文件，习字一纸。围棋二局。坐见之客一次，立见者二次。钱子密来久谈。批校山谷诗四页。中饭后阅本日文件。小睡片刻。出门拜雷鹤皋、吴竹如二家，谈均久，酉正归。至后园与吴南屏久谈。夜核批稿各簿。二更后，阅梅伯言所选《古文辞略》。三点睡。

十七日

早饭后清理文件，习字一纸。围棋二局。立见之客一次，坐见者一次。批校山谷诗四页。惠甫来久谈。小睡片刻。中饭，请吴南屏来便饭。饭后阅本日文件。小睡片刻。眉生来一谈。申正写对联七付、屏一幅。酉刻至后园看栽竹。核批稿簿，未毕，灯后核毕。写零字甚多。二更后温《古文·传志类》下。二更四点睡，三更后成寐。

十八日

早饭后清理文件，习字一纸。围棋二局。坐见之客三次，立见者二次。写灵谷龙神庙一通，约四百余字。批校山从诗甫一页，周寿山来久谈。又坐见之客一次。中饭后，吴竹如来久谈，许缘仲来一谈。阅本日文件，写对联七付。折差自京归，阅京信数件。人有送李次青所撰《国朝先生事略》，略偶翻阅数篇，天已黑矣。夜核批稿各簿，又阅《先正事略》。二更后温《古文·序跋类》三点睡。

十九日

早饭后清理文件，习字一纸。围棋二局。前后坐见之客六次。批校山谷诗二页。小睡片刻。午正一刻，请李眉生、雨亭小宴，申刻散。周寿山与作梅来久谈。阅本日文件。剃头一次。傍夕小睡。夜核批稿各簿，又阅《先正事略》。二更后核信稿一件，未毕。四点睡。

附记

可买者，交价定契后，不得再有异说；不可买者，直接回复总信。有身家而卖地与教堂者，百不得一；明书卖与天主堂者，五不得一。阻挠三等：正派，附和、贪利，瘈毙、浮收，驱民从教。固民心为弭外患之本，明是非，任劳怨，为精吏治之本丁信。

廿日

早饭后清理文件。见客，坐见者三次，立见者一次。习字一纸。围棋二局。巳初出门，至文庙一看工程。旋出城至河下看八团舢板，午正归。热甚。阅《先正事略》。中饭后，坐见之客二次，周寿山谈最久。申初小睡片刻。申正写对联、挂屏及福、寿字之类。天气奇热，不复能治事，小睡片刻。夜间大雨如注，虽少解炎熇之气，而麦收又恐伤损。夜核批稿各簿。旋核信，复丁雨生信稿，约改三百余字。二更三点睡。

附记

戴嘉玉小湖所托

廿一日

早饭后清理文件。坐见之客一次。习字一纸。围棋二局。批校山谷诗三页，《内集》校毕。午刻见客三次，谈均颇久。中饭后阅本日文件。与眉生谈诗。又立见之客一次。定对联二付。雷鹤皋来，久坐一时许。余说话稍多，疲惫极矣，小睡片刻。夜核批稿簿，二更二点阅《先正事略》。四点睡。

廿二日

早饭后清理文件。坐见之客一次。习字一纸。围棋二局。戴子高来久谈。批校山谷《外集》诗。午正倦甚，小睡。中饭后清理本日文件。至幕府与吴南屏久谈。申正写对联七付。至后园一览。酉刻核批稿各簿。傍夕小睡。夜阅南屏所著《论语》。二更四点睡。

附记

阅销册　　拜吴、李
写沅信　　送雷礼

廿三日

早饭后清理文件。见客，坐见者二次。习字一纸，围棋二局。许缘仲来久谈。批校《山谷诗集》。中饭后阅本日文件。小睡片刻。王少岩等来一坐，李眉生、庞省三先后来一坐。酉刻核批稿各簿。傍夕小睡。夜核信稿七件。二更三点睡。

廿四日

早饭后清理文件，习字一纸。围棋二局。坐见之客三次。巳正出门，至吴竹如处一谈。归，坐见之客一次。中饭后料理出城。余奏明至上海查阅外海水师事宜。未正起程。至汉西门外上船。坐见之客四次，立见者五次，皆文武送行者也。申正开船，行廿里。至下关湾泊。黄昌期、李眉生先后来久谈。酉刻在船阅山谷诗。夜核批稿簿，写沅弟信一件。是日接奉廷寄，责成李少泉一人剿贼，限一个月不灭，则重治其罪。克期剿贼，是明末之弊政。既为大局虑，尤为少泉危，忧系无已。二更三点睡，不甚成寐。

廿五日

早饭后清理文件。天气阴寒，细雨竟日，逆风不能开船，即在下关停泊一日。习字一纸，阅校山谷诗。南屏、惠甫等来船久谈。又校批山谷诗。中饭后批校半时许，目蒙殊甚。至眉生、南屏等船上久谈，申正归。再校黄诗，写信与钱子密。傍夕小睡。夜温《古文·气势之属》，朗诵二首，又览《文选》各诗。二更三点睡。梦魇甚恶，非君子所应有之梦，深以为愧。

廿六日

早饭后清理文件。立见之客一次，坐见者一次。逆风渐息，开船行走，用小轮船拖带。行八十里至东沟口停泊，待后至之船，约停一时许。习字一纸，批校山谷诗。与南屏久谈。午正后开船。申刻至瓜洲口湾泊。坐见之客八次，立见者三次。酉刻，坐小船至六濠口瓜栈行走一次，即在程敬之处晚饭，往返约廿里，归至瓜口已二更矣。阅《古文·气势之属》。三点睡。

廿七日

早饭后开船。清理文件，习字一纸，批校山谷诗。巳初至扬州，泊钞关门外。入城至公馆。坐见之客五次，立见者一次。午初出门拜客三家。午正至运司李采臣署内小宴，未正散。出东门至荣福桥一阅。桥为去年所修，特往观其工程坚实与否，酉初归，船往复卅余里。坐见之客一次，立见者一次。倦甚小睡。夜，坐见之客一次，核批稿各簿。二更三点睡。

廿八日

早饭后清理文件，习字一纸，批校山谷诗。见客，坐见者四次，立见者二次。巳正进城，至运司衙门搬库。午初至湖南会馆一览，即盐商包家之棣园，吾乡业盐者买之以为会馆。雕楹刻栋，佳木异石，穷极工巧。午正至厉伯符家，渠与晏彤甫公请便饭，申初归。至南门观去年所修横墙，工程尚坚实。乔鹤侪来久谈。风逆，不能开船。酉正开船，行十余里，至宝塔下红桥湾泊。坐见之客二次。阅缉香堂所刻《山谷集》。核批稿、信稿。二更三点睡。

廿九日

早饭后开船，行卅余里至瓜洲少泊。待后帮船至，再行渡江一游金山，看东坡所留玉带。在船清理文件，习字一纸，批校《山谷集》三页。自金山回船。中饭后至焦山一游。常镇道蔡世俊义臣置酒于此。酒后登山，天气极热。酉初下山，登舟行十余里，进丹徒口。夜与眉生久谈，核批札稿件。二更后倦甚，小睡。余昔年抄古文，分气势、识度、情韵、趣味为四属，拟再抄古近诗，亦分为四属，而别增一机神之属。机者，无心遇之，偶然触之。姚惜抱谓文王、周公"系易"、"象辞"、"爻辞"，其取象亦偶触于其机。假令《易》一日而为之，其机之所触少变，则其辞之取象亦少异矣。余尝叹为知言。神者，人功与天机相凑泊，如卜筮之有繇辞，如《左传》诸史之有童谣，如佛书之有偈语，其义在于可解与不可解之间。古人有所托讽，如阮嗣宗之类，或故作神语，以乱其辞。唐人如太白之豪，少陵之雄，龙标之逸，昌谷之奇，及元、白、张、王之乐府，亦往往多神到、机到之语。即宋世名家之诗，亦皆人巧极而天工错，径路绝而风云通。盖必可与言机，可与用神，而后极诗之能事。余抄诗拟增此一种，与古文微有异同。二更三点睡，燥热殊甚。

闰四月

初一日

早饭后，见客三次。开船，行七十里至丹阳县停泊片刻。又行五十里，至吕城泊宿。在船批校山谷诗十八页，又将《外集》、《别集》中未抄之七古、七律粗阅一过。黄诗校对已毕，草草读过，不能细也。在丹阳见客一次，夜间又见客一次。傍夕在岸侧乘凉，与南屏、惠甫等久谈。灯后核批札稿簿，又核一告示稿，未毕。辰刻清理文件，习字一纸。申刻阅本日文件。二更四点睡。天热，不甚成寐。

初二日

早饭后，开四十里至常州府。见客，坐见者二次，立见者二次。上岸至刘开生家一坐，旋即回船。开行数里，李质堂来迎接，与之久谈。酉正二刻至罗山泊宿。坐见之客三次，立见者一次。是日将所抄五古曹、阮、陶、谢、鲍、谢六家，用《文选》本校对，约校三页许。夜核批札稿簿。二更后倦甚，小睡。三点睡。是日燥热异常，在船赤体不着衣，尚觉烦闷。午刻在常州骤雨，下半日燥热未热，夜间大雨如注，顿觉凉爽，而又以麦收为虑矣。

初三日

早饭后清理文件。开船行卅里，至无锡，停泊黄浦墩，登岸一观。小金山四面临水，中一园亭，约径六丈，围十七八丈许。楼上地下，周围窗棂，纯庙题诗甚多。旋至惠山观昭忠祠及第二泉。巳正回船。旋又开行，轮舟顺风，行七十里至浒墅关。丁中卫及司道前来迎接。又行廿里至苏州胥门登岸，以新臬台衙门作公馆。是日卯正习字一纸。见客，坐见者二次。至无锡，见客三次。在舟中批校阮嗣宗诗四十首。到苏后，夜见客三次，丁中丞及童薇砚坐甚久。二更三点客退，儿侄辈始赶到。四点睡，不甚成寐。

初四日

早饭后清理文件。坐见之客十次，立见者七次，疲乏极矣。午初出门拜客，会者二家。未初至丁中丞署内中饭，申正散。回寓后，立见之客二次，坐见者三次。傍夕小睡。夜与李质堂、李眉生先后久谈。二更后核批稿各簿。三点睡。

初五日

早饭后清理文件。坐见之客九次，立见者三次。习字一纸。巳正出门拜客，会者三家，不会者二家。未初，至李质堂处中饭，申初毕。申正至拙政园、狮子林一观，酉初归。困倦殊甚，小睡片刻。夜核批稿各簿，核批札稿簿，核阮嗣宗诗数首。二更三点睡。

初六日

早饭后清理文件。见客，坐见者五次，立见者三次。巳正倦极，小睡片刻。写澄弟信，未毕。午初出门拜客，会者二家，未会者三家。未初至程公祠，苏州绅士公请小宴，共三席。酒罢，周览园林之胜。该处旧为倪方伯良耀寓居，今为安徽会馆，右边即程学启之祠也。申正散。至丁中丞署内听客弹琴，又遍阅其楼上所藏书籍。旋又拜客三家，傍夕归。与眉生一谈。夜阅本日文件，核批稿各簿。二更后写澄弟信一件，写纪鸿儿信一件，三点睡。

初七日

早饭后清理文件。见客，立见者一次，坐见者一次。辰初出城。将往游太湖，约丁中丞、李军门及官绅等十余人同游。定以初七日游木渎、范坟等处，初八日游东西洞庭，阅视应设水师之所。开船行廿五里至木渎，至许缘仲所寓葛园，一览水石之胜。旋肩舆至灵岩山，登绝顶极览。归，至端园中饭。饭后，肩舆至天平山，步行登山。有下白云、一线天、中白云、上白云四名，实则从山脚至山顶，尚不及二里。余陟其巅，同行丁中丞等五人，俱中道而止。下山后，往谒范坟。西为高义园，因范文正公义田而立，纯皇帝题扁及诗碑在焉。东为范坟，文正公之高祖、唐丽水县丞名□□之墓在焉。墓在天平山之左胁，山质皆石无土，群石矗立，土人名曰万笏。朝天结穴之处，有土方数十丈。其后山石壁立，亦不似吾乡。堪舆家所称老山抽嫩枝及落脉举顶云云者，不知何以贵盛久远如此。旋肩舆行三里许，至无隐庵。盖天平山为最高之主峰，南向，其东贴近左胁为范氏先墓。又东曰牛头山，中有御路，为纯皇帝入幸范坟所由之道。又东迤逦而南，凡五峰，中一峰稍高者曰朱家山，即支硎山也。天平山之西，迤逦而南，凡四峰，其第三峰曰马鞍山，与东边之朱家山相对，即无隐庵之后山也。其第四峰较高，即灵岩山也。东西两嶂，俨立相对。中间大壑相距二里许。西正三刻回木渎登舟，往返约卅二三里。舟行将赴胥口，乃该处市镇中间桥密而岸窄，余舟太大，节节逼隘，至一桥下，两岸夹立石壁，良久不得过。更后，余登岸至许缘仲家住宿，而令各船次第倒行，退出三里之下。丁中丞及司道等来会，游兴为之顿减。因改议明日不复游洞庭东、西山，但至胥口一览而已。二更三点睡，久不成寐。

初八日

早，在许寓早饭。饭后，令人探水。与丁中丞、李质堂同赴胥口，查阅太湖形胜，同登香山之嘴。在胥口之西，其后为小周山、大周山，最高者曰穹窿山。胥口之东曰清明山，亦曰胥山。其山脚拖入湖中者曰菱湖嘴。其迤而东北者曰尧峰。尧峰之尾曰七子山。其与胥口相对横亘于北者曰横山。其内曰横塘，此皆滨临太湖之山也。其湖中之山，东洞庭距胥口约廿余里，西洞庭距胥口约卅余里。长沙山约距十里许，此目中所见者。其极北之马迹山、极西之大雷、小雷，皆不见也。太湖若立水师，宜分三营。以一营驻东洞庭，辖苏州吴、长、江、震四县湖面。而西洞庭亦驻船数号，与浙会办。以一营驻马迹山，辖常州阴湖、无锡、宜兴、荆溪四县湖面。以一营驻大雷山，辖湖州长兴、乌程两县湖面。阅毕，回至木渎。中饭后开船，自木渎回苏州。丁中卫、李军门在船久谈。写昨日日记。申正至苏州湾，泊盘门之外。清理文件。阅邸报，余补武英殿大学士，朱凤标补体仁阁大学士。随从人等纷纷道贺，两司及幕府等谈最久，又坐见之客一次。傍夕登岸，在桥上久坐，与南屏等一谈。丁中丞来道喜，即在桥上一谈。归船夜饭后，坐见之客二次。旋核批稿簿，至二更四点睡。

初九日

早饭后开船，行八十余里至昆山之上停泊，待后至之船。申正又开船。行廿余里，泊宿在昆山之下约十五里。辰刻清理文件，习字一纸，批校阮嗣宗咏怀诗。两次小睡。未初将阮诗校毕，写丁中丞信一封，约三百字。辰刻，坐见之客一次。申刻，坐见之客二次。阅《潘文恭公年谱》，又阅其子《功甫年谱》，未毕。傍夕，登岸与南屏一谈。夜因二日吃枇杷太多，腹胀不能治事。改刘省三信稿一件，约二百字。二更四点睡。

初十日

早饭后清理文件。开船行七十里，至黄渡湾泊，等候各民船。坐见之客三次。南屏等来久谈。停二时许，申初又开船。行卅余里，至野鸡墩以上三里许泊宿。辰刻习字一纸，批校五言古诗陶、谢诸家。两次小睡。申正阅《潘功甫诗集》。辰刻观李眉生诗，爱其俊拔而有情韵，将来必为诗人。纪泽前后作次筵字韵诗二首，韵稳而脉清，吐属亦当名贵，将来或亦为诗人，殊以为慰。夜核批稿各簿。二更后，眉生来久谈。三点睡。

十一日

早饭后开船，行四十里。午初至新栅登岸，肩舆过洋泾滨、黄浦江等处，凡十八里许，至上海南门外新造铁厂居住，未正到。在舟中与丁中丞等久谈。清理文件，习字一纸，阅《文选·乐府》，批校鲍、谢等诗。小睡片刻。中饭后见客，坐见者八次，立见者三次。疲乏殊甚，小睡片刻。夜，坐见之客一次，与丁中丞久谈。旋核改折稿二件，约改三百余字。三更二点睡。近年从无似此夜深始睡者，幸尚能成寐。夜接家信，欣悉纪官侄者取县案首。县令考试甚严，当可免于物议，甚以为慰。吾每虑吾兄弟功名太盛，发泄殆尽。观近年添丁之渐多，子弟之向学，或者祖泽尚厚，方兴未艾，且喜且惴惴也。

十二日

早饭后清理文件。坐见之客四次，立见者二次。旋出门至机器局，观一切制造机器，屋宇虽不甚大，而机器颇备。旋观新造之轮船，长十六丈，宽三丈许。最要者惟船底之龙骨，中间龙骨夹层两边，各龙骨三根。中骨直而径达两头，两边骨曲而次第缩短。骨之下板一层，骨之上板一层，是为夹板，板厚三寸。龙骨之外，惟船肋最为要紧，约每肋宽厚三寸有奇，皆用极坚之木。计此船七月可下水。巳正回寓，坐见之客一次。写家信一件。小睡片刻。改片稿一件。中饭后，英、法等领事来见，凡坐见者三次，又坐见之客二次，立见者一次。看丁中丞带来之洋镜内山水画图，甚为奇丽。与南屏等一谈。小睡片刻。夜间，南屏、惠甫等来看洋镜画。旋阅本日文件。二更三点睡。

附 记

催省片　　　写筱泉信
撤质营　　　送南仪

十三日

早饭后清理文件。见客，坐见者七次。改片稿一件，颇费经营。午初出门，至洋泾滨回拜法国领事白来尼，倾诚款待。虽其母其妻之卧室，亦预为腾出，引余与中丞、军门阅看。所居楼阁四层，一一登览。玉宇琼楼，镂金错彩，我中国帝王之居殆不及也。施备酒席小宴。又至英国领事温思达处回拜，亦备酒相款。未正，至城隍庙，应敏斋等招饮，申末散。诚内观者如堵。旋回拜刘融斋，谈甚久，归时已晡矣。因事生气，久而未解。周寿山来久谈。夜与丁中丞、眉生等久谈。二更后写李小泉信一封。三点睡，三更后成寐。

十四日

早饭后清理文件。坐见之客二次，立见三次。发报二折四片，与丁中丞会衔。旋下河登天平轮船，将回金陵。与丁中丞同坐一船，会查吴淞江海口。丁以为提督当建牙于宝山也。申正过狼山、福山。夜二更泊宿于江阴口外。中丞在此换小船，由内河回苏州。是日在船，未治一事，仅阅杜牧之诗约六七十首。小睡数次，余皆与中丞畅谈而已。二更三点睡，四更四点醒。轮船即于是时开行，不复成寐矣。

附 记

复沅信　　　复少泉信
复印渠信　　复二郭信

十五日

寅初开船，自江阴口启行，凡行四百廿里。酉初，至下关。酉正，自下关坐小轮船，至汉西门以下三里湾泊。在舟中将《杜牧之集》粗阅一遍毕。登岸后，行四里至官厅，与司道相见一谈。灯时入署，与家人一谈，与幕府一谈。二更后小睡。三点睡，三更二点始略成寐，未至五更而又醒矣。

附　记

钱粮向县堂报清册呈查。现饬具四柱简明折，每月呈送。其拨解军饷、核作放收，亦另开一折呈报。

十六日

早饭后清理文件。坐见之客十三次，立见之客五次。说话太多，疲乏极矣。中饭后，燥热异常，上半日已湿透汗衣，更换三次。未申间，郁热更甚。围棋一局。又坐见之客一次。热甚烦闷，不复能治事矣。将《帅子文集》翻阅数页。酉刻，立见之客一次，谈甚久。至后园亭中小坐。小睡片刻。夜核批稿各簿甚多，二更后作告示稿一件。三点睡。睡后雨甚大，而燥热未减，竟久不得善眠。

十七日

早饭后清理文件，习字一纸。围棋二局。坐见之客四次，立见者二次。将雷鹤皋所送诗文集略一翻阅。小睡片刻。中饭后阅本日文件。坐见之客一次，李小湖谈甚久。申正后，小睡甚久。酉正写沅弟信，未毕。雨大天暗，旋即昏黑，又复小睡。夜将沅弟信写毕，核批稿各簿极多，未毕。二更三点睡。是日屡次骤雨，天尚郁热。

十八日

早饭后清理文件，习字一纸。围棋一局。见客，坐见者四次。说话稍多，倦甚，不能治事，小睡二次。中饭后阅本日文件，批阅汉魏六朝六家诗。天气阴寒，雨势不止，身体若不适者，因多着衣服小睡。夜核批稿各簿。二更后小睡。三点入内室睡。是夜大雨倾盆，声如惊风怒涛，又如百万甲马。余以小病，睡梦中神魂不安，今岁必为淫潦所苦，忧灼之至。

十九日

早饭后清理文件。见客，坐见者一次，立见者一次。习字一纸。围棋二局。

身体微有不适，小睡颇多。将六家诗与《乐府诗集》校对批阅。中饭后阅本日文件，写李宫保信一封，约四百字。坐见之客一次。申刻至幕府一谈。自昨夜至本日，倾盆大雨，迄未少息，直至申刻始止。酉刻写俞荫甫信一封。傍夕小睡。夜核批稿各簿，二更三点毕。睡后，尚能成寐。

廿日

早饭后清理文件。见客，坐见者二次。习字一纸。围棋二局。出门拜客，会者三家，午正二刻归。中饭后阅本日文件，校对六家诗。申正后剃头一次。坐见之客一次。酉初二刻，令纪鸿与叶甥背诵时文。傍夕小睡。夜核批稿各簿。二更后，清理新抄古文目录，朗诵古诗。三点睡，三更后成寐。本日阴寒。夜间复大雨不止。

廿一日

早饭后清理文件。见客，立见者一次，坐见者三次。习字二纸。围棋一局。批阅曹、阮等六家诗，与《乐府诗集》核对，甚费心神。阅小说《儒林外史》以散闷。午正三刻，请刘养素小宴，李山长及江西三道陪之，申正散。阅本日文件。酉刻，课纪鸿、叶甥等谈文。旋写云仙信二页，未毕。傍夕小睡。夜又写云信三页毕，核批稿各簿，二更后毕。温诵古文三首。三点睡，三更后成寐。

廿二日

早饭后清理文件，习字一纸。围棋二局。看小说书三刻许。小睡刻许。批校陶诗七页。中饭后，吴竹如来久谈，又坐见之客二次。申正写对联五付、直幅一件。酉初，听儿甥辈背书，又阅小说，倦甚，小睡。夜核批稿簿。二更后温古诗十余首。三点睡，三更后成寐。

廿三日

早饭后，坐见之客一次，立见者一次。清理文件，习字一纸。小睡片刻。看小说十余页。坐见之客一次。批校陶诗七页。中饭后，坐见之客一次。阅本日文件。出门拜将军、都统，申正归。小睡片刻，又阅小说十余页。酉末，阅核批稿各簿。傍夕小睡。夜阅小说数页，温《古文·气势之属》。二更三点睡，三更成寐。

廿四日

早饭后清理文件，习字一纸。围棋二局。看小说廿余页。刘子迎来久谈，陈作梅来一谈。午初阅陶诗，批《述酒》、《拟古》等篇。中饭后阅半时许，仅批三页。阅本日文件。小睡片刻。写编字十余方、对联五付。课儿甥背诵经书。酉末核批札稿。傍夕小睡。夜拟作诗，久不得句。又看小说十余页。将睡，始成诗数句。二更四点睡。是日，何子贞寄到新刻诗集，名曰《东洲草堂诗草》屡次翻阅数十首。

廿五日

早饭后清理文件。坐见之客二次。习字一纸。围棋二局。阅批陶诗毕。小睡片刻。中饭后阅本日文件，阅小说十余页，写对联九付。小睡片刻。听儿甥辈背书。核批稿各簿。小睡片刻。夜阅小说十余页。二更后，欲为诗而不成，精神惝恍，衰态见矣。四点睡。

附 记

大通卡应查　　　沅信
彭笛仙事

廿六日

早饭后清理文件，习字一纸。围棋二局。见客，立见者一次，坐见者二次。批校大谢及鲍明远诗。中饭后阅本日文件。至幕府一谈。倦甚，小睡。酉初，课儿甥辈诵时文。阅小说《儒林外史》十余页，是书极诋士人多穿窬之行，丑态百出，览之足以解颐，亦用自儆。傍夕阅核批稿各簿，未毕，灯后核毕。又核吴竹庄信一件，约改四百字。二更三点睡，三更后成寐。

廿七日

早饭后清理文件，习字一纸。围棋二局。小睡片刻。批校鲍明远诗毕，又校谢宣城诗。立见之客一次，李雨亭来谈甚久。小睡片刻。中饭后清理文件。阅小说数页，写眉生信二页、雨生信一页、竹庄信二页，写扁二方、对七付。酉初听儿甥辈背书。以后，凡三、八课外之四日，以二日背四书、经书，以一日背时文以一日背诗、赋、古文。余每日以一二刻许听其背诵，庶后辈于眼前之书不至茫然不能举其辞。并拟令沅弟以此法课瑞、官两侄。酉正阅核批稿簿，未毕。傍夕小睡。灯后核稿毕，作诗十余句。二更四点睡。是夜大雨，彻宵不息，今岁水灾可虑。

廿八日

早饭后清理文件，习字一纸。见客，立见者二次，坐见者二次。小睡半时许。巳正后，坐见之客三次，刘养素坐甚久。中饭后阅本日文件，校谢宣城诗数页，写沅弟信一件，约五百字，写对联五付、挂屏三页。小睡片刻。核批稿各簿。夜写零字颇多，作诗数句。二更四点睡，三更后成寐。是日午后放晴，差为一慰。

廿九日

早饭后清理文件，习字一纸。坐见之客二次。出门拜春织造、吴竹如、李小湖三处，谈颇久，巳正二刻归。小睡片刻。午初将谢宣城诗校毕，又校王右丞五律，中饭后接校，共七页。阅本日文件。见客，立见者二次，坐见者一次。申正写对联七付、挂屏一页。酉初课儿甥辈背书。酉正核批稿各簿毕。傍夕小睡。夜作诗数句。《金山观东坡玉带》七古一首作毕，殊无佳句。二更四点睡，三更三点成寐。昔在京时，每作诗辄不成寐，是以辍不复作，今此病似又复发。老年本不欲以诗鸣，听之而已。

五 月

初一日

早饭后清理文件，习字一纸。立见之客三次。围棋二局。将昨所作之诗用笺纸誊写一过，共三百字。坐见之客二次，立见者一次。小睡片刻。校王右丞五律毕。旋校孟襄阳五律，中饭后又校五十余首。阅本日文件。申初二刻写对联十一付。酉初听儿甥辈背书。酉正核批札稿簿毕。傍夕登楼眺览，见署内搭凉篷五六处，自惭居处之优崇。默诵古诗颇多。小睡片刻。夜阅欧公七古，阅《何子贞诗集》。二更三点睡，三更后成寐。

初二日

早饭后清理文件。坐见之客二次，汪梅村谈甚久。习字一纸。围棋二局。又立见之客二次，坐见者一次。出门拜客，会者三家，午初归。校对孟襄阳五律。中饭后阅本日文件，又阅校孟律粗毕。写对联七付。至后园眺览。课儿甥辈背书。酉正核批稿各簿。傍夕阅《何子贞诗集》。小睡片刻。灯下又阅《子贞集》。二更温杜、韩七古。三点睡，临睡写澄弟信，派轮船赴鄂迎接。

初三日

早饭后清理文件，习字一纸。围棋二局。见客，坐见者二次，立见者二次。阅小说十余页，再将孟襄阳五律检点一番，校杜牧之七律。小睡片刻。中饭后又校小杜七律，阅本日文件。天气奇热，郁闷殊甚，不能治事。写对联七付，阅小说数页。小睡片刻。至后园一览。与幕府一谈。核批稿各簿。夜太热，不愿治事，翻阅《曝书亭集》。接澄弟信，目下不能来金陵，改订八月为期。余本拟节后派轮船赴鄂迎接，因恐其于闰月廿四业已起程，改于今早派船往迎，计已行数百里矣。二更三点睡。

初四日

早饭后清理文件，习字一纸。见客，立见者二次，坐见者二次。雷州举人陈乔森谈甚久。陈号逸山，许仙屏有书极赞其文行不群也。小睡半时许。巳正移至后园新屋之内，阅校杜牧七律。午初，赵惠甫来久谈。中饭后阅本日文件。陈虎臣来一谈。改折稿一件、信稿二件。申正写对联六付、挂屏二页。酉初课儿甥背书。酉正核批稿簿。傍夕至后园亭与贞斋一谈。夜疲乏殊甚，不能治事。阅放翁七古，眼蒙，几不能辨字，老境颓然著矣。折弁归，接阅京信、京报。二更四点睡，通宵不甚成寐。

初五日

早间，谢绝贺节之客。饭后清理文件，习字一纸。围棋二局。立见之客二次。小睡颇久。巳正至后园新屋内阅书，校小杜七律廿余首。中饭，与署中客黄子钧等及子侄辈小宴，未正三刻散。阅本日文件。坐见之客二次。申正二刻写对联、挂屏。酉初二刻课儿甥辈背书。酉正核批高各簿。傍夕小睡。夜核信稿一件，二更后温姚选七律。三点睡，三更后成寐。

附　记

丁信、寄宁属密考簿　　　许、李等信
彭杏南谥忠壮，李祥和谥武壮

初六日

早饭后清理文件，习字一纸。围棋二局。坐见之客四次，谈均颇久。小睡片刻。巳正至后园新屋一坐，阅杜牧之七律，校对粗毕，阅《李义山年谱》。中饭后阅本日文件，写澄侯弟信一件。申正写对联六付。酉初课儿甥辈背文。酉正写丁雨生信二页，核批稿各簿，未毕。傍夕与莼斋久谈。夜核稿毕。再将复雨生各信料理一番。将改复京信稿，而神气疲困，不能治事。二更后略诵古诗。三点睡，三更后成寐。雨又太大，深以为虑。

初七日

早饭后清理文件，习字一纸。见客，坐见者二次，立见者　次，闻潘伊卿在扬州病势甚重，悬系之至。小睡大半时。核片稿一件。已正，坐见之客二次，立见者一次。阅校李义山七律，仅批数首。中饭后阅本日文件，核信稿五件，约改五百字，疲乏殊甚。酉初课儿甥辈背书。酉正核批稿各簿。傍夕小睡。夜又补核批稿簿。明日派折弁进京，校对各折，谢恩折中有复字，酌改良久未妥。二更后朗朗衍一朗字诵杜诗七古。三点睡。

初八日

早饭后清理文件，习字一纸。围棋二局。坐见之客二次，立见者一次。拜发谢恩折行礼毕。又坐见之客一次，立见者一次。小睡片刻。批校李义山七律，中饭后止仅校四页。阅本日文件。申正写对联七付、挂屏一幅。酉初小睡片刻。酉正核批稿各簿。灯后核复贺节信稿，二更后粗毕。诵太白七古数首。四点睡。

初九日

早饭后清理文件，习字一纸。围棋二局。坐见之客二次。小睡半时。批校义山七律。中饭后阅本日文件。又小睡大半时。申正写对联六付，课儿甥辈背书。酉正核批稿各簿，未毕。灯后，又核批稿簿，疲乏殊甚。二更后温《古文·气势之属》，朗诵数首。三点睡。

初十日

早饭后，坐见之客二次，衙门期也。清理文件，习字一纸。立见之客二次，坐见者一次。小睡片刻。批校义山七律四页。中饭后阅本日文件。围棋二局。小睡片刻。写对联七付。惠甫来一谈，同至后园一览。酉初三刻课儿甥辈背书。酉正二刻核批稿各簿，未毕，灯下核毕，又核信稿一件。温杜诗五古，朗诵数首。二更三点睡，三更后成寐。昨夜大雨，直至本日午未间始息，深以岁事为忧。

十一日

早饭后清理文件，习字一纸。坐见之客三次，立见者一次。小睡片刻。已正阅批李义山七律四页。中饭后阅本日文件。小睡片刻。至幕府一谈。申正写对联七付。酉初课儿甥辈背文。旋剃头一次。酉正三刻核批稿各簿,未毕,夜始核毕,又核信稿四件。二更后诵《羽猎》、《长杨赋》。三点睡。

十二日

早饭后清理文件,习字一纸。围棋二局。见客一次,谈颇久。小睡片刻。巳正批校义山七律五页,中饭后又校二页,义山诗校毕。阅本日文件。李小湖来一谈。申正写对联七付。酉初课儿甥辈背文。坐见之客一次。核批札稿簿。傍夕小睡。夜核信稿五件。二更后温太白七古。三点,在书房睡。

十三日

未明起,至关帝庙行祭生日礼毕,卯初二刻归。饭后清理文件,习字一纸。坐见之客三次。小睡片刻。围棋二局。阅元遗山诗、序例、年谱等。午刻,坐见之客一次。中饭后阅本日文件。小睡片刻。将《遗山年谱》节抄,约四百余字。酉初写对联六付。酉正核批稿各簿,未毕。夜核各簿毕,又核信稿一件。二更朗诵义山七律。三点睡,三更二点成寐。

十四日

早饭后清理文件,习字一纸。围棋二局。坐见之客二次。小睡片刻。批校元遗山七律,将其交游、名字略一疏记,以便翻阅。午刻,请陈乔森逸山及书局诸君中饭,未正散。阅本日文件。申正写对联六付、挂屏二幅。酉初课儿甥辈背书。酉正核批稿各簿。傍夕小睡。夜写刘岘庄信一页、印渠信二页,核信稿十余件。二更后诵左太冲等诗。三点睡,三更后成寐。

附 记

吴寄朱信

十五日

早间,谢绝贺望之客。饭后坐见之客三次。闻潘伊卿病重,昨日辰刻在扬州上轮船,昨夕亥刻进旱西门,甫到公馆,即已气绝。在舟次昏迷已久,四肢已冷,特一息尚延,到家始属纩耳。闻在工甚吃辛苦,近年才识俱长,物望渐隆,遽尔徂谢,深可悼惜。清理文件,习字一纸。出门至潘家吊唁,见伊卿之父已七十，其子四人、孙一人，哭泣之声，至不忍闻。巳刻至昭忠祠看新修之花园，又至台城看从前府学地基，今拟改修武庙，即前明南雍旧址也，午刻归。坐见之客二次。批校遗山七律。中饭后阅本日文件。昨夕略受风寒，右肩疼痛，天又郁热，不愿治事，围棋二局。陈乔森来久谈。小睡片刻。酉初课儿侄辈背书，核批稿各簿，灯后始得核毕。将陈乔枞所著《今文尚书考》翻阅数十页。二更三点睡。

十六日

早饭后清理文件，习字一纸。刘养素来一谈。天气阴雨，寒意颇重。左肩又复疼痛，在床久睡。又坐见之客一次。午刻批校元遗山七律四页。中饭后阅本日文件。围棋二局。申正写对联七付。酉初课儿甥辈背文，核批稿各簿。傍夕睡颇久。天寒，用厚棉被覆盖，稍觉自适。日内，三妇一女次第感冒，余亦微患伤风。夜核信稿二件。二更后朗诵姚选七言律诗。三点睡。

十七日

早饭后清理文件，习字一纸。围棋二局。批校元遗山七律五页。中饭后阅本日文件。小睡片刻。薛抚屏来久谈。申刻写扁、对七件。酉初课儿甥辈背书。至内室一谈，诸妇病未愈。傍夕又小睡。夜核批稿簿。二更后改折稿数行。四点睡。是日阴雨，下半天雨渐大，竟夜不止，至五更则如洪涛泻瓦。今年必有水灾，忧灼之至。

十八日

早饭后清理文件。围棋二局。习字一纸。见客，坐见者一次，立见者一次。批校元遗山七律七页，午正阅毕。中饭后阅本日文件，再将遗山诗清理一过，写沅弟信一件，约四百余字。酉初作挽联，挽潘伊卿云："还家便永诀，痛高堂七十岁倚门倚闾，知九原定呼憾事；治水甫成功，念下河百万户，已饥已溺，拚一死永奠生民。"旋将此联写好，并写祭幛。至后园一览。是日大雨如注，竟日不息，傍夕少停。遂不复治事。夜核批稿各簿，将遗山七绝阅看数十首。二更四点睡。

十九日

早饭后，至城隍庙步祷求晴。归后见客，坐见者三次，立见者二次。清理文件，习字一纸。围棋二局。批校陆放翁诗十二页。又坐见之客一次。中饭后阅本日文件。将放翁生平踪迹略开一纸，以代年谱。莫子偲来久谈。申正写对联五付。酉初课鸿儿背书，夜间，叶甥补行背诵。傍夕至后园一览。夜核批稿各簿。二更三点睡。

廿日

早饭后清理文件。出门至城隍庙步祷。旋至潘伊卿家吊奠。归，坐见之客二次，立见者一次。习字一纸。围棋二局。又坐见之客二次。批校放翁七律、七绝七页。中饭后，吴和甫侍郎同年存义来，久谈，申正始去。阅本日文件，写对联七付。酉初三刻课儿甥辈背书。至幕府一谈。与诸幕友至后园眺览。夜核批稿各簿。因本日说话太多，不能更治事，神气自觉昏怠之至。二更三点睡。三更又雨，可虑之至。

附记

杨洪绪　　金和　　朱世兄

廿一日

早饭后，至城隍庙步祷。旋出城至河下拜吴和父，辰正归。清理文件，习字一纸。李方伯来一坐。批校陆诗七律、七绝凡九页。中饭后阅本日文件。围棋二局。坐见之客一次。小睡片刻。申正写对联九付。酉初课儿甥辈背文。旋核批稿各簿。傍夕小睡。夜改复朱久香信一件，又自写何子贞信，约四百字，未毕。二更四点睡。是日未申后下雨，夜，雨尤大，自叹德薄，祈祷无灵。

廿二日

早饭后，至城隍庙步祷。旋归署，清理文件。至箭道考验武弁。习字一纸。围棋二局。见客，坐见者二次，立见者一次。阅校放翁七律、七绝七页。中饭后，吴和父来，久谈二时许，直至酉初二刻方去。余最怕久坐久谈，大为所困。课儿甥辈背诗。阅本日文件。至后园一览。傍夕小睡。夜核批稿各簿，添写何子贞信四行，始毕。出经解百余字，及诗、赋题，明日将考惜阴书院也。二更朗诵古诗。三点睡。

廿三日

早饭后，至城隍庙步祷。旋归署，清理文件，习字一纸。坐见之客一次，立见者一次。阅校放翁诗钞本十二页、刻本三卷。小睡一次。中饭后阅本日文件。围棋二局。小睡。旋阅《何子贞诗集》。惠甫来久谈。写对联六付。至后园一览。傍夕小睡。夜核批札各稿簿，核信稿廿余件，二更二点粗毕。旋温东坡七古。三点睡。

廿四日

早饭后，至城隍庙步祷。归署，见客，坐见者二次，立见者一次。清理文件，习字一纸。在竹床小睡。又坐见之客三次。阅校放翁七律、七绝，至申刻止。钞本校十二页、刻本四卷。中饭后清理本日文件。在竹床小睡。申正写对联六付。酉初课儿背书，添朱久香信二页，添应敏斋信数行。至后园一览。是日入初伏，晴明可喜，然热甚矣。傍夕小睡。夜核批稿各簿。二更后写妇女功课单。三点睡，三更后成寐。

廿五日

早饭后，至城隍庙谢神，因已畅晴也。归署，将妇幼功课单后添四语云："家勤则兴，人勤则健；能勤能俭，永不贫贱。"清理文件，习字一纸。围棋一局。坐见之客二次。批校放翁诗至未正，抄本阅九页，刻本阅二卷，亦仅七律、七绝二种，余未悉阅也。午正，坐见之客二次。中饭后阅本日文件。热极，在竹床久睡。申正写对联五付，写极大扁字八个。酉初课儿背书。酉正核批稿各簿。傍夕，至山上茅亭与幕府久谈。夜，热甚，不能治事，久睡。二更后，温诵《诗经》，三点睡。

廿六日

早饭后清理文件，习字一纸。围棋二局。阅李次青所作《国朝先正事略》。巳正批校陆放翁七律七绝，钞本校七页，刻本阅三卷。中饭后再阅《先正事略》。坐见之客一次。申正写对联六付、扁二付。酉初课儿甥辈背文。旋核批稿各簿，未毕。至后园亭上与蔡贞斋一谈。夜核批稿簿毕。温《诗经》，微吟，不觉将《国风》《小雅》温毕，《大雅》温至《生民》。二更三点睡。是日畅晴，甚热，殊以将变为虑。

廿七日

早饭后清理文件。坐见之客二次，立见者二次。习字一纸。围棋二局。阅《先正事略》。旋校陆诗七律七绝，钞本校十一页，刻本则校四卷，未正毕。中饭后阅本日文件，又阅《先正事略》。申正写对七付。酉初课儿甥辈背书。热甚，至后园一览，与子密久谈。夜核批稿各簿，二更后毕。倦甚。温曹、陶五古，朗诵十余首。三点睡。

廿八日

早饭后清理文件，习字一纸。见客，坐见者二次。阅《先正事略》。在竹床小睡。旋坐见之客二次。巳正阅校放翁诗七律七绝钞本六页，刻本已阅廿六、七、八、九四卷。中饭后阅本日文件。围棋二局。又小睡片刻。阅《先正事略》四篇。申正写对联七付、扁一幅。酉刻核批稿各簿毕，至后园小山一览。夜，疲困殊甚，小睡，而甚不适。二更后核一外海水师事宜批，未毕。三点睡，三更二点成寐。是日上半天微阴，午后幸又畅晴。

廿九日

早饭后清理文件，习字一纸。坐见之客三次，何廉昉谈最久。阅《先正事略》。小睡片刻。巳正阅校放翁七律七绝钞本，仅校六页，刻本校卅及卅一、二、三等四卷，中饭后校毕。午正，坐见之客一次。观薛抚辰所为古文数首。未正阅本日文件。申初围棋二局。申正剃头一次。酉初课儿甥辈背书。酉正核批稿各簿，未毕。至后园一览。灯后核稿毕，旋又核复丁中丞信稿，二更二点毕。朗诵苏诗数首。三点睡。是日骤雨三次，幸俱不大，畅晴如故。傍夕天清山朗，夜间繁星满天。不料五更大雨，天又变矣。

卅日

早饭后清理文件。坐见之客三次，熊仲山同年家彦谈甚久。习字一纸。围棋二局。阅《先正事略》数篇。巳正校阅放翁七律七绝，钞本校六页。刻本校卅四、五、六、七四卷，未正校毕。阅本日文件。在竹床小睡。申正写对联九付。酉初课儿甥辈背书。酉正核批稿簿，未毕。纪鸿儿又举一子，小大平安。至后园一览。未刻，周缦云来一谈。傍夕小睡。夜核批稿各簿毕。接澄、沅两弟信，知澄于五月十六日到省，乡间哥老会平安无事，不久必可来金陵相会，深以为慰。又核信稿十余件，温欧公七古数章。二更三点睡。本日骤雨数次，尚不失为晴天。

六 月

初一日

早间,谢绝贺朔之客。饭后清理文件,习字一纸。围棋二局。小睡片刻。与叶亭甥一谈。阅《先正事略》数篇。巳正校阅放翁七律七绝,钞本校六页,刻本校卅八、九、四十、四十一等卷。中饭后阅本日文件。写澄、沅弟信一件。申正写对联六付。酉初课儿甥辈背文。旋核批稿各簿,未毕。傍夕,至后园与子密一谈。夜将批稿核毕。天气郁热,不愿治事。余拟改报销折稿,迁延弥月,尚未动手,颓衰甚。本日沅弟信中有"古文国手"之说,自问此生不能复有所为,颇为歉然。二更四点睡。

初二日

早饭后清理文件,习字一纸。小睡片刻。坐见之客四次。午刻,孙儿三朝,告祖行礼。校放翁七律七绝钞本仅二页、刻本三卷。中饭后阅本日文件。天气酷热,在竹床睡卧良久。申正写对联五付、挂屏四幅。酉初二刻,叶甥背书。鸿儿夜间补背。核批稿各簿,未毕。至后园一览。夜将批稿核毕,改折稿约三百字。二更四点睡。

初三日

早饭后清理文件,习字一纸。围棋二局。在竹床睡甚久。巳刻校放翁七律七绝,钞本校十页,刻本校四十五、六、七、八、九、五十等卷,至中饭后校毕。阅本日文件。阅《何子贞诗集》。天气酷热,在竹床久睡。申正写对联五付、大"寿"字三幅。在室中间行,冀却暑气。核本日批稿各簿。傍夕至后园亭上乘凉，与幕府诸君久谈。夜，说话太多，困惫殊甚，久睡。二更后温《古文·气势之属》。四点睡。

附记

邱心坦　　熊焕南　　彭登埠　　彭宗洛

初四日

早饭后清理文件，习字一纸。吴竹如来久谈。围棋二局。小睡片刻。巳正，校放翁七律七绝，钞本校六页，刻本校四卷。中饭，请熊仲山同年家彦及何廉昉、薛抚屏小宴，申初散。阅本日文件。天气酷热，不能治事，在竹床小睡。酉初课儿甥背书。旋核批稿各簿毕。至后园亭上久坐，与蔡贞斋一谈。夜饭后，又独至山亭小睡。二更后入室，三点后睡，热极，不甚成寐。

初五日

早饭后清理文件。见客二次，谈颇久，衙门期也。习字一纸。围棋二局。小睡片刻。巳正阅校放翁七律七绝，钞本校四页，刻本校五十五、六、七、八等卷。中饭后阅本日文件。彭雪琴来久谈，酉初始去，课儿甥辈背书。旋核批稿各簿，未毕。傍夕至后园山上乘凉，与赵惠甫久谈。夜将批稿核毕。热甚，不愿治事，小睡片刻。二更后温《古文·序跋类》。三点睡。天气酷暑，竟夕不甚成寐。

初六日

早饭后清理文件，习字一纸。至湖南会馆与雪琴一会，因馆中死人，累次议者谓宜修改也。雪琴旋随余至署。又会客二次，洪琴西、莫子偲谈最久。写家信一件。酷热如蒸，仅写二页，因日记极详也。留雪琴中饭。饭后，席地乘凉。客去，阅本日文件。至内室套间稍凉，小睡片刻。申正补校放翁七律七绝，钞本校三页，刻本校五十五、六、七三卷。酉初，课儿辈背书。旋核批稿簿，未毕。傍夕至后园山上乘凉。夜将批稿核毕，又核信稿数件。二更后朗诵李、杜七古诗。三点睡。

初七日

早饭后清理文件。出门至河下拜雪琴。归署，习字一纸。立见之客二次，坐见者一次。陈虎臣来，谈甚久。雪琴来辞行。小睡片刻。校放翁七律七绝，钞本校四页，刻本校六十二、三、四、五等卷，未正校毕。中饭后阅本日文件。至内室阴凉处久睡。酉初课儿甥辈背书。旋核批稿各簿，未毕。至后园亭上与钱子密久谈。夜将稿簿核毕。二更后温韩、白七古。三点睡。

初八日

早饭后清理文件。坐见之客三次。习字一纸。围棋一局。伍嵩生编修来，鬯谈。小睡片刻。巳正阅放翁七律七绝钞本五页，刻本六十六、七、八、九等卷，中饭后毕。阅本日文件。酷暑不能治事，至内室套间乘凉，久睡。申正出，微一治事，旋又小睡。酉正核批稿簿，未毕。傍夕至园亭久坐。夜将批稿核毕，又核信稿。二更后温《赤壁赋》。四点睡。

初九日

早饭后清理文件，习字一纸。坐见之客二次。出门至汉西门河下看新钉之领江船，旋看莫愁湖。回署后，围棋二局。小睡片刻。午初校放翁七律七绝七十、七十一卷。中饭后又校七十二卷。阅本日文件。酷热，实不能堪，小睡片刻。申正改信稿，未毕。坐见之客一次。酉初课儿甥辈背书。旋核批稿簿毕。傍夕至园亭久坐。夜核信稿二件，约改四百字。二更后倦甚，不能治事。四点睡。

初十日

早饭后，坐见之客二次。清理文件，习字一纸。围棋二局。小睡片刻。阅校放翁七律七绝钞本五页，刻本七十三、四、五、六、七卷，至未正毕。中饭后阅本日文件。是日酷热，不克治事。未刻食西瓜。久睡，至酉初二刻方起。课儿甥辈背书。旋核批稿簿，灯下始核毕，又核信稿一件。二更四点睡，幸尚成寐。

十一日

早饭后清理文件。立见之客二次，坐见者二次。习字一纸。围棋二局。伍嵩生来久坐。旋校陆放翁七律七绝钞本六页，刻本七十八、九、八十、八十一、二等五卷，至未刻毕。中饭后阅本日文件。酷暑异常，不愿治事，至内室久睡，郁燥不能成寐。酉初课儿甥辈背书。旋核批稿，未毕。酷热多汗，至后园山上乘凉。夜核批稿毕。阅陈广敷所批《史记》数首，及所录朱子、陆象山、王阳明语。是日寄书四种于沅弟，均稍难购觅者，又配以笔墨信笺之属，写信一页。二更三点睡。是夜大雨如注，稍解炎热之气。

十二日

是日为先妣江太夫人忌辰，未设祭席。早饭后，坐见之客二次，立见者一次。清理文件，习字一纸。围棋二局。小睡片刻。坐见之客一次。阅放翁七律七绝钞本四页，刻本八十三、四、五卷，《放翁全集》阅毕。余于咸丰元年在京粗阅《放翁集》一过，仅钞七律。同治元年在安庆粗阅一过，仅钞七绝。其于五古、七古、五律、五绝等体，不过涉猎一二而已。此次校七律、七绝两体，于各体仍未细阅，殊以为愧。中饭后，将《陆集》略数每卷每体若干首。阅本日文件。热甚，至内室久睡。酉初课儿甥辈背书。旋核批稿各簿。至后园山上乘凉。夜核改折稿一件。二更后，温东坡七古。三点睡。

十三日

早饭后，出门至吴竹如、李小湖两处久谈，巳正归。清理文件，习字一纸。见客一次。又将《陆集》前十六卷数明若干首，略考某卷为某年所作，至申刻粗毕。中饭后，热甚。阅本日文件。申初，久睡。酉正核批稿各簿。傍夕至山上茅亭乘凉。夜核折一件、片二件。二更后温《古文·识度之属》。三点睡。

十四日

早饭后清理文件，习字一纸。陈心泉来，坐甚久。围棋二局。又坐见之客一次。将陆诗再数十余卷。中饭后，又命纪泽数十余卷，约计不足九千一百首。余所钞者，七律五百卅四首、七绝六百四十三首，约八分之一耳。未刻阅本日文件。旋阅《指月录》十余页。在竹床小睡。酉初课儿甥背书。旋核批稿簿，未毕。傍夕至园亭与子密一谈。夜核批稿毕，朗诵《书经》数篇。二更三点睡。

十五日

早，谢绝贺望之客。清理文件，习字一纸。围棋二局。汪梅村来久坐。小睡片刻。将放翁诗中应行补抄者逐注于上，凡廿四首，《陆集》粗治一过毕。中饭后阅本日文件。酷热，不愿治事，至内室久睡。多食西瓜。酉初课儿背书，叶甥于夜间补背。旋核批稿簿，未毕。傍夕至后园乘凉，与渠侄久谈。夜核批稿簿，又核折稿一件、片稿二件。二更后温《古文·序跋类》，朗诵数首。二更四点睡。

十六日

早饭后清理文件。坐见之客三次，立见者一次。习字一纸。围棋二局。又坐见之客一次。小睡片刻。巳正阅《五礼通考》中《宗庙制度》首卷廿七页。中饭后阅本日文件，写沅弟信一封。热甚，汗下如雨。至上房久睡，不能成寐。酉初课儿甥辈背书。旋核批稿簿，未毕。至后园乘凉，与渠侄一谈。夜将批稿核毕，又核信稿数件。二更后温《古文·辞赋类》。三点睡。三更后凉甚，似有秋意。

十七日

早饭后清理文件。坐见之客二次。习字一纸。围棋二局。小睡片刻。阅秦文恭所辑《宗庙制度》廿页。午正二刻请伍嵩生便宴，雨亭等陪之，申初散。阅本日文件。酷暑异常，有流金烁石之象。至内室小睡。申正核信稿二件，添黄恕皆信二页。酉刻课儿甥辈背书。酉正至后园乘凉。多食西瓜。夜核批稿各簿。二更始吃夜饭。旋核信稿一件，温曹子建诗数首。四点睡。

十八日

早饭后，雪琴来谈。饭后，与渠同拜万寿本章。旋至箭道考阅二员。清理文件，习字一纸。立见之客二次。小睡片刻。与雪琴之谈。巳正二刻送渠去后，阅秦书《宗庙制度》十页。午刻，熊仲山来一谈。中饭后阅本日文件。酷热不能治事，至内室久睡，申正起。核信稿二件，约改四百余字。多食西瓜。酉正核批稿簿。傍夕至后园乘凉。夜再核信稿一件，二更温杜诗五古。四点睡。

十九日

早饭后写对联八付。见客一次。清理文件。围棋二局。坐见之客二次。小睡片刻。阅《宗庙制度》卷十八页，《傩》、《醋》等一卷十页。中饭后阅本日文件。酷暑如焚，至内室久睡，申正出。核丁雨生信稿。酉初课儿甥辈背书。旋再核信稿。傍夕剃头一次。灯后夜饭。至后园乘凉。又核丁信稿，二更后毕，约改五百字。折弁自京归，接阅京信各件。四点睡。是日立秋，奇热，不甚成寐。

廿日

早饭后清理文件。坐见之客三次。习字　纸。围棋二局。小睡片刻。又坐见之客一次。阅秦书《盟诅衅礼》廿三页。中饭后阅本日文件。立见之客一次。至上房久睡，因内室有风扇，可略避暑也。酉初课儿甥辈背书。旋核批稿簿毕。傍夕至后园乘凉。夜，分"气势"、"识度"、"情韵"、"机趣"、"工律"五者，选钞各体诗，将曹、阮二家选毕。二更四点睡，暑气稍减。四更尽，微雨。

廿一日

早饭后清理文件。坐见之客一次，立见者二次。习字一纸。围棋二局。至内室小睡。自辰至未，雨不歇，天气阴凉宜人。阅秦书《宗庙制度》廿七页。中饭后阅本日文件，将日内所阅《五礼通考》四卷，题识于书之面。至幕府久谈，近天热，久未与幕府一叙也。酉初课儿甥辈背文。旋核批稿各簿，未毕。傍夕小睡。夜将批稿核毕，核陈舫仙信一封，约改四百字。二更二点后温李、杜七古，朗诵十余首。四点睡。

廿二日

早饭后清理文件，方伯雄来久坐。又坐见之客一次，立见者一次。习字一纸。至内室小睡片刻。巳正阅《五礼通考》中《宗庙制度》一卷廿七页。中饭后，酌加批识。阅本日文件。小睡片刻。观《阅微草堂笔记》数页。酉刻课儿甥辈背书。旋核批稿各簿，未毕。傍夕，至后园山上与渠侄久谈。夜将批稿核毕。申刻写陈舫仙信二页。二更后温陶、谢诗，约选一过。四点睡。是日天晴，而暑气骤退，夜有凉意。

廿三日

早饭后清理文件，习字一纸。围棋二局。坐见之客一次。小睡片刻。观《阅微草堂笔记》。巳正阅《五礼通考·宗庙制度》卅页。中饭后阅本日文件。小睡片刻。写郭意城信一件，约四百字。酉正核批稿各簿，未毕。至后园乘凉。夜核稿簿，至二更始毕。疲倦殊甚。温诵《顾命》、《吕刑》二篇。三点睡。是日巳刻写对联五付、扁一方，又写周缦云信一件。

廿四日

早饭后清理文件。立见之客二次。习字一纸。围棋二局。小睡片刻。巳正接沅弟信，知纪渠侄之子元十于六月初四日殇亡，殊为感怆。至内室久谈，相与歔欷久之。旋出，阅《五礼通考·宗庙制度》廿页。念澄弟昔年于骨肉根本之地，尽心尽力，而两年连殇二孙，殊不可解。闻弟近年好帮官司，好罚人出钱，好送人关班房，岂有损于阴德耶！抑闻侄妇有不敬其姑之处，神示之儆耶！展转思念，实深焦灼。继又思澄弟今年方四十九岁，较之余五十六岁抱孙时，尚小八岁，虽殇两孙，尚有一孙，何足挂怀。渠侄今年方廿六岁，纪泽长三岁，尚未得子。余生纪泽时，亦廿九矣，又何足忧虑哉！旋再阅书十页，阅本日文件，将《五礼通考》酌加题识。请客、李云桥、邓良甫等中饭，申刻散。酉初课儿辈背书。惠甫来久谈。傍夕小睡。夜核批稿各簿。二更后将鲍、谢诗酌选一过。三点睡。

廿五日

早饭后，清理文件。坐见之客二次，衙门期也。习字一纸。围棋二局。又坐见之客二次。小睡片刻。巳正，阅秦书《宗庙制度》卅二页，草草涉猎，不能细也。中饭后阅本日文件。倦甚。阅纪文达《笔记》十余页。酉初，课儿甥辈背书。旋核批稿各簿，未毕。小睡。夜，核批稿毕。二更，将《诗经》分类抄读。四点睡。二日内，天气阴凉，可以着棉。

廿六日

早饭后，清理文件。习字一纸。坐见之客一次。小睡片刻。写澄弟信一件，巳正阅《五礼通考·宗庙制度》卅二页。中饭后，酌加题识。阅本日文件。围棋二局。阅纪文达公《笔记》数页。酉刻课儿甥辈背书。旋核批稿各簿，未毕。傍夕小睡。夜核批稿簿，至二更始毕。温《诗经》，将"兴、观、群、怨"等分类选之，将汇钞，以便诵读。三点睡，三更四点尚未成寐。

廿七日

早饭后清理文件，习字一纸。坐见之客一次。阅纪文达《笔记》。倦甚，久睡。巳正阅《宗庙制度》廿页。雨亭来久坐。中饭后阅本日文件，又阅纪文达

《笔记》。围棋二局。酉初课儿甥辈背书。旋核批稿各簿，未毕。至后园一览。夜核批札稿，至二更后粗毕。困倦已极，而应了之大事尚有四五件积压未了。私事则应作之文，必不可再缓者，亦有数件未了。此心如欠恶债，如负重疚，不知何日能偿？默诵《诗经》十余篇，目光不复能开也。四点睡，不甚成寐。

附 记

顶下八分　　　三线之上八分

廿八日

早饭后清理文件，习字一纸，阅《五礼通考》廿一页。辰正二刻出门，李雨亭请至后湖看荷花，至太平门与竹如、省三、崧生、子密等会。旋登舟游湖，至长洲坐竹间乘凉。旋回太平门。未初至昭忠祠宴集。申正二刻归署，阅本日文件。旋将秦书酌加批识。傍夕小睡。夜核批稿各簿，直至二更四点始毕。睡后，不甚成寐。

廿九日

早饭后清理文件，习字一纸。至箭道考验。坐见之客四次。小睡片刻。午初阅秦书廿页，中饭后毕。阅本日文件。何廉昉、伍崧生先后来久坐。酉初课儿甥辈背书。旋核批稿簿，未毕。蔡贞斋来一谈。夜再核批稿簿毕。将《诗经》分列"兴、观、群、怨"之属，胪为八类，共八十篇，开单将钞出，以备讽咏。二更三点睡。

七 月

初一日

早饭后清理文件，习字一纸。围棋二局。阅陈祥道《礼书》，览其图象，考其条例，涉猎一过，至申刻草草翻毕。中饭后日食，午正三刻初亏。行礼，三跪九叩。未初食甚，未正复圆，又行礼二次。阅本日文件。天气酷热，至上房久睡，以有风扇可乘凉也。申正，写扁、对数件。酉初课儿甥辈背书。热甚，大雨，不能治事。小睡片刻，夜核批稿各簿。二更后与纪泽谈小学。旋朗诵杜诗七律。四更睡，不甚成寐。

初二日

早饭后清理文件。立见之客二次，坐见者二次。习字一纸。围棋二局。小睡片刻。阅《五礼通考》中《冕服》之属，天热，仅看六页。坐见之客一次。中饭后阅本日文件。接家信，知元十之殇，澄弟夫妇尚能排遣，渠侄夫妇亦不至因忧生恣，殊以为慰。盖家道之兴，全在"肃、雍"二字。肃者，敬也；雍者，和也。而人丁之盛，尤以雍和一边为重。故乖戾之家，未有不丁口衰耗者。弟家既能处之坦然，和顺如故，不久又将添丁矣。将沙洲告示一案细加批语。湿热异常，至内室久睡。酉正核批稿簿，未毕。傍夕至后园山上乘凉后，再核批稿毕。儿甥今日游后湖，夜间补背书课。二更后温诵《诗经》选钞之八十篇。三点睡。

初三日

早饭后清理文件，习字一纸。坐见之客一次，立见者一次。小睡片刻。写少泉信一件，约四百字。巳正阅秦书《宗庙制度》门廿三页，中饭后二刻毕。阅本日文件。天气郁热，久睡。申正改信稿一件，未毕。惠甫来一谈。廉昉送来黄左田先生所画《岁朝图》，展玩良久。又坐见之客一次。傍夕至后园乘凉。夜核信稿毕，核批稿各簿，二更后毕。背诵义山、东坡七律。三点睡。

初四日

早饭后清理文件，习字一纸。围棋二局。汪梅村来久谈。小睡片时。巳正阅《五礼通考》廿二页，中饭后毕，旋加题识。阅本日文件。热甚，至内室小睡。申初二刻核沙洲一案，细加考究。酉初课儿甥辈背书。酉正二刻，吴南屏自浙江归，与之久谈。夜饭后，核批稿各簿。二更后温《书经》《尧典》、《舜典》、《皋陶谟》、《益稷》四篇。三点睡。

初五日

早饭后，坐见之客二次，衙门期也。清理文件，习字一纸。小睡片刻。巳正阅《五礼通考·宗庙制度》廿八页。中饭后，阅本日文件。热甚，不能治事，至上房一睡。申初二刻，将沙洲一案细加核对。酉初课儿甥辈背书。又坐见之客一次。傍夕至后园乘凉，与纪渠侄久谈。核批札稿簿，未毕，夜核至二更始毕。是日，吴南屏移入署内，巳初与之一谈。夜与吴挚甫一谈。二更后与纪泽一谈。背诵东坡七古。四点睡，四更未醒。

初六日

早饭后清理文件，习字一纸。围棋一局。坐见之客二次，何廉昉谈最久。小睡片刻。巳正二刻阅《五礼通考》中四代庙享之乐。余于音律，素无所解，遮眼而已。中饭后阅本日文件。将《五礼通考》中《冕服》批识半时许。小睡片刻。酷热，不复可耐。申正写澄弟信一件。接云仙信，寄湘阴县志稿十三卷，略一翻阅。酉初课儿辈背文。旋核批稿簿毕。傍夕至后园亭上乘凉，与幕府诸君久谈。夜饭后，南屏来谈，又同至后园山上久谈。二更入室，不能治事。将《刘宾客集》略一翻阅。三点睡。

初七日

早饭后清理文件，习字一纸。见客，坐见者一次，立见者二次。围棋二局。小睡片刻。翰林黄瑟庵晋洺来久谈。原名中瓒，留馆，后告假出京也。又坐见之客一次。阅《宗庙制度》廿页。中饭,请吴南屏便饭。阅本日文件。天气酷热。申初二刻,将沙洲告示逐细批识,约批三百余字,未毕。酉初课儿辈背诗、赋。旋核批稿簿,未毕。至后园亭上乘凉。夜将批稿簿核毕。又至山上乘凉。二更后温诵东坡七古。三点睡。热甚,不可耐。

初八日

早饭后清理文件,习字一纸。围棋一局。周缦云来久坐。小睡三刻。巳正阅《五礼通考》中《律吕门》八页。余素不解音乐,殊以为愧。中饭后阅本日文件。至南屏处一坐,范搏九太守来久坐。小睡片刻。申刻二刻。将沙洲告示稿批毕,约共批千余字。旋写丁雨生信一件,约四百余字,傍夕至后园乘凉。夜核批稿各簿。二更后倦甚,不愿治事,背《诗经》十余篇,三点睡。

初九日

早饭后清理文件,习字一纸。围棋二局。坐见之客一次。小睡片刻。旋阅《五礼通考》中《黄钟律》数首,了无所解。午正,邓守之来一谈。中饭后阅本日文件。旋题手卷二件。雨亭来久坐。酉初课儿甥辈背书。酉正核批稿簿,未毕。傍夕至山亭与子密久谈。夜核批稿毕。倦困殊甚,不能治事,在竹床久睡,如有病者。二更三点睡。

初十日

早饭后,坐见之客四次。立见者一次,衙门期也。清理文件,习字一纸。围棋二局。又坐见之客一次。小睡片刻。午刻,将乐律之不能通者,令纪泽细看,渠略通算法,持珠面算,谈论二三刻。旋又小睡。中饭后阅本日文件。至南屏处一谈。剃头一次,阅纪文达《笔记》。酉初课儿甥辈背书。旋核批稿各簿,未毕。至后园山上楼上观览良久。灯后,焚香行礼,迎奉先祖,吾乡所谓接公婆也。饭后核批稿簿毕。倦甚,不复能治事。二更后与纪泽一谈。三点睡。

十一日

早饭后清理文件,习字一纸。坐见之客二次,立见者一次,围棋二局。小睡片刻。巳正阅《五礼通考》《黄钟》之属,即昨日所阅者,本日略能通晓。中饭后阅本日文件。黎竹林来久坐。小睡片刻。核批二件,约二百余字。酉初课儿甥辈诵文。旋核批稿簿，未毕。邓守之、吴南屏来谈，两君皆住署内也。夜将批稿簿核毕。倦甚，懒于治事。二更后与纪泽略谈钟律，阅纪文达《笔记》数页。眼蒙作疼，闭目小坐。三点睡，三更后成寐。

十二日

黎明，至贡院朝贺慈安皇太后万寿，卯正归。饭后清理文件，习字一纸。坐见之客二次。辰正一刻至湖南会馆，因演戏三日，余去敬神，即入座观戏三出，巳正二刻归。小睡片刻。午刻阅秦书黄钟等说，凡三页，略有所会。坐见之客一次。中饭后再阅黄钟之说。阅本日文件。小睡片刻。酉刻课儿辈背诗赋。旋核信稿一件，约改七百字。傍夕至南屏、守之处邕谈。两君一七十四岁，一六十四岁，皆好学君子也。说话太多，疲甚。夜核批稿簿，二更毕。温《诗经》选抄之八十篇，背诵不及一半。三点睡。

十三日

早饭后清理文件。坐见之客一次。至箭道考验七员。又立见之客一次。习字一纸。坐见之客一次。李壬叔来，与之围棋二局。小睡片刻。刘伍崧来一谈。小睡片刻。阅秦书黄钟等说四页，中饭后再阅一遍。阅本日文件，倦甚。至幕府久谈，说话稍多，舌根不适。小睡。核批稿各簿，未毕。至后园山上与纪泽一谈，商具折引退之事。夜将批稿核毕。小睡良久，终觉不适。二更三点睡，尚能成寐。

十四日

早饭后清理文件。见客，坐见者一次，立见者一次。习字一纸。围棋二局。小睡片刻。巳正阅秦书《黄钟·真度》六页。中饭后阅本日文件。坐见之客二次。小睡片刻。申初二刻写对联八付、大厅幅一张。酉初课儿甥辈背书。旋核批札稿簿，未毕。傍夕与南屏久谈。夜核批稿，二更毕。背诵义山、东坡七律。三点睡。

附 记

李师濂托先扶柩回家
俞荫甫托其子

十五日

早饭后清理文件。坐见之客二次。习字一纸。为黄石泉写横披一幅，约百七十字。为南屏写横披，已三百字，尚未及一半。巳正，阅秦书，因《律吕》略有所解，拟为表以明之。午刻见客一次，谈颇久。中饭后阅本日文件。小睡片刻。申初二刻写对联十四付。酉初课儿甥辈背书。旋核批稿簿，未毕。至后园一览。小睡片刻，夜饭后，与南屏久谈。旋核批稿各簿毕。倦甚，不能治事。二更后背诵杜诗七律十余首。三点睡。

十六日

早饭后清理文件。坐见之客二次。习字一纸。围棋二局。黎竹林来，谈颇久。巳正小睡。旋阅秦书，将《律吕表》略写。坐见之客二次，立见者一次。中饭后阅本日文件。再写《律吕表》。余本不善算，强为法算之，殊以为困。申正写对联八付。酉初课儿甥辈背文。旋以所算未毕，令鸿儿代为一算。傍夕疲极，却不能睡。夜核批稿簿毕。疲困如有大病者，小睡颇久，不适如故。二更三点直至四更点方觉稍适。乃悟似病者，因本日未曾小睡休息，老年衰惫之象也。五更又颇成寐。

十七日

早饭后清理文件，习字一纸。立见之客一次。写吴南屏横披一帧，约三百余字。小睡片刻。午初写《律吕表》。中饭时，所写甚少，而精神已疲倦。饭后阅本日文件。莫子偲、李壬叔来一谈。说话稍多，乏甚，小睡。申正写沅弟信一件，约三百余字。酉初课儿甥辈背诗赋。至后园散步。入室小睡。夜核批稿各簿。闻黄河决口，自郑州夺溜南趋，计徐、淮又添巨患矣！添沅弟信一页。惫甚，若有病者。二更三点睡，遍身似有所苦者，幸尚成寐。

十八日

早饭后清理文件，习字一纸。坐见之客一次。小睡片刻。因《律吕》一卷阅十日未毕，作表亦三日未毕，本日思强为毕事，自巳初二刻起，至午正二刻止，竭力将表写毕。将秦书酌加批识，中饭后粗毕。小睡半时许，不能成寐，在竹床翻阅书十余页。阅本日文件。申正写对联三付、挂屏四幅。酉初后，似有重病，行坐不安，遍身不适。至南屏处一谈。至山上一览。傍夕至内室一睡。夜核批稿簿毕。愈病殊甚，屡睡屡起。二更三点睡。略嚼参支以补气，幸能成寐。

十九日

早饭后清理文件，习字一纸。围棋二局。前后坐见之客三次，钱调甫坐最久。余则因病在内室久睡一时有余，差能成寐。中饭后阅本日文件。遍身不适，头亦作痛，又至内室久睡，不复成寐。酉初课儿甥辈背书。又在书房一睡，又至后园一行。傍夕与吴挚甫一谈。夜核批稿各簿。与南屏一谈。二更又小睡。是日不治一事，而病恙如故，或举方服发表之剂，未之服也。三点睡，幸能成寐。至四更初大汗，或外感已去，身体似轻松些。酉刻接沅弟信，内有李次青信，极感沅代谋饷项十余万之德。余每有薄德缺憾，沅弟常设法弥缝之，于次青则弥缝者大矣。

附 记

解让泉交代

廿日

早饭后清理文件。病已霍然全愈矣。习字一纸。见客，立见者三次，坐见者二次。因扬州民人打入教堂之事，作一札与领事官，斟酌良久，午初始毕。小睡片刻。送吴南屏回湘。写信一封。托雪琴派船照料。中饭后阅本日文件。因扬州一案，传藩司及首府县扬州知府来，熟商一切。旋改折稿一件。傍夕小睡。夜核批稿各簿，二更后毕。倦甚，不能治事。三点睡。

廿一日

早饭后清理文件，习字一纸。见客，坐见者三次。围棋二局。改折一件、片一件。又坐见之客一次。钱调甫送其父所著诗集，刘少涂送其父孟涂开所著《广列女传》，均求作序，翻阅各数页。小睡片刻。中饭后阅本日文件，周缦云来，因至幕府，与之久谈，李壬叔来，又与围棋二局。课儿甥辈背文。旋核批稿簿，未毕。傍夕小睡。夜核批稿毕。闻李少泉拜协揆太保之命，为之一喜。核信稿三件。二更四点睡。

廿二日

早饭后清理文件，习字一纸。坐见之客三次，立见者一次。围棋二局。改信稿一件，阅梁茞林所为《制艺丛话》二卷。中饭后阅本日文件。又改信稿一件，阅《制艺丛话》又二卷。申正小睡。酉初课儿甥辈背诗。旋核批稿簿，未毕。傍夕小睡。夜核批稿簿，至二更毕。旋温《古文·识度之属》。三点睡。

廿三日

早饭后清理文件，习字一纸。坐见之客三次，钱调甫等坐颇久。围棋二局。阅《制义丛话》。又坐见之客一次。再将昨批细改。中饭后，庞省三、李小湖先后来久坐。阅本日文件。说话太多，疲甚，小睡。至后园一览。核批稿簿，未毕。傍夕小睡。夜核批稿毕。接扬州禀，知英国麦领事在扬蛮横无理，殊为焦虑。又核公事数件。二更后倦甚，不能治事。三点睡。

廿四日

早饭后清理文件，习字一纸。坐见之客二次，立见之客三次。围棋二局。写澄、沅两弟信一件。前因渠侄之子元十殇亡，渠侄妇欲回籍省视，以解姑忧。余心欲留之，而又因其动于孝思，不忍拂之，踌躇月余。近日，渠侄亦思归省亲。廿二日接渠侄与渠信，累言母病，余乃决计令渠率妻子归籍省亲。信中并言渠侄到家后，即请澄弟速来金陵相会。李云桥来一谈，即留之中饭。饭后阅本日文件。坐见之客二次，谈甚久，疲甚。至内室一坐，阅《制义丛话》。酉初课儿甥辈背书。旋核批稿簿，未毕。傍夕至亭上与吴挚甫等久谈。夜核批稿毕。闻英领事麦华陀强扬州孙守同来金陵，带有兵船，殊深焦虑。二更后温《古文·气势之属》，朗诵数首。三点睡。

廿五日

早饭后，坐见之客三次，衙门期也。清理文件，习字一纸。围棋二局。因本日麦领事来见，恐其无礼。预为焦虑。阅《五礼通考·五音门》十一页。午初，麦华陀与其兵官布守城、翻译施维祺三人来见，其不通姓名而入座者又四人，伸论良久。余恐其引动忿气，或致喧哗，仅以平言和气答之，午正三刻辞去。于扬州之事，尚未说妥。中饭后阅本日文件。坐见之客二次。旋阅李次青所为《先正事略》。小睡片刻。酉刻课儿甥辈背书。旋核批稿簿，未毕。至后园一览。夜核批稿簿。念领事之蛮横，洋人之猖獗，焦郁无已。二更后温《古文·气势之属》。三点睡。

附记

速复丁信示稿

廿六日

早饭后清理文件。坐见之客二次。扬州之事，业经蔡道与洋人说妥，稍以为慰，又以办法太软弱为歉。习字一纸。围棋二局。阅《先正事略》十余页。小睡片刻。中饭后，郭慕徐在京回，来谒，一谈。阅本日文件，再阅《先正事略》。申初写对联十一付。旋坐见之客二次，方存之谈颇久。酉刻课儿甥辈背文。旋至后园与子密邕谈。夜核批稿簿。二更后温《古文·识度类》。四点睡。

附记

陆祠记	水祠记	官绅记
报销折	外海章	会馆记
莫卷题	朱卷题	应札银
复岘信_{解文}		邱坦保
别季祠	抄陆联	善后捐_{奏奖}
陈卷题		

廿七日

早饭后清理文件，习字一纸。坐见之客一次。接奉谕旨，余调补直隶总督，马新贻调两江总督。围棋二局。与家人论南北行止事宜。坐见之客三次。改复丁雨生、李筱泉两信稿，约改四百字。中饭后阅本日文件。周缦云来久谈。小睡片刻。申刻写丁、李二人信，各添二页。酉刻课儿甥辈背文。傍夕至后园一览。小睡良久。夜核批稿各簿毕。至纪鸿房中，见桌有谷牌，而身在他处下棋，天分本低，又不能立志苦学，深为忧虑，闷坐良久，不能治事。二更三点睡。

廿八日

早饭后清理文件。坐见之客三次。立见者一次。习字一纸。围棋二局。又坐见之客二次，雨亭谈甚久，午正，吴竹如来，久谈一时许。中饭后，魁时若、李小湖来久谈，未正二刻散。阅本日文件。申初写对联十付、寿字二个。钱子密、黎莼斋先后来久谈。核批稿簿未毕。傍夕小睡。夜，惠甫来一谈。核批稿毕，改报销折稿约三百字，未毕。二更四点睡。

附 记

带人单　　　　遣散住支单　　　　木器公私单

廿九日

早饭后清理文件。坐见之客二次。习字一纸。围棋二局。坐见之客三次。改折稿未毕。中饭后阅本日文件。何廉昉来久谈，与之围棋一局。写对联一付。课儿甥辈背书。改报销折毕。傍夕，莫子偲来，与之至后园一谈。夜核批稿簿，倦甚，不能复治事。二更三点睡。

附 记

刻八百铃记　　　　朱入善后局　　　　许信

八　月

初一日

早饭后清理文件。立见之客一次。习字一纸。围棋二局。写刘岘庄信一件，改者百余字，亲笔又写三百余字。汪梅村来久谈。中饭后阅本日文件。坐见之客一次。写莫子偲手卷一，约二百余字。申初二刻写对联八付，又写零件十余件。酉初课儿甥辈背书。剃头一次。傍夕在后园与渠俹一谈。夜，陈作梅久谈。旋核批稿簿，二更后毕。倦甚，不复治事。三点睡。

附记

复李信

初二日

早饭后清理文件。立见之客二次，坐见之客二次。习字一纸。围棋二局。写李少泉信一封，约五百字。又坐见之客三次，雨亭坐颇久。中饭后阅本日文件。陈虎臣来久坐。旋至幕府一谈。写对联七付、扁三付。酉初课儿甥辈背文，核批稿未毕。傍夕至后园与渠俹一谈。夜核批稿件。倦甚。二更后与纪泽一谈，嘱其看理学书，俾志气日趋于刚大，心思日入于沉思。三点睡，不甚成寐。

初三日

五更三点起，至文庙丁祭，黎明行礼。礼毕，看新成之泮宫照壁、明伦堂等，信为伟观。归，饭后见客。坐见者二次，立见者一次。清理文件。习字一纸。围棋二局。李质堂自苏州来久谈。又坐见之客二次，立见者一次。中饭后阅本日文件。倦甚，小睡。申初三刻写对联十一付，写李忠武公祠联、旁跋大楷百字。旋核批稿簿，未毕。至后园与渠侄一谈，于勤俭孝友之教，似能悉心听受，夜核批稿簿毕。二更后，改谢恩折稿一件、片一件，改百余字。四点睡。

附 记

官横披　　　渠横披　　　桥程仪

初四日

早饭后清理文件。坐见之客二次。习字一纸。围棋二局。夏子松正詹来久谈。又坐见之客一次。午刻钱子密来一谈。莫子偲来一谈。中饭后阅本日文件。倦甚，小睡片刻。申初写对联五付，写横披一帧。自纂格言六条，书之为纪渠侄座右之箴。吴挚甫来一谈。酉初课儿甥辈背书。旋核批稿簿，未毕。傍夕至后园与纪泽一谈。夜将批稿核毕，改折稿一件。二更后，作《湘军陆师昭忠祠碑记》百余字。二更三点睡，梦刘文清公，与之周旋良久，说话甚多，都不记忆，惟记问其作字果用纯羊毫乎？抑用纯紫毫乎？文清答以某年到某处道员之任，曾好写某店水笔。梦中记其店名甚确，醒后亦忘之矣。

初五日

早饭后，坐见之客三次，衙门期也。唐鹤九坐颇久。清理文件，习字一纸。李质堂来久谈。出门至竹如处久谈，又至李小湖处看其所藏法贴，如欧书《化度寺碑》、褚书《孟法师碑》、虞书《庙堂碑》，皆天下之至宝也。又有魏栖梧书《善才寺碑》、丁道护书《□□□碑》、蔡伯喈书《夏承碑》，亦皆上品。归，中饭，略备酒肴，为渠侄饯行。阅本日文件。见客一次。改片稿一件。申正，写横披一帧寄纪官侄。酉初课儿甥辈背书。酉正核批稿簿。傍夕至后园与吴挚甫一谈。夜核批稿簿毕。二更后作《昭忠祠碑》，翻阅奏稿旧案。四点睡。

初六日

早饭后见客，坐见者四次，立见者一次，李质堂坐甚久。清理文件，习字一纸。送纪渠侄起行回籍，观妇女涕泣依恋之状与老少拜别恭敬之容，尚是吾家好气象。旋写澄、沅两弟信。午刻，坐见之客一次，立见者一次。中饭后阅本日文件。倦甚，至内室小睡。申刻写扁四幅、小横披二幅、对一付。酉初课儿甥辈背文。核批稿簿，未毕。夜将批稿簿核毕。倦甚，不能治事，在室中枯坐。二更三点睡，三更酣眠。

初七日

早饭后见客二次。清理文件，习字一纸。围棋二局。旋又见客四次，雨亭及陈虎臣谈最久。中饭后阅本日文件。陈缦云来，谈甚久。申初二刻写对十付。酉初课儿辈背文。旋核批稿簿，未毕。至后园一览，遇子密一谈。夜将批稿核毕。二更后，与纪泽论"终食之间，违仁处境""仁"字之理。旋将金陵一军元、二年战功各案一核。盖昭忠祠作牌，不能不细核一遍也。

附记

陆祠各员略节　　　刻两江忠义录

初八日

早饭后清理文件，习字一纸。坐见之客三次，立见者一次。围棋二局。陈作梅来久坐。午刻再阅金陵战守各折底。中饭后阅本日文件，又阅各折底，申刻粗毕。申正写对联十付。至后园一览。傍夕小睡。夜核批稿簿毕。二更后与纪泽一谈，温《古文·气势之属》。三点睡。

初九日

早饭后清理文件。见客，坐见者四次。习字一纸。围棋二局。拟作碑文而不果。中饭后阅本日文件。小睡片刻。申刻写对联七付。旋课儿甥辈背书。旋核批簿，未毕。傍夕小睡。夜核批稿簿毕。旋作《昭忠祠碑》，约百余字，二更四点睡。

附 记

奏刘松山成婚 不奏
刘、李、张三人谥
方牧署缺　　　梅守补缺

初十日

早饭后清理文件。坐见之客二次，衙门期也。习字一纸。围棋二局。改吴竹庄信稿，又添写一页，回缦云信一页，作《昭忠祠碑》约百许字。中饭后阅本日文件。至内室一坐。申初写对联七付。作联赠何廉昉，良久乃成，云："万顷太湖，陶朱艇子忘身世；二分明月，何逊梅花送主宾。"已写成矣。夜，又改云："万顷太湖，鸥与陶朱同泛宅；二分明月，鹤随何逊共移家。"傍夕至后园一览。小睡片刻。课儿甥辈背书。夜核批稿各簿甚多，二更后又作《昭忠祠碑》百许字。四点睡。

十一日

早饭后清理文件。习字一纸。见客，坐见者一次，立见者一次。围棋二局。坐见之客一次。作《昭忠祠碑》百许字。中饭后阅本日文件颇多。至内室一谈。新得邵二云《南江文钞》，阅数首。申刻写对联六付、扁一方。冯竹渔来久谈。酉正课儿甥辈背文。傍夕小睡。夜核批稿各簿。二更后作《昭忠祠碑》百许字。三点睡。

十二日

早饭后清理文件。见客二次，谈甚久。习字一纸。围棋二局。李眉生来，谈最久，渠耳重听，高声言之，而余复舌蹇矣。中饭后，刘开生等来一谈。阅本日文件。又坐见之客二次。申正写扁五方、对五付。酉初课儿甥辈背文。傍夕小睡。夜核批稿簿，倦甚。二更后小睡。旋作《昭忠祠碑》数十字。三点睡。

十三日

早饭后，出门看上海新造之火轮船，名曰恬吉轮船。至汉西门，闻雪琴已进城矣，因在舟次候之，请其同行。由汉西门坐小轮船至下关，上恬吉轮船。巳正二刻开行，行至采石矶下之翠螺山，凡十二刻，行九十里。又自翠螺归至下关，凡六刻，行九十里。下水速于上水者一倍。中国初造第一号轮船，而速且稳如此，殊可喜也。申刻，自下关坐小轮舟至汉西门，酉正归署。阅本日文件。至后园一览。夜核批稿各簿。是日在舟中略作《昭忠祠碑》，二更后写出，凡二百许字。三点睡。

十四日

早饭后清理文件。坐见之客七次，立见者三次。习字一纸。围棋二局。午刻，坐见之客三次。中饭，留李眉生、雪琴便饭，饭后一谈。阅本日文件。又与眉生一谈。申刻，何子永、黄昌期来久谈。说话太多，疲乏极矣。酉刻课儿甥辈背书，至后园一览。小睡片刻。夜核批稿各簿。二更后作《昭忠祠碑》数十字毕，共千余字。作此碑及翻阅案卷十一日矣。或作或辍，枝枝节节为之，不能工也。三点睡。

附记

李兴云问木簿　　　雪琴保粮台片

雪保二人咨寄李处　　　带书单

子偲书单核算渠尚久余百六十余金，议买书见还

十五日

早饭后，谢绝各客，而雪琴、昌期等先后来坐，又坐见之客二次。清理文件，习字一纸。已刻坐见之客二次。阅《汤文端公集》。中饭后阅本日文件，阅《汤郭甫集》。申正写对联十付。旋课儿甥辈背书，至后园一览，傍夕小睡。夜核批稿各簿。二更后温《古文·气势之属》。三点睡。

附记

李仙源，号则来

十六日

早饭后清理文件。坐见之客七次，立见者一次。习字一纸。围棋二局。又坐见客之一次，立见得一次。改信稿三件。中饭后阅本日文件。李眉生来久坐。旋至幕府久谈。申初二刻写对联四付。李小泉、少泉兄弟为其父玉泉同年修造家庙，小泉专弁来求一联，云："庭训差同太邱长，子肖孙贤，已迈元方季方而上；碑文虽逊鲁国公，功高德厚，实在郭庙颜庙之间。"寄来之旧宣纸，亦不可多得也。酉初课儿孙辈背文。至后园一览。小睡片刻。夜核批稿各簿，倦甚。二更后略温《古文·情韵之属》，气若不能属者。三点睡。

十七日

早饭后清理文件。雪琴来久坐。又立见之客，坐见者二次。习字一纸。围棋

二局。又与雪琴一谈。改复李筱泉信稿一件，又自写一页。中饭后阅本日文件，写沅弟信一件，约四百字。与吴挚甫一谈。申正写对联八付。何廉昉来久坐。傍夕课儿甥辈背诗。登后园小山一览。夜核批稿簿，倦甚。旋阅熊文端公赐履《经义斋集》。二更三点睡。

十八日

早饭后清理文件。坐见之客三次。习字一纸。围棋二局。洋人翻译官施维祺来见，又自称为副领事，范泥光为仪注事争辨，良久始入，为扬州教堂事，赍总理衙门一函而来，未与深言而去。午初雪琴来，与同至园亭久坐，并邀子密同谈。旋黄昌期来一谈。留彭、黄二人中饭，眉生亦来同饭。申初客退，阅本日文件。申正至河下拜雪琴，酉正归。写零字数十。傍夕小睡。夜核批稿各簿。二更后又核要批数件。四点睡。

十九日

早饭后清理文件。坐见之客一次。习字一纸。围棋二局。至将军处拜会，午刻归。坐见之客二次，何子永坐甚久。写《昭忠祠碑》数行。中饭后阅本日文件。俞荫甫来久坐，王子蕃来一坐。写《昭忠祠碑》十余行。申正写对联八付。酉初课儿甥辈背文。旋又写碑数行。是日共写廿四行，每行十二字。傍夕小睡。夜核批稿各簿。二更后核改与洋人札复之件。四点睡。

廿日

早饭后见客二次，衙门期也。旋又见客一次。清理文件，习字一纸。围棋二局。刘省三来坐，久谈，写《昭忠祠碑》，是日陆续共写五百字，屡作屡辍。中饭后，朱心槛来一坐。阅本日文件。俞荫甫来久坐。酉初课儿甥辈背书。接澄弟二信、沅弟一信，知纪瑞侄取古第五，一等第三，可望补廪；纪官侄入学。第十二名，欣慰之至。年来，专盼家中添丁，望后辈读书有成，闻此信，心神为之一畅。此后，望科九、鼎三继起，不知能如愿否？傍夕阅批稿未毕，夜间核毕。又核与洋人札稿，约改六百字，尚未完毕。二更四点睡。

廿一日

早饭后清理文件。坐见之客三次。习字一纸。围棋二局。俞荫甫来久坐。陈虎臣来，吴竹庄来，坐皆颇久，又坐见之客二次。将昨夜札稿改毕。中饭后阅本日文件。坐见之客一次。改总理衙门信稿一件，约改三百字。写碑记，写至傍夕，约写三百余字。酉刻课儿甥辈背书。傍夕小睡。夜核批稿簿。旋又写碑百数十字，二更写毕。是碑共千三百余字。三日内，众宾纷来，匆匆一写，或作或辍，大小不匀，殊不称心，二更后温《古文·气热之属》。三点睡。

附 记

赵廷铭　　　王厚庄

廿二日

早饭后清理文件，习字一纸。坐见之客三次。已初二刻出门，至河下送魁将军入觐。率僚属寄请圣安，行礼毕后回署。坐见之客二次，午末，请吴竹庄便饭，何廉昉在坐，申散二刻散。阅本日文件，写扁二方。课儿甥辈背书。傍夕至后园一览。小睡片刻。核批稿各簿。二更后，再将洋人扬州教堂一案核改札稿、信稿。二更三点睡。

廿三日

早饭后清理文件。坐见之客二次。习字一纸。围棋二局。将领事之札。总理衙门之信办理完毕，经营已四日矣。坐见之客二次。已正，刘省三来久坐，又立见之客一次，坐见者二次，疲乏殊甚。中饭后阅本日文件。吴竹庄来，坐极久。作扁、对数件。至后园一览。傍夕小睡。夜核批稿各簿。二更后阅《吴竹如文集》。方存之代为编出者，计十三卷，粗阅数十页。于儒释、朱陆之辨，剖晰最精。二更四点睡。

廿四日

早饭后清理文件。坐见之客三次。围棋二局。习字一纸。出门至吴竹庄处，久谈。归，见客一次。莫子偲拓金陵城外梁碑三通、唐碑一通，与之共披阅、评论。中饭后阅本日文件。与张廉卿久谈。申刻写扁字廿余个。酉初课儿甥辈背书。接纪瑞侄信，知沅弟已挈眷于八月四日回湘。傍夕小睡。夜核批稿各簿。阅张廉卿近所为古文，喜其入古甚深，因为加圈批五首。二更四点睡。

廿五日

早饭后清理文件。见客，坐见者二次，衙门期也。习字一纸。围棋二局。刘省三来久坐，又坐见之客一次。中饭后，何子永来久谈，吴竹庄来久谈。阅本日文件，写对联十一付。课儿甥辈背书。傍夕，与张廉卿却后园谈论古文。渠所作古文十余首，余于昨夕及本日午刻圈批一过矣。夜核批稿各簿。二更阅姚惜抱《经说笔记》。三点睡。

廿六日

早饭后清理文件。见客二次。习字一纸。围棋二局。何子永来，谈甚久。将复丁中丞信。核沙洲折稿一件。坐见之客一次。中饭后阅本日文件。至幕府久谈。写扁五方、对联六付。至后园一览。傍夕小睡。夜核批稿各簿，改丁中丞、何小宋二信。二更四点睡。

廿七日

早饭后，吴竹庄来辞行，一谈。旋坐见之客三次。清理文件，习字一纸。围棋二局。又坐见之客二次，立见者二次，曹燮湘自京归，谈颇久，镜初之弟也。中饭后，立见之客一次。阅本日文件。剃头一次。申正写直幅一帧。酉刻课儿背文。叶甥之妻病十一日，沉笃殊甚，本日令其停课。傍夕至后园与子密等久谈。夜核批稿簿毕。将核外海水师章程，因原议大处有阙，又复置之。温《古文·识度之属》，朗诵数首。二更四点睡。

附记

吴崇寿　何廉昉　　澄、沅信

廿八日

早饭后清理文件。坐见之客二次，立见者一次。习字一纸。围棋二局。坐见之客四次，如蒋莼卿、李雨亭及攸县庶常刘常德号雨峰者，谈均久甚，殊形疲乏。中饭后，坐见之客二次。阅本日文件。午刻写澄、沅两弟信，约三百余字。申刻写纪官侄信，约五百字。庞省三来一坐。申正写对联九付。至后园一览。傍夕小睡。夜核批稿簿，核雪琴信一件，又代渠核片稿一件。二更后，核新成轮船折稿，未就。将张啸山校订之《史记》与王板《史记》略一核对。三点睡。三更后闻叶亭甥妇病重，起往看视。旋复睡，久不成寐，四更后成寐。

附 记

新成轮船折

廿九日

早饭后清理文件。坐见之客二次。习字一纸。围棋二局。与方存之、张廉卿一谈，与钱子密一谈。午刻，何镜海来久谈。中饭后阅本日文件。申刻写对联七付。课儿子背书。至后园一览。傍夕小睡。夜核批稿各簿。二更后与纪泽谈文。旋核轮船折稿，未毕。四点睡。内人咳嗽，病颇沉重，殊以为虑。

卅日

早饭后清理文件。坐见之客三次，立见者一次。习字一纸。围棋二局。又坐见之客三次。将轮船折稿改毕。午刻，吴竹如来久坐。因请其诊治王甥妇之病，未正三刻去。中饭后阅本日文件，清理零事甚多。申正写对联五付，内一付给余宣，系全自撰。酉刻课儿背书。至后园一览。小睡片刻。夜核批稿各簿，核片稿一件。二更后温《古文·情韵之属》。三点睡。

九 月

初一日

早饭后清理文件。谢绝贺朔之客。旋坐见之客二次。习字一纸。围棋二局。折差自京归，阅京信条件，改片稿三件。中饭后阅本日文件。李眉生、戴子高先后来久谈，至幕府一谈。申正写挂屏四幅，约三百字，对联一付。傍夕小睡。夜核批稿各簿。二更后倦甚，不愿治事。至张廉卿房一谈。三点睡。五更时因内人咳嗽病甚，余移至外书房一睡。

初二日

早饭后清理文件。立见之客二次，坐见者一次。习字一纸。围棋二局。巳刻，坐见之客二次。核改京信稿四件。午刻，吴竹如来，请看王甥妇之病，与之久谈。中饭后，唐义渠自直隶回，与之久谈。又坐见之客一次。阅本日文件，改刘岘庄寄来会奏折稿，粘签于上。又因折差进京，料理零事颇多。至方存之处一谈。申正写对联七付。酉初课儿子背文。阅公牍，知八月十三夜武穴坏盐船极多。纪渠侄虽幸保全，不知平安至汉口否？廑念之至。小睡片刻。夜核批稿各簿。二更后，与纪泽久谈。读《古文·识度之属》。三点睡。

初三日

早饭后清理文件。坐见之客二次，立见者二次。习字一纸。围棋二局。改信稿数十件。午初，唐义渠来久谈。午饭后阅本日文件。与张廉卿一谈。申刻写对联、挂屏七件。至后园一览。傍夕小睡。夜核批稿各簿。二更后阅戴子高所为《论语注》，翻阅《经义述闻》。是日早，闻王甥妇昨夜又复下血，危证，时时怗念,屡去省问。而内人病亦不轻,殊为焦灼。三点睡。

初四日

早饭后清理文件。坐见之客四次。习字一纸。围棋二局。已午之间,立见之客一次,坐见者五次,疲倦甚矣。中饭后清理本日文件,核信稿数件。申刻写对六付、屏二幅,约百八十字。课儿背书。至后园一览。夜核批稿各簿。二更后,温《古文·气势之属》,朗诵数首。四点睡。

初五日

早饭后清理文件。坐见之客二次,立见者一次。习字一纸。围棋二局。新买《周易述》及《查初白诗集》,各翻阅十余页。午刻,坐见之客一次。请吴竹如来看病,与之邕谈。午正,请唐义渠、富都统、黄军门小宴,申初散。阅本日文件。至幕府一谈。申正二刻写对联三付、挂屏一幅,约百余字。课儿子背书。傍夕小睡。夜核批稿各簿。二更温《古文·识度之属》,四点睡。是日接韩殿荣禀,知纪渠侄又有信令轮船前去拖带,渠廿三日拟在武穴开行,计此时尚未至汉口,焦灼无已。

附 记

主簿吕廷选吕九霞　　赵幕表
钱家传　　学宫记

初六日

早饭后清理文件。见客,坐见者四次,立见者一次。习字一纸。围棋二局。阅《周易述》数页。已正,坐见之客一次。出门至黄昌岐宅拜唐义渠,与之久谈。旋与之同看圣庙,午正三刻归。中饭后阅本日文件。写澄、沅两弟信。李季泉来久谈。申正写扁二方、对联四付、挂屏幅半,约百七十字。傍夕课儿子背书。夜,眉生来一谈。核批稿各簿毕。二更后,阅《周易折中纲领》。三点睡。

初七日

早饭后清理文件,习字一纸。见客,坐者一次,立见者一次。围棋二局。已初,坐堂审案二次。因四五品官中有痞棍可恶者,予以枷杖,巳正散。坐见之客二次。中饭后阅本日文件，阅《先正事略》数篇。坐见之客二次。至幕府一谈。申正，出城迎接学使童薇研同年，酉初二刻归。课儿子背文。携孙儿至后园一览。小睡片刻。夜核批稿各簿，二更后温韩诗七古。三点睡。是夕闻刘彤皆病重，深以为虑。

初八日

早饭后清理文件，习字一纸。见客，立见者二次，坐见者三次。接纪渠信，知新患吐血之症，侄妇在黄州小产，殊深焦灼。澄弟信，拟以八月廿一日起行来金陵，计当与渠侄中途相晤。围棋二局。坐见之客二次。阅《先正事略》数篇。中饭后阅本日文件。出门拜童薇研学使。旋拜雨亭、眉生，归。申正写对联十付。至后园一览。傍夕小睡。夜核批稿各簿。二更后阅《先正事略》。三点睡。

初九日

早饭后清理文件。见客，坐见者二次，立见者一次。闻刘彤皆于寅刻去世，而叶亭甥之妇亦于巳正去世，心怀焦闷之至。是日竟日不能治事。辰正习字一纸。围棋二局。又坐见之客一次，立见者一次。阅《先正事略》数篇。料理甥妇棺木等事。中饭后阅本日文件。照料棺木，用沥青作里，事初买松香十二斤、桐油二斤半，未碾成面，渣滓太多，两墙太薄。又令添买松香九斤、油二斤，细碾溶化涂之。阅《先正事略》数篇。摹《颜家庙碑》二纸。傍夕小睡。夜课儿子背书。核批稿各簿。二更后阅《先正事略》数篇。三点后，料理甥妇入棺等事。四点睡。

初十日

早饭后清理文件，习字一纸。坐见之客二次，余备酒席至甥妇灵前奠酒。巳正出殡。灵柩由头二门之西门出，儿辈送至船上。阅《先正事略》。午正，坐见之客二次。中饭后阅本日文件，写澄侯弟信一封，写程颖芝挽联一付，写对联五付。课儿子背书。傍夕小睡。夜核批稿各簿。小坐二刻。二更后核湖北撤勇稿并信稿，阅外海水师章程。四点睡。

十一日

早饭后清理文件。坐见之客一次。习字一纸。围棋二局。阅《先正事略》。

午刻见客一次。中饭后阅本日文件,阅《先正事略》。申正写对联六付。见客一次。课儿子背文。傍夕与方存之一谈。夜核批稿各簿。二更后核外海水师章程。四点睡。内人咳嗽殊甚,屡醒屡寐。

十二日

早饭后清理文件。坐见之客二次,立见者一次。习字一纸。围棋二局。又坐见之客一次,立见者一次。已正核外海水师章程。刘省三、陈虎臣先后来久坐。中饭后阅本日文件。李眉生、钱子密来久坐。申初,黄昌岐、庞省三来。纪泽之长女许字李委荃之子,是日定聘,黄、庞为媒。申正后客退。写挂屏二页、对联三付。课儿子背诗。傍夕小睡。夜核批稿各簿,改外海水师章程。二更三点睡。

十三日

早饭后清理文件。坐见之客三次,习字一纸。围棋二局。斟酌外海水师章程,披阅各图。吴挚甫来一谈。坐见之客一次。中饭后阅本日文件,又核水师章程。申正写挂屏二幅、对联四付。酉初,王子蕃自苏州归,一谈。傍夕小睡。夜核批稿各簿,又改水师章程。二更四点睡。内人病甚,搅醒,不甚成寐。

十四日

早饭后清理文件,习字一纸。围棋二局。核外海水师章程一条。坐见之客二次。午正,请李季荃来会亲,及媒人等,凡五客。余陪坐片刻,旋命纪泽陪宴。中饭后阅本日文件。折差自京归,无信,阅京报等件。核外海章程。申正写对联九付。课儿子背书。傍夕至子密处一坐。夜核批稿各簿。倦甚。二更后与纪泽谈文。旋温《古文·辞赋类》,朗诵数首。四点睡。

附 记

武补缺折	邹钟泉折	刘松山转运片
梅泗州折	报销折	外海折
参造办处片	吕朝瑞片	武补缺章程折

十五日

早饭后清理文件,习字一纸。围棋二局。见客,坐见者二次,立见者二次。

改外海水师章程二条。中饭后阅本日文件。李小湖来久谈。申正写对联七付，内有长联一付，系自撰者。课儿子背书。傍夕至后园一览。小睡片刻。夜核批稿各簿，改京信稿三件。二更后温《左传》数首。四点睡。

十六日

早饭后清理文件。何镜海来久谈。又坐见之客二次，立见者二次。拜发慈禧皇太后万寿贺表。习字一纸。围棋二局。李雨亭来久坐，又立见之客二次。中饭后阅本日文件。坐见之客一次。改折稿一件，约三百字。核外海章程一条，未毕，因与长江章程处处妨碍，焦灼之至。又闻洋英领事将以扬州之案带兵船来此生事，尤为焦闷。在室中散步踌躇，叹高官不宜久居也。申正写扁四方、对联七付。酉正课儿子背文。傍夕与廉卿、存之久谈。夜核批稿各簿。二更后温《左传》，疲倦殊甚。四点睡。四更三点醒，五更二点又稍成寐。

十七日

早饭后清理文件。坐见之客二次。习字一纸。围棋二局。至幕府久谈。坐见之客二次。核外海水师章程。中饭后阅本日文件，再核外海章程，至申正核毕。写扁六方、对联三付。课儿子背书。傍夕出城接丁中丞，未遇。归时，丁已在余署矣，与之久谈。旋核批稿簿。二更后温《左传》《孟子》，朗诵数篇。三点睡。四更三点醒，五更后又略成寐。

十八日

早饭后清理文件。见客二次，出门拜丁中丞，久谈，旋至季弟靖毅公一坐，旋至吴竹如处久谈，午初归。坐见之客二次。习字一纸。中饭后阅本日文件。围棋二局。申初，李季泉来久谈。旋李眉生、丁中丞先后来谈，直至一更四点方散。核批稿各簿。二更后，倦甚，不能治事。旋朗诵《古文·识度之属》。四点睡，直至五更方醒，近日美睡也。

附记

刻宁属及皖省图　　何劳绩分宁

十九日

早饭后清理文件。坐见之客二次。习字一纸。围棋二局。巳刻见客一次。午初,丁中丞、李方伯来久坐。未正方散。丁与余便饭,本因饭未久,不与也。中饭后,坐见之客四次,立见者一次。申初二刻写对联十一付。剃头一次。灯后课儿子背书。核批札各稿。二更核外海水师营制,窒碍之处甚多,焦灼之至。三点睡。

廿日

早饭后清理文件,习字一纸。立见之客二次,坐见者一次。与钱子密久谈。已正出城,至叶亭甥船上一坐。至官厅接马谷山制军,午正客到,率属行礼,恭请圣安。归署时,谷山同来,久坐,申初始去。请丁雨生、李季泉便饭,酉初散。阅本日文件。课儿子背书。傍夕小睡。夜核批稿簿毕。至方存之房中一谈。借王昆绳所批《公》、《谷》一阅。二更四点睡。直至五更三点。近来美睡,此为最矣。是日接澄弟在长沙开船之信,而不知渠倒信息,深以为虑。

廿一日

早饭后清理文件,习字一纸。见客,坐见者二次,立见者二次。围棋二局。又坐见之客二次。与黎莼斋、钱子密先后久谈。将改外海水师折稿,沉吟良久而不果改。中饭后阅本日文件。出门拜马谷山,久谈。申初二刻归。丁中丞来,久谈一时有余,直至酉正方去。课儿子背书。小睡片刻。夜核批稿各簿。二更后阅《刘端临遗集》,写册页半页,阅《王批公羊》。四点睡。

廿二日

早饭后清理文件。坐见之客二次。习字一纸。围棋二局。核改外海水师折稿,未毕。午正,刘开生因与同观苏、松、常、镇、太五府州新图。东西十九号,每号十格。南北十四排,每排十格,每格见方二里半。中国自有地图以来,以此为最精矣。坐见之客一次。中饭后阅本日文件。邓守之来一谈,王子蕃来一谈。申正写条幅一纸约百余字、对联六付。课儿子背书诗。傍夕在室中散步。夜核批稿各簿,改外海水师折毕,共千余字。二更后温《古文·识度之属》。四点睡。是日,接澄弟十九日信,知已抵汉口,廿五六可到金陵,为之一慰。

廿三日

早饭后清理文件。李雨亭来久坐。又坐见之客三次。习字一纸。围棋二局。

丁中丞来久谈。闻扬州教堂小案，麦领事带兵船五个前来寻衅，殊以为虑。午正，请马制军小宴，丁、李陪之，申初散。阅本日文件。申正写对联九付，核水师章程。傍夕小睡。夜核批稿各簿，核外海水师章程将次完毕。四点睡。

廿四日

早饭后清理文件。见客，坐见者三次，丁中丞坐最久。习字一纸。将水师章程改毕。坐见之客三次。中饭后阅本日文件。李眉生来久谈。写对联八付、直条一幅。应敏斋等来一谈。课儿子背书。傍夕至幕府一谈。夜核批稿各簿。二更后，念长江水师章程费钱太多，深为焦灼。与纪泽一谈。又阅邓完白篆、隶各书。三点睡。

廿五日

早饭后坐见之客二次。衙门期也。清理文件。丁中丞、马制军先后来久坐。旋应道、蔡道来久坐，等候洋人。巳正另会客一次。习字一纸。午初，洋人来。领事麦华陀、兵官亨理祺、戈师门、副领事阿林格、翻译施维祺，又委员七人，共十二人，久谈，为扬州教堂事及淮关事反复辩论。麦领事桀骜而兼糊涂，殊堪愤憾！未正三刻方散。中饭后阅本日文件。未末，恽次山来久坐，又坐见之客一次。申正写对联四付。酉初，课儿子背书。傍夕小睡。夜核稿各簿。二更后与纪泽一谈。又将江苏水师章程一核。三点睡。

附 记

| 清信稿 | 扫案头 | 捡书籍 |
| 写图目 | 写邵铭 | 题陆象 |

廿六日

早饭后清理文件。马谷山、丁雨生来，李雨亭、应敏斋、蔡又臣来，久谈，皆为洋人要挟之事。又坐见之客二次，立见者二次。习字一纸。巳刻后，坐见之客二次。再将外海水师章程核改二条。粗稿完毕。巳刻交卸送印与马谷山。中饭后，坐见之客一次，立见者一次。李眉生来久谈。申正出门至谷山处道喜，至雨生处送行，归已黑矣。夜课儿子背文。清理各件，将为起行之计，朗诵《左传》数篇。二更四点睡。内人病重，彻底不寐，殊为焦灼。

廿七日

早饭后出门至白下寺送丁中丞回苏，辰正归。坐见之客一次，立见者二次。清理文件，习字一纸。围棋二局。陈作梅来久谈。午刻请恽次山便饭，请子密、元徽、惠甫等陪之，申初始散。因洋人要挟事，郁闷竟日。申正写对联八付。酉初课儿子背文。酉正应敏斋来一谈，二更又来，均为洋务事件。夜接澄弟信，知廿五夜乘洋船过金陵，不能停泊，已至镇江矣，且慰且虑。二更后温《左传》，朗诵十余篇。二更前与眉生久谈。是日说话太多，倦甚。二更三点睡。

廿八日

早饭后清理文件。坐见之客二次。习字一纸。围棋二局。核信稿多件，改折稿一件，未毕。莫子偲、庞省三来久坐。中饭后将折稿改毕。马谷山来一坐。闻洋人之事似已办妥，不至决裂。稍为一慰。申刻澄侯弟到，十一年之别，声慰无已。兄弟久谈，直至二更四点，余即携被与弟同宿。说话虽多，尚不甚困。五更二点醒。

廿九日

早饭后清理文件。出门至河下拜恽次山。旋至旱西门看吴城之拖罟船，松木为桅，殊不适用。进城拜方伯雄。归，坐见之客二次。习字一纸。与澄弟久谈，与弟小宴。饭后吴竹如来久谈，又与钱调甫一谈。写对联四付。傍夕与澄弟久谈。夜写沅弟信一件，约四百字。课儿子背书。二更后与澄弟共封家信。久谈。二更四点睡。仍襆被同宿。

附 记

《五和遗规》　　　　《名臣言行录》

十 月

初一日

早饭后清理文件。立见之客二次，坐见者一次。习字一纸。围棋二局。坐见之客一次。核改折稿三件、片稿一件，至未正改毕。坐见之客二次。申正写对联七付。课儿子背书。傍夕与澄弟谈，夜又久谈，直至二更三点分手，各睡。

初二日

早饭后清理文件。坐见之客二次。习字一纸。围棋二局。坐见之客又二次。午正，请童薇研学使小宴，陪客为两山长及吴蔼人同年，申正散。立见之客一次。写对联八付。课儿子背文。傍夕与澄弟久谈，直至二更三点始散。各睡。

附 记

写御碑跋

初三日

早饭后清理文件。与澄弟一谈。立见之客一次，坐见者一次。习字一纸。围棋二局。又坐见之客二次。改折稿一件。中饭后，坐见之客一次。将案头零碎事件料理数起。申正写对联八付。傍夕与澄弟久谈，将至二更乃散。略核批札稿件。二更后又清理零件颇多。朗诵放翁七律。四点睡。

初四日

早饭后清理文件。见客，坐见者一次，立见者一次。习字一纸。围棋二局。

核改信稿三件。又坐见之客二次，立见者一次。中饭后出门，至城外送学台，旋归。与澄弟一谈。改信稿一件，申正写对联七付。课儿子背书。傍夕小睡。旋与澄弟共饭，一谈。又改信稿一件，核批稿数件。二更后清理各零件。二点后温放翁七律。四点睡。

附记

阅郭志

| 远 | 楞 | 岘 | 尧 | 琴 |
| 肜 | 穆 | 晓 | 克 | 申 |

初五日

早饭后清理文件，习字一纸，改信稿二件。午刻，刘开生来，与之一谈。围棋二局。中饭后，坐见之客三次，马谷山坐颇久。又核信稿一件。申正写对联六付。旋课儿子背书。傍夕与澄弟久谈，夜写沅弟信一件。二更后将案头积压之件一为清理，信稿未核者约四十件，检出应复者十件，余皆销毁不复矣。三点后温《左传》数页。又与澄弟一谈。四点睡。

初六日

早饭后清理文件。坐见之客三次，雨亭坐颇久，立见者一次。习字一纸。围棋二局。张啸山等来一坐，陈作梅来一坐。将作《题陆清献公遗像诗》，未果。中饭后与澄弟久谈。旋作诗十余句。申正写对联六付。课儿子背书。傍夕与澄弟久谈，夜谈颇久。旋又作诗十余句，因缮写于册页之上。王晓莲送经册求题已年余矣，至是始还，殊以为愧。二更后温韩诗五古。三点后与澄弟一谈。四点睡。内人病甚，彻夜咳嗽，深为焦灼。

初七日

早饭后清理文件。与澄弟一谈。习字一纸。围棋二局。坐见之客一次。核信稿三件。中饭后又核二件。未正课儿子背赋。申正写扁六方。傍夕小睡。夜核批稿簿数件。将郭云仙寄来之《湘阴县志》阅校第一卷、三卷、四卷。二更三点，澄弟自外宴饮归，与之一谈。四点睡。

初八日

早饭后清理文件，习字一纸。见客二次，李雨亭来坐颇久。巳正出门拜马谷山、吴竹如，坐均久，归。中饭后与澄弟一谈。旋围棋二局。李眉生来谈颇久。天雨阴森，已有雪意。酉初与澄弟谈，直至二更三点，说话极多，疲甚。中讲《孟子》中也养不中一章，弟深能领会，殊有和乐恳湛之趣。四点睡。是日竟日未办一事，愧歉之至。

初九日

是日恭逢先大夫七十九岁冥诞。早间，与澄弟及家中内外行礼叩祝。饭后清理文件，习字一纸。围棋二局。与澄弟久谈。将作赵厚子《神道碑》，阅其行述。中饭后改信稿一件。黎莼斋来一谈，与澄弟一谈。申正写对联六付。课儿子背书。夜与澄弟鬯谈。又阅赵厚子行述。二更四点睡。

初十日

是日恭逢慈禧皇太后万寿，黎明至文庙旁明伦堂行礼，归。早饭后与澄弟一谈。清理文件。习字一纸。坐见之客二次。围棋二局。中饭后核改信稿二件。坐见之客一次，戴子高、柳宾叔来久谈。柳名兴恩，丹徒壬辰举人，七十六岁，精于《谷梁》之学。曾在阮文达家课读十余年，学术颇有家法也。申刻写对联九付。傍夕课儿子背书。夜，预祝之客数人，余避不见。省城现任各官作寿屏一付，朱星槛及各营作寿屏一付，忠义局作寿屏一付，余阅其文，均合作也。澄弟与余谈甚久。接纪渠侄信，知已于十七日到长沙，为之一慰。二更四点睡。

十一日

是日余五十八生日，各客皆谢不见。早间，澄弟及妻子妇女行礼。饭后清理文件，习字一纸。作赵厚子《神道碑》，前后约作四百字，屡作屡辍。申刻，彭雪琴来久谈，因留夜饭。二更三点睡。

十二日

早饭后，坐见之客三次。清理文件，习字一纸。围棋二局。与澄弟屡谈。作赵《神道碑》约百余字。中饭后，新织造广顺来谈颇久。写对联十二付。傍夕课儿子背书。夜作《神道碑》，至二更四点毕，约近千字，尚未作铭。是日，内人病热增重，殊以为虑。

附记

柳　钱　王　薛　洪

十三日

早饭后清理文件。彭雪琴来一谈。作《神道碑》之铭词，未毕。出门拜客、谢寿。将铭词作毕。午正归，请雪琴与潘季玉、李质堂小宴，申刻散。阅李少泉信及各处文件。剃头一次。夜，清理带去之人、应支银数单，核批稿各件。二更后，澄弟自外宴归。与之久谈。闻有狎邪之游，心实忧之。老年昆弟，不欲遽责之也。三点后温《古文·传志类》下，朗诵数首。四点睡。

十四日

早饭后清理文件。与澄弟一谈，马谷山来久谈，汪梅村来一谈，又坐见之客一次。吴清卿庶常大澂来一谈。巳正出门谢寿，拜客十余家，拜新织造广顺，一谈。至昭忠祠一坐，未正归。雪琴、质堂在署久候，一谈。申刻写对联十付、横幅四字。傍夕与澄弟久谈，直至一更四点。核批稿各簿。课儿子背书。二更后，写信与雪琴。接沅弟信，知纪渠侄率妻子于九月廿三日到县矣。三点又与澄弟一谈。四点睡。

十五日

早饭后清理文件。立见之客一次，坐见者两次。习字一纸。围棋二局。谭文卿来谈甚久。又坐见之客一次，立见者一次。中饭后阅本日文件。申刻写对联十付。傍夕至后园一览。夜核批稿簿，核扬州孝堂案咨一件、信一件。三更四点末睡。

十六日

早饭后清理文件，习字一纸。周缦云来久坐，又立见之客一次，坐见者一次，李质堂来一坐。写李少泉信一封，约四百字。立见之客一次，坐见者二次。午正，李雨亭、眉生具酒肴来署，请余与澄弟小宴，未正散。阅公文十余件。申刻写对联十二付、小扁二幅。课儿子背书。与澄弟久谈。夜写册页一开，约百三四十字，核折稿清单一件。疲乏殊甚。温《古文·识度之属》，朗诵数首。与澄弟久谈。二更四点睡。

十七日

早饭后清理文件，习字一纸。坐见之客四次，立见者二次，马谷山谈甚久。核改片稿一件。钱子密来谈颇久。午正至下江考棚赴涂朗轩招饮，申初散。归，坐见之客二次，陈虎臣谈颇久。酉初写对联四付、小横幅二次。傍夕小睡。夜核批稿数件，核折一件、事宜单一件，二更三点睡。

十八日

早饭后清理文件，习字一纸。围棋二局。坐见之客四次，立见者一次，陈作梅、莫子偲谈均甚久。改信稿三件。中饭后阅本日文件。坐见之客二次，春芝田坐颇久。与澄弟久谈。写对联十付。傍夕小睡。夜核批稿一二件，核外海水师营制。写册页一开，约百余字。广东咨到全省地图，细阅一过，精当绝伦。二更四点睡。

附记

江北州县报销片
李，寿对　　程，栈对

十九日

早饭后清理文件。坐见之客三次，习字一纸。又坐见之客一次。午正至藩署赴宴，司道十二人公请，共三桌。周缦云、李小湖作陪，申初散。归，阅本日文件。申正写对联十二付。傍夕与澄弟久谈。夜核批稿数件，又核外海水师事宜折。二更四点睡。是日黎明时，纪泽来报，卯刻得生一女，大小平安，并报母病小愈，昨夕安眠，差为一慰。

廿日

早饭后清理文件。坐见之客三次，马谷山坐最久。核信稿一件。赵惠甫来一谈。午刻，坐见之客一次。午正至湖南会馆赴宴，同乡公请，东家阳小秋、张晖庵等十四人,又附湖北同乡郭阶、袁熙二人,请黄昌岐与朱星槛作陪,申初散。至春织造处送行,一谈。申正写对联九付、扁一方。傍夕与澄弟久谈。夜核批稿数件,又核外海水师事宜单。二更后,改江北州县报销交代折稿。四点睡,四更四点醒。

廿一日

早饭后清理文件,习字一纸。坐见之客一次。将交代折稿改毕。午刻,坐见之客一次。是日,孙女三朝,告祖行礼。中饭后,钱子密等来言,定廿五日起程,在于下关以下与李相舟次相会。文武露立江干,伺候数日,诸多不便。不如在城内会聚,迟行数日。因改于十一月初四日启程。写李少泉信一件。周缦云送册页一部,皆城中名流所作送行诗文,翻阅一过,佳构甚多。申正与李眉生一谈。旋写对联四付,将作一联而未成。与澄弟久谈。坐见之客一次。夜核外海水师营制折毕,再阅送行诗文册。二更三点睡。

附 记

昭忠祠三扁　　昭忠祠三对
批张廉卿文

廿二日

早饭后清理文件,习字一纸。围棋二局。坐见之客三次,立见者二次。将桌上零件清理一番。午正至贡院赴马谷山小宴,申正散。归,见客一次。写对联九付。傍夕至后园屋内听澄弟、纪泽吹笛及各乐器。夜与澄弟久谈。二更二点,阅《国语》数页。四点睡。

廿三日

早饭后清理文件。见客,李雨亭等谈颇久。习字一纸。围棋二局。午刻至黄昌岐处赴宴。渠与富将军二人作东也。饭后至文庙一看工程。申初二刻与澄弟久谈。申正写对联七付、直幅一张,约百六十字。傍夕与澄弟一谈。夜核批稿簿,批张廉卿文七首。二更三点睡。

附 记

澄弟箴言挂屏

廿四日

早饭后清理文件，习字一纸。坐见之客二次，立见者一次。围棋二局，魏荫庭来久坐，孙琴西来久坐。中饭后阅本日文件。李眉生来久坐，以《灵岩山碑》赠之。与澄弟一谈。申刻写对联十付。傍夕小睡。夜作《箴言》以规澄弟，约作四百余字，未毕。二更四点睡。五更醒。

附记　　顾祠

秦炳文无锡，仪亭　　　王轩洪洞，霞举　　　董麟洪洞
鲍康歙县，子年　　　　阎汝弼秦阳，梦岩　　王应学河间，信失
汪元度乐平，泉孙　　　戴燮元丹徒，肖梅　　刘应焵盐山，星岑
王堃仁和，小铁　　　　端木埰上元，子畴　　张师劢泾阳，念慈
许其光番禺，涑闻　　　孙勋烈无锡，伯瑜　　董文灿洪洞，云龛
徐士銮天津，苑卿

廿五日

早饭后清理文件，习字一纸。围棋二局。朱云章来，与同至后园一览。作《箴言》六条与澄弟，至中饭后作毕，约千余字，与弟细看，将用高丽纸书之。黄军门来一谈。写照忠祠匾廿来字，写对联三付。作雨亭寿对云："申伯于蕃，诗赓降岳；益州奉使，土庆聚星。"傍夕与澄弟至后园久谈。夜核批稿、折稿，阅孙琴西近作诗文廿余页。二更四点睡，三更二点成寐。

廿六日

早饭后清理文件，习字一纸。李雨亭来久坐，又立见之客二次。围棋二局。写澄弟《箴言》二张。用高丽纸，每纸十行，每行约廿字。中饭后，出城接李少泉揆帅，申初接到，因同行至余署，久谈，灯时始去。夜与澄弟一谈。旋写地图之目，仅写一页，约近四百字。二更三点睡。

廿七日

早饭后清理文件，习字一纸。坐见之客三次。巳刻将出门，周缦云来一谈。巳正二刻至李揆帅处一谈，午正二刻归。中饭后写澄弟《箴言》屏二幅，约近

四百字。又坐见之客三次，何子永坐最久。傍夕与澄弟一谈。明日将唱戏，公请李相，本日在余署供张也。夜核批稿簿数件。作瓜栈对，久不能就，直至二更三点睡后，三更后始在枕上作就，对云："两点金焦，劫后山容申旧好；力家食货，舟中水调似承平。"

廿八日

早饭后清理文件。坐见之客四次，立见者五次。习字一纸。巳正二刻开戏。午初，余出厅听戏。是日余与马谷山及将军、织造、提督、司道等公请李少帅。客于午正二刻到，共六席，未正开席，申正三刻客散。余写澄弟《箴言》挂屏毕。傍夕小坐。李帅散席拜幕府，旋拜澄弟，久坐，二更始去，余亦陪坐良久。二更始，兄弟同吃夜饭。饭后，倦甚，兄弟久谈。三点睡。

廿九日

早饭后清理文件。见客，坐见者四次，立见者三次。写澄弟《箴言》挂屏毕。午初至外厅听戏，是日公请李相及其两弟、幕府，并请余及谷山之幕府与澄弟、泽儿辈。余听戏大半时，午正三刻入内，未与宴也。中饭后写扁字十四个。小坐片刻。又写对联九付。申正，少泉入内来鬯谈。谷山旋亦入内一谈，同吃夜饭，复同至外厅听灯戏，二更后散。澄弟与余久谈。三点睡。

卅日

早饭后清理文件。见客，坐见者五次，应每斋坐颇久。午刻，吴竹如来一坐。是日李揆帅合安徽全省之文武官绅公饯余之行。午初三刻出厅听戏，入座。至傍夕始散，入内。夜与澄弟久谈。二更后，李帅由幕府出，至余处一谈，二更三点去。睡后，久不成寐，三更二点成寐。四更二点醒一次。

十一月

初一日

早饭后清理文件，习字一纸。出门拜客，会者李少泉、吴竹如、李小湖及将军王晓莲等处，不会者数处，未初归。中饭后，坐见之客一次。写对联六付，内篆句者二付、直幅一张，约百四五十字。傍夕与澄弟久谈。夜核批稿各簿，核片稿一件。四点睡，屡醒，不甚成寐。

初二日

早饭后清理文件。坐见之客三次。出门拜客辞行，拜会者五家，未初归。中饭后，坐见之客一次，立见者二次。吴竹如来久坐，马谷山来久坐。酉刻，李少泉来久坐，直至一更四点始去。说话太多，疲倦极矣。改片稿一件，核批稿各薄，二更三点睡，三更后成寐，四更末醒。

初三日

是日为先妣太夫人八十四冥寿，率澄弟儿子等行礼。饭后清理文件。坐见之客五次，立见者二次。余旋至幕府辞行，在子密等房一坐，又同至凌晓岚处一坐。归，立见之客二次。中饭后，立见之客一次，坐见者一次。写高丽纸楷书一纸送吴竹如，约百六十字。又坐见之客三次，立见者三次。写对联六付、扁一方。申末，李少泉来谈，至二更始去。核批稿数件。与澄弟久谈。三点睡。

初四日

是日，余启程北上入觐。早饭后清理文件。见客二次。将邵位西墓志写本另写十余字，改信稿四件。剃头一次。巳正二刻启行。途中观者如堵，家家香烛、爆竹拜送，戏台、酒席路饯者，在署之西为盐商何公远旗等一席，在水西门之外为合城绅士方伯雄等一席，又有八旗佐领等及船户等各设彩棚为饯，午正至官厅。少泉、谷山及文武等送别，寄请圣安。余旋登舟，见客五次。吃中饭后，又见客三次。开船，行至下关，少泉、谷山送至下关，久谈。吴竹如亦至下关，与三人久谈。而满城文武士友皆送至下关，坐见之客十余次。夜饭后，潘季玉、李眉生等先后来谈，澄弟一谈，疲倦极矣。二更三点睡。申刻行船时，曾将郭云仙所著《湘阴县志》一阅。睡后，不甚成寐。念本日送者之众，人情之厚，舟楫仪从之盛，如好花盛开，过于烂漫，凋谢之期恐即相随而至，不胜惴栗。又接湖南咨文，不愿出长江十六万一款，其事仍办不成。殊以为虑。

初五日

早饭后见客二次。开船行七八里，误行大江之中，旋用轮船拖回，改行草鞋夹中，行至燕子矶以上之八斗山，看船厂。地方居民跪求不愿卖此地，其意不过欲过得钱耳。看毕，出口。仍用轮船拖带。申正至瓜洲，坐见之客四次，立见者二次。即在瓜洲住宿。自午刻后，在舟中看云仙所著《湘阴县志》。夜写丁雨生信一封，与澄弟一谈，万籁轩来久谈。二更后再看筠仙所作县志。三点睡。

初六日

早饭后清理文件。开船，用小轮舟拖带，午初至扬州。见客五次。午正三刻至李运司署内中饭，陪客为晏同甫、厉伯苻辈，申正散。至魏荫亭家一坐。归船，会客数次，至一更四点客去。阅云仙《湘阴县志》。二更四点睡。

附 记

复与吾信，退燕菜三斤
令昌岐寄李、马信，弥缝湖南事
写泽信，言缉私费事

初七日

早饭后清理文件，见客数次。辰正三刻出门拜客，会者三家，亲拜者八家。在湖南会馆坐甚久。午正一刻，至何廉昉家小宴、观剧，酉初一刻散。归船后见客六次。写郭云仙信一封,将《湘阴县志》寄还。与澄弟久谈。二更四点睡。日来送行者,多依恋不舍之情,本日如万簴轩、李眉生、黎莼斋尤为惓惓,余亦黯然不忍别也。

附 记

跋包手卷还吴　　考河事商之张

初八日

早饭后清理文件。见客三次,又立见者一次。写沅弟信一封。与澄弟久谈。写纪泽信一封。巳正开船。与澄弟话别,依依不忍分离,弟船仍出瓜洲,坐轮舟赴鄂,余船则北上赴淮。分手后,行至五台山小泊,与黄昌岐、李质堂话别,又坐见之客二次。申初开船,用快利轮船拖带行廿余里,傍夕至瓦窑泊宿。意夕水激如箭,河声如吼。下半日在舟中阅《国语·周语》。夜写马谷山信一封,近四百字。二更后与鸿儿论《易经》程传,颇能领悟。乍与澄弟别,怅怅如有所失。二更三点睡。

附 记

再录图目

初九日

早饭后清理文件。鸿儿禀称,澄弟临别以火狐马褂送我,盖眉生述杜小舫之言,谓天下之最暖者莫如火狐,胜于紫貂、玄狐云云。余曾两次述此言与澄弟听,或弟意疑我畏寒,遂解己所着衣以赠我耶?余本有貂马褂、猞猁马褂,而弟归途少此御寒之具,寸心十分不安。开船行廿里,午初至邵伯镇湾泊。坐见之客三次,雪琴坐甚久。中饭后又开船,行卅里,酉初至露筋祠泊一宿。坐见之客三次,立见者二次。夜,倪豹岑来久谈。是日在舟中阅《国语·周语》三卷、《鲁语》二卷。夜阅《齐语》未毕。二更三点睡,三更后成寐。

初十日

早饭后清理文件,习字一纸。开船行至卅三里,至高邮州,雪琴来船上久谈。申刻,程敬之来船上久谈。旋至清水潭,与敬之同步行,观去年工程。又至马棚湾观今年工程。共行五里许。后回船，行八九里，至六安闸泊宿。是日共行七十里。在舟中阅《齐语》毕，阅《晋语》一、二、三卷，又阅第四卷，未毕。夜核批稿二三件。二更后，倦甚，不能治事。三点睡。

十一日

早饭后清理文件。开船行一里许，旋又停泊，候莫子偲。张廉卿再来久谈。已初又开船，顺风行八十里，至宝应泊宿，灯后始到。巳刻习字一纸，阅《晋语四》毕，又阅五卷、六卷。中饭后将各图之未清者重写目录，其不堪用者弃之，申正写毕。钱楞仙请作骈体文序，去年令吴挚甫代等为之，本日始为删改，至灯后改毕。酉刻，坐见之客二次，雪琴来久坐，一更四点散去。写钱楞仙信一件。二更鸿儿背书，与之一谈。骤与澄弟别，忽忽如有所失。三点睡。

十二日

早饭后，坐见之客一次。开船，顺风行廿余里，即拉纤行五十余里，至杨家庙泊宿，距淮安府城尚欠六里许。在舟中，辰正清理文件，习字一纸，阅《国语·晋语》七、八、九三卷，《郑语》一卷，《楚语》二卷，《吴语》一卷，傍夕始毕。午刻，坐见之客一次。酉刻，坐见之客一次。灯后，坐见之客二次，张子青漕帅谈颇久。将另写邵位西墓志，自画格子一张，写楷书百余字。余与位西交深，而悯其死之惨，乃写渠墓志，辄不称意，殊悒悒也。二更三点睡。

十三日

早饭后清理文件，习字一纸。开船行数里，至淮安小泊。入城拜张子青、丁拓唐，坐均久。午刻回船，开行，行四十里，西初至清江。中饭后阅《越语》二卷，《国语》阅毕。旋将训诂分类记之，约写四百字。午正，坐见之客一次。酉刻，坐见之客十一次，立见之客四次，雪琴、挚甫来一谈。另用高丽纸再写位西墓志，写二百余字而眼蒙。二更后不复治事。三点睡，三更后成寐，四更四点醒。

十四日

早饭后清理文件。陆续坐见之客凡十六次，其中如钱楞仙、吕廷芷、张子青等起，坐谈甚久，又立见之客二次。是日写丁雨生信一封、纪泽信一封。写邵位西墓志铭约七百字,至一更四点写毕。客来如织,忽写忽停,又墨冻殊甚,申正以后正大雪,故写完甚不称意。余作此铭,凡写二次,聊以报故人耳。二更后倦甚,不复治事,略温《古文·气热之属》。三点睡,屡醒屡寐。

十五日

早饭后清理文件。立见之客一次,坐见者一次,雪琴来久坐。改信稿一件,写少泉信二页,未毕。巳正进城拜客,拜会者三处,余俱亲拜。午正至张子青处赴宴,申正归。黎友林来久坐,雪琴及王子蕃来久坐。二更写李少泉信四页毕,计七百余字。倦甚,不复治事。三更睡,寒甚。

十六日

早饭后清理文件。旋见客,坐见者三次,立见者一次,钱楞仙坐颇久。午刻,刘省三来久坐,又坐见之客一次,立见者一次。料理明日开车起行事件。中饭后,郭松林来一坐,旋至雪琴船上一坐。纷纷捆箱装车,船上俱不闲也。李少泉送后档车一辆,试坐行二三里。雪琴来一坐。夜核公牍二件。天气奇冷,不能作字,二更三点睡。

十七日

是日自清江登陆成行。早饭后见客二次。辰初二刻起行,行二三里许,张子青率司道等寄请圣安。行卅里,至渔沟打尖,李采臣备席。魁时若自京回,在此相会,与之罄谈。未初复行四十里,至仲兴集住宿。见客,坐见者六次,立见者四次。夜写信给钱子密,取历年奏稿卅本。冻甚,殊不能作字。是日在轿中阅《战国策·秦策》一、二、三卷。二更三点睡,三更成寐,四更末醒。

十八日

五更三点起。饭后起行。行五十里至仰化集打尖,皆系坐车。中饭后,坐轿行六十里,至顺河集住宿。坐见之客七次,立见者四次。是日在仰化集遇王惕来甥自京来,与之一谈。甥旋回车送余至顺河集,夜间屡与之谈。二更闻篾箱未到,内有余批圈之《十八家诗钞》,殊为惦念。是日在轿中阅《秦策》四、五两卷,《齐策》一卷。二更三点睡。

十九日

是日大站百廿里，余嫌其太远，又因雪琴、调甫辈送余太远，言明日再送一日。只走半站，六十里。余黎明始起。饭后，因箴篓未到，在店久候，因将《秦策》题识五卷。巳正，箴篓到，始起行。行六十里，至峒峿住宿，雪琴又已前途去矣。在轿中阅《齐策》二、三、四卷。到店后，申正中饭。饭后写近三日日记。见客，坐见者二次。夜因腹饱腰胀，在店散步，不作一事。二更，将《齐策》第一卷酌加题识。三点睡。

廿日

黎明起，饭后起行。行四十八里，至邳州所属之牛马庄_{即新安镇}打一茶尖。又行十二里，至山东郯城所属之红花埠住宿，午正二刻即到。中饭与雪琴同饭。饭后见客二次，钱调甫坐颇久。是日，在轿中阅《齐策》五、六二卷，《楚策》第一卷，阅总理衙门长信。写信与李雨亭，因宿迁包令办差草率，邳州李牧并未出迎，颇思撤委以惩之，又以蔡道事，遂写至六百字之多。申刻，至雪琴店内久谈时许。傍夕归。雪琴又来余店，久谈二次，依依不忍言别。又吴长庆等三镇送四日，亦来一谈。欧阳利见、钱调甫等均来叙别。二更三点睡。梦王考星冈公，一月以来，两次梦见王考，殊增感慕，屡醒屡寐。

廿一日

五更三点起。黎明，与雪琴、调甫、健飞三君作别，三人皆涕泗交流，余亦凄然不忍离也。坐轿行四十五里，至郯城县南关外打尖。午初复行，坐车行五十里，坐轿行十五里，凡六十五里，至李家庄住宿，系兰山县地面。在轿中阅《楚策》二、三、四卷。名虽三卷，实仅十九页耳，因重阅一遍。在车上将《古文·气势之属》温十余篇，申正见客，坐见者二次，与挚甫一谈。傍夕清理文件。夜与挚甫久谈。二更后写零字甚多。三点睡。

附　记

郯城　李澥_{满山}直隶满城人
新泰　李溱_{鉴塘}宝坻人
兰山　王其慎_{敬斋}宝坻进士

沂州府　豫山东屏满州

沂水　韩光鼎俊伯浙江人

廿二日

早起。饭后行三里，过沂河后天乃明。行四十五里，沂州府南关外打店，坐见之客一次。午初又启行，行四十五里，至半城住宿，仍在兰山境内也。在轿中阅《赵策》一、二、三卷，凡四十二页。申正剃头一次。酉初将《齐策》题识二卷。夜饭后，与纪鸿儿久谈。又将《齐策》题识二卷。疲倦殊甚，二更后小睡。三点睡，三更后稍能成寐，而不酣畅，四更末醒。

廿三日

早饭后，黎明起行。行四十五里，至青它寺打尖，仍系兰山县境。午初又启行，行四十五里，至垛庄住宿，沂水县境也。闻县城去此一百八十里，故县令未能赶来。在轿中阅《赵策》第四卷、《魏策》第一卷。因昨日看书疲困，故今日不敢多阅，亦老态也。念前作《湘军金陵昭忠祠碑》，久未接沅弟信，恐弟不以为然，萦念良久。又念澄弟不知过洞庭否，亦反复不释也。夜将《齐策》六卷、《楚策》一卷酌加题识。又觉用心太劳者，二更后不治一事。三点睡。

廿四日

黎明起。早饭后启行，行五十五里，午初三刻至龚家城。山路崎岖，因惜马力，即在此住宿。其地系蒙阴管，县令福曜，河南驻防系倭艮峰相国之胞侄、福新伯观察咸之堂弟，字焕臣，颇雅饬，有循吏风。在轿中阅《魏策》二、三两卷。中饭后清理文件。将《楚策》第二、三、四卷酌加题识。申末，墨冻，不复能作字，即在店中清坐。屡次小睡，夜饭后又小睡。二更温《古文·气热之属》，细绎《李广列传》。三点睡，屡醒屡寐。

廿五日

五更三点起，早饭。黎明，坐轿行五十五里，至螯阳打尖，巳正三刻到。未初又起行，行廿五里至新泰县住宿。是日本拟至翟家庄住宿，因该处店少，故少行廿五里，即在县城宿也。自前日在青它寺打尖后，即见大道之西有一大山，盖蒙山也。前日、昨日皆见此山并大路而北，本日自龚家城行十五里，至蒙阴县，大道转向西行，似即蒙山北头尽处矣。至嶅阳大道之西，有一石山，土人称曰青云山，即嶅山也。在轿中阅《魏策》第四卷，《韩策》一、二两卷。申正与挚甫久谈。夜饭后将《赵策》一、二、三卷酌加题识，又将胡刻地图批识数处。写小字太多，眼蒙殊甚。二更三点睡，屡寐屡醒。是日在遨阳旅店见题壁诗十一首，乙丑八月所作，第九首盖讥余者。惯闻誉言，得此即药石矣。

廿六日

五更三点早饭。饭后，坐轿行六十五里，至羊流店，俗书杨柳店，盖羊叔子故里也。午正二刻又起行，坐车行廿五里，坐轿行廿里，至崔家庄住宿。是日共行百一十里。山石荦确，车行殊不易也。出新泰城北，望见一山，土人曰莲花山，一曰新甫山。过羊流店后，望见西北大山，即徂徕山。将至崔家庄，则徂徕山将尽，泰山在目前矣。是日在羊流店，折差刘高山到，报销折未交部覆议，批云："着照所请，该部知道。"实旷典也。在轿阅《韩策》第三卷、《燕策》第一卷。下半日在车中温《子虚》、《上林赋》。日光甚烈，燥热异常。傍夕，与吴挚甫至野观泰山、徂徕诸峰。夜因眼蒙，不复看书。二更即睡，以明日赴泰安，从人多思登岱也。未至二更三点而解衣登床者，近年无之矣。

廿七日

五更二点起。早饭后起行，行七里而天明。巳初二刻即至泰安府，凡行五十里，潘琴轩在此等候已二日矣，来谈甚久。又坐见之客一次，立见者三次。在轿阅《燕策》二、三两卷。午刻写纪泽儿信。中饭后至岱庙回拜潘琴轩，坐颇久。归寓，王伯尊来久谈。小睡片刻。灯后，纪鸿等自登泰山归来，与之一谈。夜将《赵策》第四卷、《魏策》一卷酌加题识，未毕。眼蒙殊甚，二更三点睡。

廿八日

黎明饭后，起行。行卅里至新庄镇打尖，系泰安县境。午初，又行四十五里至湾头镇住宿，系长清县境。因山路荦确，故少行数十里，非正站也。辰巳间，在轿阅宋、卫、中山策二卷，《国策》卅三卷，粗阅一过毕。余昔尝苦《国策》讹舛不可读，意谓宋板或当胜。此次阅黄刻南宋姚宏本，而其不可通如故也。午刻阅《周本纪》十余页。申刻，挚甫来久谈。夜将《魏策》一卷之半及二卷酌加题识。牙疼眼蒙，不敢多治事。二更三点睡，五更醒。

廿九日

黎明起，饭后成行，行卅五里至章夏打尖。大道循河而行，询之土人，此河名葛乙河。其源自汶水分出而杂以泰山各溪壑之泉，下游入大清河也。尖后，再行五十五里，至杜家庙住宿。毛寄云之子承桂来见。此间去山东省城仅卅余里耳。辰巳间，在轿阅《周本纪》、《秦本纪》。未申间，阅《魏世家》《韩世家》。昨夜小雨，本日燥热，恐天将变矣。傍夕，吴挚甫来㘈谈。夜将《魏策三》、《中山策》酌加题识。二更三点睡，四更末醒。次早起，雪落已半寸许。

卅日

黎明起。饭后行卅五里过黄河，至齐河县住宿。坐见之客一次。丁中丞自省城来此迎候，与之久谈时许。渠办酒席在此同饭，未正散。辰巳间，在轿中阅《东周》、《西周策》二卷。申初出门拜丁中丞，久谈，申正归。将《周策》二卷酌加题识。夜改复马谷山信，未毕。二更三点睡。

十二月

初一日

黎明起。饭后，坐见之客一次。旋起行至齐河北关外，丁中丞在此一谈，渠旋寄请圣安，行廿五里至堰城打尖。朱星槛等自清江起行后，即在前一站、半站先行，至此始等候一见。朱与杨云帆、刘瑞芸、魏春农、邓良甫凡五人，随余同行也。尖后，坐车行五十里，至禹城县北六里之禹城桥住宿。途中温《左传》，襄公廿二年起，凡四十四页。申刻见客一次。酉刻将《魏策》四卷酌加题识。夜改马谷山信稿，约改千余字。二更三点睡。

附　记

泰安府　　锡惠二泉

泰安县　　杨宝贤慎斋，天津人

长清县　　仇恩注叔俞，山西人

齐河县　　何毓福松亭，似良吏；汉军，徽州籍

禹城县　　德铨法三

济东道　　萧培元质斋，云南，翰林

济南府　　龚易图蔼人，福建，庶常

初二日

五更三点起。早饭后，黎明起行。坐车行四十五里，巳初三刻至平原廿里铺打尖。尖后坐轿行五十里，至曲鹿店住宿。在平原城之北卅里，平原辖境也。在途中温《左传·襄公》卅页，温《易·系辞》上传。到店将《韩策一》、《宋卫

策》题识。吴挚甫来，久谈大半时。夜至纪鸿户外，视其气象委靡之至，心实忧之。二更三点睡，三更后成寐，四更末醒。

初三日

黎明起。饭后行五十里，至德州打尖。坐见之客三次，立见者四。德州城守尉富明寄请圣安。尖后行廿里，至刘智庙住宿。坐见之客三次，立见者十余次。在途中温《左传·昭公》四十五页。申酉间将《韩策二》《燕策三》酌加题识。夜写纪泽信一封，改信稿四件。阅纪鸿所与兄信件，写作极劣，忧念无已，二更诃责之。旋料理发金陵信、发保定信。二更三点睡。是日用心太过，又因临睡生气，不复成寐，心气跳动。三更末稍成寐，四更末醒。

初四日

黎明饭后，行四十里至景州，巳正即到。因昨夜体中不适，即在此住。亦因直隶派来之巡捕、戈什等不能多收，令其先归，恐挤在一处，州县难供夫马也。下半日见客，坐见者六次。内李茂斋、孙海岑谈甚久。添写官秀峰信二页。登景州塔，盖余住开福寺，塔在寺内，共十二层，天下著名也。见所传办差溜单支应极繁，因令巡捕与州县共拟一溜单，余核定发行。是日全不看书，略养老年心气。二更三点睡。

附记

改折稿　阅李单
平原县　朱熔陶庵，北通州人
德州　　赵新晴兰，天津人
景州　　王谔瑞浦，山东掖县人，行一，监生
前景州　石元善小愚，宿松人，行六，监生
阜城县　褚瑨文轩，江夏人，行一，举人
故城县　张学权稚仪，江宁人
李传黻辅臣，候补府，庚戌朝考门生
交河县　朱绍谷吉园，二，监生，会稽人

初五日

黎明，早饭后起程。行五十里至阜城县打尖，巳正二刻。午初三刻再行，行

四十里至富庄驿住宿。将到之时，北风甚大，改坐后档车。到后微雪，旋止。在途阅《左传·昭公》四十页。申刻，将《燕策一》酌加题识。傍夕与纪鸿一谈。夜，小睡良久。日内，思古圣王制作之事，无论大小精粗，大抵皆本于平争、因势、善习、从俗、便民、救敝。非此六者，则不轻于制作也。吾曩者志事以老庄为体，禹墨为用，以不与、不违、不称三者为法，若再深求六者之旨而不轻于有所兴作，则咎戾鲜矣。二更三点睡，冷甚，至三更后不能成寐，亦因轿中假寐太多也。

初六日

黎明，早饭后起行，行四十里至献县打尖。见客，坐见者一次。尖后，行卅里至商家林茶尖。府县等来迎，一谈。旋又行卅里至河间府住宿。坐见之客三次。朱星槛等在此等候，来谈颇久。在轿阅《左传·昭公》，至"景王作无射"止。是日接金陵各信，将余奏折稿本箱付来。轿中阅函牍颇多。夜将《韩策三》酌加题识，殊觉劳倦。二更四点睡，久不成寐。

初七日

早饭后，黎明起行，四十五里至边渡口打尖。尖后坐车，行四十五里至高阳县住宿。此系由河间至保定之道，非进京之东大道也。因赵北口积潦未消，故改由此路。名为九十里，实则百余里。车行如飞，未正即到。尖时，坐见之客一次。至高阳，坐见者三次。在轿阅《左传》八页。酉刻将《燕策二》酌加题识。《国策》题识粗毕。夜见客二次。二更三点睡。

附　记

献县陆时言绶生，六，似才吏，江苏监生

河间府灵杰蔚生，大，芗生兄

河间县朱溥小岩，二，浙江监生

东光县项桂轮少琴，三，安徽监生

任邱县郭令昌李文清之弟子，景熙，一，似良吏，河南举人

保定府恩福云峰，一，户部，曾任浙江知府

高阳县张恩煦墨林，一，太老实，山东进士

河间协恩崇峻峰，二，大门待卫标

中军冷庆景云，五，蓟州人，六十岁，老滑

初八日

早饭后，黎明行五十五里，午初至臧村打尖。中间行廿五里，至边邬村打茶尖一次，系安州管。保定城守尉及司道等皆在臧村迎候，谈甚久。未刻起行，行四十里至安肃县住宿。在轿阅《左传》廿八页。到店，坐见之客三次，立见者二次。改京信稿三件。清理书籍，查不应带者即留于涿州矣。二更三点睡。

附 记

布政司卢定勋午峰，三，江西进士
按察使张树声振轩，一，合肥廪生
清河道费学曾幼亭，常州
候补道荫德泰槐庭，二
候补道杨咏春云芗，二
候补道柏春东辅，二
清苑县何崧泰骏生，一，合肥进士
保定城守尉丰陞额乐吾，一
安州清俊湘浦，一，四川驻防，似有瘾
安肃县程光滢小韩，一
定兴县赵秉恒子长，一，南丰监生
候补府李孟平铁帆，二，鹤人之弟
高邑县徐霖润苍，一，江苏籍，住湖南
望都县吴士铨衡轩，一
候补道李廷瑞仲宣，五，扬州举人，尊化军翼长

初九日

黎明起，早饭起行。行卅里至固城镇打尖。尖后，午初起行。行卅里，未初一刻至北河店住宿。在轿中温《左传》卅八页。在固城店内将直隶地图细阅，略考水道，约直隶大河不由东西淀而入海者凡三：曰南运河，其源为山西之清漳水、浊漳水，河南之卫河，山东分汶北流之运河，迳流至天津入海；曰滦河，其源出蒙古，过承德府，至永平府之滦州入海；曰北运河，其源出于古北口、独石

口外，至密云合流，又汇以昌平州之水，玉泉山之水，南海子之水，至天津入海。由东西淀而入海者凡四：曰滹沱河，其北源出山西之代州，南源出平定州，至衡水县分为两支，均经东淀而入海；曰猪龙河，其源为无极灵寿之滋河，阜平新乐之沙河，浑源灵丘之滱河，至祁州合而为一，经西淀、东淀而入海；曰白沟河，其源出于房山涞水，又汇易州之易水，乃经西淀、东淀而入海；曰桑乾河，其北源出于蒙古，经过宣化，其南源出于朔平大同，至保安州合而为一，至怀来县入关，经东淀而入海。本年桑乾河决于芦构桥以下，至今未塞，故雄县积水未消也。至宿店再一考核。夜改四六折稿一件。二更三点睡，竟夕不甚成寐，似亦用心太过之故，从此衰老，不复能看书任事矣。

初十日

黎明，早饭后起行。行卅五里至高碑店打尖，系新城县境。尖后又行四十五里，至涿州住宿，未正二刻即到。上半日在轿阅书十一页。申刻，涿州牧送其祖郝兰皋懿行所著《尔雅义疏》、《春秋比》、《春秋说略》等书，略一翻阅，又阅近数日京报。夜将车减去五辆，箱子减去卅口，寄于涿州。料理一切。二更三点睡。

附记

涿州郝联薇近垣，三，山东栖霞，其祖父郝懿行著书甚富。祖母王，亦著《列女传补注》等书

新城县吴光鼎熙之一，武进壬辰举人

十一日

黎明，早饭后起行，行四十里至窦店打尖。尖后，午初又起行，行卅里至良乡县，出南门外三里，在寿因寺住宿，未正即到。天晴已久，灰尘垒起，咫尺不能见人。在轿温《左传》四十八页，至"西狩获麟"止。申刻剃头一次。酉刻将李少荃在京用钱大数开一目录，夜约略计算。写澄、沅两弟信，未毕。二更三点睡。

十二日

黎明，早饭后起行，行廿五里至长新店打尖。坐见之客三次。饭后，陈小舫自京来，与之久谈。又行四十里，至彰义门外天宁寺住宿，未正即到。许仙屏、

黄晓岱、敖甄父、皮小舲、何镜芝等五人在此迎候。旋坐见之客六次。是日在轿中温《左传》廿五页，《哀公》温毕。傍夕，与五人者闲步庙中。旋诸君备席，小宴至一更五点，又谈至二更二点散。三点睡。

十三日

黎明，早饭后，与各客稍谈。起行，至彰义门、顺成门。巳初至金鱼胡同贤良寺寓居。会客，坐见者十余次，至申至三刻始息。疲倦殊甚。旋又与仙屏鬯谈。开单分派各事。夜清理文件。一更五点睡。

十四日

五更起，寅正一刻也。饭后趋朝。卯初二刻入景运门，至内务府朝房一坐。军机大臣李兰生鸿藻、沈经笙桂芬来一谈。旋出迎候文博川祥、宝佩衡鋆，同入一谈。旋出迎候恭亲王。军机会毕，又至东边迎候御前大臣四人及惇王、孚王等。在九卿朝房久坐，会晤卿寺甚多。巳正叫起，奕公山带领余入养心殿之东间。皇上向西坐，皇太后在后黄幔之内，慈安太后在南，慈禧太后在北。余入门，跪奏称臣曾某恭请圣安，旋免冠叩头，奏称臣曾某叩谢天恩。毕，起行数步，跪于垫上。太后问："汝在江南事都办完了？"对："办完了。"问："勇都撤完了？"对："都撤完了。"问："遣撤几多勇？"对："撤的二万人，留的尚有三万。"问："何处人多？"对："安徽人多。湖南人也有些，不过数千。安徽人极多。"问："撤得安静？"对："安静。"问："你一路来可安静？"对："路上很安静。先恐有游勇滋事，却倒平安无事。"问："你出京多少年？"对："臣出京十七年了。"问："你带兵多少年？"对："从前总是带兵，这两年蒙皇上恩典，在江南做官。"问："你从前在礼部？"对："臣前在礼部当差。"问："在部几年？"对："四年。道光廿九年到礼部侍郎任，咸丰二年出京。"问："曾国荃是你胞弟？"对："是臣胞弟。"问："你兄弟几个？"对："臣兄弟五个。有两个在军营死的，曾蒙皇上非常天恩。"磕头。问："你从前在京，直隶的事自然知道。"对："直隶的事，臣也晓得些。"问："直隶甚是空虚，你须好好练兵。"对："臣的才力怕办不好。"旋叩头退出。回寓，见客，坐见者六次。是日赏紫禁城骑马，赏克食。斟酌谢恩折件。中饭后，申初出门拜客。至恭亲王、宝佩衡处久谈，归已更初矣。与仙屏等久谈。二更三点睡。

十五日

黎明起。早饭后写昨日日记。辰初三刻趋朝。在朝房晤旧友甚多。巳正叫起,六额附带领入养心殿。余入东间门即叩头,奏称臣曾某叩谢天恩。起行数步,跪于垫上。皇太后问:"你造了几个轮船?"对:"造了一个,第二个现在方造,未毕。"问:"有洋匠否?"对:"洋匠不过六七个,中国匠人甚多。"问:"洋匠是那国的?"对:"法国的。英国也有。"问:"你的病好了?"对:"好了些。前年在周家口很病,去年七、八月便好些。"问:"你吃药不?"对:"也曾吃药。"退出。散朝归寓。见客,坐见者六次,中饭后又见二次。出门,至东城拜瑞芝生、沈经笙,不遇。至东城拜黄恕皆、马雨农,一谈。拜倭艮峰相国,久谈。拜文博川,不遇。灯初归。夜与曹镜初、许仙屏等久谈。二更后略清理零事。疲乏殊甚,三点睡,不甚成寐。

十六日

黎明起。早饭后,写昨日日记。辰正趋朝。巳正叫起,僧王之子伯王带领入见。进门即跪垫上。皇太后问:"你此次来,带将官否?"对:"带了一个。"问:"叫甚么名字?"对:"叫王庆衍。"问:"他是什么官?"对:"记名提督,他是鲍超的部将。"问:"你这些年见得好将多否?"对:"好将倒也不少,多隆阿就是极好的,有勇有谋,此人可惜了。鲍超也很好,勇多谋少。塔齐布甚好,死得太早。罗泽南是好的,杨岳斌也好。目下的将材就要算刘铭传、刘松山。"每说一名,伯王在旁叠说一次。太后问水师的将。对:"水师现在无良将。长江提督黄翼升、江苏提督李朝斌俱尚可用,但是二等人才。"问:"杨岳斌他是水师的将,陆路何如?"对:"杨岳斌长于水师,陆路调度差些。"问:"鲍超的病好了不?他现在那里?"对:"听说病好些。他在四川夔州府住。"问:"鲍超的旧部撤了否?"对:"全撤了。本存八九千人,今年四月撤了五千,八、九月间臣调直隶时,恐怕滋事,又将此四千全行撤了。皇上如要用鲍超,尚可再招得的。"问:"你几时到任?"对:"臣离京多年,拟在京过年,朝贺元旦,正月再行到任。"问:"直隶空虚,地方是要紧的,你须好好练兵。吏治也极废弛,你须认真整顿。"对:"臣也知直隶要紧,天津、海口尤为要紧。如今外国虽和好,也是要防备的。臣要去时总是先讲练兵,吏治也该整顿,但是臣的精力现在不好,不能多说话,不能多见属员。这两年在江南见属员太少,臣心甚是抱愧。"属员二字,太后未听清，令伯王再问，余答："见文武官员即是属员。"太后说："你实心实意去办。"伯王又帮太后说："直隶现无军务，去办必好。"太后又说："有好将尽管往这里调。"余对："遵旨，竭力去办，但恐怕办不好。"太后说："尽心竭力，没有办不好的。"又问："你此次走了多少日？"对："十一月初四起行，走了四十日。"退出。散朝归寓。中饭前后共见客漏字，坐见者七次，沈经笙坐最久。未正二刻，出城拜李兰生，归寓已灯初矣。饭后与仙屏诸君一谈。旋写日记。二更三点睡。

十七日

黎明早饭后，与许仙屏等一谈。旋见客四次。出门拜客，董酝卿处会晤，余多未会，午正归。中饭后又出门拜客数家，未会。申初，至黄恕皆家赴宴，暝时散。归，核信稿四件。二更后与晓岱等一谈。料理诸琐事。三点睡。

十八日

黎明早饭后，写纪泽儿信，并添写马谷山等信，交金陵折弁带去。又发澄、沅两弟信。见客七次。午初出门，至内客到大学士任。先至诰敕房更衣，在公案一坐，次至满本房公案一坐，次至大堂一坐。横列六案，满、东三案，汉、西三案。余在西之第一案一坐，画稿两件。侍读、中书等数十人来三揖，余答揖。回忆丁未六月在此堂到内阁学士之任，今已廿二年矣。旋至翰林院到任。先在典簿厅更衣，次至大堂一坐，次至圣庙行礼，次至典簿厅更衣，次至昌黎庙行礼，次至清秘堂一坐。学士、编检等以次来三揖，余答揖后回寓。中饭后，未正二刻又出门，拜客四家，皆会。文博川处谈颇久，归已更初矣。与晓岱等一谈。二更三点睡，三更后成寐。

十九日

黎明早饭后清理文件。旋见客三次。出门拜客十余家，会晤者王荫堂、全小汀、崇文山。又至塔军门家，直延入上房，具酒相待。其母八十岁，相对涕泣。其弟咸丰四年已死，其次弟本年八月十三日死，其两弟妇寡居，并出拜见。三兄弟皆无子，仅塔军门一女，次弟阿陵布四女。亲房无可承继之人，实为可惨。其妹其女并出拜见，泣求提拔其婿等。未正归。中饭后会客三次。申正再出，拜沈经笙，灯初归。陈仲鸾来久谈。旋与吴挚甫久谈。二更后小睡。三点睡。

廿日

黎明早饭后清理文件。见客四次。令巡捕等收拾行李，搬出城外。余在城内拜东北城及皇城内之客，出西安门拜西城客数家，出顺成门至法源寺住。中饭后，坐见之客三次。出门拜客数家，罗椒生处谈颇久。酉刻见客五次，二更散。小睡片刻。三点睡。

附记

陆尔熙_{廖说}　　端木埰_{袁说，胡宅}　　沈源深_{倭、袁说，吏部}

袁保龄_{子久}　　朱逌然_{肯夫}　　李用清_{平定州人}

崇绮_{文山}　　陶模_{秀水庶吉士，方之，崇说}

张振新_{忻州，工部，绍铭，崇说}

廖寿丰_{谷士，中书，倭说，恒}

廖寿恒_{翰林，仲山}

贵成_{浙江驻防，癸卯，蒙古，镜泉，兵部，崇说}

伯桢_{著之，满洲，吏部，崇说}

李如松_{虎峰，北通州，吏部，崇说}　　陈彝_{六舟，翰林，朱说}

陆奭堂_{憩云，刑部，廖说}

谢维藩_{临伯，巴陵，翰林}　　曹耀湘_{镜初，长沙}

廿一日

黎明早饭后，清理文件。旋见客，坐见者十余次，如袁子久、罗椒生等，坐均甚久。自辰初至午正客方散。中饭后，至湖广馆赴同乡之宴，听戏、饮酒至酉刻，倦甚，入内宝善堂稍一休息，又听灯戏二出，归寓已一更四点。与挚甫一谈。二更三点睡。纪鸿于三更后始自湖广馆归。

廿日

黎明早饭后，清理文件。旋见客，坐见者八次。巳刻出门拜客，宋雪帆、潘伯寅、鲍花潭、庞宝生、毛煦初等处俱会，未初回家。中饭后，又出门至文昌馆赴宴，系各科门生公请。一曰癸卯四川乡试，二曰丁未汉教习，三曰巳酉顺天乡试复试，四曰庚戌朝考阅卷，五曰庚戌拔贡朝考阅卷，六曰庚戌考学正学录阅卷，共卅余人。听戏至酉刻，倦甚，因至粉房琉璃街黄晓岱家一坐。灯后，复至文昌馆看灯戏，归寓已一更四点矣。二更三点睡。

附记

钟佩贤伯寅，恶其出胜门六，浙江原籍，庚戌进士。英，直隶人，袁说
曾金章印若，内阁，熟地理，李如松说
端木埰子畇，江宁，祁文端保，袁说
夏子铜路门，扬州，山西主考，仙屏说
蒋绍和户部，江宁府人，端木埰说

廿三日

黎明早饭后，清理文件。见客六次。午初二刻中饭。饭后，出门拜周荇农、贺云湖，皆会。又亲拜数家。未正至文昌馆听戏，甲午、戊戌两科同年公请，又直隶京官之大者公请，两处各吃一顿。酉初至许仙屏家歇息。灯后又至文昌馆听灯戏，至一更五点归寓。二更三点睡。是日蒙赏"福"方纸十张、各色绢笺四十张、湖笔卅支，名曰春贴子赏。凡内廷王、军机大臣，弘德殿、上书房、南书房大学士皆与焉。

廿四日

黎明早饭后，清理文件。见客四次。巳初，出门拜客三家，即至内阁，因总理衙门奏请派亲郡王、大学士、九卿会议预筹修约事宜。午初至，未正散。至前门内大昇馆吃饭。饭后出城，至文昌馆，系江恭通省公请。酉初至李健斋处一歇。夜复至文昌馆听灯戏，归时将二更矣。与吴挚甫久谈。三点睡。

廿五日

黎明早饭后，见客四次。巳初再至内阁议事，午末议略定，公议万藕舲改定折稿，申初二刻散。仍至大昇馆吃饭。饭毕，至愿学堂赴宴，系倭、朱、瑞三相国公请。饮酒至酉初二刻，余出城回寓。夜阅王少鹤所作《祁公神道碑》。朱修伯、周荇农先后来久坐。二更三点睡。

廿六日

黎明早饭后，见客二次。是日因内阁衙门奏事，辰正趋朝，巳初到，巳正散

朝。至东草厂十条胡同拜长沙会馆、上湖南馆各客，未初归。饭后，曹镜初等来。与谢立夫围棋二局。谭竹崖等来一谈。因巡捕人等接待宾客过于疏忽，生气训斥，良久乃息。夜，见客二次，陈小舫谈最久。二更三点睡。早饭后写澄、沅两弟信一封，交湖南折差带去。灯后改一信稿，约改四百字。

廿七日

黎明早饭后，见客三次。出门拜客，拜骡马市大街以南各胡同，拜会者六家，亲拜者数十家，午正归。萧芑山等送席来，因留同饭。饭后会客一次。出门拜骡马市大街以北之客，会者五家。上半日，在轿上阅穆相国《彰阿年谱》。下半日阅《李筼仙诗集》。晡时归。与曹镜初等久谈。清理文件。二更三点睡。

李朝仪藻舟，贵州，广平府，云湖说

刘秉琳昆圃，湖北，深州，小舫说

陈兰斌荔秋，刑部，广东，癸丑庶吉士，仙屏说

刘锡鸿云生，广东举人，刑部，仙屏说

李文田若农，南书房，广东，仙屏说

萧世本廉甫，四川，癸丑庶吉士改刑部，耿黼臣之妹夫，仙屏说，甄甫说

廿八日

黎明早饭后见客二次。出门至景运门，是日会奏，议复修约事宜一折，巳正二刻散。至穆帅相旧宅，见其七世兄萨善、九世兄萨廉，不胜盛衰今昔之感。又拜客数家，午正归。中饭后见客二次。未正至陈小舫家赴宴，渠与单地山、贺云湖、彭畏之四人公请也，酉初散，归。夜与邓良甫一谈。倦甚，小睡。二更三点睡。

廿九日

五更起。早饭后，卯初出门趋朝，谢昨日赏荷包之恩。往年在外，荷包与"福、寿"字均由驿递出，今年"福、寿"字存于奏事处，初到京之日即已领到。荷包则昨日与诸大臣同赏也。辰初，皇上由乾清宫坐轿至保和殿筵宴，余与诸王、大臣在阶下西边叩头。巳正归寓。清理文件。小睡片刻。午刻，请同县欧阳崇如、朱心槛、李健斋、刘瑞云等过年便饭。饭后，文博川来久谈。旋又坐见之客三次。酉刻剃头一次。夜料理明日朝贺事件。一更四点睡。天气甚热，不能成寐。

日記

同治八年

正　月

初一日

寅初一刻起，饭后趋朝。卯初一刻至景远门，旋过隆宗门，捧庆贺皇太后表文，进至慈宁门之东阶案上，内监接入。同事者阁学宋晋从内阁捧表，礼侍温葆深、李鸿藻前引也。旋在工部朝房等候。辰初，随同皇上行庆贺皇太后礼。皇上在慈宁门行礼，一、二品大臣在长信门外行礼。礼毕，至太和殿。辰正皇上升殿受贺。余与朱同轩相国在殿门正中閾外展表，太常寺司官宣读表文。皇上退，余与有差诸大臣补行三跪九叩礼。巳初散朝，归寓。与吴挚甫等一谈，会客二次。中饭，请幕府小宴。下半日倦甚，屡次小睡。夜温《左传·襄公》十二页。旋又小睡，盖连日辛苦，而昨夕未能成寐，故困甚也。二更三点睡。四更末醒，旋又成寐。在近日极为佳眠矣。接纪泽禀，知内人目疾日剧，殊以为虑。丸药方至卅四味之多，亦决非良方耳。

初二日

早饭后清理文件。旋出门拜客，会者三家，亲拜廿余家。午初归，料理各项琐事。中饭后，曹镜初来一谈。未正出门，至财盛馆赴满、汉军机章京之招，看戏两时许，酉正归。傍夕小睡。夜写《无慢室日记》约三百余字。二更三点睡，直至五更三点醒，真美睡也。

初三日

早饭后清理文件。辰正二刻出门。巳初，至倭相处，渠廿九日面约至彼处畅谈，直谈至午正方散。又拜客数家，会者一家，未正归寓。中饭后，许仙屏来久谈。酉正写对联四付。写回周荇农信,回宋雪帆信各一件。夜写《无慢室日记》二百余字。温《左传·襄公》廿六页。二更三点睡。

附 记

查六人坐衔　　　查忠愍　　查修约始末

初四日

早饭后清理文件。旋见客多次,直至午刻未歇。午正中饭。仙屏来一谈。出门拜客五家。未正二刻至江右乡祠,江西通省公清也。听戏至晡时暂归。朱修伯来久谈。更后,再至江右乡祠听灯戏,三更二点方归。略阅本日文件。三点睡。

初五日

早饭后清理文件。见客二次。辰正一刻出门,至倭艮翁处一坐。旋与之同趋朝,至长安门外下轿,同步行至内阁,盖醇郡王有一折,议驱除洋人之法,谕旨饬醇王与大学士会议具奏,本日同至内阁集议也。王与朱相先到,瑞相后到。王折共六条:第一条,因马谷山密函有和议无事,则维持大局责在王、大臣;和议决裂,则维持大局责在各督抚等语。请旨询问,该督是否确有把握,并请垂询各筹制夷之法。第二条,请令王、大臣各抒所见,以济时艰。第三条,请令督抚激厉绅民打毁天主堂。第四条,请将大内各洋货颁赏,摒弃异物。第五条,请召见宿将以备防御外夷。第六条,请将在京洋人稽查出入数目。议论良久,将办折复奏,余推倭相起草,王及三相推余起草。午正构思,及申初二刻脱稿,共千六百余字。申正二刻散朝。晡时到寓。夜饭后,与吴挚甫等久谈。写《无慢室日记》。清理零事甚多。二更三点睡。四更末醒。

初六日

早饭后清理文件,见客五次。午初吃饭后,即至内阁校对昨日所缮之折。旋拜客一家。未初二刻至宝佩蘅家,渠预备酒席,两人对酌至申正三刻方散,至寓已黑矣。黄晓岱来久谈。写《无慢室日记》约三百字。二更后倦甚,不复治事。三点睡,颇得佳眠。

初七日

早饭后清理文件,见客一次。辰正出门趋朝。初五日在内阁会议之折,本日具奏也。午初散朝，拜客数家，惟王芷汀得会。旋至菜厂胡同聚丰堂买便饭吃之。小睡片刻。未初二刻至谭竹岩家，渠与董酝卿公清，陪客为宝佩衡、文百川，吃至酉初方散。夜与吴挚甫久谈。写《无慢室日记》。二更后与邓良甫一谈。三点睡。

附记

核别敬单　　作请训折　　送三处礼

初八日

早饭后清理文件。会客数次。核公事数件。中饭后料理琐事。申初，出门拜客十余家，在景剑泉、许仙屏家一谈。酉初至毛煦初家，渠与罗椒生、鲍花潭、庞宝生四人公请，陪客为万藕舲、潘星斋、宋雪帆，饮至亥初方散。归寓，料理杂理。二更三点睡。在京酒食应酬虽不甚多，而每日疲精以徇物，远不如外省之得以自由。自问胸次，添出许多鄙俗之念，殊无谓也。

初九日

早饭后清理文件。出门至琉璃厂火神庙，观买书藉、字画、玉器各店，旋又至文英堂、宝文堂两家书店一坐，午正归。中饭后拜客数家。未末至周荇农家赴宴，渠与欧建吾、涂心畲、李篁仙四人公请，陪客为欧阳崇如、张竹汀等九人同坐。酉正散，归。夜，清理杂事，写《无慢室日记》。二更三点睡。

初十日

早饭后清理文件。旋写《无慢室日记》，写对联七付、挂屏一张。会客二次。午正中饭后，至外拜客三家。旋至文昌馆赴宴。礼部六堂全小汀、万藕舲、察原稿空格杭阿、李兰生、绵佩青宜、温明叔为主，陪客则朱、瑞二相及贺云湖也，申正散。至湖广公馆团拜，听戏良久。傍夕至宝善堂后，少为歇息。夜听灯戏至亥初，归寓己二更三点矣。睡后甚得佳眠。是日，单地山尚书于席间盛称余所作《江忠烈神道碑》，背诵如流，老辈好善不可及也。

十一日

早饭后清理文件，写《无慢室日记》。见客四次，许仙屏来久谈。写对联七付。午初二刻，出门至城内拜客四家，奕楚江公湘处拜会。未末至文博川家赴宴。无陪客，宾主对酌，至酉初二刻散，归寓已天黑矣。曹镜初、黄翰仙来久谈。二更后小睡。阅新到文件颇多。三点睡。

十二日

早饭后清理文件，写《无慢室日记》。见客六次，周荇农坐最久。写对联七付。午末中饭。未正，出门拜会贾筠堂相国。旋至文昌馆，安徽全省公请听戏，直至天黑方散。归寓，朱修伯来，㘤谈，至二更方去。清理杂件颇多。三点睡，通夕不能成寐，因说话太多，而又有不怿之事滞于心中也。接纪泽十二月廿六日信，内有澄弟初六日信，叶亭甥尚未到长沙，殊以为忧。

十三日

早饭后清理文件。写《无慢室日记》。见客七次。写对联八付。中饭后出门拜客，晤温明叔。未初二刻至陶然亭赴宴。景剑泉、马雨农、许仙屏等五人公请也，饮至申正方散。拜朱修伯，久谈。灯后归，清理杂事。黄晓岱、曹镜初来，久谈。二更后，疲倦殊甚，小睡。阅来文公事。三点睡，竟夕不能成寐，惟三更二点至四更二点得寐耳。余生平于酬酢之际，好察人情之顺逆厚薄。京师势利之薮，处处皆有向背冷暖之分，余老矣，尚存于心而不能化。甚矣，余之鄙也！

附记

十四　至许家作折　　赴万、王召　　定别仪码
十五　至保和殿与宴　　赴张、龚等召
　　　拜东头客　　　　再核折、核单
十六　至乾清宫与宴　　写对联　　定分送各单
十七　入内请训　　　　出拜沈、瑞、恭、倭、黄
十八　赴朱席

十四日

早饭后清理文件，细查各杂事。辰正至许仙屏家，与之久谈。旋小睡。即在渠家作一折稿，约千余字。在渠家便饭，未正归寓。旋至江右乡祠赴宴，应万藕舲、王荫堂之招，直至酉正始散席。归，小睡。袁子久来久谈。旋核别敬单。二

更四点睡，三更二点成寐，以后颇佳眠。

十五日

早饭后，卯正二刻上轿趋朝。皇上定于辰初二刻入座，筵宴外藩。余起行太晏，因由顺成门进西长安门。余步行三里至保和殿，甫到半刻，皇上已升殿矣。此宴系赐蒙古、高丽各藩，而大学士尚书之入座者，不过陪侍之意，故赐奶茶、赐酒皆仅及外藩王，而大臣不与焉。余于道光廿六年曾以讲官在正大光明殿侍班。与于此宴，分隔廿四年矣。辰正三刻宴毕，散朝。归，清理文件。作应调人员清单，至申正始毕。至湖广馆赴宴，应张竹汀等六人之招也，灯后散席，归。夜写信与朱修伯商事，核别敬单。二更三点睡。

十六日

早饭后清理文件。辰正二刻起行趋朝。是日廷臣宴。午正入乾清门内，由甬道至月台，用布幔帐台之南，即作戏台之出入门。先在阶下东西排立，倭艮峰相国在殿上演礼一回。午正二刻皇上出，奏乐，升宝座。太监引大臣入左、右门。东边四席，西向。倭相首座，二座文祥，三座宝鋆，四座全庆，五座载龄，六座存诚，七座崇纶，皆满尚书也。西边四席，东向。余列首座，朱相次之，三座单懋谦，四座罗惇衍，五座万青藜，六座董恂，七座谭廷襄，皆汉尚书也。桌高尺许，升垫叩首，旋即盘坐。每桌前有四高装碗，如五供之状。后八碗亦鸡、鸭、鱼、肉、燕菜、海参、方饽、山查糕之类。每人饭一碗，杂脍一碗，内有荷包蛋及粉条等。唱戏三出，皇上及大臣各吃饭菜。旋将前席撤去。皇上前之菜及高装碗，太监八人轮流撤出，大臣前之菜，两人抬出，一桌抬毕，另进一桌。皇上前之碟不计其数。大臣前，每桌果碟五、菜碟十。重奏乐，倭相起，众皆起立。倭相脱外褂，拿酒送爵于皇上前，退至殿中叩首，众皆叩首。倭相又登御座之右，跪领赐爵，退至殿中跪。太监易爵，另进杯酒，倭相小饮，叩首，众大臣皆叩首。旋各赐酒一杯。又唱戏三出。各赐奶茶一碗，各赐汤元一碗，各赐山茶饮一碗。每赐，皆就垫上叩首，旋将赏物抬于殿外，各起出，至殿外谢宴、谢赏，一跪三叩。依旧排立，东西阶下。皇上退，奏乐。蒙赏如意一柄、瓷瓶一个、蟒袍一件、鼻烟一瓶、江绸袍褂料二付。各尚书之赏同一例也。归寓已申刻矣。中饭后，见客二次。写对联十付。剃头一次。坐见之客二次。朱修伯来久坐。二更三点睡。

十七日

早饭后,辰初二刻趋朝。是日请训,递封奏一件也。在朝房久坐。午初召见。皇太后问:"尔定于何日起身出京?"对:"定廿日起身出京。"问:"尔到直隶办何事为急?"对:"臣遵旨,以练兵为先,其次整顿吏治。"问:"你打算练二万兵?"对:"臣拟练二万人。"问:"还是兵多些?勇多些?"对:"现尚未定。大约勇多于兵。"问:"刘铭传之勇,现扎何处?"对:扎在山东境内张秋地方。他那一军有一万一千余人,此外尚须练一万人,或就直隶之六军增练,或另募北勇练之。俟臣到任后察看,再行奏明办理。"问:"直隶地方也不干净,闻尚有些伏莽。"对:"直隶山东交界,本有枭匪,又加降捻游匪,处处皆有伏莽,总须练兵乃弹压得住。"问:"洋人的事也是要防。"对:"天津、海口是要设防的,此外上海、广东各口都甚要紧,不可不防。"问:"近来外省督抚也说及防海的事否?"对:"近来因长毛、捻子闹了多年,就把洋人的事都看松些。"问:"这是一件大事,总搁下未办。"对:"这是第一件大事,不定那一天他就翻了。兵是必要练的,那怕一百年不开仗,也须练兵防备他。"问:"他多少国连成一气,是一个紧的。"对:"我若与他开衅,他便数十国联成一气。兵虽练得好,却断不可先开衅。讲和也要认真,练兵也要认真。讲和是件件他磨。二事不可偏废,都要细心的办。"问:"他就靠你们替我办一办。"对:"臣尽心尽力去办。凡有所知,随时奏明请示。"问:"直隶吏治也疲玩久了,你自然也都晓得。"对:"一路打听到京,又问人,也就晓得些。属员全无畏惮,臣到任后,不能不多参几人。"问:"百姓也苦得很。"对:"百姓也甚苦,年岁也不好。"问:"你要的几个人是跟你久了的?"对:"也跟随臣多年。"太后顾带见之惠郡王云:"叫他就跪安。"余起身走数步,复跪奏云:"臣曾某跪请圣安。"是日太后所问及余所奏,皆初七公折及本日折中事也。退朝,拜客数家,沈经笙、黄恕皆处谈颇久,归寓已申初矣。饭后,见客数次。写对联二付。夜与仙屏核别敬单。二更后,张竹汀等来一谈。三点睡。

十八日

早饭后清理文件。见客五次,仙屏坐甚久。写十六、十七日记,约二千余字。写对联四付,又下款多副。中饭后,出门拜客一家。旋至恭亲王邸,久谈约六刻许。系为请令倭相仍管部务,遂泛论他事也。出城,酉初二刻至朱修伯家赴宴。陪客为黄孝侯、翁叔平，鬯谈至二更方散。清理各件，廿日将出京也。二更四点睡。

十九日

早饭后清理文件，核别敬单三纸。旋见客多次。料理城内送礼各事。中饭后见客，直至二更未曾停止。是日会客廿余次，深以为苦。二更后，写澄、沅弟信一封，添应敏斋信一页。小睡片刻。三点睡，三更后成寐。

廿日

早饭后，至间壁谢公祠一坐。核别敬各单。旋归，会客三次。巳初，起行出东。先拜罗椒生，一谈。未初，至长新店，许仙屏亦送至此，与之鬯谈，共饭。饭后，见客五次。傍夕小睡良久。夜饭后，与仙屏鬯谈。二更三点睡。四更末醒，旋又成寐。

廿一日

早饭后，从长新店起行，将看永定河工。行十一里，至玉皇庙茶尖。旋行三里许，至灰坝看减河。减河原所以减泄正河之盛涨，近因正河之身高于减河之堤，遂致减河反夺正河之全溜，而正河干枯，积沙日高，减河下游亦淤塞矣。旋看南上泛第九号，该处为前裘文达公拟开减河之处，距灰坝仅八九里。如灰坝、减河修复，则此间不必再开矣。旋至南泛上十五号阎仙岱看决口，该处于戊辰七月溃决至百五十余丈之宽，已于去冬修筑，现存口门七十余丈，须于二月兴工，三月底合龙，乃为得时。旋回至南上泛署打尖。尖后行廿余里，至龙王庙南下泛署内住宿。中间过小清河一道，深仅尺许。又下游过河，即永定河决口以下之流也。在轿中，温《左传》"桓"、"庄"四十四页。到店后，将《永定河志》号识书面。写信复纪鸿儿。夜写《无慢室日记》。二更三点睡。四更末醒。

廿二日

早饭后，风极大，尘沙涨天。坐车看工。行二里许，至南下工十号，看去秋新堵闭之缺口，盖去年七月初七日在该处决口。是日又在上游阎仙堡决口，此口无水，旋即修堵。余嫌其单薄，须加培也。辰正，至南二工十四号打尖。清理文件。见客二次。中饭后看金门闸，系乾隆三年建，亦滚水坝也。旋至南三工十三号看已废之草坝。该处本不应有工，惟十一号两边坑塘甚深，余虽未下车，心忧其险。旋过乾河，至北岸三工看已经堵闭之旱口。该处紧靠北堤，有一深沟，正河分溜窜入，沟不能容，以致溃决，颇难施工。旋至第十二、十三号。该处河如"之"字，初向北，则十三号当其冲，折而向南，则南四泛当其冲，故两岸皆险也。午刻在金门闸龙王庙拈香行礼。申正在十五号龙王庙拈香行礼。旋过乾河，至南四泛署住宿，该处至固安县八里。见客五次。接纪泽正月七日信。倦甚，小睡。是日在车看《永定河志》四卷。夜清理文件，写纪泽信一封，约六百字。二更三点睡。夜不甚成寐。

廿三日

早饭后，至龙王庙、将军庙先后拈香。看南四工四号险工，即昨所看之"之"字河也。旋至九号看堤。自九号至十二号，河身极窄，切逼南堤。河中隆起高土如埂如山，高过南堤，宽则数十倍过之。若非铲除河中大埂，南堤三四里极可危也。旋至十七、八号打茶尖，看大坝。该处于上年三月决口，四月堵塞，将合龙而不成。八月，上流决口，此处河干，乃筑大坝，避坑塘之深，弃原堤不用而于河中另筑一堤，约五里许。开一引河，余嫌其浅窄也。自南四泛廿号起，至南五泛十三号，堤卑不过三四尺，宽不过三尺许，土牛高不过二尺许，真同儿戏。至十四号泛署打尖。饭后，至南五工十七号看险工。至南六工十二号双营住宿。是日共行五十七里。申刻倦甚，小睡。旋见客三次。与徐道、蒋道鬯谈工务。傍夕小歇。夜清理零件甚多。是日在车中阅《左传》庄、闵二公毕。二更三点睡。四更末醒，旋又成寐。近日无此佳眠。

廿四日

早饭后，至南六工十七号，该处无工可查，但旗民贪占淤河沃饶之地，纷纷至户部呈报升科，据为己业，亦一勘视。旋至南七工四号，该处为上年决口之处。内外坑塘甚深，河身中有一大洲隆起，其高过于南堤。土胶而坚，洲之南堤之北，仅十丈余，不足以容河身，又曲折，迎溜顶冲，极可危也。再下二三里，看六、七号新开之引河。于河身坚土中生开一河，底宽仅四丈五尺，面宽仅十二丈，深仅一丈四尺，断不能容永定河之全溜。闻此下十六里并无河影，纯仗生开新河。十六里以下虽有河影，而节节高仰。计永定一河非处处开挖河身，别无良法。甚可忧也。看至此止。旋回小惠家庄打茶尖。行廿五里，至永清县城外打尖。尖后行十三里,至牛坨住宿,系固安境。是日共行七十五里。在车上温《左传·僖公》毕,计八十五页。接澄弟十二月廿一日信,知平安到家,沅弟饮食大进,叶亭甥亦到家,大慰,大慰!小睡颇久。见客二次,谈甚久。夜写澄、沅二弟信,未毕。二更三点睡。

附 记

邵志在桂《说文》之内

廿五日

早饭后,行十八里,至礼乡村打茶尖,系固安、新城交界。旋又行卅里,至新桥打尖。该桥本琉璃河之水,今永定河于南上泛十五号决口,窜入琉璃河内,又时时泛溢民地,如新桥附近则泛溢颇宽。轿子绕越而行。行廿余里,至新城县住宿。是日温《左传》文、宣二公毕,计九十一页。在轿中微受风寒。申酉间久睡,灯后方起。饭后会客一次,清理文件。二更三点睡,三更后成寐。

廿六日

早饭后,行五十里至北河打尖。自新城至北河,路湾而又因积潦绕越,故名为四十里,实逾五十矣。纪鸿及吴挚甫等在此等候,其辎重车则已于本日竟赴保定也。尖后行卅里,至固城镇打茶尖。又行卅里,至安肃县住宿。是日共行一百一十里,申刻到。微雨作寒。见客一次。在轿中温《左传·成公》毕,凡六十八页。傍夕小睡。夜见客一次,写《无慢室日记》。二更三点睡。

廿七日

早饭后,行廿五里,辰正至漕河慈航寺。保定司道等在该处迎候。见客一次,谈颇久。巳正再起行,行廿五里,午正至省。官相及司道等在城外迎候,跪请圣安。余进城,先拜官相,旋至公馆。公馆在莲花池,圣祖及高宗驻跸之行宫也。未初中饭。饭后,坐见之客五次。旋周览公馆中名胜。申正出门拜客。至山长李铁海处久坐。傍夕归,小睡。是日在轿中温《左传·襄公》上五十四页。灯下又温廿三页。去岁腊月在途温《左传》四本,此数日内又温六本毕,凡温一过。老年记性日坏,温时怡然涣然,过数日又茫然矣。写《无慢室日记》。二更三点睡。

廿八日

早饭后清理文件，写信与许仙屏。辰止见客，同通州县，每十人为一班，凡见十一班，直至午初二刻方毕。官秀峰旋来一谈。客散。倦极。中饭后，至莲花池藻泳楼，一为游览。令纪鸿将寓中碑帖随时收拾，并留心金石文字之学。旋将《彭泳莪文集》略一流览。李铁海来，久谈半时许，剃头一次。张月卿寄来《樨湖十子诗》，中有朱伯韩、龙翰臣、李小庐诸诗，因浏览二三卷。夜，张振轩来久谈，二更去。写《无慢室日记》。清理零件颇多。三点睡，枕上作州县官厅联，云："长吏多从耕田凿井而来，视民事须如家事；吾曹同讲补过心忠之道，凛心箴即是官箴。"作毕后，又沉吟更改，以致久不成寐。三更二点乃成寐。

廿九日

早饭后，清理文件。辰正见客。补见提镇、各武职一起，补见同通州县二起，见实缺教官一起，见佐杂十四起。每起十人，末起八人。前四起坐见，佐杂立见。直至午正方毕，殊以为苦。中饭后，至莲花池射圃各处游览。在藻泳楼与挚甫、廉甫谈甚久，申正方归。阅《樨湖十子诗》。旋以昨夜所撰之联不惬于心，改作一联，云："念三辅新离水旱兵戈，赖良吏力谋休息；愿群寮共学龚黄召杜，即长官藉免愆尤。"沉吟良久，至夜方定。又与挚甫等久谈。向来作联作诗，每每苦吟不辍，盖由才思迟钝之故，亦过于爱好也。睡后仍反复思之，缠绕不休，以致不得酣眠。次早初起，又作一联，云："随时以法言巽语相规，为诸君导迎善气；斯民当火热水深之后，赖良吏默挽天心。"旋又另改矣。

卅日

早饭后清理文件。见客，坐见者三次。旋出门拜客，藩、臬及清河道三处拜会，谈颇久，余皆亲拜。午正归。中饭后至幕府一谈。将对联又改一次。至藻泳楼等处一览。写澄、沅两弟信。酉初即小睡，约睡一时许乃起。老年疲困，非睡不能自持也。申正习字一纸。夜写密件与沅，约八百字。二更二点将《古文·气势之属》温三篇，略加圈点乙识。三点睡，幸得酣眠。

二 月

初一日

早饭后清理文件。坐见者客二次，司道谈甚久。写《无慢室日记》，检点零件，习字一纸。午初三刻中饭。饭后至浙绍公馆，赴官相及司道府厅之招。余与官相各一席，司道以下四席。午正二刻入座听戏，直至酉初一刻，余始先散。归来疲倦殊甚，与廉甫、挚甫在莲花池绕池沿周行一遭。夜，小睡两次。下关请赵荣为刑名幕友、刘应堉为钱谷幕友，皆前任所请者也。写纪泽信一封。二更三点睡。

初二日

早饭后清理文件，写《无慢室日记》。巳初接印行礼。见客四次。午刻改信稿二件，与廉甫、挚甫畅谈。中饭后又改信稿三件。申正写对联五付，内二付是官厅之对，各十七八字。见客二次，贺麓樵谈甚久。傍夕小睡。夜阅本日来文。添写信与钱调甫，约三百余字。二更三点睡，久不成寐。因本日检点零件太多，用心太过也。

附记

两日内阅永定河估册

初三日

黎明起，至文昌庙行礼。与司道一谈。归寓。饭后清理文件。司道来见，谈颇久。又见州县二班，系禀辞回任者。清查九人履历良久。又坐见之客二次。写纪泽信四页，约四百字。添写谷山密信一页，约百六七十字。中饭后，遣施占琦回金陵。料理零件甚多。小睡片刻。阅本日来文。室官相署内回拜，因同看上房院落，又同拜刑、钱两幕，酉初归。见客一次。写对联三付。傍夕与幕友一谈。夜清理零件甚多。小睡片刻。将直隶书办所拟章程核批一过。二更三点睡。竟夕不能成寐。

附 记

九人略节　　中军各折　　徐道各折
盐院事宜　　须知册　　　江苏海运章
藩司各折　　行忠愍文　　行严撤委文
保易致麟

初四日

早饭后清理文件。司道来见，谈颇久。又坐见之客二次，立见者一次。再添写纪泽信数行。午刻写《无慢室日记》。中饭后小睡片刻。阅本日文件，写对联六付、挂屏一幅。傍夕又小睡。夜改折一件，作片稿一件，约四百余字，未毕。二更三点睡。

初五日

五更三点起，至文庙丁祭。乐章、佾舞甚好，胜于各省。卯正二刻归。早饭后清理文件。欧阳崇如等来见，谈颇久。又坐见之客一次。写《无慢室日记》，习字一纸。巳正核各房稿簿。午初后小睡颇久。中饭后清理零件，阅本日文件。至吴挚甫处久谈。核永定河勘估册，写对联五付。傍夕小睡。夜再核永定河勘估册约四百余字。二更三点睡。

初六日

早饭后清理文件，习字一纸。坐见之客三次。检查零件颇多。巳正核各科稿簿，未毕。午初一刻中饭。至浙绍会馆公请官相听戏、饮酒，如初一日之式。申初二刻散。归，阅本日文件。申正一刻再阅各科稿簿，酉初二刻毕。与挚甫、廉甫久谈。傍夕小睡。夜批徐道所呈清折三件，系领岁修等银两。余欲改为大工之用，不交厅泛之手，反复批诘。又写信与司道公同酌核。传张振轩来一谈。二更后倦甚，不能治事。三点睡。

附记

巳正以前写日记二种、见客、习字、小睡

巳正以后核各科批稿簿

申正以前阅本日文、写信

申正以后办难事、写对联

灯后看书、诵古文

取揭参疏防职名由提转，取履历不必由提转

初七日

早饭后清理文件，写《无慢室日记》约六百余字。见客二次。习字一纸。小睡片刻，巳正核各科批稿簿，午正毕。中饭后，官相来辞行，一谈。旋又见客一次。阅本日文件。与幕府诸君之谈。写《邵位西诗册跋》，约二百余字。写许仙屏信，约三百字。酉初写对联五付。欧建吾丁忧，在此经过，戌刻，余出城一吊，未会。夜温《治安策》，朗诵二过，酌加圈识。二更三点睡，竟夕不甚成寐。

初八日

早饭后清理文件，写《无慢室日记》，习字一纸。拜发到任日期本及谢恩折。见省标各将官一次。见司道一次，说河工事，不觉生气。出门至官相处送行，午初归。见首府县一次。看各科批稿簿，未毕。中饭后，又核批稿簿，未正二刻毕。与幕友谈颇久。阅本日文件，申正毕。见客一次，任道熔谈颇洽。倦甚，小睡，直至灯初方起。温《古文·气势之属》汉文三篇。二更后，课纪鸿背《左传》十页。自上年闰四月起至今，始将四书及《诗》、《书》、《易经》温毕。而《左传》、《礼记》则更生，未知尚可温熟否？念纪瑞、纪官两侄皆少年秀才，经书亦生，深为悬虑，近日当写信教之温经。二更三点睡，尚能酣眠。

附记

义馆厘捐每年约三万金

大关约十七八万

紫竹林新关约卅万

洋药捐约十余万

初九日

早饭后清理文件，写《无慢室日记》。坐见之客二次，立见者一次。习字一纸。小睡片刻。巳正核各科批稿簿。午初一刻至城外送官相还京，寄请圣安，午正二刻归。中饭后再核批稿簿，至申初方毕，合之饭前，共核稿一个半时辰。至幕府一谈。旋阅本日新到文件。出门至总督署内看屋，内外遍行阅视。便至刑、钱二幕处一谈。归，又小睡。夜温《古文·气热之属》二篇。二更后课纪鸿背书。写信与杨树屏及藩司各一页，约二百字。三点睡。

初十日

早饭后清理文件，习字一纸。立见之客一次，坐见者三次，司道谈甚久。旋检点零件。巳正核科房各批稿簿，午正二刻毕。中饭后至幕府一谈。看匠人拓帖。阅本日文件。小睡片刻。申刻写纪瑞、纪官两侄信，未毕。酉初写联对八付。傍夕小睡。夜将两侄信写毕，教之温背经书，约六百余字。旋又核批稿一件。二更后课纪鸿背书。旋温《羽猎》、《长杨》二赋。三点睡。

十一日

早饭后清理文件，写《无慢室日记》，习字一纸。坐见之客一次，立见者一次。至幕府一谈。巳正核批稿各簿。午刻，贺麓樵来久谈。中饭后，续核批稿簿，未正毕。阅本日文件。申刻，司道来久坐，李黼生来一谈。酉初二刻，写澄、沅两弟信，未毕。傍夕小睡。夜再写两弟信，毕。检查各件，抄与弟阅。二更后，课儿背书。因明日考书院，将出题目，沉吟良久。二更三点睡。

十二日

早饭后清理文件，习字一纸，将书院题目写好。见客一次。巳正核批稿簿。二刻至考棚。费道将书院生童名点毕，余亦至号舍巡视一过，旋将题目交费道，令渠扃门监试，余即回寓。核各科批稿簿，中饭后至未正二刻核毕。阅本日文件。至幕府一谈。小睡片刻。申正，至书院与山长李铁梅侍郎一谈。蒋养吾来一谈。傍夕批新收呈词三张。小睡片刻。夜又批呈词八张。二更后，课纪鸿背书。检点寄澄、沅两弟信中各抄件。朗诵杜诗五、七古各数篇。三点睡。

十三日

早饭后，卯正一刻，从莲华池移居总督衙门，将设坐置榻等事位置一番。清理文件，习字一纸，写《无慢室日记》。巳正核各科批稿簿，中有札永定河道办工稿，核改六百余字，经营良久。中饭后，未正三刻，各稿核毕。司道来久谈。旋阅本日文件。申末小睡片刻。酉初二刻写对联五付。傍夕小睡。夜检点零件甚多，疲乏殊甚，懒于治事。与邓良甫一谈。二更后，课纪鸿背书。旋朗诵汉文二首。三点睡。

十四日

早饭后清理文件，习字一纸，写《无漫室日记》。坐见之客二次，立见者一次。巳正核科房各稿簿毕。中饭后阅本日文件。至幕府吴挚甫等处久谈，又至刑、钱两幕一谈。申正小睡。酉初写对联九付，内有寿联二付，且作且写。作朱久香寿联云："吴楚衡文，名高北斗；郊祁接武，春满南陔。"傍夕小睡。夜将书院各卷略一翻阅。三更后，课纪鸿背书。温韩文二首。三点睡。

十五日

是日武庙大祀。五更三点起，至庙率属行礼。礼毕，至官厅与司道一谈。归，饭后清理文件。见客二次。请州县五人来看书院各卷。写《无慢室日记》。巳初小睡。巳正核各房批稿簿毕。中饭后习字一纸，阅本日文件。至吴挚甫等处久谈。与阅文之州县一谈。申正剃头一次。酉初写对联六付、下款三付。傍夕小睡。夜将刘印渠所定直隶练兵规条细阅一过，并加批识。二更后，课纪鸿背书，温韩文二首。三点睡。

十六日

早饭后清理文件。出门至大校场看操。初看中军所统之练军千人，即直隶六军之一也。凡演急战阵、藤牌阵、连环阵三图，每图六七变，皆花法也。次阅赵喜义所带之义胜后营，系洋枪队，而间用长矛者。次阅李德英所带之义胜前营，队伍不甚整齐，末操杂技亦平平，无足观。辰初升座，午初毕。归，核各科批稿簿。中饭后，坐见之客一次。再核批稿簿，未正二刻毕。阅本日文件。坐见之客一次。申正后，疲倦之至，骨节酸疼，盖因在校场危坐太久，而本日公事又太多也。小睡片刻。酉初见客一次，谈颇久。写对联五付。傍夕小睡。夜阅潘文恭公《思补斋笔记》。二更后，课鸿儿背书，温《古文·识度之属》数篇。三点睡。

十七日

早饭后清理文件，习字一纸。见客，坐见者二次，立见者二次。巳初坐二堂，囚犯过堂讯供凡十三起，中有一起翻供。午初退堂。核各科批稿簿，中饭后毕。看文章，各州县昨日未毕，本日又来，余出与之一谈。阅本日文件。至幕府吴挚甫处一谈。申正小睡。酉初写对联六付。旋又核公牍四件。傍夕与良甫一谈。夜，山西学使王晓崖编修昕来一谈。饭后核新状批词五件。二更后，课鸿儿背书，温《古文·识度之属》数篇。三点睡。

十八日

早饭后清理文件，习字一纸。坐见之客二次。请贺麓樵来阅文，因昨请州县阅书院卷，恐有不当，故请麓樵与挚甫、廉甫辈再一复校也。余将各卷清点一番，略阅数卷。巳正小睡三刻许。核各科批稿簿。中饭后，幕府陈荔秋经部兰彬自京来，癸丑庶常，许仙屏所荐也。与之一谈。旋将批稿簿核毕，又阅本日文件。至幕府与阅文诸君久谈。写纪泽儿信一件。将十三日新状批毕。倦极，不能治事，小睡颇久，不能成寐。傍夕清理零事数件。夜画格，为直隶清讼四柱册。二更后，课纪鸿背书，温《古文·识度之属》，朗诵五首。三点睡。

附 记

直隶练军器械廿三万六千七百十六两有奇
营房四万零五十五两有奇
买马二万七千二百五十一两有奇

十九日

早饭后清理文件，习字一纸。旋坐见之客三次。巳初二刻小睡。巳正一刻核各科批稿簿，中饭后至未初二刻核毕。阅本日文件，未正二刻毕。至幕府与陈荔秋等久谈。申正见客一次。小睡片刻。酉初写对联八付。旋又小睡。夜，将清理直隶积讼，拟作十条，通饬合省大小衙门。沉吟良久，始定十条规模。二更后，课纪鸿背书，作清讼事宜一条。三点睡。

廿日

早饭后清理文件。坐见之客三次，司道谈甚久。立见者一次。习字一纸。巳正小睡片刻。午刻核批稿各簿。坐见之客一次。中饭后将批稿簿核毕，阅本日文件。至邓良甫处一谈。申刻小睡。将陈荔秋所送之陈兰甫澧者《声律通考》一种、《汉书地理志水道图说》一种，略一翻阅，服其精博。酉初写对联四付。李黼生来久谈。傍夕，接纪泽初六日信。夜作清讼事宜一条，二更四点毕。睡后，尚能成寐。

廿一日

早饭后清理文件。至内箭道看箭。旋坐见之客二次，立见佐杂二班，凡廿二人。习字一纸。小睡三刻。巳正核各科批稿簿，午正核毕。中饭后核本日文件，至幕府一谈。核改信稿六件。又写陈舫仙信，未毕。酉初写对联五付。酉正与邓良甫一谈。傍夕小睡。夜作清讼事宜一条。二更后，课儿背书。纪鸿近习《灵飞经》，字颇长进，殊以为慰。小睡片刻。三点睡。

廿二日

早饭后清理文件，习字一纸。坐见之客四次。小睡片刻。巳正三刻核批稿各簿毕。中饭后阅本日文件。申初至陈荔秋处一谈。核信稿二件，检点明日应发折片。申正睡半时许。酉初，杨树屏毓枬自大名来，渠已告病，因留在署内住。谈至灯后，饭毕始散。旋作清理事宜一条。二更后，课儿背书，又作事宜一条，未毕。四点睡。竟夕不甚成寐。

廿三日

早饭后清理文件，写黄恕皆信一封，又添许仙屏信二页，约二百余字。坐见之客一次，立见者一次。习字未毕，杨树屏与余久谈。巳正二刻小睡。午初核各科批稿簿。中饭字阅本日文件，再核批稿簿，申正毕。与树屏同至幕府曶谈。习字一纸。是日折差进京，发五折、五片。傍夕，张振轩来久谈。夜与树屏一谈。二更后，课儿背书。作昨日未毕之清讼事宜一条，三点作毕。睡后不能成寐，以公事太多故也。

廿四日

早饭后，坐见之客三次，两司坐甚久。习字一纸。与杨树屏一谈。至书院送诸生上学。旋归，囚犯过堂者十五案，内旗人承租公府地者翻供，午初毕。清理文件，核科房批稿各簿，至未初三刻毕。请树屏与幕府诸君便饭，申正散。阅本日文件，核上次放告各呈批稿，直至二更始行核毕。傍夕小睡。二更后，课儿背书，与树屏一谈。三点睡，竟夕不甚成寐。

廿五日

早饭后清理文件，坐见之客三次，坐谈均久。习字一纸。与杨树屏一谈。巳正小睡。午正核科房批稿簿。中饭后与树屏谈，贺麓樵来一谈。阅本日文件，核批稿簿，申正毕。小睡半时。酉初二刻写对联五付，内作一付。旋与树屏及幕府诸君久谈。夜饭后倦甚。写零字甚多。接胡莲舫信，言者湘营中哥老会在陕作乱，忧闷者久之。旋勉作清讼事宜一条。课儿背书。二更三点睡，久不成寐。耳鸣头晕，心间怔忡，老年用心太过，便万不能支矣。

廿六日

早饭后清理文件。坐见之客二次，立见之客二次。巳正小睡半时许。午初核科房各批稿簿毕。中饭后核庞省三长江事宜详三件，尚未拟批。阅本日文件。申初至幕府久谈。申正小睡。酉初二刻写横披一幅，约百五十字，写对联二付。傍夕小睡。夜作清讼事宜一条，约五百字。课儿背书。二更三点睡，尚能成寐。本日小睡颇久也。

廿七日

早饭后清理文件。立见之客三次，坐见者一次。习字一纸。巳初倦甚，小睡。巳正二刻核批稿各簿。午刻，坐见之客一次。中饭后，坐见之客二次。将批稿簿核毕，阅本日文件。至刑、钱二幕处一坐。申正，小睡半时许。旋改与李少泉信稿。酉正三刻写对联四付。傍夕又小睡。夜作清讼事宜一条，课儿背书。二更三点睡，尚能成寐。

廿八日

早饭后清理文件。坐见之客五次。习字一纸。小睡片刻。巳正二刻核各科批稿簿。中饭后,坐见之客二次。再核批稿簿,阅本日文件,申初二刻毕。至幕府一谈。小睡片刻。将作清讼事宜中之缉捕一条,沉吟良久未就。傍夕又睡。夜作缉捕一条毕,约五百余字。二更三点睡,幸能成寐。近来夜夜作文,尚能酣寝,似反胜于昔年,或寿征耶?

廿九日

早饭后清理文件。作清讼事宜一条,十条作毕。旋出门,至教场阅赵宗道所带马队三营、步队五营,巳正二刻毕。小睡片刻。习字一纸,阅科房批稿簿。中饭请刑、钱二幕便饭。饭毕,围棋二局。阅本日文件,核批稿各簿,酉初毕。至幕府久谈。傍夕小睡。夜核臬司详批三件。二更后,课儿背书。又将批核毕。三点睡。是日接少泉信,得阅李申夫参案。声名狼藉至此,亦其平日不恤人言之流弊所致也。

卅日

早饭后清理文件。再将十条核改一遍,发抄。坐见之客二次。写李少泉信,未毕。坐堂虑囚十五案,巳初三刻过堂毕。将少泉信写完。至幕府一谈。巳正小睡半时。午初核科房批稿簿,中饭后未初三刻核毕。阅本日文件,申初毕。又至幕府一谈。申正核上一告呈词各批。酉正小睡。本日将清讼事宜办毕,发出。案头尘朕,为之一清。夜将杜、苏、义山三家七律朗诵数十首,略有读书之乐。数月以来,无此况味矣。二更三点睡。

三 月

初一日

早饭后清理文件。坐见之客二次，立见者二次。旋习字一纸，写《无慢室日记》。小睡片刻。巳正二刻核科房批稿簿，中饭后核毕。阅本日文件，未正一刻毕。至幕府与陈荔秋等久谈。申初二刻小睡。申正二刻，坐见之客二次。核信稿三件。酉初写对联一付，而刑幕找余围棋一局，瞑时毕。夜阅《五礼通考》中《祀天门》十页，盖自去年七月廿八日起至是，不看书者凡七阅月矣。簿书鞅掌，老而无成，真可愧耳。旋温放翁七律、少陵五律，各朗诵数十首。三点睡，直至五更三点方醒，诚佳眠也。

初二日

早饭后清理文件。坐见之客一次。至箭道考验武员二名，又点保定练军千人名一次。习字一纸，写《无慢室日记》。小睡半时。巳正三刻核科房批稿各簿。中饭后，山长李铁梅来，谈半时许。旋将批稿簿核毕，阅本日文件。至幕府一谈。申正二刻核信稿三件，写对联六付，写纪泽信，未毕。傍夕小睡。夜阅《祀天门》十二页。二更后，课儿背书。朗诵《孟子》数十章。三点睡。

初三日

早饭后清理文件。坐见之客二次。习字一纸，写纪泽信毕，添李雨亭信二页，添丁雨生信一页。围棋二局。午初核科房批稿簿毕。中饭后阅本日文件。至幕府与挚甫等久谈。将廿八日放告呈词核批，写对联五付，又核批四件。傍夕小睡。夜又核批二件毕，阅《祀天门》十九页。二更后，课儿背书。倦甚，小睡。三点睡。

初四日

早饭后清理文件。见客,坐见者一次,立见者一次。习字一纸,写《无慢室日记》。巳初二刻至城隍庙求雨。委员自一亩泉请水归来,率司道跪迎神水。旋上香,行二跪六叩礼。午初归。核科房批稿簿。中饭后,孙莲堂侍朗来,久谈大半时。又核批稿簿,阅本日文件,直至申正毕。小睡片刻。酉初写对联七付,改新状批辞二件。夜又阅新状三件,阅《祀天门》第三卷十四页。二更后课儿背书。倦甚,小睡。三点睡。

初五日

早饭后,步行至城隍庙祷雨。旋归,清理文件,习字一纸。围棋二局。写《无慢室日记》。小睡片刻。午初一刻阅批稿各簿。见客一次。中饭后又阅批稿簿毕,阅本日文件。申初至幕府半时许。申正剃头一次。小睡片刻。酉正写对联三付。夜将清讼事宜十条再一核改,课儿背书。二更三点,核清讼事宜毕,明日可发刻矣。睡,不甚成寐。

初六日

早饭后清理文件。行至城隍庙祷雨。旋至南门外看修府河工程,看小圣庙闸工,又拜孙莲堂侍郎,巳初归。习字一纸。巳正小睡半时。午初阅《五礼通考·祀天门》十四页。中饭后核科房批稿各簿,阅本日文件,申初二刻毕。至幕府一谈。申正,小睡大半时。酉初二刻写横披一幅、挂屏一幅,约近二百字。傍夕又小睡。夜将清讼事宜中司道所拟之限期功过章程核改数条。二更后,课儿背书。背诵义山诗十余首。三点睡。

初七日

早饭后清理文件。至城隍庙步祷。归后,坐见之客一次,立见者一次。习字一纸。围棋二局。添写鼓雪琴信二页、黎莼斋信二页,阅《祀天门》十一页。中饭后核各科稿批簿,阅本日文件。坐见之客一次。至幕府一谈。申正小睡。酉初再核改限期功过。傍夕小睡。夜又核改数条。二更后,课儿背书。又核改一条。三点睡。

附 记

劾案十六前　　六军复奏　　胡令案复奏

初八日

早饭后清理文件。至城隍庙步祷。归,坐见之客一次。习字一纸。再将限期功过清单核改毕。改信稿二件。巳正小睡。午初阅《五礼通考·祀天门》十七页。中饭后核各科批稿簿,阅本日文件,申初三刻毕。出门吊夏湜吾之丧。归,至幕府一谈。酉初核上次告期呈词三张,又清理零件颇多。与邓良甫一谈。傍夕小睡。夜将张世沅绞犯案细阅一过,思欲由缓改实,沉吟良久。写一信与臬司商之。二更后,课儿背书。旋温韩诗五古数首。三点睡。是日接沅弟信,尚赞申夫之贤,不知其革职也。内有瑞、官两侄与鸿儿信,字均秀润可喜。

初九日

早饭后至城隍庙步祷。旋归,清理文件,习字一纸。坐见之客一次,立见者一次。围棋二局。午初小睡片刻。旋阅《祀天门》十一页。中饭后,崇地山自天津来,久谈。阅本日文件,核批稿各簿,申正毕。又坐见之客一次。至幕府一谈。出门拜崇地山,久谈。酉正归,小睡。阅《汤文正公语录》。夜核改批一件,清理零件甚多。二更,课儿背书。旋朗诵曹、阮诗。五言古诗有二种最高之境。一种比兴之体,始终不说出正意。如《硕人》,但颂庄姜之美盛,而无子兆乱已在言外;《大叔于田》,但夸叔段之雄武,而耦国兆乱已在言外。曹、阮、陈、张、李、杜,往往有之。一种盛气喷薄而出,跌荡淋漓,曲折如意,不复知为有韵之文。曹、鲍、杜、韩,往往有之。余解此二境,而曾未一作此等诗,自愧亦自惜也。三点睡。

初十日

早饭后,坐见之客二次,立见者二次。清理文件,习字一纸。又坐见之客一次。巳正小睡。午初核各拉批稿簿,午正三刻毕。请崇地山及两司小宴,未初到齐登席,申正散。阅本日文件,写贺云甫信一页。至幕府久谈。酉正倦甚,久睡。是日巳初阅《汤文正集》中奏疏。夜又阅其书牍。旋拟作参劾劣员折。二更后,课儿背书。作参折清单数行。三点睡。

十一日

早饭后清理文件,习字一纸。旋崇地山来,久谈大半时。巳初,虑囚过堂,凡十五案,巳正毕。与幕友围棋二局,午初二刻毕。阅《汤文正集》,惟传状、碑铭之类不惬吾意，余如语录、告谕、书牍之属，皆有诚意，挟正气以行，学问本极渊博，讲学又甚公允，不可及也。中饭后核科房批稿簿，阅本日文件，申正毕。至幕府一谈，小睡片刻。阅林芗溪《射鹰楼诗话》甚久。夜又阅数页。拟作参劾劣员清单。三更后，课儿背书。又核清单。三点睡。

十二日

早饭后清理文件。崇地山来久谈，又坐见之客一次。习字一纸。旋作参劾劣员清单。巳午间，坐见之客二次。又作清单，毕。中饭后阅本日文件，核各科批稿簿。申正至幕府一谈。出，六拜崇地山，送行。酉正归，小睡半时。夜拟作折，不果。将清单再核一过。阅孙文焕自拆补署被屈之禀。二更后，课儿背书。诵韩诗七古、杜诗五古各数首。三点睡。

十三日

早饭后，出北门城外送崇地山。归，清理文件。见客，立见者一次，坐见者一次。习字一纸。围棋二局。午初作参劾折，未毕。中饭后阅本日文件，核科房批稿各簿。申初至幕府一谈。申正小睡。旋将参劾折作毕，约五百余字。傍夕小睡。夜，因张臬司调山西，作一折留之，约八百字，二更四点毕，中课儿背书一次。睡后，不甚成寐。

十四日

早饭后清理文件。两司来久谈。习字一纸。出门至城外看挑河工，往返约廿里。归，至莲华池拜刘岘庄坤一，渠进京陛见，由此经过也。午初小睡。岘庄来久谈。中饭后阅本日文件，核科房批稿各簿。申正至幕府一谈。小睡片刻。酉正核改京信稿，至夜二更改毕，凡六件。课儿背书。将参劾各员细核一过。三点睡。

十五日

早饭后清理文件。坐见之客一次。将参劾案中添劾刘振中一员，将其全卷一阅。又保列十员，开一清单。辰正，请刘岘庄来小宴，巳正二刻散。又将参折细细查核。午初出门，至城外送岘庄之行。归，中饭后阅本日文件，核科房批稿各簿。申正至幕府一谈。旋小睡片刻。改初八告期呈批五件。傍夕与邓良甫一谈。夜将明日应发七折、二片细细核对。旋添倭相等信中各一片，共添四片。二更后，课儿背书。又将应发折件查核，连日为此事疲弊精力，恐有差失也。三点睡。三更二点成寐。

十六日

早饭后清理文件。坐见之客二次。派折差进京，发折七件、片三件。习字一纸。至城隍庙求雨。归，围棋二局。午初小睡。阅怡亲王各疏。中饭后，阅本日文件，核各科批稿簿。至幕府一谈。坐见之客三次，黄翰仙谈甚久。傍夕小睡。夜将各文件清理一番。二更后课儿背书。自立龙神之位于署中西院，更后行礼安神拈香。旋温《古文·识度之属》。三点睡。

十七日

早饭后，至城隍庙步祷。归，清理文件，习字一纸，阅《汤文正集》数页。见客一次。过堂之狱十五起。巳正小睡。午初阅西汉《祀天》十四页。中饭后阅本日文件，核科房批稿簿，申初二刻毕。坐见之客一次，至幕府一谈。申正一刻小睡。酉初二刻，写对联四付、挂屏二幅。傍夕与客一谈。至西院行礼。灯后核限期功过章程。二更后课儿背书，温《古文·识度之属》。三点睡。

十八日

早，至西院龙神处拈香。饭后至城隍庙步祷。归，坐见之客一次，立见者一次。清理文件，习字一纸。巳初，写澄、沅两弟信一封，因湖南折差在此经过也。围棋二局。小睡片刻。午初阅西汉《祀天》十二页，中饭后毕。阅本日文件。核各科批稿簿。申初二刻至幕府贺籙樵、吴挚甫两处一谈。旋小睡片刻。酉初二刻写对联六付、挂屏一幅。傍夕在院中闲游。夜阅《林芗溪诗话》。二更后课儿背书，温《古文·辞赋类》。三点睡。

十九日

早起，至西院神位拈香。饭后至城隍庙步祷。归，清理文件，习字一纸。坐见之客四次，立见者一次。巳正阅东汉、魏、晋《祀天门》廿页。午初二刻小睡。午正二刻中饭。饭后阅本日文件，核各科批稿簿。申初二刻至幕府久谈。黄翰仙新搬入署小住，与之邕谈。旋小睡片刻。酉初二刻核上次告期呈词，至灯后核毕。二更后课儿背书，温《古文·辞赋类》。三点睡。

廿日

早，至西院拈香。饭后，首府递议狱节略四件，细阅一过。旋出与两司及府县局员议狱四件。议毕，清理文件。旋出坐堂，将论棍孟喜林重青枷号。旋习字一纸。巳刻，阅《五礼通考》梁、陈、魏、齐《祀天门》。午初二刻小睡。午正二刻，请贺麓樵、黄翰仙等便饭，未正三刻散。阅本日文件，核各科批稿簿，申正三刻毕。小睡片刻。写对联三付、横额四字。傍夕又小睡。夜与黄翰仙久谈，二更后散。课儿背书。略温陶诗，即已三点矣。睡后，不甚成寐。

廿一日

早起，西院拈香。饭后，至内箭道阅射四人。旋立见之客一次，坐见者二次。清理文件，习字一纸，写《无慢室日记》，阅北周、隋、唐《郊天门》至中宗时，凡廿六页。折差归，阅京报、京信等件。中饭后阅本日文件，核各科批稿簿。申正至幕府一谈。旋小睡片刻。写对联六付。傍夕又小睡。夜，朗诵杜、韩五古，又诵所抄《诗经》八十篇。二重后，课儿背书。再温《诗经》。三点睡。三更后成寐。

廿二日

早，至西院拈香。饭后清理文件，习字一纸。坐见之客二次，立见者二人。写《无慢室日记》。围棋二局。小睡片刻。午初阅《开元礼郊祀仪》十八页。坐见之客二次。中饭后阅本日文件，核科房批稿。至幕府久谈。小睡片刻。写对联六付。傍夕剃头一次。夜，黄翰仙来久谈。二更后，课儿背书。温诗杜五古数首。三点睡。

附记

四种四柱式再改　　　押犯牌告示

廿三日

是日恭逢皇上十四岁万寿。五更三点起，黎明至万寿宫行礼。归，早饭后清理文件。两司来一谈。习字一纸，写《无慢室日记》。黄翰仙来告别，一谈。小睡片刻。阅唐肃宗以后至五代《郊天》。中饭后阅本日文件，核科房批稿簿。坐见之客一次。申正二刻，至幕府谈半时许。小睡片刻。酉初二刻写对联八付。旋核改上次告期呈词四张。灯后又核改五张。朗诵《诗经》八十章。二更后课儿背书。再诵《诗经》。三点睡。

廿四日

早饭后清理文件。坐见之客一次，立见者一次。习字一纸，写《无慢室日记》。围棋二局。午初阅宋初《郊天门》，凡廿页。午正二刻，请李铁梅山长便饭，久谈至申正三刻方散。阅本日文件，核科房批簿、稿簿。酉正至幕府一谈。灯后吃饭。因说话太多，不能治事。将清讼事宜再核二事。小睡。二更后课儿背书。又小睡。是日巳刻写纪泽信一件，坐见之客一次。三点睡。是日，两次将雨而未成，深以为虑。

廿五日

早饭后清理文件。首府递沧州回民丁秀东案说贴一件，细阅一遍。旋出，见司道，并与府县局员议狱一次。又坐见之客二次，立见者一次。习字一纸，写《无慢室日记》。小睡片刻。阅宋真、仁、英、神四朝《郊天门》，凡十五页。中饭后阅本日文件，核科房批稿各簿。至幕府一谈。申正后倦甚，小睡。酉初见客一次。核信稿三件。夜又核信稿三件。二更后，课儿背书。温《古文·情韵之属》。三点睡。

廿六日

早饭后清理文件，习字一纸。坐见之客一次。写《无慢室日记》。围棋二局。阅《庭训格言》。午初，阅宋《郊天门》元丰、元祐议分祭天地等文。中饭后阅本日文件，核科房批稿，未毕。祁子和世长来拜，祁文端之少君，服阕入京也。旋将批稿核毕。出门回拜祁子和，归已酉正。至幕府久谈。夜，将《祁文端公诗集》阅二三卷。昔年深不以公诗为然。兹多阅数十百首，其中多可取者。二更后课儿背书。再阅祁诗。三点睡。是日全未小睡，因乏殊甚。

廿七日

早饭后清理文件。费道送到所勘新城、雄县、文安等处河道图说，阅看良久。旋出，与费道久谈。大抵直隶水患有二：北则永定河决口，窜入大清河，而新城、安州、雄县受其害；南则滹沱河改道，不入子牙河而窜入滏水，而深州、饶阳、任邱、文安等处受其害也。闻麦稼已坏，无可挽救。水旱并灾，民困已极，焦灼之至。旋习字一纸，阅李次青《先正事略》，将为作序。中饭后阅本日文件，核批稿簿。坐见之客一次。至幕府一谈。申正二刻小睡。再阅《庭训格言》。眼蒙殊甚。傍夕，在庭院散步。夜核公事数件。阅丁中丞信，中奏稿一件，切中事理。二更后课儿背书。旋作序稿百余字。三点睡。

廿八日

早饭后清理文件。因眼蒙遂不习字，核稿二件。围棋二局。午刻见客二次，谈颇久。写信一封与丁中丞，派人前往迎接。小睡片刻。中饭后阅本日文件，核批稿各簿。至幕府一谈。小睡片刻。见客二次。作序三百字，至二更止。课儿背书。又将《庭训格言》阅一遍。眼蒙殊甚，四点睡。竟夕不成寐，盖昔年作文后之旧病也。

廿九日

早起。丁雨生中丞自江南进京，过此鬯谈，与共早饭，饭后一谈。渠出门拜客，余清理文件。见客二次。看箭七人。过堂录囚凡十二案。雨生旋归，又与久谈，中饭后谈至申初。渠出门，余阅本日文件，核批稿各簿，酉初毕。至幕府鬯谈。傍夕小睡。夜又与雨生久谈，二更三点散，即睡。尚能成寐。

卅日

早起，与丁中丞一谈。略吃饭少许。卯正二刻，请丁与其幕友林岩南便饭，辰正三刻毕。司道来久谈。清理文件。又与雨生久谈。巳正出城，送雨生进京。归，写澄、沅两弟信一件，添郭云仙信一页。说话太多，疲倦之至，小睡片刻。在床作《先正事略序》。中饭后阅本日文件，核批稿各簿。申正至幕府久谈。旋又小睡。在庭院小睡。即作序文。灯后，将序文稿写出，约千余字，二更毕。课儿背书。核廿三日呈词，四点毕。睡后，久不成寐，三更四点始寐。

四 月

初一日

早饭后料理零事甚多，发题本，发奏折，至幕府一行。辰初三刻起行，将至永清一带收验永定河工程。司道在城外八蜡庙公送。行廿五里，至阎庄打一茶尖。又行四十里，午正至黑龙口中饭，容城县境也。饭后行六十里，至白沟店住宿，申正二刻始到。午刻、申刻见客各一次。在轿中阅王荆石本韩文。酉刻，默诵《孟子》。是日在途中见麦稼为旱所伤，高不过二三寸，节气已届收割而吐穗极少，间有用人力施水灌溉者，高或六七寸，色青而穗亦可观。嵇康所云："一溉者后亡。"信人力足以补天事之穷。然百分中不过二三分，余则立见黄槁。纵三日之内大雨，亦无救矣。目击心伤，不忍细看。傍夕写昨日日记。夜写本日日记，核批稿簿。二更后小睡。三点睡。凉甚，盖不雨之象也。

初二日

早饭后，自白沟河起行，行四十里至新城之孔家马头小歇。因时仅辰正，遂未打尖。旋又行卅五里，至霸州之岔河镇打一茶尖。又行十五里至霸州。凡行九十里，午末始到。中饭后，坐见之客四次。是日在轿中阅《庄子》《达生》、《山木》、《田子方》等篇。因风甚大、日甚燥，不愿治事。申酉间，阅韩文碑志十余篇。小睡甚久。灯后，会客一次。小睡。每念所撰《先正事略序》，沉吟字句之间，恋恋不已，亦向来之习气也。二更三点睡。

初三日

早饭后，卯初三刻起行。行六十里，巳初二刻至小惠家庄。坐见之客二次。

在轿中感受风寒，体中甚觉不适，多着棉衣三件，又多盖被。自午初睡至未初三刻起。中饭后，阅衙门寄到包封文件。将《先正事略序》微加删改。日内苦旱而风极大，羊角旋转，最易生疾。余以老年吃斋，风中行路，殊非所堪。又念百姓麦稼已失，稷粱不能下种，将成非常之灾。又念纪泽儿在运河一带，风大河浅，家眷各船，胶滞难行。又念施占琦运书箱在海中，恐有不测。种种悬念，不胜焦灼。下半日睡最久。夜写一信与纪泽。又小睡良久。体中甚不适，小便黄赤色。二更三点睡，幸尚成寐。

初四日

早饭后，由小惠庄行四里许，至南七工四号验收引河工程。正月所看之坑塘已填，隆起之沙洲已裁去鸡嘴。又在洲旁挑一引河，使大溜不得直薄南堤。第一段引河一百四十五丈，口宽十二丈，底宽八丈，深九尺。自第二段以下，大约口宽九丈五尺至十丈不等，底宽三丈九尺至四丈五尺不等，深一丈二、三尺不等。凡行廿里许，至十五段工程，丈尺均与第二段相同。至龙王庙拈香行礼。又行一里许，看十五段之末一截，则口宽仅九丈，底宽仅四丈矣。至十六段，则口宽仅六丈，底宽仅三丈六尺矣。自此以下，余因病不能往，闻十九段底宽仅三丈，口宽仅二丈，不复成其为引河矣。旋回小惠家庄公馆，往返约五十里。中饭后，接署中包封。阅澄、沅两弟，瑞、官两侄信。因病，屡睡不能成寐。核批稿数件。夜仍屡睡。二更三点睡。

初五日

早饭后起行，看南六工十三号、南五工十七号两处工程。至南五工十四号泛署打尖。旋看南四十八号以下之引河。大约口宽八丈，底宽三丈二尺，深一丈五尺。如此者七里许。以下再开沟工七里，则更窄更浅。以上至引河头，则口宽底宽各加二丈许。旋看十八号大坝，颇为坚实。又看十二号工，切坎尚如法，南岸做挑水坝二座，亦尚得力。又看九号工，靠河北坎裁去鸡嘴，开挖引河。申正二刻，至南四大公馆住宿。坐见之客二次。剃头一次。小睡。夜，徐、蒋、任道来久坐。折弁自京来此，阅京信、京报一二件。写本日日记。二更三点睡。

初六日

早饭后，坐见之客一次。旋起行。行卅五里，至彭家庄打一茶尖。又行卅五里，至新桥打尖，即正月廿五日打尖之地也。饭后，迆行五里许，至民间捐办决河，亦于初七日合龙，约夫役三千人，费钱万串内外，不发官帑，余因赏钱四百串。旋又行廿五里，至新城县信宿，申正到。小睡颇久。燥热已不可耐。阅署中包封、公牍各件。灯后核科房批稿簿。二更后，又阅署中包封、公牍。是日在轿中温《古文·识度之属》。三点睡。

初七日

早饭后，自新城起行四十里，至北河打尖。即正月廿六记所称，实近五十里也。杨海琴翰在此等候，与之久谈。午初中饭后，又行卅里，至固安镇打一茶尖。又行卅里，安肃县住宿。在轿中，阅《古文·气势之属》。到店后小睡。灯后，燥热殊不可耐。核批稿数件。二更三点睡，为臭虫所螫，不能成寐，因改白香山诗作二句云："独有臭虫忘势利，贵人头上不曾饶。"

初八日

早饭后，行廿五里，至漕河打一茶尖。坐见之客二次，立见者一次。旋又行廿五里至省。司道在城外官厅迎接，一谈。至署，与幕府一谈。午正至幕府久谈。中饭后阅本日文件。旋与幕友围棋二局。小睡片时。申正二刻核批稿簿，傍夕毕。与纪鸿儿一谈、良甫一谈。夜饭后倦甚，小睡。二更后，课儿背书。三点睡。

初九日

早饭后出城，至南门外龙王庙求雨。前派员至邯郸县井中请铁牌，初一日请到，余已出省，今始拈香行礼也。旋步行看新修闸工。归，过李铁梅山长，一谈。回署，坐见之客二次，立见者一次。围棋一局。小睡。阅《北学编》。中饭后阅本日文件。申初至幕府久谈。申正后核批稿各簿。酉正，李黻生来久谈，灯后去。夜核藩司及费道说帖二件。二更后，课儿背书。再核说帖。温苏诗七古。二更三点睡。

初十日

早饭后出城祷雨。归，坐见之客二次。清理文件。围棋二局。小睡片刻。将桌上零杂之件清理一番，核案二件。午初，阅南宋《郊天门》十四页。中饭后阅本日文件。至幕府一谈。小睡片刻。申正核科房批稿簿，酉正二刻毕，小睡。夜核批稿二件。二更后，课儿背书。温诵《古文·序跋类》。三点睡。

十一日

早饭后，至南门外求雨。归，清理文件。坐见之客五次。疲倦殊甚，小睡片时。阅《黄树斋诗集》，本日其子来新送也。旋清检案头公牍数件。午初阅南宋《郊天》廿页。中饭后阅本日文件。至幕府久谈。小睡片刻。核科房批稿各簿。天大雷风，似将大雨，竟仅一洒而止。会客一次。小睡片刻。围棋一局。傍夕与良甫一谈。灯后，张臬司来久谈。二更后，课儿背书。改片稿一件。四点睡。

十二日

早饭后清理文件。出门至南门外求雨。归，见客，坐见者三次，立见者一次。倦甚，小睡。巳初二刻核改片稿一件、折稿一件。旋又小睡。午初，阅南宋、辽、金《郊天礼》。中饭后阅本日文件。至幕府久谈。旋围棋二局。核科房批稿各簿。傍夕阅陈舫仙来信。与良甫一谈。旋与纪鸿儿久谈。夜，温诵《中庸》一遍。二更后课儿背书。又诵上《论》，至《里仁》止。三点睡。

十三日

早饭后清理文件。出门，至北门外龙母宫求雨。归，署内设龙王神位，下圈虾蟇于土匡之内，令其口含黄纸一卷，纸上朱书火字四十八个，又行礼。旋坐见之客一次。旋至内箭道看二员马步箭。旋坐堂，录囚过堂之案十起，小睡片刻。旋改信稿二件。午初三刻，阅金、元《郊天门》十二页，中饭一毕。接纪泽信，知次孙亨三于十一日殇亡，皆由点牛痘之后，服克伐之药太多，在济宁又连服大黄，故遂伤生，亦由余久作大官，不无损阴德之处也。未刻，阅本日文件。旋又核信稿二件。小睡片刻。申正核科房批稿各簿。旋将明日应发之八折、二片核对一过。傍夕与纪鸿一谈。夜阅河间人所著兵书曰《窥妙引》者，阅数十页。二更后，课儿背书。温上《论》两篇。三点睡。

十四日

早饭后清理文件。出门至北关外求雨。归，又至后院行礼。旋坐见之客三次。核改信稿一件。围棋二局。小睡片刻。午初阅元《郊天门》卅三页，粗一涉猎，实未深入，过目已全忘矣。中饭后阅本日文件。至幕府久谈。天气炎蒸，小睡。申正三刻又至后院行礼。核科房批稿各簿。傍夕小睡。夜核改陈元禄禀批，约改三百余字。课儿背书。旋又改一批。二更三点睡。

十五日

早后清理文件。至北关外祷雨。归，至后院行礼。见客，举人王荫谷，即著《窥妙引》者，与之谈甚久。旋两司来见，挈员缺之签。旋小睡颇久。巳正，将藩司近送通省历年出入大数，细阅一过。写一信与薄司，约近三百字。又小睡片刻。午初，阅元末明初《郊天》廿五页，中饭后毕。阅本日文件。未正至幕府久谈。申初二刻小睡。申正核科房批稿簿，直至酉末方毕。夜又核信稿、批稿各二件。倦甚，不能治事，心目俱劳瘁矣。二更后，课儿背书。至后院露坐。三点睡。

十六日

早饭后清理文件。出门至北关求雨。归，坐见之客二次，谈颇久。又坐见者一次，立见者一次。小睡片刻。坐堂录囚，凡九案。又小睡片刻。改信稿一件，约二百余字。又改一件，未毕。午初，刘岘庄出京来此，久谈，因留便饭，未正始去。阅本日文件，将信稿一件改毕。至幕府一谈。观荔秋所画直隶图，纵一丈，横八尺六寸，铺于院中久看。申正二刻核批稿各簿。酉正，出城拜刘岘庄，久谈。归，灯后阅良甫所作制艺四首，与之一谈。二更后，课儿背书。温杜诗五古，观其笔陈伸缩页茹之际，绝似《史记》，忆古人有谓杜少陵似太史公者，不记是东坡之言乎？抑他人之言乎？三点睡。

十七日

早饭后清理文件。坐见之客二次，李文敏谈甚久，立见者二次。习字一纸。又坐见之客一次。巳初小睡半时。巳正写《无慢室日记》。午初阅明《郊天门》廿页。中饭后阅本日文件。至幕府一谈。未正二刻，越南国陪臣三人来见，一翰林直学士黎峻，字叔嵩，号莲湖，一鸿胪寺卿阮思僩，字恂叔，号云麓，一翰林院侍读黄并，字偕之，号云亭。与之笔谈良久。又令阮恂叔录其近作《过张桓侯故里》五律一首。申初二刻去。小睡片刻。申正核批稿各簿。酉初三刻写对联五付、扁三幅，黎、阮、黄三人面求，故书以赠之也。至夜始书毕，倦甚。二更后，课儿背书。温杜诗十余首。三点睡。

附 记

温洪传原本　　先正事略序钞苏源生文
两月日记
申夫信　　五侄信　　清讼事宜

十八日

早饭后清理文件。见客，坐见者二次。阅王伯申《经义述闻》中《通说》。围棋二局。小睡片刻。巳正二刻写《无慢室日记》。午初一刻，阅明世宗以后《郊天门》十七页。中饭后阅本日文件。至幕府久谈。坐见之客一次。小睡片刻。申正后核批稿各簿。酉初二刻后，写对联八付。立见之客一次。因许仙屏放贵州主考，又至幕府一谈。灯后，写零字颇多。温李、苏七言律诗。二更后，课儿背书。又温诵律诗。三点睡。

十九日

早饭后清理文件。坐见之客一次。小睡片刻。围棋二局。阅王氏《通说》。又小睡三刻许。阅刘印渠六军章程。午初，阅《通考·祈谷门》十七页。中饭后阅本日文件。至幕府久谈。旋小睡。阅王氏《通说》数页。申正二刻核科房批稿各簿。傍夕小睡。是日写祖先神位，安于厅中，未刻行礼，以明日家眷可到也。夜温《古文·识度之属》。二更后，温五古。三点睡。

廿日

早饭后清理文件。坐见之客三次，立见者一次。辰正后，送眷属来者陆续进署，巳正，全眷俱到。内人病后失明，孙儿元七、孙女宝秀俱有小疾，既喜室家之团聚，亦因此增郁损也。与妻子等久谈。午初，阅《祈谷门》十七页。中饭后阅本日文件。至幕府刑、钱两处一坐，又至势甫处一坐。小睡片刻。申正三刻，将核批稿而王霞轩到，久坐，傍夕去。夜核批稿簿。二更后，核十三日呈状词批六件。三点睡。三更后成寐。

廿一日

早饭后清理文件。旋至箭道考验四员。见客，坐见者二次，立见者二次。辰正后，围棋二局。巳初二刻，核改信稿八件。巳正一刻小睡。午初，阅《五礼通考·大雩门》十五页。中饭后阅本日文件。小睡良久。申正核科房批稿簿。酉正，李黼生来久谈。傍夕又小睡。核批稿二件。夜温放翁、山谷七律。渴睡殊甚。二更后，课儿背书。又温律诗。三点睡。

廿二日

早饭后清理文件。围棋二局。见客，坐见者二次，立者一次。小睡片刻。阅直隶六军始末卷。午初，阅《大雩门》廿五页。中饭后阅本日文件。至幕府与挚甫等久谈。坐见之客一次。是日，因孙儿元七、孙女宝秀患病，屡入内室探问，寸心焦闷。申初小睡。申正，核批稿各簿。酉正又小睡。核信稿一件。夜温《古文·识度之属》。二更三点睡。

廿三日

早饭后清理文件。坐见之客三次，立见者一次。自辰正至巳正，迭次小睡，迭视孙儿女之病。旋核信稿五件，阅直隶六军全卷。午初，阅《大雩门》廿页。中饭后阅本日文件。小睡颇久。申正核批稿各簿。酉正写对联八付。夜温《古文·序跋类》。二更后，课儿背书。心绪不安，屡次小睡。三点后睡。

廿四日

早饭后清理文件。旋围棋二局。两司来谈一次。因孙儿、孙女痢疾，忧闷殊甚。迭次小睡。在床阅《经义述闻》、《黄树斋诗集》之类，心绪甚不安也。添写申夫信三页。巳正写澄、沅两弟信三页。午初阅《大雩门》、《明堂门》，凡十六页。中饭后阅本日文件。小睡良久。孙儿四肢冰冷，举家惶惧，旋又少愈。申正核批稿各簿。酉刻写对联三付、扁一方。夜又阅《经义述闻》，借以遣愁。二更三点睡。

廿五日

早饭后清理文件。坐见之客三次。围棋二局。折弁过此，发家信及湖南信三封。小睡。阅《经义述闻》。午初，阅《明堂门》十二页。中饭后阅本日文件。唐竟海之子尔藻来久谈。旋至幕府久谈。申正，李壬叔来久谈。核本日批稿各簿。闻孙儿、孙女之病少愈，为之少慰。写对联三付、挂屏一张，约百余字。傍夕小睡。夜温《古文·序跋类》。二更后，课儿背书。又温古文三首。三点睡。

廿六日

早后清理文件。旋围棋二局。昨日孙儿孙女之病少愈，今日又翻，焦闷之至。小睡片刻。已初二刻阅《明堂门》，至午正三刻，阅卅八页。中饭后阅本日文件。丁中丞雨生来久谈，申正去。旋又核科房批稿簿。唐世兄来一谈。屡至内室探问病状。傍夕小睡。灯后，雨生又来久谈。二更后，课儿背书。旋阅唐竟海先生所著《朱子学案》。三点睡。

廿七日

早起，微吃饭即至丁中丞处一谈。归，坐见之客二次，立见者一次。旋请丁中丞来便饭，久谈。已正，送渠回江南。坐堂录囚八案，午初毕。阅《明堂门》十页。中饭后阅本日文件。与李壬叔围棋二局。小睡片刻。申正核批稿各簿。李采臣自京陛见回江南，过此久谈。旋写对联五付。傍夕小睡。是日孙儿孙女之病微愈。夜阅《朱子学案》。二更后，课儿背书。又阅《学案》。三点睡。

廿八日

早饭后见客，坐见者三次，立见者一次，围棋二局。小睡。阅《朱子学案》。午刻阅唐《明堂门》卅页。中饭后阅本日文件。郭远堂中丞来久坐。至幕府一谈。申正核批稿各簿。孙儿病势增剧，深以为忧。酉刻至远堂处回拜。夜小睡。二更后，课儿背书。温诵《论语》。三点睡。

廿九日

早饭后清理文件。为孙病占一封。郭远堂来一坐，旋送之至城外。归，因天气久旱，人口多病，焦闷之至，不治一事，屡次小睡。已正后，改折稿一件。中饭后阅本日文件。余向在军遇极焦闷之时，或竟日昏昏倦卧，盖由精力不足，志难帅气。近二日亦有此景况。申初小睡。申正核批稿各簿。酉正写对联数付。孙儿少愈，而孙女发热殊甚。傍夕小睡。夜将直隶六军全卷细阅。二更后课儿背书。又看卷数件。三点睡。

五 月

初一日

早饭后，清理一件。坐见之客三次，立见者一次。又阅六军卷宗。午刻，坐见之客一次。是日，孙儿病不如昨日之轻，孙女更剧，深以为虑。中饭后阅本日文件。小睡片刻。屡入内室视小儿病状。申正核科房批稿簿。酉刻写对联七付。傍夕小睡。夜阅六军全卷，草草阅毕。二更三点睡。是日午后小雨，陆续下至傍夕，夜间略大，二更后尤大，约计得雨三寸许。公事可以少慰，惟小口多病，焦闷无已。

初二日

早饭后清理文件。立见之客一次。卯正，秋审过堂。余坐大堂，两司及史枭司傍坐。顺天、保定、永平等府州次第过点。每点一名，余私赏钱五百，又官备赏大包子八个。约一人时辰点毕。旋又见司道，久谈。巳正围棋二局。小睡。午初阅宋《明堂门》十八页，中饭后毕。阅本日文件。申初小睡。申正见客一次。核批稿各簿。酉正写对联五付。傍夕又睡。孙儿本日小愈。夜核对写好之折多件。二更后，课儿背书。旋核批一件。三点睡。

初三日

早饭后清理文件。李壬叔来一谈，回京。又坐见之客一次。小睡一次。余夏闻饭后，脾困不能治事，由来已久。旋阅《朱子学案》十余页，核信稿一件。巳正，阅南宋《明堂门》卅七页。因孙儿女病久不愈，又念余日衰老而学无一成，应作之文甚多，总未能发奋为之。悉窃虚名，毫无实际，愧悔之至！老迈如此，每日办官事尚不能毕，安能更著述耶？中饭后，阅本日文件甚多。坐见之客一次。至幕府一谈。申正核批稿各簿。酉正写对联五付。夜看公事数件。二更后，课儿背书。温《古文·书牍之属》。三点睡。

初四日

早饭后清理文件。坐见之客一次，立见者一次。困倦，小睡。念祖父三代墓道之文未撰，寸心焦灼，如有芒刺在背。阅《朱子学案》十余页。巳末阅宋末及明《明堂门》、《五帝门》。见客一次。中饭后阅本日文件。申初小睡。阅《朱子学案》。申正核各科批稿簿，傍夕毕。夜核廿八日呈词批。二更后，课儿背书。阅丁雨生所刻牧令书。三点睡。

初五日

早饭后，傔从人等叩贺节喜。清理文件。小睡两次。阅《牧令书辑要》。巳刻写《无慢室日记》。午刻阅《五礼通考》《五帝门》、《寒暑门》。中饭后阅本日文件。又小睡。申初，法国传教士徐博理来见。申正核批稿各簿。酉刻，坐见之客一次。小睡。是日，孙儿病微剧，孙女病尤翻复，焦闷之至。夜阅《牧令书》。旋温《古文·序跋类》。二更后，课儿背书。又温《序跋类》。三点睡。

初六日

早饭后清理文件。倦甚，小睡。旋坐见之客二次，立见者一次。巳初，坐堂审案。过堂者九起。旋小睡。阅《牧令书》。巳正二刻，阅《五礼通考·日月门》二卷四十一页，略一涉猎，全未入理。中饭后阅本日文件甚多。旋又小睡。申正，坐见之客三次，皆湖南人出京过此者，钟仲甫、李建斋谈甚久。旋核本日批稿簿毕。孙儿女病无甚起色，焦闷之至。夜，将《江南北大营纪事本末》阅一过，杜小舫寄来者也。二更后，课儿背书。温《古文·序跋类》。三点睡。

初七日

早饭后清理文件。两司来久谈，又坐见之客二次。小睡片刻。午刻。坐之客二次，谈颇久。阅《五礼·星辰门》卅二页。中饭后阅本日文件。至幕府一坐。旋又小睡。申正核批稿各簿。酉初二刻，写扁一方、对五付。以孙儿女未痊，焦闷之至。夜，阅《江南大营纪事本末》。二更后，课儿背书。三点睡。

初八日

早饭后清理文件。许仙屏放贵州主考，自此经过，入署来，与之久谈，又同至幕府一谈。旋坐见之客二次。小睡良久。巳正又与仙屏久谈。午初，阅《五礼·九宫贵神太乙门》。中饭，请许仙屏与李健斋便饭，未正散。阅本日文件。小睡片刻。申正，核批稿各簿。旋又小睡。疲困殊甚。夜，仙屏又来久谈，渠即在幕府一宿，明日四更起行前进也。二更后，阅《江北大营纪事本末》。三点睡。是日公牍中有乐亭人史梦兰所著各种书，略一翻阅。

初九日

早饭后清理文件。阅孙儿昨夜冷汗甚多，焦虑之至。占卦一次。陈心泉出京过此，久谈。小睡。巳初写《无慢室日记》。午初阅《五礼》《风师雨师门》、《方泽祭地门》。中饭后阅本日文件。小睡数刻。申正，坐见之客一次。核批稿各簿。酉初二刻剃头一次。孙儿女之病未愈，是日内人又病，纪泽亦病，满室呻吟，殊觉愁闷。夜核初三日呈词各批。二更后阅《江北大营纪事本末》。温《项羽本纪》。三点睡。

初十日

早饭后清理文件。坐见之客二次。司道谈颇久。巳刻，陈心泉来久谈。小睡片刻。写《无慢室日记》，将深泽、衡水两县所禀各匪查核一番。赵宗道来一谈，令其带队至深冀剿捕。午刻，杨石泉来久谈。渠由浙藩陛见过此也。中饭后阅本日文件，阅《五礼·方泽祭地门》。申正核批稿各簿。酉初三刻，回拜杨石泉，久谈。傍夕小睡。夜，李黼生来谈。二更后，课儿背书。三点睡。

十一日

早饭后清理文件。坐见之客三次，立见者一次。小睡片刻。巳正阅《五礼·方泽祭地门》，核改信稿四件，写《无慢室日记》，将州县所收地粮考核一番。午正，请杨石泉便饭，直至申正方散。阅本日文件。旋核科房批稿簿。酉刻写对联五付。傍夕小睡。夜拟改折稿，未果。阅发信件。二更后，课儿背书。日来因旱象已成，家人多病，焦灼之至。念生平稍致力于古文，思欲有所述作，今老矣而一无所成，深用自伤。又初到直隶，颇有民望，今诸事皆难振作，恐虎头蛇尾，为人所笑，尤为内疚。于心展转惭沮，刻不自安。三点睡。

十二日

早饭后清理文件。见客，坐见者二次。考验武官弓马五人。旋改信稿十余件，辰正二刻毕。拟作《金陵官绅昭忠祠碑记》，构思良久，至午正而未成一字。中饭后阅本日文件。未正申初，又拟作文而不果。申正核科房批稿簿。酉正仍反复构思，至灯后终无所成。余之文思钝拙固如此耶？抑老年衰惫、近日心绪不佳乃致然耶？本日因纪泽病颇重，尤为悬系。夜温《史记》三篇。二更后，课儿背书。三点睡。

十三日

早起，至关帝庙祭祀，旋归。饭后清理文件。坐见之客一次。小睡片刻。辰正围棋二局。巳初，拟作复奏直隶练军折稿，构思良久，亦至午正未成一字，与昨日相同。中饭后阅本日文件。旋作折稿百余字。申正核批稿各簿，李佛生来一坐。酉刻小睡。灯后，作折约五百字，未毕。二更三点睡。

十四日

早饭后清理文件。见客，坐见者二次，立见者一次。旋坐堂审案，过堂者十起。又作折稿，沉吟久之无成，以练军之事最难筹办，心无成竹，故文不克就耳。中饭后阅本日文件。未正三刻至李铁梅山长处一谈，因昨日书院馆课，诸生多不交卷，一哄而散也。归，核批稿各簿，又作折稿百余字。夜作三百余字，二更完毕。事之条理与文具不称意。课儿背书。核初八日呈词批稿。三点睡。

十五日

早饭后清理文件。旋坐见之客二次，立见者一次，司道谈甚久。旋小睡片刻。巳初核改信稿三件。巳正改片稿一件，午正毕。中饭后阅本日文件。申初小睡。申正核批稿各簿。酉刻久睡。夜阅《朱子学案》。二更后，课儿背书，又阅《学案》数页。三点睡。

十六日

早饭后清理文件。见客，立见者一次，坐见者一次。旋阅《朱子学案》。小睡。添李少泉信二页，写张振轩信二页。午刻阅《朱子学案》。中饭后阅本日文件。蒋养吾来久谈。至幕府一谈。李铁梅来久谈。核科房批稿各簿。旋又小睡。傍夕与纪泽一谈。夜阅《古文·传志类》下编。二更后，课儿背书。又阅古文二首。三点睡。

十七日

早饭后清理文件。史绳之来一谈。阅《长卢盐法志》，大致涉猎一过。盖余到任百日，而于盐务全未讲求，故略一番阅。旋写刘霞仙信一件，澄、沅两弟信一件。小睡两次。中饭后阅本日文件。坐见之客一次，立见之客一次。小睡片刻。申正核科房批稿簿。酉刻写对联七付。傍夕小睡。夜改昨日折稿、片稿。二更后，课儿背书。温《古文·识度之属》。三点睡。

十八日

早饭后清理文件。坐见之客二次，立见者一次。至书院一坐。前日诸生一哄而散，本日补行斋课，余亲送考也。归，小睡良久。写《无慢室日记》，将同治四年挑挖下口工程全卷一阅。旋拟作古文，久不能动笔，在床上转侧不安。中饭后阅本日文件。申初又小睡颇久。申正核批稿各簿。酉正又睡。盖思作《金陵官绅昭忠祠碑》而不能成，遂竟日昏睡，如醉如痴，向来习态如此。而数十年因循不肯苦学作文，至今已衰老，悔无及矣。夜阅《古文·叙记类》。二更三点睡。是日阅朱子诗数十首。申初，得雨寸许，为之小慰，犹不能救旱灾也。

十九日

早饭后清理文件。坐见之客一次。坐堂审案，凡过堂者十一案。旋小睡片刻。巳正改折稿一件、片稿一件。中饭后阅本日文件，阅《彭咏莪文集》。申正核科房批稿各簿。大雨将及一时，约二寸许，为之少慰。傍夕小睡良夕。夜将明日应发折片各件细细校对。二更后，课儿背书。又作片稿一件，二百余字。三点睡。

廿日

早饭后清理文件。坐见之客三次，立见者一次。旋至幕府与张振轩一谈。改信稿三件。翻阅《李茶陵文集》。午刻小睡。中饭后阅本日文件。李佛生来一谈。申正核科房批稿各簿。酉刻迭次小睡。夜作《金陵官绅祠记》百余字。二更后，课儿背书。观其所作制艺，略有清气。四点睡。较寻常略迟二刻许，便不能成寐，四更后始成寐。

廿一日

早饭后清理文件。见客一次。至内箭道看箭一次。上半日不治他事。作《官绅祠记》二百余字。中饭后阅本日文件。萧廉甫来一谈。阅《先正事略》。申正核批稿各簿。酉初小睡。再阅《先正事略》。夜作文，起草数十字。二更后，课儿背书。朗诵古文三首。三点睡。是日发七折、四片。

廿二日

早饭后清理文件。两司来一见。李雨亭方伯进京过此，久谈。旋又见客一次。将作文而不能成。屡阅《先正事略》，屡次小睡，不觉混过一日。余生平光阴似此耗去者多矣。中饭后阅本日文件。申刻核科房批稿各簿。酉刻写扁四方、对四付。傍夕又与雨亭一谈，留陪夜饭。二更后，课儿背书。略阅《汤文正语录》。三点睡。

廿三日

早饭后清理文件。见客，坐见者一次，立见者二次。作《官绅祠记》约四百字，午刻毕。叙次甚乱，文气散温，竟不成文，愧恧之至。小睡片刻。中饭后阅本日文件，阅《先正事略》数篇。申正核批稿各簿。酉刻写扁二方、对五付。傍夕小睡。夜阅《古文·奏议类》。将十八日呈状之批核毕。二更三点睡。

廿四日

早饭后清理文件。见客，坐见者四次，立见者一次。赵惠甫自江南来，谈甚久。旋又阅《先正事略》。屡次小睡，未能治一要事。中饭后阅本日文件。申初，幕夜萧廉甫来一谈。申正核科房批稿各簿。旋翻阅《五代史》。夜，阅《古文·叙记类》。二更后，课儿背书。又阅古文数首。三点睡。

廿五日

早饭后清理文件。坐见之客三次，立见者一次，堂期也。旋送萧廉甫进京，一谈。以直隶公事生疏，拟将《畿辅通志》细阅，旋将京师一卷阅毕。又阅田赋、河渠、盐政、兵制诸卷，均不甚了了，不知作者果未得要领乎？抑余不善阅乎？雍正间所修之志，至今情形亦多不合矣。中饭后阅本日文件。旋阅《湖海文传》，申正核批稿各簿。酉刻阅《曝书亭集》，善江南书箱初到，故一涉猎，亦学无归宿之咎也。傍夕与纪泽一谈。夜复阅《曝书亭集》。二更后，课儿背书。温《古文·识度之属》。三点睡。

廿六日

早饭后清理文件。旋见客，坐见者二次，立见者一次。小睡片刻。起，将抄《盐法志》而闻永定河北下四漫口，廿一日甫经奏报合龙，廿二日即已决口，忧愤愧悚，不能自释。旁皇绕室，不能治事。旋将张文端公《聪训斋语》温一过。中饭后阅本日文件。小睡片刻。申正核批稿各簿。酉刻写对联五付，见客一次。傍夕小睡。夜改陈右铭信稿。二更后，课儿背书。四点睡。前因久不下雨，孙儿女多病，心绪恶省。近闻蝗蝻间起，永定河决口，尤为焦闷。为疆吏者，全仗年丰民乐，此心乃可自怡，若事事棘手，则竟日如在桎梏中矣。

廿七日

早饭后清理文件。见客，坐见者一次，立见者一次。将陈右铭信稿改毕，与之论古文之法。巳正小睡。午初阅《叶水心文件》。中饭后阅本日文件。旋至幕府久谈。申正核批稿簿。旋阅《惜抱轩集》。夜，仍阅《惜抱轩集》。二更后，课儿背书。诵《古文·奏议类》数首。三点睡。

廿八日

早饭清理文件。坐见之客一次，立见者一次。彭楚汉旋来见，一谈。小睡片刻。阅《白香山集》。因近日胸襟郁结不开，故思以陶、白、苏、陆之诗及张文端之言解之也。巳正，阅《五礼通考·方泽祭地门》。午刻，赵惠甫来久谈。中饭后阅本日文件。写澄、沅两第信，写至一半，接澄弟信，知科九侄纪湘取县案首，深为喜慰。又以吾家子侄取县首者四人，恐惹乡人讥评，亦不能无隐虑。申政权核批稿各簿。酉刻剃头一次。戌初小睡。夜阅《古文·书说类》。二更后，密咏《孟子》。四点睡。

附 记

现职：日查四人　　考核一事　　常以批教　　常派员访
后务：月作二艺　　料理二通　　酌批熟书　　阴托端士

廿九日

早饭后清理文件。坐见之客一次。旋坐堂审案，过堂者十二起。陈作梅、李勉林等自江南来，与之久谈。巳正小睡。又坐见之客一次。午刻阅《方泽祭地门》卅页。中饭后阅本日文件，阅《白香山集》。小睡。申正核批稿各簿。酉初写对联五付。傍夕又睡。夜核廿三日呈词各批。二更后，课儿背书。温《孟子·滕文公》上、下篇。四点睡。

六 月

初一日

早饭后清理文件。见客，坐见者二次，立见者一次。写《无慢室日记》。辰正小睡。巳刻阅《五礼通考·杜稷门》并《祭地门》之末廿七页。又小睡片刻。午正二刻请陈作梅、李勉林等五人吃饭，申初散。旋阅本日文件。申正核批稿各簿。旋又小睡。写对联五付。夜阅《姚惜抱文集》。二更后，课儿背书。温《孟子·离娄》上、下篇。四点睡。

初二日

早饭后清理文件。坐见之客一次。写《无慢室日记》颇多。小睡片刻。巳正将所阅《五礼通考》中之目标写于另本之书面，仅写一本，自觉费力，盖老悫竟不能作楷矣。午刻阅《汉书·高纪》廿页。取此书略熟，较之《五礼通考》易于毕业也。中饭后阅本日文件。坐见之客一次。李佛生来此久谈。申正核批稿各簿。酉刻倦甚，小睡。夜温《万章》上下篇、《告子》上篇。二更后，课儿背书。阅韩文十余篇。四点睡。

初三日

早饭后清理文件。旋写《无慢室日记》约六百字。巳初小睡。巳正阅《汉书·高纪》卅五页。小睡片刻。中饭后阅本日文件。阅赵与时《宾退录》。申正核科房批稿簿。旋又小睡。因纪泽患病，为之系念。灯后，见客一次。将《论语》中言仁处汇书一纸，分为子目四条。二更后温《告子》下篇。四点睡。

初四日

早饭后清理文件。旋至龙母宫率属行礼，送铁牌还邯郸县。归途至陈作梅、李勉亭等处久谈。归署，见客一次。巳正，将《李忠武公行状》等细阅一遍。午初，阅《汉书·孝惠纪》。中饭后阅本日文件。小睡片刻。申正核批稿各簿。旋至幕府两处久谈。傍夕又小睡。夜拟作《李忠武神道碑》，仅作百余字。二更四点睡。念年老而一无所成，又生平过刚，结怨不少，愧悔无已。反复焦闷，竟夕不能成寐。此近年所未有也。

初五日

早饭后清理文件。坐见之客二次，立见者一次。小睡半时。巳刻，易光莲来久谈。旋作《神道碑》数行。陈作梅来久谈。中饭后阅本日文件。有买新书，曰《朱子百选》，选朱子之古文也。翻阅一过。小睡片刻。申正核批稿各簿。酉刻阅《圣祖庭训格言》。又小睡颇多。夜再作《神道碑》，约作三百余字。二更四点睡，尚能成寐。

初六日

早饭后清理文件。坐见之客三次，立见者一次。旋李勉林、黎莼斋来久谈。小睡半时许。作《神道碑》百余字。中饭后阅本日文件。小睡片刻。阅《宾退录》，阅杨忠愍公谏马市、劾严嵩二疏原稿。申正核批稿各簿。酉刻小睡良久。夜又作《神道碑》二百余字。枝枝节节而为之，竟无一字是处。不知何以文思大退、精力大减至于如此。"少壮不努力，老大徒伤悲。"信有然矣。二更四点睡。尚能成寐。

初七日

早饭后清理文件。作客座示僚属四条。旋传见州、县二员，与之久谈。又坐见之客一次。小睡半时。巳正改折稿一件。午初阅《宾退录》，阅朱子书数首。中饭后阅本日文件。见客一次。作《神道碑》百余字，粗毕。申正核批稿各簿。酉刻写对联七付。傍夕小睡。储备作铭辞百余字，未毕。二更四点睡。

初八日

早饭后清理文件。旋立见之客二次，坐见者二次。小睡片刻。核信稿一件。

午刻，英西林中丞来久坐。作铭辞数十字。中饭后阅本日文件。又作铭辞百余字，毕。申正，核批稿各簿。酉刻，李佛生来久谈。傍夕小睡。夜，因所作碑铭，铭辞差可，而序太劣，思欲酌改而难于下笔。沉吟久之，微改数处。二更后，阅韩、欧文数首。四点睡。睡后出汗甚久，天已热矣。

初九日

早饭后清理文件。旋传见州、县二人，谈颇久，又立见之客二次。辰正坐堂录囚，过堂者凡十二起。退堂后，小睡半时。午初阅《汉书·高后纪》七页、《考文纪》廿页。中饭后清理文件。旋阅《朱书百选》。小睡片时。申正，张振轩来一谈。旋核本日批稿簿，傍夕毕。小睡。夜，温诵韩文。二更四点睡。热甚。

初十日

早饭后清理文件。旋见司道一次、首府等一次，坐均颇久，又传见之州、县一次。小睡半时。已正改信稿三件。莫善徵、黎莼斋来久坐。阅《汉书·景纪》七页。中饭后阅本日文件。又阅《景纪》三页、《武纪》十页。小睡片刻。申正核各科批稿。酉刻料理明日发折，将各件校对一过。傍夕小睡。夜接家信，知外舅欧阳福田先生于五月初九日弃世，年八十四矣。温诵《孟子·尽心篇》上、下。二更后，温《古文·情韵之属》。四点睡。不甚成寐。

十一日

早饭后清理文件。旋坐见之客三次，谈均颇久。立见者一次。小睡半时。已正二刻阅《汉收·武帝纪》廿页。中饭后阅本日文件，阅《昭帝纪》三页。阅赵忠毅公所著《史韵》。申正核批稿各簿。酉刻翻阅《先正事略》数首。小睡良久。夜阅《朱子学案》十余篇，温《古文辞类纂》。二更后，与鸿儿讲《西铭》。旋又温古文三篇。四点睡。竟夕大雨如注，农田得此堪慰，而永定河及各处低田又堪忧矣。

十二日

是日为先妣太夫人忌辰。早饭后清理文件。旋见客，坐见者一次，立见者一次。小睡半时。已刻，坐见之客一次。阅《汉书·昭帝纪》七页、《宣帝纪》廿六页。午刻，莫善徵、黎莼斋来久谈。小睡片刻。中饭后阅本日文件，核改信稿二件。申正核科房批稿各簿。酉刻核复吴竹如信稿，约改三百字。傍夕小睡。夜将纪泽所作文批毕。二更后，温《古文·论辩类》。四点睡。

十三日

早饭后清理文件。小睡片刻。坐见之客一次，立见者一次。又小睡半时，盖余夏间有脾困之症，饭后则脾倦思睡，往往于会客之时渴睡不可忍。虽云病症，亦不能主敬以支撑之，可愧也。巳初阅孝元、孝成本纪卅二页。午刻阅《朱子集》牒谕之属。中饭后阅本日文件。赵惠甫来一谈。申正核科房批稿各簿。酉刻在室中徘徊良久。深以精力衰老、学问无成为恨。小睡片刻。夜阅纪泽所作诗。旋温《古文·论辩类》，酌加圈识。二更五点睡。

十四日

早饭后清理文件。旋坐见之客二次。坐堂录囚，过堂者十二案，补秋审者三案，巳初一刻毕。坐见之客一次。小睡片刻。巳正一刻阅《汉书》孝哀、孝平二纪，阅《陈胜传》。中饭后阅本日文件，将《陈胜传》阅毕。李佛生来一坐。申正核批稿簿。酉刻改信稿一件，约改二百字。四川司英祥来久谈。傍夕小睡。夜核六月初八日呈词批。旋温《古文·论辩类》。二更四点睡。

十五日

早饭后清理文件。旋坐见之客三次，司道谈甚久，立见之客二次。小睡半时许。巳正，作梅、勉林来久谈。阅《汉书·项羽传》廿三页，中饭后毕，阅本日文件。申初阅《朱子学案》中敬字一门各文。申正核批稿各簿。酉刻又阅《朱子学案》。小睡颇久。夜，月蚀。自灯后初蚀，一更末食甚，二更末复元。凡行礼三次。派知府四员及武营等随同行礼。阅《性理精义》中学类一门二卷，约七十余页。三更睡。

十六日

早饭后清理文件。小睡。见客一次，谈颇久。旋又小睡颇久。巳初阅《汉书》《张耳陈余传》、《三蘖传》、《韩信传》，共卅三页，中饭后毕。阅本日文件。申初至幕府一谈。申正核批稿各簿。酉初剃头一次。傍夕小睡。夜温《古文辞类纂·论辨类》十页、"序跋类"十页。近来，常以衰老而学问无成为恨，数日内又有腹泻之疾，疲困之极，常常思睡。二更三点睡。

十七日

早饭后清理文件。坐见之客一次，立见者一次。李山长来久坐，主事崇文来一坐。小睡半时。巳正，阅《汉书》《彭、英、卢、吴传》、《荆燕吴传》，中饭后良久乃毕。阅本日文件。小睡片刻。申刻核批稿各簿。酉刻写扁二幅、联四付。夜，温《古文〈辞〉类纂·序跋类》廿八页。二更四点睡。

十八日

早饭后，坐见之客三次，坐见者一次。清理文件。小睡半时。巳正，写欧阳牧云兄弟信一封，阅《楚元王传》卅二页，未毕。中饭后阅本日文件。旋阅《性理精义》。小睡片刻。申正核批稿簿，核毕，天已暝，盖昼晷渐短矣。傍夕小睡。夜，左脚膝后作疼，不知系受风欤？抑老后所谓脚转筋者欤？温《古文·序跋类》十二页。脚疼而精力疲惫，不能治事，在室中徘徊而已。二更三点睡。

十九日

早饭后清理文件。旋坐见之客一次。小睡半时。旋阅《李勇毅公行状》，将为之作《神道碑》。状甚长，细阅二遍。中饭后阅本日文件。旋作《神道碑》百余字。申正核科房批稿簿。酉刻写对联六付。傍夕小睡。夜又作《神道碑》二百余字。二更三点睡。

廿日

早饭后清理文件。坐见之客四次，立见者一次。旋小睡半时许。巳正作《神道碑》百余字。中饭后阅本日文件。小睡片刻。申正核科房批稿各簿。酉刻写扁一方、对六付。傍夕小睡。夜作《神道碑》二百数十字。二更三点睡。

廿一日

早饭后清理文件。坐见之客一次，立见者一次。小睡片刻。辰正一刻，坐堂审案十二起，至巳正止。中有一起翻供。作《神道碑》百余字。午初，有蜀人黄启愚，字静甫者，学识俱优，来此久谈大半时。中饭后阅本日文件，作《神道碑》文毕。申正核科房批稿各簿。旋作铭辞。傍夕小睡。夜又作铭辞,至二更四点作毕,约千七百字。虽文无足观,而三日作毕,较上次已略速矣。睡后尚能成寐。

廿二日

早饭后清理文件。坐见之客三次,立见者一次。辰正小睡颇久。偶翻赵高邑、顾端文等传一阅,思将李忠武、勇毅两碑修改一过,而良久不就。中饭后阅本日文件,阅《惜抱轩文集》。申正核批稿各簿。酉初写对联六付。傍夕小睡颇久。夜又思改碑文而不果。阅《姚惜抱文集》。二更四点睡。

廿三日

早饭后清理文件。坐见之客二次,谈颇久。小睡片刻。将改所作碑铭而不果。写朱修伯信二页,添萧廉甫信一页。巳正二刻阅《刘歆传》、《季布等传》、《高五王传》廿四页。中饭后阅本日文件。陈作梅来久谈,李佛生来久谈。核科房批稿各簿,傍夕始毕。小睡片刻。夜阅《近思录》,旋温《古文·奏议类》。二更四点睡。

廿四日

早饭后清理文件。坐见之客三次,蒋养吾谈颇久。小睡片刻。巳初三刻,阅《汉书》《萧曹传》、《张陈王传》,凡卅三页。中饭后阅本日文件。小睡片刻。至幕府久谈。申正核科房批稿各簿。酉刻写对联七付,阅《近思录》数页,写目录于书皮。傍夕小睡。夜温《古文·奏议类》,疲倦殊甚,昏昏欲睡,不知何以衰惫若此。念学术一无所成,欲为桑榆晚盖之计,而精力日颓,愧恨无已。二更三点睡。

廿五日

早饭后清理文件。坐见之客二次,衙门堂期也。旋又坐见之客四次,立见者一次。湘潭主事周庆思自湘来见,谈甚久。巳初一刻客散,小睡。巳正阅《周勃传》、《樊郦滕灌传》廿二页,中饭后毕。阅本日文件。未正二刻,惠甫来一坐。旋至刑、钱幕友处一坐。申正核科房批稿簿。小睡片刻。写对联五付。夜温《古文·奏议类》卅四页,以熟习之文循诵一过而已。二更四点睡。

廿六日

早饭后清理文件。坐见之客四次，立见者二次。旋坐堂审案十二起。核秋审题稿。每起书一缓字或实字，不能细阅也。午初阅《汉书》《傅靳周传》、《张周赵任申屠传》，中饭后毕，凡十一页，阅本日文件，核秋审题本。申正核科房批稿簿，又核秋审题本。夜又核二本。二更后，阅《古文·奏议类》廿页。是日，孙儿元七又病，殊为焦闷。

廿七日

早饭后清理文件。坐见之客一次，立见者一次。核秋审本。辰正，李雨亭到此久谈，渠将赴山西抚之任，由此经过也。巳正，坐见之客一次。旋阅《汉书》《郦陆朱刘叔孙传》、《淮南厉王传》，中饭后毕，凡廿六页。阅本日文件。未正至雨亭处回拜，久谈申正归。核科房批稿簿，傍夕毕。小睡片刻。夜阅《古文·奏议类》。二更三点睡。

廿八日

早饭后清理文件。坐见之客三次，立见者一次，王霞轩谈最久。旋拜发万寿贺本。小睡片刻。巳初三刻写澄、沅两弟信五页，约六百字。湖南折差六月初十过此间，今已十六日，尚未出京过此回湘。余久未复两弟信，殊愧歉也。午初写毕。阅《汉书》《淮南王安传》。午正请李雨亭、陈作梅中饭，申初散。阅本日文件。阅《衡山王济北贞王传》。狂风骤雨，折树撼壁，约一时余乃定。核科房批稿各簿。疲倦殊甚，核头小睡。夜阅《古文·奏议类》王介甫文三首，廿一页。二更四点睡。念余生平虽颇好看书，总不免好名好胜之见参预其间。是以无《孟子》"深造自得"一章之味，无杜元凯"优柔厌饫"一段之趣，故到老而无一书可恃，无一事有成。今虽暮齿衰迈，当从"敬静纯淡"四字上痛加功夫，纵不能如孟子、元凯之所云，但养得胸中一种恬静书味，亦稍足自适矣。

廿九日

早饭后清理文件。坐见之客四起，立见者一起，司道及绅士两起谈甚久。辰正，至箭道看箭。倦甚，小睡良久。巳正二刻阅《汉书·蒯五江充传》十五页。中饭后阅本日文件。申刻，王霞轩来，久谈大半时。申正二刻核批稿各簿。傍夕小睡。夜阅奏议董子三策。渴睡殊甚，二更四点睡。

卅日

早饭后清理文件。坐见之客四次，傅振邦坐最久。小睡片刻。改片稿一件、批稿一件，巳正二刻，阅《汉书》《息夫躬传》、《万石君等传》、《文三王传》，凡廿六页，中饭后毕。阅本日文件，改信稿二件。李雨亭来久坐。申正核科房批稿，未毕。王晓莲自天津来，久坐。将批稿簿核毕。傍久至幕府一谈。夜阅东坡制科对策。是日，人送来《朱伯韩诗文集》，将文集涉猎一过。二更四点睡。

七 月

初一日

未明即起，至城外送李雨亭赴晋。归，早饭后清理文件。坐见之客三次。出门拜傅提督振邦。归，倦甚，小睡。王小莲来久坐。午初二刻阅《汉书·贾谊传》廿二页。中饭后阅本日文件。小睡片刻。申正核科房批稿簿。傍夕写李雨亭信，未毕，灯后写毕。又核改信稿一件。阅《古文辞类纂》苏氏《策论》十八页。二更四点睡。是日，刘道树堂自天津归，呈所为漕务、盐务各略节一本，时为翻阅。

初二日

早饭后清理文件。旋坐见之客四次，立见者一次。倦甚，小睡。已正将《贾谊传》阅毕。阅《袁盎晁错传》凡卅页。中饭，请王晓莲、王霞轩小酌，申初散。阅本日文件。旋核科房批稿簿。小睡。核信稿数件。傍夕又睡。夜阅苏子由《策论》书说类数首。二更四点睡。

初三日

早饭后清理文件。王晓莲、霞轩来辞行，久谈。旋出门至二处送行。归，坐见之客二次。辰正小睡。已刻添写李少泉信二页，约三百余字，写李眉生信一页，约二百余字。坐见之客一次。阅《汉书·张冯汲郑传》十四页，中饭后毕。阅本日文件，改信稿二件。核盐务稿，将复奏部文十条也。旋核科房批稿簿。是日，内人目疾，午刻请医生用针挑拨。申刻，接澄、沅两弟信，知纪官侄之妇欧阳氏于五月廿八日生女，六月初四日病故。近年家中人口不旺，深为焦虑。傍夕小睡。夜，阅《古文辞类纂·书说类》廿页。二更四点睡。

初四日

早饭后清理文件。至内箭道看箭五员。坐见之客二次，立见者一次。旋坐堂审案十二起。小睡半时。阅《北学编》，将作《劝学》文，告直隶士子也。中饭后阅本日文件。作《劝学篇》百余字。申刻核批稿各簿。酉初剃头一次。写扁三方。又作《劝学篇》百余字。傍夕小睡。夜作文二百余字。二更四点睡。共作五百余字。

初五日

早饭后清理文件。见司道一次，谈甚久，因有议狱事也。旋坐见之客三次。辰正二刻小睡，巳正始起。将作文而不果。旋写澄、沅两弟信，约四百数十字。中饭后阅本日文件。作《劝学篇》数行。申正核批稿各簿。旋核廿八日呈状各批。傍夕小睡。夜作文三百余字。二更四点睡。

初六日

早饭后清理文件。坐见之客一次，立见者二次。小睡颇久。巳正作《劝学篇》百余字。中饭后阅本日文件，又作文二百余字，作毕，约千四百许字。复视芜浅，殊不足观。申正核科房批稿簿。酉刻批阅纪泽所作文。旋至幕府一谈。傍夕小睡。夜阅《姚惜抱文集》。二更四点睡。

初七日

早饭后清理文件。旋坐见之客三次，立见者二次。旋阅《惜抱轩文集》。小睡颇久。巳正，阅贾山等传数页。黄静轩来久谈，至午正去。又阅《贾邹传》共廿页。至中饭后三刻毕，阅本日文件。将昨日所作之文细阅，将删改而不果。赵惠甫、李佛生先后久谈。申末刻，阅科房批稿簿。傍夕小睡。夜改昨日所作文。二更后阅《古文·书说类》六页。四点睡。

初八日

早饭后清理文件。旋见客，坐见者三次。小睡片刻。又坐见之客一次。巳正，阅《汉书》《枚路等传》、《窦田灌韩传》，凡卅一页，至中饭后二刻毕。阅本日文件，阅《朱子学案·明辨之属》。申正核批稿各簿。酉刻，坐见之客一次。小睡颇久。夜，将初三日之呈状批辞细核一过。二更后，阅《古文·书说类》，朗诵《报任安书》。四点睡。

初九日

早饭后清理文件。坐见之客三次。阅《国史·文苑传》。小睡片刻。巳正，阅《汉书·景十三王传》。旋阅《李广传》五页，至中饭后二刻毕。阅本日文件。两司来见，久谈。核科房批稿簿，傍夕毕。小睡。夜阅《古文·书说类》中韩文数首。二更四点睡。近以衰老日逼，学问无成，日日忧郁，若无地自容者。细思圣人"发奋忘食，乐以忘忧"，二者并进，固未尝偏于忧愤，穷年戚戚也。今虽一无所得，亦当求所谓乐者以自适。上而孔、颜之乐，次而周、程、邵、朱之乐，又次而陶、白、苏、陆之乐。勉而企焉，以扩吾之襟抱，且愤且乐，以终吾身，犹愈于终日郁闷者耳。

初十日

早饭后清理文件。坐见之客二次。小睡片刻。阅《先正事略》。巳正，阅《李陵苏武传》、《卫青传》，至中饭后二刻毕。阅本日文件。陈作梅来久谈。小睡片刻。申正核批稿各簿，傍夕毕。在祖先位前行礼，即吾乡所谓接老客也。夜阅戴氏《声韵考》。旋温韩、柳书牍数首。二更四点睡。

十一日

早饭后清理文件。坐见之客三次，立见者一次。至内箭道看弓箭二员。巳初小睡。巳正阅《霍去病传》、《董仲舒传》，凡卅五页，至中饭后二刻毕。阅本日文件。旋阅《古韵标准》。小睡。申正核科房批稿簿。在室中徘徊，将出题，明日考书院；又将作对联寄湖广会馆，应乡人之嘱也。良久乃成，夜，温《古文·赠序类》廿二页。二更四点睡。

十二日

是日为慈安皇太后万寿，早，至公所率属行礼。归，饭后清理文件。见客一次。辰正二刻至书院考试官课。归，小睡半时许。巳正阅《汉书·司马相如传》卅七页。中饭后阅本日文件。在室中宴坐良久。申正核批稿各簿。旋阅梁苣林

《楹联续话》，灯下复阅之。二更后温韩文赠序类十页。四点睡。

十三日

早饭后清理文件。坐见之客二次。旋又看《楹联丛话》。巳初小睡。巳正阅《汉书·司马相如传》毕，阅《公孙弘卜式儿宽传》、《张汤传》，至中饭后二刻毕。阅本日文件。旋阅《范文正公传》、《司马温公传》，草草翻阅。申正，贺麓樵来一谈。核科房批稿簿，未毕。傍夕小睡。夜将批稿簿核毕，又核初八日呈词批。二更后，阅韩、欧赠序。四点睡。

十四日

早饭后清理文件。坐见之客二次。将《畿辅义仓图》与《洪志》一对，批校三县。旋阅《楹联丛话》。巳正，阅《汉书》《张安世传》、《杜周传》廿六页，中饭后毕。阅本日文件。倦甚，阅《楹联丛话》。小睡。申正核批稿各簿。看烧衣包。雷雨交作，阴黑，不克治事。傍夕小睡。夜阅《古文》赠序类、诏令类廿页。二更四点睡。

十五日

早间，随从人等叩贺。饭后，立见之客三次，坐见之客四次。清理文件。将《洪志》与《方图》一对。巳正，小睡片刻。旋阅《汉书·张骞李广利传》十三页。中饭后阅本日文件。倦甚，小睡。见客一次，刘荩臣之弟、徐寿衡之弟过此，久谈。申正核科房批稿各簿。酉初写对联六付。傍夕小睡。夜阅诏令类、传状类廿页。三更四点睡。

十六日

早饭后清理文件。坐见之客三次，中有二客谈最久，立见者一次。至幕府一谈。巳正坐堂审案十二件。午正阅《汉书·司马迁传》廿二页。中饭后阅本日文件。李勉林来久坐。写郭意城信一封，添刘韫斋信二页。申正核科房批稿簿。傍夕，写澄、沅两弟信，未毕，灯后写毕。阅《古文·传状类》十四页。二更三点睡。

十七日

早饭后清理文件。坐见之客二次。将书院课卷翻阅，仅能看阅者之批，不能多看诸生之文，殊自愧其草率。巳正小睡。旋阅《汉书·武五子传》。巳初，添彭雪琴信一页，将《洪志》与《方图》一对。中饭后阅本日文件。天气燥热，小睡良久。申正核批稿各簿。李绂生来久坐。傍夕又睡。闻近来又因日久不雨，田禾枯槁，近省一带尤甚，为之焦灼忧郁。又以学问之事，一无所成，愧恨无已。夜，改折稿一件，阅《古文》传状类、碑志类八页。二更三点睡。

十八日

早饭后清理文件。旋坐见之客三次。小睡片刻。巳初将《洪志》与《方图》一对。巳正阅《汉书·严朱吾丘严徐等传》卅四页。中饭后阅本日文件。陈作梅来久谈。申正核科房批稿簿毕。吴挚甫来一谈。写扁一方、对联五付。傍夕至幕府一谈。夜温《古文·碑志类》上十四页。二更三点睡。近日见纪泽牙疼，孙儿小疾，每以家中人口为虑。又惦念南中诸弟各家，竟日营营扰扰。偶思咸丰八年四月葛睪山扶乩，即已预知有是年十月三河之败、温甫之变。天下万事皆有前定，丝毫不能以人力强求。纷纷思虑，亦何补耶？以后每日当从"乐天知命"四字上用功，治事则日有恒课，治心则纯任天命。两者兼图，终吾之身而已。

十九日

早饭后清理文件。旋坐见之客二次。将作《金陵水师昭忠祠碑记》，久不能下笔，而神思昏倦，小睡片刻。中饭后阅本日文件。旋作记数行。申正核科房批稿簿，又作记数行，酉正久睡。夜又作记数行，核片稿一件。二更四点睡。作记共三百余字，全无是处，心如废井，无水可汲，深以为愧。

廿日

早饭后清理文件。坐见之客四次，立见者一次。旋小睡片刻。拟作文而久不能成。午正见客一次，谈颇久。中饭后阅本日文件。旋作记数行，约二百余字。申正核批稿各簿。酉刻写岳父祭幛一幅，将写挽联而不能撰就。傍夕小睡。夜，明日将发折，将各折、片细细一对。二更后，又作记两三行。四点睡。

廿一日

早饭后清理文件。立见之客一次，坐见者二次，刘子务谈甚久。坐堂审讯十二案。写朱修伯信一页。午刻，作记数行。中饭后阅本日文件。又作记两行，毕，约共八百字，全不称意。申正核科房批稿簿。酉刻，作联挽外舅欧阳福田公。写毕，又写对四付。傍夕小睡。夜，将十三日呈词细核批稿。温《古文·碑志类》下编十六页。二更四点睡。

廿二日

早饭后清理文件。将《洪志》与《方图》一对。旋坐见之客二次，立见者一次。小睡片刻。巳正，将昨日所作之记核改润色，阅《汉书》《贾捐之传》、《东方朔传》，凡卅一页。中饭后阅本日文件。旋阅《先正事略》一卷，又阅《朱子文集》一卷。申正核科房批稿各簿。见客一次。剃头一次。傍夕小睡。夜温碑志类十九页。二更四点睡。

廿三日

早饭后清理文件。将《洪志》与《方图》一对。旋坐见之客二次，立见者一次。出门至城外拜刘子务，又至马队营中，午初二刻归。惠甫来一谈。中饭后阅本日文件，内有送鹿忠节诸书者，因将其《四书说约》阅数十则，中多警辟之论。小睡片刻。申刻核科房批稿各簿，细核司详二件，又阅《四书说约》。夜核十八日呈词批稿。二更后温《古文·碑志类》十六页。四点睡。纪泽牙疼已久，日见消瘦，殊以为虑。

廿四日

早饭后清理文件。将《洪志》与《方图》一对。旋坐见之客四次。小睡片刻。巳正阅孙高阳《车战百八叩》数页。旋阅《汉书·杨恽传》，阅《杨胡朱梅云传》，共廿四页。中饭后阅本日文件。小睡。出城迎接郑小山司马，渠自山西进京也。归署顷刻，郑即来拜，谈及天黑始去。小睡片刻。夜核科房批稿簿毕。温欧阳公碑志十五页。二更四点睡。

廿五日

早饭后清理文件。坐见之客三次，衙门期也。出门拜郑小山，久谈，午初始归。写信一件，前寄小山信，渠嘱我亲笔一写也。阅《汉书·霍光传》六页。未初，请郑尚书小宴，酉初始散，谈甚畅。阅本日文件。傍夕，李佛生来一谈。小睡片刻。夜核批稿各簿。二更后，温欧阳公碑志三篇。四点睡。

廿六日

早饭后，出城送郑小山尚书。归，清理文件。见客，坐见者三次，立见者一次。坐堂审十二案。小睡片刻。阅《汉书·霍光金日䃅传》毕，共廿页。中饭后阅本日文件。陈作梅来久坐。阅鹿忠节《四书说约》，写澄、沅两弟信。申正核科房批稿各簿。傍夕小睡。夜核信稿三件。温欧阳公碑志四篇。课儿背《礼记》。二更四点睡。念老年读书，如旱苗叶已枯槁而汲井以灌溉，虽勤无益。古人所以戒时过而后学也，然果能灌溉不休，则禾稼虽枯而菜蔬或不无小补耳。

廿七日

早饭后清理文件。立见之客一次。将《洪志》与《方图》一对五县。旋阅《四书说约》，添李雨亭信二页。小睡片刻。赵惠甫来久谈。巳正三刻，阅《汉书·赵充国辛武贤传》廿一页。中饭后阅本日文件，阅《朱子文集·箴铭之属》。萧廉甫自京来，久谈。申末核批稿各簿。因闻直隶练兵折为诸津要所不悦，痛加驳斥，心绪作恶。傍夕小睡。夜温欧、王碑志类数篇。二更后，眼蒙殊甚。阅《近思录》数页，取其字大而书熟也。四点睡，竟夕不甚成寐。

廿八日

早饭后清理文件。坐见之客三次，立见者一次。将《洪志》与《方图》校对五县。小睡片刻。巳正三刻阅《汉书·傅介子等传》廿四页。中饭后阅本日文件。小睡片刻。至幕府久谈。申正，蒋养吾来久谈。旋核批稿簿，未毕。孙雨农来一谈。傍夕小睡。夜，将近日所见州县履历一为清理。温王介甫碑志类十三页。二更四点睡。

廿九日

早饭后清理文件。旋开一单，将欲参劾数员，传两司来一商。小睡片刻。巳正二刻阅《汉书·隽不疑等传》，又阅《王吉传》，共廿四页。中饭后阅本日文件，写罗研生信三页，阅《近思录》十余页。申正核批稿各簿。酉初写对联三付。弄孙一刻许。傍夕小睡。夜将应保各员开一单。二更后阅《近思录》数页。四点睡，困乏之至。未及四更即醒。

八 月

初一日

早饭后清理文件。坐见之客三次,司道等谈甚久。小睡片刻。巳正见客一次,谈颇久。午刻,将应劾之员开单注考。中饭后阅本日文件。旋又注考,兼查履历。申正核批稿各簿。酉初写对联四付。至幕府久谈。夜将应保人员开单注考。二更后课儿背书。阅王介甫碑志十二页。二更四点睡。

初二日

早饭后清理文件。坐见之客三次,立见者二次。阅《四书说约》。小睡片刻。李佛生来久谈。午刻阅《汉书·贡禹两龚传》十三页。中饭后阅本日文件。李勉林来久坐。申正核批稿簿。旋坐见之客二次,谈颇久。将批稿簿核毕。傍夕小睡。夜,核十三日呈词批二件。二更后,课儿背书。温《古文》碑志类、杂记类十二页。四点睡。日月如流,倏已秋分。学业既一无所成,而德业不修,尤悔丛集,自顾竟无湔除改徙之时,忧悔曷已!是日阅匡援所作《毛诗异义》、《尚书伏马义》等书,盖山东学者流寓此间。此书久已送来,而未一寓目,真可愧耳。

初三日

早饭后清理文件。坐见之客一次,立见者三次。改折稿三件,写一信与首府。小睡片刻。巳正阅《汉书·鲍宣等传》八页。午初出城接贺云湖学使,率属恭请圣安。归来,中饭后阅本日文件,作片稿一件。申正核批稿各簿,未毕。有广西刑部主事刘有科来见,一谈。再核批稿,毕。傍夕小睡。夜核七月廿八日呈词批。二更后，温韩、柳杂记类十二页。四点睡。

初四日

早饭后清理文件。两词来见，久谈。又坐见之客一次，立见者一次。拟作《苗先路墓志铭》，因将渠所著《说文声订》、《说文声读表》、《毛诗韵订》、《建首字读》等书细阅一过，摘抄少许，以便采择入文。中饭后阅本日文件。又阅苗君所著《集韵经存》、《说文声读考》二种，皆未刻者。申正核批稿各簿。坐见之客一次。又阅苗君所刻诗片。傍夕小睡。夜阅顾氏《音学五书》，审其与苗君异同之处，摘录一二，以备采撷。二更四点睡。

初五日

早饭后清理文件。坐见之客二次，立见者一次。司道谈甚久。旋改片稿二件。巳正小睡片刻。午初，陈作梅来久谈。中饭后阅本日文件，阅《音学五书》。申正核科房批稿各簿。又阅《音学五书》，毕。傍夕小睡。夜，添写黄恕皆、倭艮峰信，共五页，约五百字。阅《古音标准》，将考诸家音学之得失，以便作苗君墓志。二更四点睡。

初六日

早饭后清理文件。坐见之客二次，立见者一次。巳刻，坐堂审案十二起。旋阅段茂堂《六书音韵表》。午刻，会客一次。中饭后阅本日文件，又阅孔𬘡轩《诗声类》、王怀祖《古音廿一部》。天气燥热，昏昏欲睡。赵惠甫、贺麓樵、吴挚甫诸人来久谈。核科房批稿簿，未毕。傍夕小睡。夜将批稿核毕。旋拟作苗君墓志铭，未果动笔。二更后，课儿背书。四点睡。是日未刻发折片九件。

初七日

早饭后清理文件。坐见之客一次。旋作《苗仙簏墓志》。午刻，坐见之客二次。中饭后阅本日文件。又作墓志。申正核科房批稿簿。酉刻，写扁一方、对联五付。傍夕小睡。夜又作墓志。是日共作八百余字，未毕。二更后，课儿背书。纪泽作《音学考》，约近五千字，于考古及审音二者均有所得，为之一慰。三点睡。

初八日

五更三点起，至文庙丁祭。黎明，率属行礼。归，早饭后清理文件。坐见之客二次。小睡片刻。已正作苗君墓志。中饭后阅本日文件。旋又作墓志。申正核科房批稿各簿。酉刻将墓志铭作毕。细阅竟无一字是处。昔余终年不动笔作文，而自度能知古文之堂奥，以为将来为之必有可观，不料今年试作数首，乃无一合于古人义法，愧赧何极！傍夕小睡。夜阅《呻吟语》，因贺云湖新送《吕新吾全集》也。二更四点睡。

初九日

早饭后清理文件。坐见之客二次，立见者一次。小睡片刻。已正二刻，阅《韦贤元成传》、《魏相传》。中饭后阅本日文件，翻阅《朱子全集》数首，将纪泽所作《音学考》批点一过。申正核科房批稿簿。天气细雨凝凉，酉正暝色已深，日渐短矣。傍夕小睡。夜核初三日呈词各批。二更后，课儿背书。阅《古文·杂记类》十六页。二更四点睡。

初十日

早饭后清理文件。坐见之客三次，司道谈顾久。已正核复丁中丞信稿。午初阅《汉书》《丙吉传》、《眭孟两夏侯京房传》。中饭后阅本日文件。小睡。阅《吕新吾集》。蒋养吾来久谈。核科房批稿各簿。傍夕至幕府一谈。夜添写丁中丞信二页，阅欧、曾文杂记类。二更后，课儿背书。四点睡。

十一日

早饭后清理文件。坐见之客三次。小睡片刻。午初，坐见之客一次。阅《翼奉李寻传》。中饭后阅本日文件。旋阅《吕新吾集》。小睡片刻。坐见之客二次。申正核批稿各簿。酉刻剃头一次。是日，客有自河南来者，言大、顺、广旱灾甚重，又有自雄县等处归者，言滹沱河水无去路，文、大、雄、任、饶阳、安平一带水灾甚重，深为焦灼。忝任封圻，坐视斯民之灾厄不能稍为补救，愧恨何极！夜阅《古文·杂记类》苏、王各家廿七页。二更后，课儿背书。四点睡。

十二日

黎明，率属祭关帝庙。归署，早饭后清理文件。见客，坐见者三次，立见者一次。阅《皇朝经世文编》中《畿辅水利》数篇。小睡片刻。巳正二刻阅《汉书·赵广汉尹翁归张敞韩延寿传》廿三页。中饭后阅本日文件。将作赞，题《杨忠愍公遗疏草手卷》，而不果。赵惠甫、薛季怀先后来久谈。旋核科房批稿簿。傍夕，贺麓樵来一谈。夜作《杨椒山疏稿赞》四言诗廿四句。二更后，课儿背书。阅《古文·杂记类》。倦甚，四点睡。

附记

书赞　　买谷米　　议河道
改信稿

十三日

早饭后清理文件。坐见之客五次，两司谈颇久。写《杨忠愍公遗疏赞》于手卷，字极劣，阅之生憎。小睡片刻。阅《汉书·王尊王章传》十四页。中饭后阅本日文件。坐见之客二次，范楣生坐颇久。改信稿四件。李佛生来一谈。核批稿各簿，未毕。傍夕小睡。夜又核批稿簿，毕。核初八日呈词批。二更后，倦甚，阅吕新吾《呻吟语》。三点睡。

附记

勇粮折　　练兵折　　竹庄信论买书　　蒋道署事片
滹沱河大概情形片　　杂说

十四日

早饭后清理文件。赵宗道来一谈。铭军马队中营三哨，怨其统领陈凤楼克扣饷项，带勇数十人申诉来辕，因传三哨官面询一切，又传营务处、张臬司处断此事。坐见之客四次，立见者一次。旋坐堂审案十二起。有兵丁苑泳盛趁火抢劫之案，极口呼冤，又将全卷细阅一过。小睡片刻。午初阅《汉书·诸葛丰等传》十五页。中饭后阅本日文件。蒋养吾来久坐，又小睡片刻。申正核科房批稿簿。傍夕至幕府一谈。夜见张臬司等，将勇丁申诉事办毕。又见客一次。温《古文》杂记类、箴铭类、颂赞类，凡廿二页。二更后，课儿背书。朗诵《离骚经》二遍。四点睡。

十五日

早起，署内人等叩节行礼。饭后清理文件，阅《经世文编》中《畿辅水利》数篇。幕友等来叩节贺喜。余旋至各幕回候，一谈。小睡片刻。巳正二刻阅《汉书·萧望之传》十七页。中饭，请幕友小宴，未末散。阅本日文件。旋见客一次，谈颇久。小睡片刻。申正核批稿各簿，核信稿未毕。傍夕小睡。夜核信稿二件。温《古文·辞赋类》中屈、宋各篇。二更四点睡。

附 记

程答黎河帅北方水利六不便

十六日

早饭后清理文件。坐见之客二次，立见者二次。阅《经世文编》中《畿辅水利》卅余页。巳正小睡片刻。旋阅《汉书·冯奉世传》十余页。中饭，请幕友刑、钱等小宴，未末散。阅本日文件。申正核批稿各簿。添写吴竹庄信二页，未毕。傍夕小睡。夜添写竹庄信一页，又写李少泉信二页，改折稿一件。二更四点睡。

十七日

早饭后清理文件。两司来见，久坐，又坐见之客二次，立见者一次。阅《经世文编》中《畿辅水利》十余页，阅《汉书·宣元六王传》。巳午间，坐见之客二次。中饭后阅本日文件，将《宣元传》阅毕，核信稿十余件。申正核批稿各簿。酉初写对联八付。傍夕小睡。夜温《古文·辞赋类》。二更后，课儿背书。四点睡。

十八日

早饭后清理文件。坐见之客三次，立见者一次。阅《经世文编》中《水利》数篇，翻寻《直隶通志》中记碑各文。巳正阅《汉书》《匡张孔马传》、《王商史丹传》。中饭后阅本日文件。旋又阅《傅喜传》。是日共阅卅九页。小睡片刻。作梅来久谈。申正核科房批稿各簿，将改滹沱河折稿而不果。傍夕小睡。夜核十三日呈词批。二更后温《古文·辞赋类》扬、马各篇。三点睡。疲倦殊甚。

十九日

早饭后清理文件。坐见之客三次。将改拟修治滹沱河折稿,先将《直隶河渠志》等书一阅。中饭后阅本日文件。又将滹沱河各处禀件一阅。李佛生来久谈。阅核科房批稿各簿,未毕。傍夕小睡。夜将批稿核毕。改滹沱河折约四百字,未毕。二更四点睡。

廿日

早饭后清理文件。坐见之客三次,司道坐甚久。旋改滹沱河折稿,将《畿辅通志》等书一翻。午初,贺云甫学使来久谈。中饭后阅本日文件。旋至莲花池,与司道府县等公请学使。未正上席,直至灯时始散。归,核科房批稿各簿。二更后,课儿背书。旋将折稿改毕,约改千余字。四点睡。是日在席中愀然不乐。念生平所作事,错谬甚多,久居高位而德行学问一无可取,后世将讥议交加,愧悔无及。

廿一日

早饭后清理文件。旋见客一次,谈颇久。巳刻,坐堂审十二案。旋将改直隶练军章程折,沉吟久之,未能下笔。中饭后阅本日文件。出门拜贺云甫,久谈。归,作折稿数行。申正核科房批稿各簿。酉初写对联三付。傍夕小睡。夜作折稿约四百字。二更后,课儿背书。四点睡。

廿二日

早饭后清理文件。旋见客,坐见者二次,立见者一次。辰正出城送学使。归后,作折稿百余字。费道来久谈。中饭后阅本日文件。旋又作折稿。申正核科房批稿簿。旋又作折稿。夜又作折。二更后,课儿背书。四点睡。是日作折约八百字,未毕。

廿三日

早饭后清理文件。旋坐见之客一次,立见者一次。至箭道考试三员。旋将昨日折稿作毕,共约千六百字。小睡片刻。改信稿十余件。中饭后阅本日文件。李勉林来久谈。小睡片刻。申正核科房批稿各簿。昨日接沅弟信,本日又接澄弟信，又见瑞、官两侄与儿辈信，知科九侄府试长案第三，甚以为慰。至幕府两处久谈。夜核呈词批一件，温《古文·辞赋类》扬、班各篇。四点睡。

廿四日

早饭后清理文件。旋坐见之客二次，立见者一次。小睡片刻。阅《近思录》数页。巳正阅《汉书·薛宣朱博传》。中饭后阅本日文件。旋又阅《近思录》，改片稿一件。申正核批稿各簿。傍夕小睡。夜阅张平子《两京赋》。眼蒙殊甚，疲倦不堪。天气已短，而疲困若此，盖老景摧颓甚矣。二更三点睡。

廿五日

早饭后清理文件。坐见之客四次，立见者一次，司道及作梅谈颇久，客散已巳正矣。将昨日折稿再核一过。午初阅《汉书·翟方进传》。中饭后阅本日文件。坐见之客一次。核信稿一件，写澄、沅两弟信。又坐见之客一次。核科房批稿簿，天黑未毕。小睡。夜将批稿簿核毕，又核天津青县京控案。二更后，课儿背书。旋温上《论》《子罕》、《乡党》。四点睡。

廿六日

早饭后清理文件。坐见之客一次。旋坐堂审案十二件。翻阅《先正事略》数篇。小睡片刻。李佛生来一谈。巳正三刻阅《汉书·谷永传》廿页。中饭后阅本日文件。坐见之客二次，作梅谈颇久。申末核批稿簿，瞑时毕。申初核信稿一件。傍夕小睡。夜对各折，明日将发者十一件。二更后，课儿背书。旋温《古文·辞赋类》二首。四点睡。

廿七日

早饭后清理文件。坐见之客四次，立见者一次。将本日应发折片检点一番，京信亦加校对。自写吴挚甫信一页。巳正小睡片刻。午初阅《汉书》《杜邺传》、《何武传》。中饭后阅本日文件。旋阅张文端《聪训斋语》，写李雨亭及申夫信，各添二页。申正核批稿各簿。傍夕至幕府久谈。夜核批稿二件。温《古文》辞赋类、哀祭类。二更后，课儿背书，又温古文数页。三点睡。

廿八日

早饭后清理文件。坐见之客四次。阅《经世文编》中《直隶水利》二篇。

巳正三刻阅《汉书》《王嘉传》、《师丹传》，又《扬雄传》七页，凡廿五页。因内人病势加重，屡次省视。中饭后阅本日文件。以家中琐事不顺，心绪郁闷，室中徘徊者久之。核改信稿廿余件。申正核科房批稿各簿。傍夕小睡。夜阅《古文·哀祭类》。二更后，与纪泽久谈。四点睡。

廿九日

早饭后清理文件。坐见之客三次，立见者二次。阅《经世文编》中《畿辅差徭》数篇。小睡片刻。巳正二刻阅《扬雄传》上。黎莼斋等自京来，久谈。中饭后阅本日文件，写何子贞信数行，未毕。惠甫来诊脉，久谈。申正核科房批稿各簿。傍夕小睡。夜将《古文·哀祭类》温毕。阅《近思录》首卷《道体》四十八页。二更后课儿背书。四点睡。

九 月

初一日

早饭后清理文件。立见之客一次,坐见者二次,又京官来见者一次。内人病势加重,屡次存问。小睡片刻。午初阅《汉书·扬雄传》下,阅《儒林传》六页。中饭后阅本日文件,将何子贞信写毕,添写李筱泉信二页。申正核批稿各簿。酉刻剃头一次。夜阅《近思录》第二卷四十二页,添写王睡莲信一页。二更后,课儿背书。四点睡。

初二日

早饭后清理文件。坐见之客三次,立见者一次,薛季怀、黎莼斋等谈甚久。坐堂审案十二件。小睡片刻。阅《汉书·儒林传》毕。中饭后阅本日文件,写树堂信一封。申正核批稿各簿。贺麓樵来一谈。傍夕小睡。夜,阅放翁七绝,恬吟而密咏之。二更后,课儿背书。阅《近思录》第二卷廿页,毕。二更四点睡。

初三日

早饭后清理文件。坐见之客四次,立见者一次,钱调甫谈最久。至内箭道阅箭三员。小睡片刻。内人病势增重,常入存问。阅《汉书》《循吏传》、《酷吏传》,未毕,凡廿五页。中饭后阅本日文件。旋写澄、沅二弟信一件,叶亭甥信一件。申正核批稿各簿。傍夕与幕客等一谈。夜阅《近思录》第五卷毕,又阅第三卷毕。看得草草,不甚仔细。二更四点睡。

附 记

优:王养寿　　王茂壎　　朱锡庆

劣：徐本衡　　李传馨南四　　郑衍恒北三，徐之亲

蔡铎前署南八下汛把总，又署南岸千总，现署北岸协备。善于钻营

初四日

早饭后清理文件。坐见之客三次，立见者一次，谈俱甚久。将作《湘乡县昭忠祠记》，小睡片刻，午初起，久不下笔。中饭后阅本日文件。心绪郁闷，围棋二局。申正核批稿各簿，天气日短，稿未毕已暝黑矣。傍夕见客一次。小睡。夜作《昭忠祠记》约五百字。二更后，课儿背书。四点睡。内人病势增重，通夕不寐。

初五日

早饭后清理文件。坐见之客三次，司道谈甚久。折差回，阅京信、京报等件。巳正小睡。午初，坐见之客一次。将作《昭忠祠记》而不果。中饭后阅本日文件，阅新买之《击壤集》、《白沙集》，添黄晓岱信一页。申正核科房批稿簿。傍夕小睡。夜作《昭中祠》百余字，甚不称意。二更后，课儿背书。四点睡。日内因内人病重，心绪郁闷。

初六日

早饭后清理文件。坐见之客三次，立见者一次，江良臣谈甚久。旋作《昭忠祠记》数行。小睡片刻。午刻又作《祠记》。中饭后阅本日文件。是日发折差折、片八件。旋又作《祠记》。林方伯之望来久谈。核科房批稿簿，未毕。傍夕小睡。夜将批稿簿核毕。旋将《昭忠祠记》作毕，约千余字。二更后，课儿背书。四点睡。

初七日

早饭后清理文件。坐见之客三次。坐堂审案十二件。小睡片刻。午初将昨日所作记文沉吟删改。出门拜客一次。中饭后阅本日文件，将记文再一删改。阅《邵子诗集》。申正核科房批稿簿，暝时毕。夜核改信稿二件。二更后，与纪泽一谈，课纪鸿背书。阅《近思录》第四卷，未毕。四点睡。

附　记

永定河折　　练军章程　　盐务折

初八日

早饭后清理文件。坐见之客三次。小睡片刻。巳刻，陈作梅来久谈。午刻坐见之客一次。核改信稿十余件。中饭后阅本日文件。将金陵《两汉书》应行分送者，开一清单寄南。申正，核批稿簿，未毕。傍夕小睡。夜将稿核毕。二更后与纪泽一谈。旋温《古文·识度之属》。四点睡。内人病势日重，竟夕呻吟，深为焦灼。

初九日

早饭后清理文件。坐见之客一次。将核改练军章程而不果。阅《击壤集》。小睡片刻。巳正阅《汉书·酷吏传》毕，阅《货殖传》，共廿页。中饭后，钱调甫、蒋养吾先后来久坐。阅本日文件。申刻核批稿各簿。酉刻，张振轩等来久坐。夜阅《近思录》两卷。二更后，课儿背书。三点睡。

初十日

早饭后清理文件。坐见之客二次，立见者一次。阅《击壤集》。小睡片刻。巳正二刻阅《汉书·货殖传》毕，《游侠传》、《佞幸传》未毕，共廿五页。中饭后阅本日文件，阅《击壤集》。见客一次。申正核批稿各簿。傍夕小睡。夜阅《近思录》一卷余，眼蒙殊甚。二更后，课儿背书。温《孟子》《公孙丑下》、《腾文公上》。四点睡。

十一日

早饭后清理文件。立见之客二次。因内人病重，而官事如练兵、治河，俱难着手，在室中徘徊久之。旋小睡片刻。巳正阅《佞幸传》毕，阅《匈奴传》，共廿六页。中饭后阅本日文件，阅练军卷，将另立章程而不果。李佛生来一谈。核科房批稿簿，未毕，灯后核毕。傍夕，与邓良甫一谈。夜改练军章程至二更四点，未毕。睡。四更后醒，不复成寐。

十二日

早饭后清理文件。旋将练军章程再一核改。巳初小睡。巳正，贺麓樵、黄静轩来一坐。午初，陈作梅来一坐。阅《匈奴传》仅三页。中饭后阅本日文件。

赵惠甫、薛叔耘来久坐。申正核批稿各簿。傍夕小睡。内人病重，甚为焦灼。夜，将练军章程核改粗毕。二更后，课儿背书。旋温《古文·气势之属》。四点睡。

十三日

早饭后清理文件。坐见之客二次。丁乐山谈甚久。坐堂审案十二件。小睡片刻。巳正阅《汉书·匈奴传》十七页。中饭后阅本日文件。旋借阅《楞严经》，竟不能入，又阅《邵子诗集》。申正见客一次，谈甚久。核科房批稿簿，未毕，夜间核毕。又核练军章程，毕。二更后阅放翁七律，阅《近思录》末二卷毕。四点睡。内人病日沉，焦虑之至。

十四日

早饭后清理文件。坐见之客二次，钱调甫谈甚久。小睡片刻。张振轩来坐颇久。巳正二刻阅《匈奴传》十二页。中饭后阅本日文件，核改信稿十余件，又改复莫子偲信。申正核批稿各簿。傍夕小睡。夜将作永定河折稿，沉吟久之，尚未下笔。核初八日呈词批。二更后，课儿背书。温《古文·论著类》。四点睡。

十五日

早饭后清理文件。是日止院不见各客，惟饶阳绅士五人来见一次。旋门出拜客，至钱调甫、史绳之两处一谈。归，阅《匈奴传》毕，凡廿一页。中饭后阅本日文件，又一阅《匈奴传》。申正核科房批稿簿，未毕。傍夕小睡。夜将批稿簿核毕，核改永字河办工折稿。二更后，课儿背书。又改折稿，未毕。四点睡。昨日接沅弟及纪瑞侄信，知瑞侄、官侄俱取一等，瑞兼取古学官，可补廪，纪湘侄进学本房，厚七亦进学，深为欣慰。本日又接欧阳牧云信，请余作墓志铭，寄到节略也。

附　记

派员办洋务

十六日

早饭后清理文件。坐见之客三次，立见者一次。小睡片刻。巳刻二刻写对联七付。巳末阅《西南夷南越王传》十八页。中饭后阅本日文件。惠甫来一谈。添写莫子偲信二页。张振轩、费幼亭来久谈。核批稿各簿。傍夕小睡。夜作永定河折稿、片稿。二更后，课儿背书。又作片稿，共作千三四百字，未毕。四点睡。微觉用心太过，不甚成寐。

十七日

早饭后清理文件。坐见之客一次，将昨夜永定河片稿改毕。小睡片刻。巳初写对联八付，巳正二付。阅《汉书》《东越朝鲜传》、《西域传》，共阅廿页。中饭后阅本日文件。旋翻阅白乐天、欧阳公两家诗。申正核批稿各簿。傍夕至幕府一谈。夜核改信稿一件。旋温《古文·气势之属》。二更后，课儿背书。与纪泽一谈。又温古文数首。四点睡。

十八日

早饭后清理文件。坐见之客二次，立见者二次。在室中徘徊良久。午初阅《汉书·西域传》十三页。中饭后阅本日文件。坐见之客二次，作梅谈甚久。申正核批稿各簿，未毕。傍夕小睡。夜核稿簿毕，核改应发折片各件，阅韩、欧二家碑志文。二更四点睡。是日内人病重。余回忆生平，愆尤丛集，悔不胜悔。而精力疲惫，自问更无晚盖之方，焦灼无已。

十九日

早饭后清理文件。坐见之客一次，立见者二次。坐堂审案十二件。又坐见之客一次。将作唐镜海先生墓志，久不下笔。因近日每悔往事，乃作一联，云："莫苦悔已往愆尤，但求此日行为无惭神鬼；休预怕后来灾祸，只要暮年心气感召祥和。"午初小睡。中饭后阅本日文件。坐见之客一次。将作墓志而不克下笔，在室中徘徊久之。申正核批稿各簿，未毕。晡时小睡。夜核批稿簿毕。将作墓志而仍未下笔。二更后，课儿背书。四点睡。

廿日

早饭后清理文件。坐见之客六次，已巳正矣。旋写对联四付、扁一方。午初核改信稿二件。小睡片刻。中饭后阅本日文件，拟作墓志而不果，改信稿二件，申正核科房批稿簿毕，对明日应发折件。李佛生来一谈。夜作唐公墓志约三百余字。二更后，课儿背书。四点睡。

廿一日

早饭后清理文件。坐见之客一次，立见者一次。写曹镜初信二页。巳初，法国主教白振铎来见，一谈。又坐见之客一次。午初小睡。作墓志数行。中饭后，阅本日文件，翻阅《理学宗传》，作墓志数行。申正核批稿各簿。傍夕至幕府一谈。夜又作墓志。是日共作五六百字。二更后，课儿背书。四点睡。

廿二日

早饭后清理文件。坐见之客三次。略阅《理学宗传》。小睡片刻。午初作墓志数行。中饭后阅本日文件，又作墓志数行，核科房批稿各簿。傍夕小睡。夜作铭辞，二更三点作毕，复视无一是处，乃知吾昔年自诡为知文而曾不一动笔为之，全不可恃也。天下事知得十分，不如行得七分，非阅历何由大明哉。四点睡。是日家中寄到《罗山全集》，略一翻阅。

廿三日

早饭后清理文件。坐见之客三次。翻阅《罗山全集》。小睡片刻。午初，欲改昨日所作墓志而不果。中饭后阅本日文件，阅《罗山全集》。稍改昨所作墓志，大局平庸，虽改字句亦无益耳。申刻，唐世兄来久谈，即确慎公子之也。旋核本日批稿各簿。傍夕小睡。夜核十八日呈状批。二更后，温《古文·情韵之属》。四点睡。

廿四日

早饭后清理文件。坐见之客二次，立见者三次。又阅《罗山集》写对联六付。午初阅《汉书·西域传》毕，计十七页。中饭后阅本日文件。旋坐见之客二次，谈均久。申正核科房批稿簿，未毕。傍夕小睡。夜核批稿毕，将长芦盐务部议考校一番。二更后，课儿背书。温《孟子》，朗诵至《公孙丑下》止。四点睡。内人病势日重，殊以为虑。

廿五日

早饭后清理文件。坐见之客三次，立见者二次。倦甚，小睡。午初阅《汉书·外戚传》卅三页,未毕。中饭后阅本日文件,阅《罗山集》中《人极衍义》。小睡。申刻,陈小帆来久谈。核科房批稿簿。未毕,灯后核毕。阅王荆石刻本韩文。二更后,与儿子谈处逆境之道。惟《西铭》"无所逃而待烹,申生其恭也,勇于从而顺全者伯奇也"等句,最为亲切。再阅韩文数首。四点睡。不甚成寐。

廿六日

早饭后清理文件。立见之客一次,坐见者一次。添彭雪琴信二页。巳初写对联五付。巳正阅《汉书·外戚传》毕,计廿一页。中饭后阅本日文件,核信稿十余件。申正核批稿各簿。傍夕小睡。夜阅《理学宗传》程、邵、朱、陆各家。二更后,课儿背书。旋温《论语·颜渊第十二》,至《卫灵公》止。四点睡。

廿七日

早饭后清理文件。坐见之客一次,立见者二次。至箭道考验一员。旋写《无慢室日记》。巳正二刻阅《汉书》《元后传》、《王莽传》十页,凡廿九页。中饭后阅本日文件。小睡片刻。核信稿一件。申正核批稿各簿。傍夕小睡。夜,添吴竹如信二页,阅《姚姬传文集》廿余页。二更后,课儿背书。阅《理学宗传》中董江都、王仲淹诸家。四点睡。

廿八日

早饭后清理文件。坐见之客三次,立见者二次。旋写《无慢室日记》。午初阅《王莽传》廿六页。中饭后阅本日文件。小睡片刻。核改信稿一件,约改四百字。申正剃头一次。傍夕小睡。夜核批稿各簿。二更后阅姚春木所选《国朝文录》。四点睡。内人病重,殊为焦灼。

廿九日

早饭后清理文件。坐见之客二次。旋坐堂审案十二起。巳正写《无慢室日记》。午初坐见之客一次。阅《王莽传》十一页。中饭后阅本日文件。赵惠甫来一谈。阅姚春木《国朝文录》。申正核批稿各簿。傍夕至幕府一谈。夜阅《国朝文录》。旋温所抄《诗经》八十篇。二更后课儿背书,温《诗经》数十篇。四点睡。

卅日

早饭后清理文件。坐见之客四次，李勉林谈甚久。添孙琴西、庞省三信各二页。午刻坐见之客一次。阅《王莽传》十一页。中饭后，陈作梅来一谈。阅本日文件。小睡片刻。又坐见之客一次。核批稿簿，未毕。因内人病重，焦虑殊甚。傍夕小睡。夜将批稿核毕，核廿三日呈状批，阅《国朝文录》数首。旋温《书经》《尧典》、《舜典》。二更后课儿背书，四点睡。

十 月

初一日

是日止院谢客。早饭后清理文件。旋写澄、沅两弟信。近日因等候湖南折差，久不写信矣。旋阅《国朝文录》。巳正二刻阅《王莽传》廿八页。中饭后，见客一次。阅本日文件。倦甚，小睡。申正，核批稿各簿，未毕。傍夕小睡。夜，将批稿簿核毕，阅《国朝文录》。二更后，课儿背书。又阅《国朝文录》。四点睡。

初二日

早饭后清理文件。旋坐见之客二次，立见者一次，许缘仲谈最久。阅《国朝文录》数篇。巳正二刻阅《汉书·王莽传》十九页。中饭后阅本日文件。旋阅《国朝文录》中朱梅崖文数首。小睡片刻。申正核科房批稿各簿。傍夕小睡。夜，阅罗忠节公《人极衍义》一遍。旋温《孟子》，自"墨者夷之"章至"至于禹而德衰"章止。恬吟密咏，微有所得。二更后，课儿背书。四点睡。

初三日

早饭后清理文件。旋坐见之客二次，立见者三次，陈小蕃谈最久。至内箭道考试二员。阅《国朝文录》。巳正二刻阅《王莽传》毕。将王怀祖《杂志》一对。中饭后阅本日文件，阅《国朝文录》。申正核批稿各簿，傍夕毕。夜，又阅《国朝文录》志铭、传志二类。二更后，温韩文十余首。四点睡。

初四日

早饭后清理文件。坐见之客三次，立见者一次。旋坐堂审案十二件。午后，拟作《罗忠节公神道碑》，将其《年谱》又阅一遍。中饭后阅本日文件。旋又阅忠节公所著《人极衍义》等书。申正核批稿各簿。傍夕小睡。夜又阅忠节公所著《读孟子札记》，欲作碑而讫未下笔。四点睡。内人病重，竟夜咳嗽，余亦竟夕不寐。

初五日

早饭后清理文件。坐见之客三次，立见者一次。旋写扁一方、对五付。又坐见之客一次。阅倭艮峰道光廿七年日记。将作罗忠节碑文而不果。中饭后阅本日文件。坐见之客二次。申刻核批稿各簿。傍夕小睡。夜，坐见之客一次。旋作罗公碑二百余字。二更四点睡。

初六日

早饭后清理文件。坐见之客五次，客散已午初矣。作碑文仅一二行。中饭后阅本日文件。旋写澄、沅两弟信，因折差过此也。见客一次。申正核批稿各簿。傍夕，作碑文二三行。夜作碑文数行。是日共作三百余字。夜添澄、沅两弟信一页。二更后，课儿背书。四点睡。内人病重，本日头上肿一大包，医云风火也。

初七日

早饭后清理文件。立见之客一次，坐见者二次。旋作碑文数行。中饭后阅本日文件。坐见之客二次，作梅谈颇久。申正核批稿各簿。作碑文数行，夜又作数行，是日共作五百字。二更后，课儿背书。作碑至五点方睡。

初八日

早饭后清理文件。坐见之客四次，立见者二次。江良臣谈颇多。午刻，又坐见之客一次。作碑文数行。中饭后阅本日文件。陈小帆来久谈。旋核科房批稿簿，未毕。傍夕小睡。夜作碑文铭辞至二更四点毕，约一千三百字。睡，不甚成寐。

附记

复吴信　　上告呈批　　清盐卷带
欧阳状带　马队章带

初九日

早间,以恭遇先大夫八十冥诞,率儿辈行三跪九叩礼。饭后,坐见之客三次,立见者一次。清理文件。坐堂审案十二件。又坐见之客二次,黄静轩坐甚久。中饭后阅本日文件。坐见之客二次。吴挚甫自京归,与谈甚久。核科房批稿簿。傍夕至幕府一谈。夜将批稿簿核毕,核信稿一件,核呈辞批阅《国朝文录》。料理琐事,明日将出门也。二更后,课儿背书。四更睡。

初十日

五更三点起,至万寿宫朝贺慈禧皇太后寿辰。归署,早饭后,坐见之客二次。家人因余今日出门,为余预祝明日生日。旋料理起行。至北关外,司道等送行,小坐。午正二刻至安肃县中饭。饭后又行卅里,至固城镇住宿。坐见之客二次。是日在轿中阅《畿辅水利》初案、二案、三案。夜将初案、二案酌加题识。二更三点睡。不甚成寐。

十一日

是日为余五十九生日,自嗟老大无所成就。早饭后行卅里,北河打尖。清理文件,将《畿辅水利》三案酌加题识。中饭后行四十里,至新城县住宿。在轿中看《水利》四案。夜将四案酌加题识,未毕。申正,见客一次。二更三点睡。

十二日

早饭后,行四十里,至新立庄打尖。清理文件,将《水利》四案酌加题识。尖后,行十余里,至彭村打一茶尖。又行廿五里,至固安县住宿。是日午前在轿阅《水利》四案。午后阅《水利附录》。申正后见客二次,黄子寿自湖南来。在此久谈。夜至子寿店内晤谈。写纪泽信一件。闻永定河合龙而未闭气,甚为悬系。将衙门包封公事略为料理。二更三点睡。

十三日

早饭后清理文件。因北四下泛合龙后,未经闭气,心为悬系,在固安听信。料理封折、发折等事。阅吴彤云所刻《福建票盐志略》。午初中饭。饭后,出门至北四下汛,行至中途,闻本日巳刻已闭气矣。至石佛寺渡河北岸,旋至合龙处,所见工程尚属认真。到处审视。旋至工次附近五里许之曹各庄住宿。坐见之客二次。夜将署中包封公事粗了，写纪泽信一封。旋拟作盐务复奏折，仅作数行。二更四点睡。

附记

再给九百金　　徐于抢险项下省三千九百
存报销费一千　赏项六百金省二百
蒋南上存款九千金，此次又有存款
李柯可署缺

十四日

早饭后，由曹各庄起行，至北下四合龙处所再一细看。旋过河，由南岸行走，顺引河而下，看中泓新挖之处，即折中所称张家坟一带中洪也。原河极为弯曲，今皆挖为直河，约廿里许。沿河验看至午初，在南五工十四号汛署内打尖。坐见之客二次。清理文件。中饭后起行，顺道看南六头号、八号裁弯工。行卅七里，至小惠庄宿。是日共行七十里许，看中泓引河各工尚属可靠。傍夕小睡。夜，蒋养吾来久坐。又坐见之客一次。作盐务折三条。二更三点睡。三更末早醒。竟夜小雨渐沥。暮年旅夜听雨，凄清甚难为怀。

十五日

早间，雨雪不止。蒋道春元力阻本日不宜看工，遂在小惠庄停住一日。早饭后清理文件。见客二次，谈甚久。作盐务折二条。中饭后至南七大坝看工。酉初后回小惠庄住宿。剃头一次。夜写儿子信一件。核衙门包封文件。又改盐务折三条。二更四点睡。

十六日

五更二点起。饭后起行，行六里许始天明。在南七六号看坑塘，即前此之废河，昨日所看新大坝之后身也。又行十余里，至龙王庙拈香行礼。又行十余里，至南七廿七号看新改挖之河，亦截湾取直之工也。巳正至陶河打尖，凡行五十里。见客二次。尖后又行四十里，至双口宿。天津县境地。本拟看窦店窑等处工程，因被水所隔，不得去。运司及道府等来双口迎接。见客，坐见者四次。出门看永定河入凤河汇流之处。夜又见客一次，写纪泽信一件，核署中包封文件。改盐务折一条，此折作毕。二更四点睡。

十七日

未明起。早饭后，黎明登舟。顺永定河而下，行十余里，与大清河相汇。崇地山侍郎厚来舟次迎接，与之久谈。至船头同看与北运河相汇，旋又与子牙河相汇，入天津之圩围。又与客入舱一坐。旋至望海楼，与南运河相汇，两河同向北流，名曰海河。入海河四箭许登岸，先拜崇侍郎，久谈。旋至公馆，已未初矣。中饭后，坐见之客七次，疲甚，小睡。夜饭后，写钱调甫信一件、纪泽等信一件，阅《回澜纪要》，将盐务折再一核改。二更四点睡。

十八日

黎明起。早饭后见客，坐见者三次，立见者五次。巳正出门拜客，拜会者四家，亲拜者五家。旋至盐关看过掣之处，又至盐坨看改捆之处。午正三刻，至崇地山处赴宴，陪客为德荫，号景融，前奉天府府尹。酉初散归。坐见之客一次，立见者一次。灯后，将盐务折稿再改数行，阅《古文辞类纂》。二更四点睡。夜写纪泽信一件，核包封稿。

十九日

早饭后，至南门外看操。洋枪洋炮队千五百余人，甚为整齐。又天津镇标步队七百余人，马队三百余人，共二千六百余人。巳正操毕。回寓，立见之客一次，坐见者一次。阅《回澜纪要》。中饭后，坐见之客五次。出门至崇侍郎处辞行。归，夜饭后，坐见之客二次。看本日包封公事，写纪泽信一件。二更后，温《古文辞类纂》。四点睡。

廿日

早饭后，黎明，自天津起行回省。出城，出圩之北关，崇侍郎在西沽送。行廿里许，司道府县在琉璃口送，即在该处渡大清河也。又行四十里许，至王庆坨打尖，系武清境。坐见之客二次。中饭后，未初起行。行五十里，至信安镇住宿，系永清及霸州管辖。共行一百一十里。在轿中拟作《欧阳福田先生墓志铭》而不果。温《古文辞类纂》十余首。夜写两日日记，将作墓志，沉吟久之，未能下笔。二更三点睡。

廿一日

早饭后，黎明起行，行五十里至霸州打尖，坐见之客一次。午刻，又行四十里至孔家马头住宿。在轿中阅《古文辞类纂》。申正写纪泽信，料理包封文件。小睡片刻。夜作《欧阳福田先生墓志》三百余字。二更四点睡。

廿二日

早饭后，黎明起行。行卅五里至白沟河打尖，容城所辖地也。午初，中饭后又起行。行卅里至容城县住宿。进城拜谒杨椒山、孙夏峰两处祠堂。旋至南门公馆，仅未正耳。在轿中思作墓志而不果，下半天将墓志作毕。夜作墓辞十余句，未毕。二更三点睡。

附 记

查灾歉赈济事例　　　　定盐折
合龙折　　　　　　　　写各府信，令出密考

廿三日

早饭后，黎明起行。行四十里至安肃县打尖。首府县及中军在此迎候。饭后，午初又起行，行五十里至省。在途次拟作铭辞，久不能就。申初至城，司道在北关外迎接，一谈。入署后，见幕府诸人。申正，倦甚，小睡。旋至西、东两幕府一谈。夜，因有人送《苏诗集成》，翻阅良久。二更后，将盐务折再一核改。旋将《欧阳福田先生墓志铭》作毕。四点睡。

廿四日

早饭后清理文件。坐见之客八次，中如方存之、吕廷芷坐均甚久，不能复作他事矣。中饭后阅本日文件。又坐见之客一次。李佛生来谈甚久。傍夕，请黎竹龄为余诊脉。夜核批稿各簿，二更后毕。旋温《古文辞类纂》数首。四点睡。

廿五日

早饭后清理文件。坐见之客五次，立见者一次，如司道及向光浚等谈均甚久。旋将各属班车札府稿一核。中饭后阅本日文件，阅《四库书简明目录》。幕友二人来一谈。小睡片刻。见客一次。申正核科房批稿簿，未毕。傍夕小睡。夜将批稿簿核毕，核班车札府稿。二更后，课儿背书。温《古文·识度之属》。二更四点睡。

廿六日

早饭后清理文件。坐见之客四次，立见者一次。再将班车札稿一核，未毕。中饭后阅本日文件。出门拜李铁梅山长，久谈。归，申正核批稿各簿，傍夕粗毕。夜再核班车稿，未毕。温《诗经》《节南山》至《巧言》八篇，翻阅注疏。二更四点睡。黎竹舲言内人脉息大有起色，而病症却未见退，殊以为忧。

廿七日

早饭后清理文件。见客二次，谈均甚久。又立见之客一次。将班车札稿核毕，核信稿十余件，核傅梅村信，约改三百字。中饭后阅本日文件，写《无慢室日记》。申正核批稿各簿，未毕。傍夕小睡。夜再核批稿簿。温《书经》《夏书》《商书》，《禹贡》起，至《微子》止。二更后，课儿子背书。四点睡。四更末醒。

廿八日

早饭后清理文件，写《无慢室日记》。坐见之客三次，立见者二次。巳正二刻阅《汉书·叙传》，至申刻毕，凡五十二页。中饭后阅本日文件。坐见之客二次。核班车札稿，核信稿。申正核科房批稿各簿。傍夕，至黎竹舲房中一谈。夜核信、札稿等件，阅《理学宗传》中罗念庵、王阳明两卷。旋阅杜诗五古。古人妙处，只是造句之法变幻无穷，故终身无一复句，犹之《毛诗》无相袭之调也。昔尝以作古文宜用杜诗造句之法，近来久未温习及此矣。二更四点睡。

廿九日

早饭后清理文件，写《无慢室日记》。坐见之客三次。旋坐堂审案十二件。午初见客一次。阅《汉书·表》二篇，未毕。中饭后阅本日文件。倦甚，小睡片刻。旋核对各折，明日将拜发。申刻核批稿各簿。傍夕小睡。夜将批稿核毕。写澄、沅两弟信，又料理明日应发折件。二更后，课儿背书。温《古文·论著类》。四点睡。四更末醒。

十一月

初一日

早饭后清理文件。是日止院谢绝诸客。写《无慢室日记》,直至巳正始毕。旋阅《汉书·表》三卷。中饭后阅本日文件。坐见之客一次。申正料理发折,凡折片十二件。核科房批稿各簿。傍夕,马介樵来一谈。夜温《古文》气势之属、识度之属。二更五点睡。

初二日

纪泽卅一岁生日,衣冠来叩。日月易迈,儿壮而余老矣。早饭后清理文件。见客,坐见者三次,立见者一次。写《无慢室日记》。巳正二刻阅《汉书·表》二卷。方存之来久谈。中饭后阅本日文件。坐见之客一次。申正核批稿各簿。傍夕小睡。夜阅《周易传义音训》。二更后温《万章》下、《告子》上、下三篇,课儿背书。五点睡。

初三日

是日恭逢先妣江太夫人八十五岁冥诞,率儿辈行礼。未定礼节,仅三跪九叩而已。早饭后清理文件,写《无慢室日记》。巳刻,坐见之客二次。午刻阅《汉书·百官公卿表》。中饭后阅本日文件。又坐见之客二次。邸中有四川查办各件,阅之良久。天气甚短,未治一事已瞑矣。内人病重,深为焦虑。夜核批稿各簿。旋温韩文廿余篇。二更五点睡。

初四日

早饭后清理文件。出门至城外,阅铭军操演,自辰正起,至巳正三刻阅毕。

至彭楚汉、史济源两练军营内一阅。旋至丁乐山寿昌营内,渠留吃便中饭。饭毕,未初进城,至栖流所一阅。每十人共屋一间,屋宽方丈,实不足以容也。归,阅本日文件。坐见之客一次。核科房批稿各簿。傍夕小睡。夜,新买京城书店各书,稍一翻阅,阅《张曲江集》,将《千秋金鉴录》阅一过。倦甚,二更四点睡。

初五日

早饭后清理文件。坐见之客二次,立见者二次。新买书有《宋元学案》,略一翻阅。拟作《王考星冈府君墓表》而不果为。中饭后阅本日文件。坐见之客三次,谈均久。核科房批稿簿,阅《宋元学案》。灯下又阅《宋元学案》至二更二点,课儿背书。三点后,略作《王考墓表》数行。五点睡。

初六日

早饭后清理文件,阅《宋元学案》。巳刻,李铁梅山长来久谈。因早饭呕吐,体中小有不适,阅《学案》时,渴睡殊甚。将作《墓表》而不果为。中饭后阅本日文件,添写马谷山信一页,又阅《宋元学案》。申正核科房批稿各簿。内人病重,殊为焦虑。夜作《星冈府君墓表》三百余字。二更后,课儿背书。五点睡。

初七日

早饭后清理文件。坐见之客三次,立见者四次。至内箭道阅马步射二名。阅《宋元学案》。将作《墓表》而久不能下笔。读《宋元学案》,遂至渴睡,几成寐矣。中饭后阅本日文件,未毕。蒋养吾、应敏斋先后来久谈。又立见之客一次。申正核科房批稿各簿。傍夕核廿八日呈词批。夜作《墓表》二百余字,皆叙常事,阅之无一字当意者。二更后,课儿背书。五点睡。

初八日

早饭后清理文件。旋坐见之客二次,立见者一次,方存之来久坐。吴彤云送所作《诗文集》。阅《宋元学案》中朱子一卷。坐堂审案十二件。中饭后阅本日文件,阅《吴彤云集》。李佛生来久坐。申正核科房批稿各簿,未毕,夜间阅核粗毕。作《星冈府君墓表》粗毕,竟无一字可用,愧汗无似。二更五点睡。

附 记

雨亭抄密考　　合龙止折
李柯换吴凤标　　盐务减科则折
复奏史司折

初九日

早饭后清理文件。立见之客一次。阅《宋元学案》。巳正二刻阅《汉书·律历志》。中饭后阅本日文件。坐见之客二次。申末阅核科房批稿簿，未毕。傍夕小睡。夜核批稿簿毕。温《古文·气势之属》、《史记》数首，朗诵不能成声，中气不足也。二更后，课儿背书。五点睡。

初十日

早饭后清理文件。坐见之客二次，立见者二次。写《无慢室日记》。午刻阅《汉书·律历志》，全无所解，忽涉猎而已。中饭后阅本日文件。宝名堂书店送书二车来，余略为翻阅。本日请李佛生、吴挚甫等一看。会客一次，谈甚久。核科房批稿各簿，未毕，夜间核毕。将作盐务减科则折，至二更五点未毕，睡。

十一日

早饭将毕，呕吐特甚，良久乃稍平复。清理文件。不愿治事。阅《朱文正公年谱》。午初阅《汉书·礼乐志》，中饭后毕。阅本日文件。疲倦殊甚。阅户部则例中蠲恤事宜。申正核批稿各簿。傍夕小睡。夜改盐务减科则折，二更五点毕。即睡。

十二日

早饭后清理文件。坐见之客二次，立见者一次。改批一件，约三百余字。改信稿一件，约百余字。阅《汉书·刑法志》，未毕。中饭后，黄静晅来久谈。又坐见之客一次。阅本日文件。申正核批稿各簿。傍夕小睡。夜改折稿二件。二更后，课儿背书。温《古文·辞赋类》。灯初，添写钱调甫信二页。五点睡。

十三日

早饭后清理文件。坐见之客二次。乐亭县举人史梦兰学问淹博，来谈甚久。

旋考验武职弓马一员。写《无慢室日记》。午初阅《汉书·刑法志》毕，阅《食货志》数页。中饭后阅本日文件。坐见之客一次。倦甚，眼蒙，小睡片刻。剃头一次。天气奇短，已将黑矣。傍夕小睡。夜核本日批稿各簿，作折稿一件，约三百字，改信稿一件。二更后阅杜、韩五言古诗。五点睡。偶作韵语以自箴，云："心术之罪，上与天通。补救无术，日暮道穷。省躬痛改，顺命勇从。成汤之祷，申生之恭。资质之陋，众所指视。翘然自异，胡不知耻。记纂遗忘，歌泣文史。且愤且乐，死而后已。"

十四日

早饭后清理文件。坐见之客四次。写《无慢室日记》约四百字，阅《汉书·食货志》数页。陈作梅来一坐。中饭后阅本日文件。坐见之客二次。李勉林来久坐。接澄、沅两弟信，澄劝送眷回籍，沅拟以晚女许聂家，皆有肫切顾恤之意。久宦于外，疾病相寻，如舟行海中不得停泊，惟兄弟骨肉至亲能亮之也。料理日内发折事件。夜核科房批稿各簿。二更后温《古文·识度之属》。五点睡。

十五日

早饭后清理文件。是日止院谢绝诸客。将宝名堂送来之书审量一番，分别或买或否。写李雨亭信二页。陈作梅、方存之先后来谈。写《无慢室日记》。午正，请游子岱、方存之等便饭，申初散。阅本日文件，阅《梅伯言文集》，其子新送来者。坐见之客一次。傍夕小睡。夜，坐见之客一次。核科房批稿各簿。二更后，课儿背书。温《古文辞类纂·序跋类》。五点睡。内人病势日增，殊为焦灼。

十六日

早饭后清理文件。坐见之客一次，立见者一次。出门至城外阅中军所统保定练军两营操演，午初始毕。祝爽亭来久坐。中饭后阅本日文件。旋写扁一方、对三付，改信稿一件，核科房批稿簿，未毕。傍夕至幕府一谈。夜核批稿簿毕，核信稿一件。二更后，课儿背书。温《古文·奏议类》。五点睡。

十七日

早饭后清理文件。坐见之客三次，谈甚久，立见者一次。阅《梅伯言文集》。午刻，坐见之客一次。阅《汉书·食货志》十五页。中饭后阅本日文件。眼蒙殊甚，小睡片刻。将明日应发折件校对一过。申正核批稿各簿，未毕。傍夕，与黎竹林一谈。夜将批稿簿核毕，阅《梅伯言文集》，温《古文·碑志类》。二更五点睡。

十八日

早饭后，阅宝名堂送来之书，分别应买、应退。旋清理文件。坐见之客三次，立见者一次。阅《朱子全书》。坐堂审案十二件。午刻，坐见之客一次。中饭后阅本日文件，添写倭中堂信二页。吴挚甫来一谈，又坐见之客一次。核科房批稿各簿，未毕。傍夕小睡。夜核各簿，毕。又将各书料理应买与否。旋阅《李二曲集》中《悔过自新说》、《学髓》等，皆将买之书也。二更后，温《论语》自《述而》至《宪问》。五点睡。

附记　史梦兰所述

王立柱抚宁秀才　　　　　　崔宝昌黎举人
张□□乐亭举人，跋全史宫词　　阚润章乐亭廪生，云甫所称

十九日

早饭后清理文件。坐见之客三次，立见者一次。料理发折事件。阅《渔洋精华录》，以新买书中有此一种也。眼蒙特甚，似因前二夜吃酒之故，不能治事，小睡片刻。中饭后阅本日文件。李佛生来一坐。阅《渔洋诗》。眼蒙，小睡。申正核科房批稿簿，未毕，夜间核毕。拟将五月所作《金陵官绅昭忠词记》大为删改，遍寻原稿不可得，因思另作一首。将杜小舫所作《江南大营纪事本末》又阅一遍，摘录要事，以便属文。二更五点睡。

廿日

是日冬至节。未明，至万寿宫率属行礼。归署后，辞谢众客不见。阅《王渔洋精华录》，眼蒙殊甚。巳正，见客一次。田敬堂之弟谈颇久。又摘录《江南大营纪事本末》，将作记而不果。中饭后阅本日文件。将上半年所作之记原稿寻出，将加修改。眼蒙不能治事。小睡片刻。申刻核科房批稿簿，瞑时毕。夜作《昭忠祠记》四百余字。二更五点睡。

廿一日

早饭后清理文件。坐见之客二次，司道谈甚久。看武员箭二名。阅《梅伯言集》，作《昭忠祠记》数行。中饭后阅本日文件。眼蒙殊甚。阅《姚惜抱集》。申正核批稿各簿，毕。夜作《昭忠祠记》二百余字，毕。首尾皆用五月原稿，余系添改。昔年本未能用功，老年心钝气耗，全不能入。二更后课儿背书。五点睡。

廿二日

早饭后清理文件。坐见之客一次，立见者一次。阅《姚惜抱集》。眼蒙，小睡片刻。巳正阅《户部则例》中兵饷、马干表。午刻阅《汉书》《食货志》、《郊祀志》廿五页。中饭后阅本日文件，阅安邱王筠篆友所著《说文释例》、《说文句读》二种，友人新送之书也。眼蒙，小睡。改信稿二件。申正，核科房批稿各簿，毕。夜将昨日所作记文又核一过。二更后课儿背书。温《古文·趣味之属》。五点睡。

附 记

赵永祥 游击
赵镜海 守备
均应参

廿三日

早饭后清理文件。坐见之客二次。眼蒙殊甚。阅《惜抱轩集》。陈作梅来一谈。午初阅《汉书·郊祀志》廿四页，至中饭后止。阅本日文件。眼蒙小睡。旋改信稿。申正核批稿各簿。傍夕至幕府一谈。夜将所作《昭忠祠记》、《罗忠节碑》再一核改。二更后温《古文·情韵》之属。五点睡。

廿四日

早饭后清理文件。见客，坐见者一次，立见者一次。阅《南雷文约》，阅《宋元学案》。午刻阅《汉书·郊祀志》毕。中饭后阅本日文件，将《宋元学案》目录抄写名字。费幼亭等查滹沱河归，久谈。核科房批稿簿，未毕。夜，张振轩等来久坐。将批稿簿核毕。二更后，课儿背书。温《古文·气势之属》。疲倦殊甚。二更五点睡。

廿五日

早饭后清理文件。见客，坐见者五次。司道谈甚久，王寿祺谈亦久。翻阅《宋元学案》。午刻阅《汉书·天文志》。中饭后阅本日文件。坐见之客二次。眼蒙殊甚，小睡片刻。申正核批稿簿，未毕。又小睡。夜将批稿阅毕。将六月所作《李忠武公碑铭》再一核订。二更后温《论语·卫灵公》至末，温《孟子·梁惠王》上、下篇。五点睡。

廿六日

早起，见雪将成寸，大为欢慰。是日下至巳正止，共厚二寸许。早饭后，坐见之客二次，立见者一次。旋看箭考验者三员。写《无慢室日记》。眼蒙殊甚。阅纪批苏诗十余页，因新买书中有此书也。午刻阅《汉书·天文志》十五页，未毕。中饭后阅本日文件。坐见之客二次。王霞轩寄来《王少鹤诗集》一部、《涵通楼文钞》一部，略一翻阅。核科房批稿簿，未毕，夜间核毕。又阅《涵通楼文钞》。二更后温《古文·趣味之属》。五点睡。

廿七日

早饭后，坐见之客二次。旋清理文件，写《无慢室日记》，阅《涵通楼文抄》。午刻阅《汉书》《天文志》、《五行志》廿五页。中饭后阅本日文件。坐见之客一次，谈颇久。小睡片刻。申正，核科房批稿簿，未毕。傍夕小睡。夜核批稿毕，又核呈辞批。二更后温《古文·情韵之属》，朗诵数十首。五点睡。

廿八日

早饭后清理文件。立见之客一次，坐见者二次，谈均久。写《无慢室日记》。江南寄到新刻刷之《两汉书》，翻阅良久。午刻阅《汉书·五行志》十八页。中饭后阅本日文件。眼蒙神疲。张式曾来久谈，皋文先生之孙，求作《茗柯文集序》者也。小睡片刻。核信稿一件，约改二百字。核科房批稿簿，未毕。傍夕小睡。夜核批稿簿毕。阅《茗柯文》数十首。二更后温《古文·气势之属》。五点睡。

廿九日

早饭后清理文件。坐见之客二次，立见者一次。写澄、沅两弟信，未毕。巳正坐堂审案十二件，午正毕。又写两弟信。中饭后阅本日文件。陈作梅来一谈。旋将两弟信写毕。核批稿各簿，未毕。傍夕小睡。夜将批稿各簿核毕。二更后，纪鸿儿初阅《仪礼》，与之一谈。旋温《古文·识度之属》。五点睡。

附 记

改文六首李、李、唐、湘、欧、星

作折三件滹沱、赈济、清讼

京信十八件

卅日

早饭后清理文件。两司来见，久谈。陕西两主考来见，一谈。又坐见之客二次，立见者一次。旋写《无慢室日记》。午刻阅《汉书·五行志》廿六页。中饭后阅本日文件，写扁四方。小睡片刻。申正核科房批稿各簿，未毕，灯后核毕。改《罗忠节碑铭》。二更后，鸿儿来谈《仪礼》。旋阅《惜抱轩文集》。五点睡。

十二月

初一日

早饭后清理文件。旋写《无慢室日记》。眼蒙殊甚。小睡片刻。午初阅《汉书·五行志》廿五页，中饭后始毕。午正，史绳之来一谈。中饭后，出城迎接库克吉泰，渠由西安将军新调热河都统也。归，阅本日文件。坐见之客一次。申刻，库仁龛都统来此久坐，吴挚甫来一坐。傍夕小睡。夜核科房批稿各簿。二更后，眼蒙，竟不能看书治事，即闭目静坐，默温下《论》。五点睡。

初二日

早饭后清理文件。坐见之客三次，立见者二次。阅《梅伯言集》。午刻，司道府来见，议获盗正法事。阅《汉书·五行志》十八页。中饭后阅本日文件。出门至城外拜库都统。久谈。归，坐见之客一次。库都统又来辞行。旋又坐见之客一次，立见者一次。傍夕，李佛生来一谈。夜饭后，核科房批稿各簿。二更后，与纪鸿略谈《仪礼》。旋将《罗忠节碑》再一修改。温韩文数首。五点睡。

初三日

早饭后清理文件。出门至城外送库都统，寄请圣安。归，坐见之客一次，立见者一次。写澄、沅两弟信。费、陈两道来一谈。中饭后，将两弟信写毕。阅本日文件。李勉林、黄静轩来久谈，薛叔耘来一谈。申正核科房批稿各簿。傍夕小睡。夜将批稿核毕，阅《学案》周子、大程子。旋将《李忠武公碑》核改。二更五点睡。是日将《宋元学案》目录写毕。

初四日

早饭后清理文件。坐见之客四次,立见者一次。阅《宋元学案》十余页,阅《汉书·五行志》廿四页。中饭后阅本日文件。坐见之客二次。又阅《汉书》《五行志》、《地理志》廿四页。核科房批稿簿,未毕。傍夕小睡。夜将批稿簿核毕。又阅《宋元学案》数页,核改《唐公墓志》。二更五点睡。

初五日

早饭后清理文件。坐见之客二次。巳正阅《汉书·沟洫志》。今年自六月初二日起,因《五礼通考》难看,改看《汉书》,至是看一遍始毕。中饭后阅本日文件。目光蒙甚,小睡。旋改信稿二件。贺麓樵来一谈,秦淡如来一谈。核科房批稿各簿,未毕。傍夕小睡。夜将批稿核毕,又核河工批一件,呈辞批数件。二更后,与纪鸿略讲《仪礼》。旋思改《唐公墓志铭》,良久而不能下笔改一字。五点睡。五更醒。自觉衰惫已甚,不能服官,亦不复能从事于学矣。

初六日

早饭后清理文件,将《真西山全集》略一翻阅,看《文章正宗》十余篇。立见之客二次,坐见者二次。午刻核信稿十余件。中饭后阅本日文件。眼蒙殊甚,小睡片刻。核科房批稿簿,未毕。内人病重,焦灼之至。与黎竹舲久坐。夜饭后将批稿核毕,阅《文章正宗》内之韦诗,因泛览《朱子全书》中之论文论诗。二更后,与儿子一谈。旋思改《唐公墓志》,久不能成,心如废井,汲之无水,愧恶何极!五点睡。

初七日

早饭后清理文件。坐见之客三次,立见者一次。巳正坐堂审案十二件。午初改信稿一件。中饭后阅本日文件。小睡片刻。又改信稿五件。坐见之客一次。核科房批稿簿,未毕。傍夕小睡。夜将批稿核毕,将《唐公墓志》略一核改。是日屡阅韦苏州诗。二更后又阅韦诗五古及欧公七古。五点睡。

附 记

王仁宝　　朱同保均王养寿所称

| 常善 | 恩泰 | 赵浚 |
| 侯国钧 | 邹裕龄 | 杨沛泽均张锡蕃所营 |

初八日

早饭后清理文件。见客，坐见者二次，立见者三次。因日来眼蒙特甚，小睡良久。午刻改信稿一件。中饭后阅本日文件。又因眼蒙久睡。申正核科房批稿簿，未毕。傍夕又小睡。夜将批稿簿核毕，翻阅《梅伯言文集》，核改《李勇毅公墓碑》，虽改数十字，大致庸冗如故。二更三点即睡。因眼蒙，不敢久坐也。

初九日

早饭后清理文件。坐见之客三次。巳正，坐堂审案十件，午初二刻毕。旋将王叔喆、王联廷之供再看一过。中饭后阅本日文件。因眼蒙，小睡颇久。申正核科房批稿各簿，未毕。傍夕又小睡。夜将批稿簿核毕，改《李勇毅碑铭》。二更后与纪鸿一谈。旋阅《中庸》上、《论》。疲困殊甚，三点即睡。

初十日

早饭后清理文件。坐见之客二次，衙门期也。旋写《无慢室日记》，阅《劝戒六录》，近人梁恭辰撰，皆录近时善恶祸福之报。中饭后阅本日文件。眼蒙小睡。改信稿三件。申正核科房批稿簿。傍夕至幕府一行。夜又核批稿。旋改滹沱河折稿，未毕。二更四点睡。

十一日

早饭后清理文件。旋坐见之客一次，立见者二次。陈荔秋所抄《赈荒要语》廿余页，细阅标识。写信与李勉林，令其摘取数条，为大、顺、广赈荒之用。旋又阅《劝戒六录》。中饭后阅本日文件。作梅来一谈。写对联六付。申正后核科房批稿簿。挚甫来一谈。傍夕小睡。夜核批稿各簿。眼蒙殊甚。二更后改滹沱河折稿。五点毕。即睡。

十二日

早饭后清理文件。巳正出门至莲花池，书院月课。归，小睡片刻。对折片各件，将以日内拜发。中饭后阅本日文件。李勉林来一坐。旋写对联八付。申正剃头一次。夜核科房批稿各簿。旋改所作《欧阳墓志》、《湘乡昭忠祠记》,至五点粗毕。即睡。

十三日

早饭后清理文件。旋坐见之客三次。巳正核科房批稿各簿。向于申正后始核,天黑未毕,故改于巳正核之。中饭后阅本日文件。坐见之客三次,史绳之谈甚久。写对联五付、扁一方。傍夕小睡。夜将《昭忠祠记》再一核改。眼蒙殊甚,闭目小坐。旋温《古文·序跋类》。二更四点睡。

十四日

早饭后清理文件。坐见之客三次,立见之客二次。是日派二弁进京,一递折,一送炭金。眼蒙殊甚,不能作事。午刻核科房批稿各簿。中饭后阅本日文件,阅《理学宗传》中朱子数页。眼蒙,久睡。坐见之客一次。湖北书局寄来各种书籍,翻阅良久。傍夕又小睡。夜阅湖北所刻之《经典释文》,又阅《牧令书》。二更五点睡。

十五日

早饭后清理文件。旋阅《牧令书》中之《筹荒》,是日共阅六十三页。午刻,坐见之客一次。核科房批稿各簿。中饭后阅本日文件。至城隍庙接水,行祈雪礼。傍夕至幕府一谈。夜阅《筹荒》条款,未毕。眼蒙殊甚,闭目小坐。旋温《古文·气势之属》。二更四点睡。

十六日

早饭后清理文件。至城隍庙求雪。归,坐见之客三次,立见者二次。阅《筹荒》条款,是日至夜,共阅四十三页。将《牧令书》中《筹荒》二卷阅毕。中饭后阅本日文件。眼蒙殊甚,核科房批稿各簿。小睡养目。夜温《古文·情韵之属》。二更后,月食初亏,行救护礼。二更五点食甚,行礼。三更三点还元,行礼。毕,入内睡。

十七日

早饭后,至城隍庙求雪。归,清理文件。见客,坐见者三次,立见者一次。

旋核科房批稿簿。午刻闭目少坐。中饭后阅本日文件。拟作南三府请赈恤折，久未下笔，将《会典事例》一阅。与邓良甫一谈。夜，改折稿约三百余字。二更后温《古文·趣味之属》。四点睡。

十八日

早饭后至城隍庙求雪。归，清理文件。见客。坐见者二次，立见者二次。旋核科房批稿簿。午刻闭目少坐。中饭后阅本日文件。贺麓樵来一谈。申刻，改折稿数行。傍夕小睡。夜将折稿作毕。二更后温韩文、韩诗。五点睡。是日接澄弟信，余家起造书房七间，而用钱至三千余串之多，彭芳六办事，实太荒唐，深可叹恨。吾乡人贵料贵，亦殊非安居乐业之地也。

十九日

早饭后清理文件。坐见之客一次。巳刻坐堂审案十二件。午刻，李勉林来一坐。核科房批稿簿。午正闭目小坐。中饭后阅本日文件，写郭意城信一封，约五百余字。拟改请普庆春祺折，久未下笔。申正至幕府久谈。口占一函，寄钱调甫。夜将改折，以此稿与十一月初一所发请蠲缓折稿一对，处处重复，且有矛盾之处，因逐条签出，请幕友另拟一稿，直至二更五点始行签毕，即睡。眼蒙殊甚，不堪再窃高位矣。

廿日

早饭后清理文件。坐见之客二次，司道谈颇久。旋核科房批稿簿，未毕。巳正至藩司卢午峰署内搬库，库存银六十万两有奇，余坐堂抽查五匦，共弹兑一万九千两，旋即退堂。午峰留吃中饭，同席为张振轩、费幼亭。饭毕，便道一拜蒋养吾，因渠廿日内连殇二孙、一孙女，往唁之也。申初三刻回署，阅本日文件，未毕。幕友来一谈。接沅弟及刘霞仙、郭意城各信。与邓良甫一谈。夜将本日文件阅毕，核昨日批稿各簿毕。二更后阅《陆象山集》。五点睡。

廿一日

早饭后清理文件。坐见之客一次，立见者一次，巳刻核科房批稿簿。午初封印行礼。旋阅《陆象山集》。中饭后阅本日文件。蒋养吾来久坐，贺云林来一坐。代钱调甫改谢恩折稿，不过数句，而久不能下笔，心如废井，无水可汲，殊可愧歎。傍夕小睡。夜将调甫折改毕，又改大、顺、广赈恤折。二更后与纪鸿一谈。旋温《孟子》养气章至许行章。五点睡。

廿二日

早饭后清理文件。旋坐见之客二次。偶阅孙退谷《庚子销夏记》。巳正核科房批稿各簿，午初三刻毕。黄静轩启愚来久坐。中饭后，史绳之来一坐，又坐见之客一次。阅本日文件，阅《庚子销夏记》及《四库简明目录》。傍夕至幕府一谈。夜，眼蒙殊甚。阅《四库书目》，温古文。气势之盛者，莫盛于李、杜、韩、苏之七古，因温诵七古良久。二更五点睡。日内，思古来圣哲名儒之所以彪炳宇宙者，无非由于文学、事功。然文学则资质居其七分，人力不过三分；事功则运气居其七分，人力不过三分。唯是尽心养性，保全天之所以赋于我者。若五事则完其肃、义、哲、谋、圣之量，五伦则尽其亲、义、序、别、信之分；充无欲害人之心而仁足，充无穿窬之心而义足，此则人力主持，可以自占七分。人生着力之处当于自占七分者，黾勉求之，而于仅占三分之文学、事功，则姑置为缓图焉。庶好名争胜之念可以少息，徇外为人之私可以日消乎？老年衰髦，百无一成，书此聊以自警。

廿三日

早饭后清理文件，阅《四库书目》良久。巳正核科房批稿各簿。午刻，方存之来久坐。中饭后，核对明日应发折件。旋阅本日文件。眼蒙殊甚，闭目久坐。旋又阅《四库书目》。傍夕与幕友一谈。灯下仍阅《四库书目》，旋料理琐事。折差明日进京略有信件等也。阅《史记》平原君、游侠等传。二更五点睡。每日治事极少，悠悠忽忽，深可愧也！

廿四日

早饭后清理文件。旋坐见之客二次。立见者一次。王立勋谈甚久。巳正坐堂审案十二件，午初二刻毕。阅科房批稿各簿。中饭后阅本日文件。眼蒙而神甚疲，小睡颇久。旋见客一次。阅韦诗，核呈词批。傍夕又小睡。夜，差弁自京归，接阅京信十余件。二更后与纪鸿儿一谈。温《古文·趣味之属》。五点睡。

廿五日

早饭后清理文件。旋坐见之客三次，衙门期也。巳正核科房批稿各簿。午刻核信稿十余件。中饭后阅本日文件。闭目小坐。立见之客一次。陈作梅来一谈。申正写对联六付。旋小睡良久。夜将《苗仙簬墓碑》一阅，写澄、沅两弟信。二更后，改余所作《仙簬墓志铭》。五点睡。

廿六日

早饭后清理文件。坐见之客三次。巳正核科房批稿各簿，午初二刻毕。眼蒙甚，于朦胧中阅《四库书目》一本。中饭后阅本日文件，将《苗仙簬铭辞》改毕，写对联六付。打辫小睡。夜饭后，李佛生来小坐。温《古文·情韵之属》。二更五点睡。

廿七日

早饭后清理文件。坐见之客四次。核科房批稿各簿，阅《方存之文集》。中饭后阅本日文件。坐见之客一次，立见之客一次。又阅《方存之文集》，写对联六付。傍夕小睡。夜又阅《文存之文集》。接家信，内澄、沅两弟各一件，又有纪寿侄一信。余离家时，侄犹是四岁小儿，今已十有五岁，文理清顺，字亦圆秀，孤儿渐有成立，且慰且悲。温《古文·识度之属》，温《孟子·公孙丑篇》。二更五点睡。

廿八日

早饭后清理文件。坐见之客四次，李铁梅坐甚久。核科房批稿各簿。眼蒙不能治事。郁闷之至。中饭后阅本日文件，阅《方存之文集》。眼蒙，闭目久坐。幕友来一叙。傍夕，余至幕府一谈。夜核信稿三件。旋温《古文·气势之属》。二更五点睡。

廿九日

早饭后清理文件。折差自京归，阅各批件，阅张清恪公《道统录》。围棋二局。午刻闭目小坐。中饭后阅本日文件。李勉林来辞岁，因留共吃中饭。阅《伊洛渊源录》。申刻剃头一次。傍夕至幕府一谈。夜温《古文·趣味之属》。二更四点睡。匆匆又阅一年，一事无成，悔恨丛生。古人所谓老大徒伤，真至言也。睡后，闻儿妇郭氏将分娩，内人以月分未满为虑，久不成寐。至四更，闻生一孙，系新年正月初二日丑时，颇以为慰。四更末乃成寐。

日記 同治九年

正 月

初一日

未黎明，起，至万寿宫，率属行朝贺礼。毕，更衣，至文庙拈香。回署，在祖先堂前行礼。早饭后，司道及文武各官前来贺年，均在二堂行礼，计文员一百廿二人，武员六十六人。余旋至幕府贺年。至上房，家人行礼，试笔作字。添李雨亭信一页。因眼蒙，闭目久坐。阅《四库书目·经类》。中饭后，与黎竹舲一谈。闭目久坐。申正翻阅《宋元学案》中之朱子、吕成公两案。盼雪殊甚，在室中私祷。傍夕小睡。申初写《无慢室日记》。夜，温《古文·情韵之属》，温《诗经》《二南》、《邶》、《鄘》、《卫》五国风。二更五点睡。

初二日

早饭后清理文件。巳刻出门拜客，藩司、臬司俱入一叙，余亲拜贺年。归，见客二次，改信稿二件。中饭后阅本日文件。闭目久坐。改折稿一件，核公牍稿数件。幕友来一坐。在室中私祷求雪。傍夕小睡。夜温《诗经》《王》、《郑》、《齐》、《魏》、《唐》五国风，恬吟密咏。二更五点睡。

初三日

早饭后清理文件。坐见之客一次。偶翻《明史·兵志》一阅，遂毕一卷。巳正，黄静轩来久坐。午刻，孙儿汤饼之期，敬神行礼。中饭后阅本日文件。闭目小坐。旋坐见之客一次。在室私祷雨雪。至刑名幕一谈。傍夕小睡。夜温《诗经》《秦》、《陈》、《桧》、《曹》、《豳》五国风。二更五点睡。

初四日

早饭后清理文件。坐见之客一次。出门至城外拜丁乐山、彭纪南两处,一谈。归,山东一曾姓本家来拜,久谈。西安将军克蒙额来拜,久谈。午正三刻,请幕友中饭。饭后阅本日文件。又出城回拜克公,未晤。归,私祷雨雪。至钱谷幕一谈。傍夕小睡。夜,将作《仪礼释官序》,杂阅《国史·儒林传》、《先正事略》等书,久未下笔。二更五点睡。静中细思:孟子之"万物皆备",张子之"事天立命",王文成之"拔本塞源",鹿忠节之"认理提纲",《圣祖庭训》之"仁厚",张文端公家书之"和平",每日含咀吟咏,自有益于身心。

初五日

早饭后清理文件。坐见之客二次,衙门期也。旋翻唐确慎公所编《朱子集》中明辨类,阅十余页。午正三刻,请幕友中饭。饭后阅本日文件。闭目小坐。又阅《朱子集·明辨类》中诸文十余页。陈荔秋来一谈,李藻舟来久谈。在室私祷雨雪。傍夕小睡。夜将胡匡衷所作《仪礼释官》阅一本有余,盖将为之作序,未能下笔也。二更五点睡。

初六日

早饭后清理文件。坐见之客四次,李藻舟谈甚久。围棋二局。阅《仪礼释官》。中饭后阅本日文件。坐见之客一次。又阅《仪礼释官》。眼蒙特甚,一面看书,一面渴睡,盖昏倦衰惫之气不能自振也。旋将书中紧要关键抄出一纸。傍夕小睡。夜作《仪礼释官序》,约四百余字,未毕。二更五点睡,不甚成寐。内人病又有变症,深以为虑。

初七日

早饭后清理文件。阅《朱子集》中明辨之类。巳正核科房批稿各簿。旋作《仪礼释官序》毕,约五百余字。中饭后阅本日文件,阅《朱子文集》。渴睡殊甚。申正写澄、沅两弟信,未毕。傍夕小睡。夜将澄、沅信写毕。温《诗经·小雅》,至"夜如何其"止。二更五点睡。申末,贵州主考郭怀仁来拜,谈甚久。

初八日

是日,恭逢王考星冈公九十七冥诞,率儿辈行礼。中饭时办酒席,率内外男妇等行礼。辰刻，坐见之客三次，李藻舟谈甚久。出门拜贵州主考郭君，久谈。旋拜游子岱。归，核科房批稿各簿，未毕。中饭后阅本日文件，核批稿簿毕。坐见之客二次。阅《朱子集》答吕伯恭各书。傍夕小睡。夜写鼎三侄信，约五百余字。二更后，与纪鸿一谈。旋温《诗经》《沔水》至《雨无正》。二更五点睡。

初九日

早饭后清理文件。旋坐见之客三次，刘子务谈甚久。巳正核科房批稿簿。午正出门，至浙绍会馆，司道府县公请音樽，至酉初归。天津运司及道来久谈。夜饭后阅本日文件。旋作《年终密考清单》，未毕。二更五点睡。二更后，忽闻近省廿余里有土匪突起，约四五十骑，肆行抢劫，殊为焦虑。

初十日

早饭后清理文件。坐见之客四次，司道谈甚久。闻近省土匪之说，系属谣传，为之一慰。午初核科房批稿各簿。中饭后阅本日文件。坐见之客一次。阅《顾亭林文集》。傍夕，与黎竹舲一谈。夜阅《顾亭林集》。旋将密考单核毕，又将密考折改毕。二更五点睡。

十一日

早饭后清理文件。阅《朱子文集》答吕子约各书。辰正，坐见之客三次，中有前藏堪布达水曲，系入京进贡，照例来此一见。巳正出城至营，拜刘子务，未见。归，拜客三家，至作梅处久谈。归，中饭后阅本日文件。旋核科房批稿簿。申正后打辫一次。傍夕，闭目小坐。夜，振轩、作梅来一坐。改片稿一件，作片稿一件。二更后温《小旻》至《鼓钟》。五点睡。

十二日

早饭后清理文件。坐见之客五次，立见者二次，运司等谈颇久。午初，坐堂审案十二起。中饭后阅本日文件。坐见之客一次。观纪鸿与客围棋一局。旋核科房批稿各簿，核改信稿廿余件。傍夕，李佛生来久坐。夜饭后添写马谷山信二页，眼蒙手笨，竟不成字。旋温《诗经》《楚茨》至《小雅》之末。二更五点睡。

十三日

早饭后清理文件。坐见之客四次。阅《宋元学案》中吕东莱卷,核科房批稿各簿。中饭后阅《宋元学案》薛艮斋、陈止斋卷。接郭意城信,知其侄依永于十二月初四日去世,余第四女之婿也,为之感怆久之。接沅弟信,又见纪瑞、纪官两侄与纪泽信,字迹秀劲可爱,为之一慰。第四女于廿四岁出痘,痂未落而遭此大变,忧伤之至,身体亦甚足虑。旋在室私祷雨雪。傍夕小睡。夜阅戚元敬《纪效新书》四十页。旋又温《诗经》,自《文王》至《泂酌》。二更五点睡。

十四日

早饭后清理文件。坐见之客两次。旋核科房批札稿簿。又阅《纪效新书》,即昨夜所阅者。老年记性愈坏,掩卷茫然,故再看一遍。中饭后阅本日文件。方存之来久谈,又立见之客一次。阅《纪效新书》。傍夕小睡。孔绣山,宪彝之子,送其父所作诗四卷,已刻;古文两本,未刻。本日屡阅其古文。夜复阅其诗集。二更后,与两儿讲《孟子》"舜发于畎亩"章。旋温《诗经》《民劳》至《桑柔》篇。五点睡。

十五日

早起,至文庙拈香。归,饭后清理文件。写郭云仙信四页、意城信三页。阅《纪效新书》。疲倦殊甚,书尚在手,已假寐矣。午正三刻,请刘子务、丁乐山及司道四人便饭,申正散。阅本日文件。在室私祷雨雪。傍夕小睡。夜将明日应发折片校对一过,又将各零件料理一番。二更后温《诗经》《云汉》至《召旻》。五点睡。近来常以五更出汗即醒,不复成寐,而白昼清坐,往往成寐,盖衰老之征也。

十六日

早饭后清理文件。坐见之客四次,立见者二次。写李少泉信六页,约六百余字,核科房批稿各簿。中饭后阅本日文件,检点发折及京信各件。坐见之客二次。接郭云仙信,寄其亡子所作诗、文等,请余为铭。余读之不胜感怆。阅《纪效新书》十余页。在室私祷雨雪。傍夕小睡。夜因纪泽小疾,系念不已。温《诗》周、鲁、商颂。本年温《诗经》一遍毕。二更五点睡。

十七日

早饭后阅《方存之文集》，清理文件。坐见之客二次。核科房批稿薄，阅《纪效新书》。中饭后阅本日文件。坐见之客一次。阅《纪效新书》十余页。疲困殊甚。阅《方存之文集》。私祷雨雪。傍夕小睡。夜阅方存之所著书牍。旋温《古文·辞赋类》，添赵惠甫信一页，约二百余字。二更五点睡。

十八日

早饭后清理文件。坐见之客三次。陈作梅谈颇久。阅《方存之文集》。坐堂审案十二件。核科房批稿簿。中饭后，方存之来谈甚久。阅本日文件。坐见之客一次。围棋二局。料理发各处复信。私祷雨雪。傍夕小睡。夜，借王白田《朱子年谱》一阅。二更后温《古文·辞赋类》相如、子云等篇。五点睡，又梦在于平陆行舟。向来好作此梦，盖身世艰难，窒碍难行之象耳。

十九日

早饭后清理文件。坐见之客一次。阅《纪效新书》。午初开印行礼。旋核科房批稿各簿。阅《朱子年谱》。中饭后阅本日文件。向先□寄到《严仙舫诗集》，略一翻阅。又寄严秋农甲子年所寄一书，约四千字，至今始到，秋农死已五年矣。阅《纪效新书》。剃头一次。私祷雨雪。傍夕小睡。夜将作郭氏婿依永墓志，以塞云仙之悲，属思已久，未能下笔。此心有如枯井，有水可汲，衰惫可伤。二更五点睡。

廿日

早饭后清理文件。坐见之客三次，立见者一次，司道谈甚久。核科房批稿各簿。巳午刻，坐见之客三次，刘子务谈颇久。中饭后阅本日文件。倦甚，在坐次假寐。旋写祭帐一幅、扁一方、对四付，核信稿四件。私祷雨雪。傍夕小睡。夜作郭氏婿墓志，至二更五点，仅作三四行许，庸冗之至。二更后，与纪泽一谈。五点睡。

廿一日

早饭后清理文件，加写何小宋信二页、李雨亭信一页。至内箭道考验武弁七人。旋坐见之客一次。核科房批稿各簿。倦甚，不能治事，因在位瞌睡。近日巳午间，每昏昏欲睡，盖衰象也。中饭后阅本日文件，核信稿廿余件，所改甚少。旋写对联七付。在室私祷雨雪。写澄、沅两弟信，未毕。傍夕小睡。夜将弟信写毕，约四百余字。作郭依永墓志，约三百余字，未毕。二更五点睡。

廿二日

早饭后清理文件。坐见之客七次，李道及祝道坐均久，客散尽时，已午正一刻矣。核科房批稿簿，未毕。中饭后阅本日文件，又核批稿簿，仍有二稿未了。有扁一方、对联六付。王霞轩寄来王少鹤所纂《归方评点史记合笔》，翻阅数篇。将作郭婿墓志，而不果下笔。酉刻，吴挚甫来久谈。夜改信稿一件。作郭婿墓志百余字，阅《归方评点史记》。二更五点睡。

廿三日

早饭后清理文件。旋添写张廉卿信二页。坐见之客一次。围棋二局。核科房批稿各簿。作郭婿墓志铭，辞未数句，久不成。中饭后阅本日文件。将铭辞作毕，全不合古人义法，深以为愧。写对联八付，核改马队营制。在室私祷雨雪。傍夕小睡。夜温《古文·辞赋类》班、张、左思等篇。二更五点睡。

廿四日

早饭后清理文件。坐见之客四次，首府谈颇久。旋坐堂审案十二件。核科房批稿各件。午正眼蒙，小睡。中饭后阅本日文件，阅《归方评点史记》。又小睡片刻。改清讼完毕折，约四百字。旋又改信稿二件。在室私祷雨雪。傍夕小睡。夜，温《古文·辞赋类》潘岳至唐宋各篇，又温杜诗五古，爱其句法瘦劲，变化通于古文造句之法。恨吾能知之，而不能为之耳。二更五点睡。

廿五日

早饭后清理文件。坐见之客二次，立见者一次，衙门期也。旋阅《归方评点史记》，核科房批稿簿。午刻阅《纪效新书》。疲倦而眼目又蒙，遂至瞌睡，盖衰象也。中饭后阅本日文件。旋阅《宋元学案》胡安定一卷，未毕。申正后写对联七付。在室私祷雨雪。傍夕小睡。夜温五言古诗陶、杜两家。眼蒙殊甚，闭目静坐两次。二更五点睡。

廿六日

早饭后清理文件。坐见之客三次。江小帆同年，国霖之堂侄，送《小帆诗集》，翻阅十余页。核科房批稿各簿。巳正，恩守来一坐，黄静轩启愚来久坐，彭楚汉来一谈。中饭后阅本日文件。坐见之客二次，陈作梅谈甚久。添丁雨生信二页。阅邸报，本年京察，余有褒辞，交部从优议叙，殊以为愧。阅《江小帆诗集》。在室私祷雨雪。傍夕小睡。夜阅小帆馆课诗、赋，温杜诗五古。二更五点睡。

廿七日

早饭后清理文件，阅《练兵实纪》数十页。倦甚，眼蒙，闭目久坐。阅核科房批稿各件。午初小睡。中饭后阅本日文件。旋因眼蒙，两次登床，小睡良久。阅江小帆诗。申正写对联六付。在室私祷雨雪。傍夕至幕府一谈。夜温杜诗五古，又温韩公五古毕。二更四点，梦在场中考试，枯涩不能下笔，不能完卷，焦急之至，惊醒。余以读书科第，官跻极品，而于学术一无所成，亦不能完卷之象也，愧叹无已。

廿八日

早饭后清理文件。旋立见之客一次，坐见者一次。出门拜李铁梅、祝爽亭，坐颇久。归，核科房批稿各簿。眼蒙甚，闭目久坐。中饭后阅本日文件。旋又闭目久坐二次。阅《朱子年谱》附录《为学切要语》。傍夕与邓良甫一谈。夜核改《州县留支银两不扣四成折》，未毕。二更五点睡。因内人病又反复，纪泽病已半月，焦虑殊深。

廿九日

早饭后清理文件。阅《朱子年谱·为学切要语》。旋坐堂审案十二件。将昨夜所核《留支不扣四成折》改毕，核科房批稿各簿。午刻阅《朱子年谱·为学切要语》。中饭后阅本日文件，核折稿一件。眼蒙，闭目久坐。旋阅《理学宗传》中之朱子、陆子、王子、薛子四家，涉猎翻视，不能细也。在室私祷雨雪。傍夕小睡。夜温杜工部及义山、牧之七律。二更五点睡。

卅日

早饭后清理文件。坐见之客一次，立见者一次。将留支折稿与幕友一商。阅《练兵实纪》。思作查办崔福泰折片，久不能下笔。核科房批稿簿。中饭后阅本日文件。旋作查崔福泰片稿一件，又作崔福泰开缺折稿一件。在室私行祷雨。傍夕小睡。夜阅《史记》三篇。旋温东坡七律。二更四点睡。

二 月

初一日

黎明，至文庙丁祭，率属行礼。归，饭后清理文件。旋阅《练兵实记》。旋将昨日所作折片酌改。黄静轩来久谈。核科房批稿各簿。眼蒙，闭目一坐。中饭后阅本日文件。眼蒙，闭目久坐，又登床一睡。阅《朱子年谱》。在室私祷雨雪。傍夕至幕府一谈。夜温《史记》张苍、郦食其等传二篇。二更五点睡。

初二日

早饭后清理文件。旋坐见之客二次，立见者一次，游子岱谈甚久。阅《练兵实纪》。近来聪明大减，阅书迟钝异常，屡阅《练兵实记》，尚茫然若无入处。巳正核科房批稿簿。午初，同乡张寿荣、邹隆柄来见，皆新化人，官四川，引见出京者。旋请客吃饭，李铁梅山长及司道史绳之等四人，自未初来，直至酉初方散。旋写对联五付。私祷雨雪。傍夕小睡。夜阅本日新到文件。旋阅《史记》《傅靳蒯成传》、《刘敬叔孙通传》、《季布栾布传》，将"归氏"圈点一过，阅《袁盎传》，未过圈点。二更五点睡。

初三日

早饭后清理文件。司道来见，谈甚久，旋又坐见之客一次。阅《练兵实纪》。衰年阅书，动辄渴睡。核科房批稿各簿。中饭后阅本日文件，知刘寿卿军门松山于正月十五日在金积堡中枪子伤阵亡，失此忠勇名将，关系大局甚重，不胜感怆！旋倦甚，小睡。改信稿二件，写对联七付。在室私祷雨雪。傍夕小睡。夜阅《袁盎晁错传》、《张释之冯唐传》、《万石君传》、《田叔传》、《吴王濞传》，《田窦传》未毕。二更四点睡。

初四日

早,至关帝庙春祭,率属行礼。归,饭后清理文件。旋阅《练兵实纪》。渴睡殊甚。巳正核科房批稿各簿。午初阅《练兵实纪》。中饭后阅本日文件。旋围棋二局。思复霞仙信,另纸起草,而久不能下笔。写对联八付。酉刻,李佛生来久谈,灯后去。旋阅《朱子年谱》中"辨浙学、陆学"及"戊申封事"各条。欲作霞仙信而不果。二更后看放合子灯,中军所送也,三点毕。旋又阅《朱子年谱》。五点睡。

初五日

早饭后清理文件。坐见之客三次,衙门期也。倦甚小睡。巳正核批稿各簿,批老湘营诸将公禀,斟酌久之。拟作霞仙信稿,而未下笔。中饭后阅本日文件。坐见之客一次。小睡片刻。酉刻作复信稿百余字。夜又作了三百余字。二更五点睡。内人病势又翻,彻夜呻吟。

初六日

早饭后清理文件。出城至教场看铭军马队操演,巳正看毕。归署,核科房批稿各簿。午正,倦甚,闭目少坐。中饭后阅本日文件。史绳之来久谈。旋作复霞仙信稿。傍夕小睡。夜又作霞仙信稿,至二更五点未毕。本日计作七百余字,而一字无是处。睡后,内人病势颇重。夜接澄、沅两弟正月十六日信,各宅平安,静臣侄妇病愈,为之一慰。

初七日

早饭后清理文件。立见之客一次,坐见者一次。倦甚,目蒙,小睡。看堂审案十二件。核科房批稿各簿。午刻小睡片刻。中饭后阅本日文件。丁乐山、陈作梅来久坐。小睡片刻,因眼蒙不能治理也。旋将霞仙信稿写毕,约一千四五百字。傍夕小睡。夜将霞仙信稿修改一遍,二更五点毕。睡,不甚成寐。

初八日

黎明,至龙王庙,率属祭祀。归,早饭后清理文件。坐见之客四次,成午斋谈甚久。巳正核科房批稿各簿。午刻阅钟传益涵斋所著《迩言》,昔巳未年曾在余营,近在湖北为知县者也。精神疲惫,每阅书辄渴睡。中饭后阅本日文件。旋又惫甚，登床小睡。核改信稿多件。傍夕小睡。夜看钟涵斋《迩言》，盖理学之绪余，而参以阴隲果报者。又改信稿数件。温《史》《田窦传》、《韩安国传》、《李广传》。二更五点睡。

初九日

早饭后清理文件。坐见之客二次，立见者一次。核科房批稿簿。午初阅《练兵实纪》第五卷。眼蒙殊甚，渴睡良久，不能阅竟。中饭后阅本日文件。因眼蒙，闭目久坐。申正，陈作梅二人来久谈，又立见之客一次。添洪琴西信二页。傍夕小睡。夜温《史记》《匈奴传》、《卫霍传》。二更五点睡。

初十日

早饭后清理文件。坐见之客一次，司道谈颇久。巳正核科房批稿各簿。午刻核呈辞批三件。阅《文献通考·郊社考》。中饭后阅本日文件。眼蒙，不能治事，闭目久坐。旋又登床一睡。吴挚甫来一谈。在室私祷雨雪。傍夕小睡。夜阅《归方评点史记》。旋阅殿板《史记》第一本。二更五点睡。

十一日

早饭后清理文件。旋立见之客一次。阅《文献通考·郊社考》。巳正核科房批稿簿。午刻又阅《郊社考》。中饭后，阅本日文件。旋写李少泉信一件，约五百余字。倦甚，闭目少坐。傍夕小睡。灯后出题，明日将考书院。温《史记·项羽纪》，将《归方评点》一对。三更睡。近来因眼蒙，常有昏瞆气象，计非静坐，别无治法，因作一联以自警云："一心履薄临深，畏天之鉴，畏神之格；两眼沐日浴月，由静而明，由敬而强。"

十二日

早饭后清理文件。旋阅《郊社门》魏晋至唐"郊天"。坐见之客一次。巳正核科房批稿簿，未毕。至书院观诸生考甄别，午刻归。坐见之客三次，方存之、石芸斋坐颇久。中饭后阅本日文件，将批稿各簿核毕。倦甚，闭目小坐，旋登床小睡。改信稿四件。傍夕小睡。夜将《依永墓志》又一删改。二更后，与纪鸿一谈《中庸》。旋又温《项羽本纪》。二更五点睡。

十三日

早饭后清理文件。坐见之客三次。坐堂审案十二件。巳正二核科房批稿簿，未毕。黄静轩来久坐。中饭后阅本日文件，旋核科房批稿各簿毕。疲倦殊甚，闭目少坐，登床一睡。申正后阅本日新收呈新，核改上次呈辞批。有开州人马允刚者，乾隆甲子年举人，官陕西州县，或送其所自作《年谱》，将入乡贤，因将其《年谱》翻阅。傍夕小睡。夜，又翻其《年谱》。旋阅《始皇本纪》，至二更五点毕。睡，眼蒙日甚，殆不能复看书矣。

十四日

早饭后清理文件。坐见之客三次，立见者一次。请候补州县五人来阅卷，与之一谈。旋核科房批稿各簿。午初，阅《郊社考》十八页。中饭后阅本日文件。眼蒙，久睡。申正核信稿一件，约改五百字。傍夕小睡。夜阅《史记·高祖纪》。眼蒙异常，竟不能看书矣。二更后，与儿子讲鹿忠节之学。旋又闭目一坐。二更五点睡。

十五日

早饭后清理文件。立见之客一次，坐见者二次。旋阅科房批稿各簿。阅《郊社考》。午刻，石芸斋来久坐。中饭后阅本日文件。请各州县阅课卷，与之一谈。出门拜石芸斋，渠将所作古文五本、诗一本，请余评定，带回翻阅良久。酉初小睡。夜阅石芸斋所作《房山石经山访碑记》，亦伟观也。眼蒙，纪泽以铁蔽灯光，使不射目。阅《高祖纪》毕。二更五点睡。

十六日

早饭后清理文件。立见之客一次，坐见者一次。阅《郊社考》。巳正核科房批稿簿。午刻仍阅《郊社考》。陈作梅来一谈。中饭后阅本日文件。倦甚，小睡颇久。接澄弟信，知刘韫斋丧子，筠仙又丧一女。申正改谢因折稿。傍夕小睡。夜批作刘寿卿事迹折，久不下笔。二更后，始作百余字。五点睡。

十七日

早饭后清理文件。坐见之客二次，立见者一次。阅《三鱼堂誉言》。巳正核科房批稿各簿。午刻又阅《三鱼堂誉言》。中饭后，阅本日文件。旋坐见之客二次，谈颇久。阅《三鱼堂誉言》。见客一次，请各州县阅书院卷，阅毕，送之也。至幕府久谈。夜改前所作《郭依永墓志》，沉吟良久，迄无是处。作刘寿卿事迹折二百字。二更五点睡。是日接澄弟正月初三日所发信。

十八日

早饭后清理文件。坐见之客二次，立见者一次。阅《四库书目》。旋作刘寿卿折。倦甚小睡，核科房批稿各簿。午刻又作寿卿折。中饭后阅本日文件。眼蒙，阅目小坐。旋又作寿卿折，申正二刻毕。阅本日呈辞，核上次呈辞批。傍夕小睡。夜将呈辞各批核毕。温《古文·气势之属》。将写家信而眼蒙不能作字。二更五点睡。

十九日

早饭后清理文件。坐见之客四次，首府谈颇久。旋核科房批稿簿。丁乐山来一谈。写澄、沅两弟信。午刻倦甚，小睡。中饭后阅本日文件，改信稿一件，添霞仙信一页，料理发家信。剃头一次。傍夕至幕府一谈。夜，阅书院课卷，久疏于文，殊以阅文为苦。二更后，与二子讲"君子以仁存心"章。阅文至三更睡，约阅四十余卷。

廿日

早饭后清理文件。坐见之客二次，衙门期也。倦甚，小睡。旋阅书院卷，每卷略一涉猎，阅一小讲一诗而已。核科房批稿各簿，又阅卷廿余卷。中饭后阅本日文件。旋又阅卅余卷，正、附课各卷大致阅过，小睡片刻。将明日应发折件校对一过。傍夕又小睡。写郭云仙信四页，未毕。张振轩、陈作梅来一谈。与儿子讲上《论》。二更五点后温《古文·识度之属》。五点睡。

附记

发折　　写榜　　审案
写筠信　　作学记

廿一日

早饭后清理文件。山长王仲山同年振纲来拜，与之一谈。旋即出门回拜山长，谈颇久。将书院各卷略加料检。旋坐堂审案十二件。丁乐山、陈作梅来一谈。核科房批稿各簿。午刻小睡。旋将书院卷写榜发折。中饭后阅本日文件。将筠仙信写毕。小睡颇久。将作《江宁府学记》，而久不下笔。傍夕又睡。夜将作《府学记》，又思《郭依永墓志》太浅陋，思欲修改，沉吟不能下笔。二更后，与纪鸿儿讲书。五点睡。近来每夜五更出汗，辄醒，不复成寐。

廿二日

早饭后清理文件。坐见之客三次。旋核科房批稿各簿，小睡。午刻，坐见之客二次。中饭后阅本日文件，作《江宁府学记》。倦甚，登床小睡。因昨日书院发榜有错误处，由提调送回，又加检点。傍夕久睡。余自五十以后，每春夏则奄奄思睡，或偶作文字，思虑微过，尤不能支持，日来又作此态矣。夜作《府学记》，是日共作二百余字。二更后，与纪鸿略讲《论语》。五点睡。五更后，颔下及胸间汗多。

廿三日

早饭后清理文件。立见之客一次，坐见者二次。小睡片刻。巳正核科房批稿各簿。中饭后阅本日文件。是日，自午初起至夜二更末，思作《江宁府学记》，苦探力索，竟不能成一字，固属衰惫之象，亦由昔年本无实学，故枯竭至此，深可叹愧！中间屡次登床，亦未成寐。三更睡。

廿四日

早饭后清理文件。出门至教场看操，即看保定两营练兵也。巳刻归，核科房批稿簿。坐见之客一次。小睡片刻。中饭后阅本日文件。作《学宫记》至二更五点止，约作五百字，未毕。中间，傍夕小睡。二更后，与儿子一论文，所作之文，考据与笔力两无可取。三更睡。

廿五日

早饭后清理文件。坐见之客四次，衙门期也。巳核科房批稿各簿。午初小睡，陈作梅来一谈。写澄、沅两弟信，未毕。中饭后阅本日文件，写弟信毕。作《府学记》，约千余字，芜陋极矣。傍夕，眼蒙，小睡。夜核十八日呈辞批。旋阅《史记·吕后本纪》。二更后，听纪鸿背文。五点睡。

廿六日

早饭后清理文件。昨夜得雨寸许，故本日定期看箭而中辍。阅《梅伯言文集》。巳刻见客一次，谈甚久。核科房批稿簿。午刻小睡。中饭后阅本日文件。阅《伯言集》甚久。眼蒙殊甚，酉刻久睡。夜阅《史记·商君传》等篇。二更后,与纪鸿讲书。五点睡。是日荒怠,作事极少。

廿七日

早饭后清理文件。昨夜得雨半寸许。是日,仍至教场阅彭楚汉新营操演,巳正三刻毕。归,核科房批稿簿。旋阅《子史精华》中"释"、"道"二部。中饭后阅本日文件,又阅"释"、"道"部典故。天雪寒甚。酉刻,登床睡甚久。夜阅《梅伯言集》。二更后,与儿纪鸿一谈。旋温《古文·序跋类》。五点睡。内人病势沉重,总不能睡。纪泽亦有病,胃疼不能吃饭,大便滞涩,为之焦灼。

廿八日

早饭后清理文件。坐见之客一次,立见者一次。阅"释"、"道"部。核科房批稿各簿,又阅《子史精华》数页。倦甚,坐次渴睡,将成寐矣。坐见之客一次。中饭后阅本日文件颇多。旋写对联十付,改信稿数件。傍夕小睡。夜又改稿二件,温《古文·序跋类》。二更五点睡。

廿九日

早饭后清理文件。立见之客一次。疲困殊甚,小睡半时许。旋核科房批稿簿。方存之来,久谈大半时。中饭后阅本日文件。眼蒙殊甚。令纪泽视吾目,右眼黑珠,其色已坏,因以手遮蔽左眼,则右眼已无光,茫无所见矣。纪泽言瞳人尚好,可望复明,恐未必然,因闭目不敢治事,酉初即睡。灯后起,亦闭目静坐,不阅一字。二更后,与儿子讲韩文《原毁》篇。五点睡。

卅日

早饭后清理文件。内人五十五生日,儿辈行礼。沈保靖来久谈。旋闭目一坐。核科房批稿各簿,午初,黄静轩来久坐。又坐见之客二次。中饭后阅本日文件。闭目静坐,即已渴睡。接沅弟二月初八省城发信。弄孙儿女辈以自怡。阅《李海帆文集》。傍夕久睡。夜,又阅《李海帆集》。因目疾不敢治事,闭目久坐。二更五点睡。

三 月

初一日

早饭后清理文件。坐见之客三次，衙门期也。旋闭目久坐。出门拜客十余家。归，巳刻核科房批稿各簿。午刻，潘家钰撷珊来久谈，宜兴人。壬戌进士，庶常改馆为山西知县，现在丁艰，任小园荐来，为纪鸿儿之师也。中饭后，沈保靖来久谈。旋阅本日文件。闭目一坐。申刻核信稿四件。吴挚甫来久谈。傍夕睡。夜阅《报任安书》，温《古文·书说类》。闭目久坐。与儿子一讲"博施济众"章。二更五点睡。天雨且雪，寒甚。

初二日

早饭后清理文件。坐见之客二次。昨夜先雨后雪，共计四寸许。旋至莲池书院送诸生入学。归，坐见之客一次。核科房批稿各簿。午刻，潘撷珊来送纪鸿入学，拜圣人，行宾主礼毕。旋小宴，请幕府诸君陪之，申初敬。阅本日文件。闭目静坐。旋思改《江宁府学记》。登床凝思，久无所得。阅张文端公《聪训斋语》。傍夕小睡。夜又阅《聪训斋语》。闭目久坐。二更后，听纪鸿背文。因右眼已盲，心绪烦躁。二更五点睡。

附 记

复缦云信　　　复意城信　　　伯言墓志
复方元徵子可信　　张皋闻文序

初二日

早饭后清理文件。旋即小睡。坐见之客二次，立见者二次。小睡片刻。巳正核批稿各簿。眼蒙，闭目一坐。方存之来久谈。午正三刻请山长小宴，陪客三人，申正散。阅本日文件，阅邵子《击壤集》，核信稿三件。傍夕小睡。夜阅邵子诗。眼病，闭目一坐。二更五点睡。

初四日

早饭后清理文件。因目病，旋即小睡。坐见之客二次。屡次登床小睡。巳正核科房批稿各簿。中饭后阅本日文件。小睡，见洋人主教一次。小睡良久。旋将方子可寄来之《地图说》、《诗经说》四篇细阅一过，阅《国朝文录》十余篇，核信稿一件。傍夕小睡。夜闭目久坐。阅《国朝文录》。二更后，与儿子一谈。四点睡。

初五日

早饭后清理文件。出城谒刘孝子墓。刘名光显，负贩贫苦，而养母必丰；母死鬻女，乃能吊棺；庐墓三年，妻病及死，均置之不顾。刘印渠在此，为之立庙立碑。旋谒杨忠愍公祠。归，小睡。巳刻核科房批稿簿。午刻，丁乐山、沈品莲先后来坐。中饭后，张师劭来坐。阅本日文件，阅《国朝文录》。酉刻小睡。接澄弟二月十六日信，知湘乡哥匪倡乱。傍夕睡。夜阅《国朝文录》。将二更时，武营送龙灯狮子来玩，戏良久，三更始散。即睡。

初六日

早饭后清理文件。坐见之客三次，立见者二次。阅《国朝文录》，核科房批稿各簿。午刻小睡。吴挚甫来久谈。又立见之客一次。中饭后阅本日文件，核批二件；于良乡一案，沉吟良久。旋二次小睡。核信稿一件。傍夕小睡。夜核信稿，因眼蒙而停止，闭目久坐。二更，与纪泽一谈。又闭目坐。四点睡。

初七日

早饭后清理文件。改信稿一件。坐见之客二次，祝爽亭谈甚久。小睡半时。巳正，核科房批稿簿。午刻阅《国朝文录》。中饭后阅本日文件。坐见之客一次。小睡良久。因眼病之故。阅《国朝文录》。李筠生来久坐。傍夕又睡。是日天气奇冷。夜阅《国朝文录》，而闭目之时为多，盖右目既废，左目亦昏，岌岌乎可虑已。

初八日

早饭后清理文件。旋登床久睡。余向来有饭后脾困思睡之疾,近来右眼失明,尤贪睡也。立见之客一次。巳正核科房批稿簿。午刻,作梅来久谈。中饭后阅本日文件。幕府刘君来一谈,蒋养吾来久谈,阅《国朝文录》。傍夕,立见之客一次。小睡良久。夜闭目久坐。阅《国朝文录》。眼疾,不能治一事,焦闷之至。二更四点睡。

初九日

未明起,出城祭先农坛,行礼毕,扶犁九推,望阙谢恩。归,早饭后清理文件。见客,坐见者二次。小睡良久。核科房批稿各簿。午刻阅《朱子年谱》。中饭后阅本日文件,校对折片各件,将以明日拜发。核呈辞批,内一案斟酌甚久。阅《朱子年谱》。小睡养目。右既盲,左眼亦蒙,眼焦灼之至。夜阅《朱子年谱》,改信稿一件。与纪鸿儿一谈。二更四点睡。是日接澄、沅弟信,哥老会业已扑灭,为之一慰。

初十日

早饭后清理文件。见客二次,衙门期也。旋小睡良久。巳正核科房批稿簿。午刻阅《朱子年谱》。至潘撷珊处一谈。中饭后阅本日文件。旋请黎竹舲诊脉,又请一眼科赵姓诊视,言左目亦将坏,焦灼之至,绕室徬徨,两次登床小睡。傍夕久睡。夜阅《朱子年谱》。闭目久坐。二更后与纪鸿一谈。念此生学问、文章,一无所成,愧悔无已。四点睡,搬至签押房住宿,三、四、五更屡醒。

十一日

早饭后清理文件。见客一次。旋看武营马步箭五十余人。巳正核科房批稿各簿。丁乐山等来久谈。小睡数刻。中饭后阅本日文件。坐见之客一次。闭目久坐。酉刻至刑、钱两幕府处久坐。傍夕小睡。夜阅《朱子年谱》。闭目一坐。二更后,与儿子一谈。四点睡。

十二日

早饭后清理文件。见坐之客二次,祝爽亭谈甚久,立见者一次。拜发万寿贺表，小睡甚久。巳正，黄静轩来久谈。午初三刻，去核科房批稿簿，未毕。中饭后，坐见之客一次。阅本日文件，将批稿核毕。小睡良久。阅《朱子年谱》。与纪泽一谈。傍夕一睡，夜阅《朱子年谱》。闭目久坐。二更四点睡。

十三日

早饭后清理文件。坐见之客一次。小睡良久。巳正起，核科房批稿簿。午刻，有送《容城三贤集》者，因阅《刘静修集》。中饭后阅本日文件。立见之客一次，坐见者一次。阅《孙夏峰集》，亦三贤之一也。小睡良久。酉刻写澄、沅两弟信。余右目失明之后，尚未寄信与弟，不知此生犹得与弟相见否？悬系无已。傍夕小睡。夜阅《夏峰集》。闭目一坐。二更四点睡。

十四日

早饭后清理文件。坐见之客二次，立见者一次。小睡良久。巳正核科房批稿簿。午刻阅《朱子年谱》，粗毕。中饭后阅本日文件。坐见之客一次。小睡甚久。酉刻改信稿二件。傍夕久睡。夜温《大学》、《中庸》，至"哀公问政"止。二更四点睡。

十五日

早饭后清理文件。坐见之客四次，立见者一次。旋即小睡良久。巳正核科房批稿簿，午初二刻毕，又小睡。目病，不能治事，竟日酣睡。中饭后阅本日文件，阅康节《击壤集》，阅白公闲适诗。围棋一局。小睡良久。夜阅《韦苏州集》。小睡一次。二更四点睡。本日睡时太多，四更四点即醒。不复成寐。追忆平生之事，愆尤甚多，忧灼无已，而目病愈难治矣。

十六日

早饭后清理文件。坐见之客一次，立见者一次。小睡颇久。方存之来久谈。旋又小睡。午初核科房秕稿簿。闭目一坐。是日于卧室用布及芦席等遮蔽窗牖，以便黑暗静坐。中饭后阅本日文件。卢藩台来一谈。闭目一坐，旋又登床一睡。请赵金波诊脉处方。吴挚甫来一谈。花局送花十盆来，稍一览观。傍夕小睡。夜阅韦苏州诗，屡次闭目静坐。二更四点睡。日间屡睡，而夜间尚能成寐，又盖衣被极厚，皆衰象也。

十七日

早饭后清理文件。旋即小睡。坐见之客三次。又小睡。巳正起,核科房批稿簿。午刻,核遵化州钱粮一案。中饭后阅本日文件。旋阅邵子诗。小睡。申初后,静坐一时许,默诵《论语》廿篇一遍。傍夕,在院中与纪泽一谈家乡事。夜饭后,闭目小坐。旋温《古文·识度之属》,朗诵数首。二更后,阅纪鸿近文。四点睡。

十八日

早饭后清理文件。旋即小睡。坐见之客二次,立见之客一次。旋小睡良久。饭后久睡。一则因近日目病,一则因向来脾困也。巳正起,核科房批稿,未毕。韩南溪超来久坐。午刻,吴竹庄来久坐,又坐见之客一次。将科房批稿核毕。中饭后阅本日文件,核折稿一件,写澄、沅两弟信一件。闭目静坐颇久。阅纪泽所作《说文重文本部考》,吴竹庄新刻就者。傍夕又睡。夜,闭目久坐时亦成寐。近以目病,寝食之外,便不治一事,且愧且叹。二更四点睡,不甚成寐。

十九日

早饭后清理文件。坐见之客一次,立见者一次。睡良久。巳刻核科房批稿簿。午刻,陈作梅来久谈。请吴竹庄小宴,申初散。阅本日文件。闭目久坐。默念古人笃恭而天下平之道。傍夕睡。夜阅《陆象山集》。渴睡殊甚。二更四点睡。

廿日

早饭后清理文件。旋坐见之客二次,衙门期也。小睡片刻。出门拜韩南溪。归,郑松峰中丞元善来一谈。阅核批稿各簿。旋闭目久坐。中饭后阅本日文件。竹庄来久谈。旋小睡良久。核改信稿一件。傍夕又与竹庄久谈。夜阅《朱子年谱》及《理学宗传》中程、朱各语。倦甚,二更四点睡。

廿一日

早饭后清理文件。出城阅谭胜达之步队操演,盖在正定带来者。归,拜郑松峰,归署小睡。核批稿各簿。午刻又睡。阅《白香山集》。中饭后阅本日文件。阅《白香山集》。小睡颇久。申正在潘撷珊处一谈。傍夕又睡。夜改李少荃、刘子务信稿二件。阅申凫盟《小语进语》。日来自右目病后，终日倦睡，不治一事，且忧且愧，而心境不安，目病愈甚。即使左目幸得保全，而不能用心，亦与死人无异，焦灼殊甚。二更四点睡。

附 记

董麟唁信　　毕东屏唁信　　载鹤峰唁信　　朱桐翁唁信
吕昼堂吊仪　朱修伯唁信　　黄子寿书　　　许仙屏书
李壬叔书　　曹镜初书　　　黄晓岱书

廿二日

早饭后清理文件。坐见之客三次，立见者一次。改丁雨生片稿一件。巳刻，坐堂审案十二起。旋坐见之客二次，邵棠浦坐颇久。核科房批稿各簿。小睡片刻。中饭后阅本日文件。小睡良久。刑、钱两幕来一谈。闭目静坐。傍夕，与竹庄久谈。夜改信稿一件。静坐片刻。右目益坏。二更，与纪泽一谈。四点睡，不甚成寐。

廿三日

是日，恭遇皇上十五岁万寿，至公所拜牌。归，早饭后小睡。方存之来一谈。旋又久睡。巳正核科房批稿簿。午刻，坐见之客一次。中饭，请竹庄便饭，饭后久谈。阅本日文件。坐见之客一次。旋又久睡。是日屡睡，昏惰之至，愧叹无已。傍夕又睡。夜阅《古文辞类纂》中"论辨类"，核改信稿三件。二更四点睡。四更末醒。

廿四日

早饭后清理文件。令纪泽进京考试荫生。见客，立见者二次，坐见者二次。小睡良久。巳刻，坐见之客一次。核科房批稿各簿。午刻久睡。中饭后阅本日文件。屡次久睡，昏惰殊甚，落枕便易成寐，下床小坐。旋又去睡，衰困若此，虽无目疾，亦不堪为世用矣。夜饭后，阅《古文辞类纂》序跋、奏议两门。二更四点睡。

廿五日

早饭，呕吐殊甚，向来有此旧病。旋清理文件。见客，坐见者二次，立见者一次，衙门期也。旋小睡良久。巳正核科房批稿簿。午刻又睡。中饭后阅本日文件。作诗一首。因衰病日深，欲将生平阅历为韵语，以示儿侄辈，即以当遗嘱也。酉刻毕，凡卅八句，略用白香山体势，取其易晓。傍夕久睡。夜阅《古文·奏议门》。且阅且睡，昏惰甚矣。二更四点睡。

廿六日

早饭后清理文件。坐见之客二次，立见者一次。小睡良久。巳正阅科房批稿簿。午刻，黎竹舲送《光明经咒》，云持诵万遍，眼可复明。邵棠浦来一坐，力劝余服补阳之药。中饭后阅本日文件，将从前河工保案开一清单。旋诵熟《光明经咒》凡百有四字，盖道家之言也。诵数十遍。小睡良久。夜饭后又诵《经咒》，是日申刻写对联七付。二更四点睡。近因目病，每日全未作事，愧歉之至。

廿七日

早饭后清理文件。小睡片刻。坐见之客三次，祝爽亭谈甚久，颇知眼科，故请其诊视也。旋又小睡。巳正，黄静轩来，久谈一时许。核科房批稿簿，未毕。中饭后阅本日文件，将科房稿核毕，校对折件。申正出门，由西门登城，至北门下城，旋登大悲阁。归署，陈俊臣之甥夏时来久谈。又对折件，未毕。小睡。夜将折对毕，阅《审视瑶函》，眼科医书之盛行者。二更四点睡，不甚成寐，四更末醒。

廿八日

早饭后清理文件。有四川主事赵亮熙来见，谈甚久。陈作梅来久谈。坐堂审案十二件。核科房批稿各簿。午刻小睡。中饭后阅本日文件。坐见之客三次，立见者二次。小睡片刻。与幕友一谈。写对联六付。傍夕又睡。夜阅《审视瑶函》，且阅且渴睡，盖脾不能运化，困倦极矣。二更四点睡。

附 记

局详余银交练饷局
批应查作梅信

廿九日

早饭后清理文件。坐见之客一次，立见者一次。小睡片刻。写信与纪泽儿。

折差进京，料理信件，并送人书籍。巳正核科房批稿簿。午刻，韩南溪来久坐。中饭后阅本日文件。小睡颇久。黎竹舲来一谈。写对联六付。傍夕久睡。夜阅《渔洋古诗选》、《姚氏近体诗选》，略一涉猎。闭目静坐。近日既怕用心，又怕开目，遂成废人，且愧且感。二更四点睡，三更后成寐。

卅日

早饭后清理文件。坐见之客二次。至内箭道看箭。旋久睡。巳正核科房批稿簿。午刻阅《先正事略》。中饭后阅本日文件。又阅《先正事略》。小睡片刻。狂风雨土，令人郁闷。酉刻，与黎竹舲久谈。傍夕又睡。夜温下《论》。二更四点睡。日内因眼病日笃，老而无成，焦灼殊甚。究其所以郁郁不畅者，总由名心未死之故，当痛惩之，以养余年。

四　月

初一日

黎明，至文庙拈香行礼。与司道一谈。归，早饭后清理文件。旋小睡甚久。巳正核科房批稿各簿。午刻，丁乐山来一谈。阅《先正事略》。中饭后阅本日文件。狂风雨土，干旱之象。又阅《先正事略》。直隶主事邢元恺、湖南主事李寿蓉，先后来一谈。酉刻作诗未成。夜，阅《古文·奏议类》，渴睡殊甚。二更四点睡，不甚成寐。近日，内人病，筋皆拘挛，竟日久睡，令人按摩。余亦意日屡睡，全家一种昏怠衰颓之气，深用为愧？

附　记

郑中丞　　保床知府渭春参革职，永不叙用

功牌百零六张　　王隆兴隆平县训导，善拿贼

威县请恤，请加学额

初二日

早饭后清理文件。坐见之客四次，立见者一次。小睡片刻。巳正核科房批稿簿。郑松峰来一谈。又立见之客一次。李篁仙来久谈。中饭后，劳二、劳六世兄来久谈，皆文毅公之子也。阅本日文件，阅《先正事略》。酉刻小睡良久。将作诗而不果。夜阅《古文·诏令类》，渴睡殊甚，二更四点睡。

初三日

早饭后清理文件。立见之客一次。旋小睡良久。巳正核科房批稿各簿，阅

《先生事略》，中饭后阅本日文件。申刻，李篁仙来久谈。谢旭亭诊脉，久谈。旋至幕府一行。傍夕小睡。夜温《古文·奏议类》。二更四点睡。是日，有晋州举人苑世亨呈送所著《说诗存序》、《易说纂要》、《春秋本义》三书，略一翻阅，不能细看。

初四日

早饭后清理文件。坐见之客一次，立见者一次。旋小睡甚久。巳正核科房批稿各簿。午刻，与黎竹舲久谈。中饭后阅本日文件。小睡片刻。旋作一诗，共四十句，即初一日作而未成者，傍夕毕。夜，邓良甫来一谈。阅韦苏州诗，阅《古文·碑志类》。二更四点睡。

初五日

早饭后清理文件。坐见之客二次，立见者一次，衙门期也。旋小睡良久，盖饭后脾困之病。巳正核科房批稿簿。午刻阅《先正事略》。中饭后阅本日文件。祝爽亭送来武陟人王汝谦六吉所著《四书记悟》，略一翻阅。旋阅鹿忠节《四书说约》，下《论》一本阅毕。小睡片刻。傍夕，睡颇久。夜，阅《史记》刺客、屈贾等传。目畏灯光，闭眼一坐。二更四点睡。近日因目病，贪睡尤甚，动辄成寐，若静坐则不能支持，衰惫至矣。

初六日

早饭后清理文件。坐见之客二次，立见者一次。小睡片刻。方存之来一谈。巳正核科房批稿簿。午刻阅《先正事略》。中饭后阅本日文件。折差回，接纪泽及京信数件。陈作梅来久谈。小睡良久。申末，黎竹舲诊脉，久谈。傍夕久睡。夜阅《史记》淮阴侯、季布等传。二更四点睡，天暖，不甚成寐，亦因日间睡太多之故耳。

附记

恩守说叶牧
曹继美补大名小滩把总

初七日

早饭后清理文件。坐见之客二次。小睡甚久。巳正核科房批稿簿。旋改练军事宜折稿。中饭后阅本日文件。旋改折稿，约改八百字，酉刻毕。中间，屡次小睡，黎竹舲来诊脉、处方。傍夕久睡。夜阅《史记》卫霍等传。眼蒙，不能久视。二更四点睡。

初八日

早饭后，坐见之客二次。清理文件。旋小睡良久。谢旭亭来诊脉，久谈。坐堂审案十二件。核科房批稿簿。午刻又睡。中饭后阅本日文件，阅《范文正集》尺牍，《年谱》中有云"千古圣贤，不能免生死，不能管后事，一身从无中来，却归无中去。谁是亲疏？谁能主宰？既无奈何，即放心逍遥，任委来往。如此断了，既心气渐顺，五脏亦和，药方有效，食方有味也。只如安乐人忽有忧事，便吃食不下，何况久病，更忧生死，更忧身后，乃在大怖中，饮食安可得下？请宽心将息"云云。乃劝其中舍三哥之帖。余近日多忧多虑，正宜读此一段。酉刻至幕府一坐。傍夕久睡。夜阅《古文·杂记类》。二更四点睡。

初九日

黎明起，至南门外祭祀，本京师大雩祭之期，外省则祭风、云、雷、雨之神，此间又兼祭，府社、府稷在东，山川、先农在西，凡五处奠帛，五处献爵，盖相沿已久也。祭毕，归。早饭后，坐见之客四次，傅军门坐甚久。阅《范文正遗事》。巳正核科房批稿簿，未毕。黄静轩来久谈，为余治目处方。中饭后阅本日文件，核批稿簿毕，又阅《范文正遗事》。酉正睡极久，直至灯时。夜阅《古文·杂记类》。二更四点睡，五更醒。

初十日

早饭后清理文件。坐见之客四次，立见者一次。写信与祝爽亭商药方。小睡颇久。巳正核科房批稿簿。午刻又睡。中饭后阅本日文件。写信与作梅商药方。静坐良久。竹舲来一谈。阅《范文正遗集》。酉正睡甚久。夜阅《圣祖庭训格言》一遍，又默诵下《论》。二更四点睡。日内因目病，寸心忧灼，迄无宽舒之时，以是病愈难减。总由少壮不能努力，老来悔恨甚多，致心境愁闷异常耳！

十一日

早饭后清理文件。出门拜傅提台，谈颇久。归，阅看弓马二员。立见之客三次。阅《五礼通考》中"大夫士庙祭门"。因沅弟商家庙祭礼，思考核以定一章也。巳正核科房批稿簿。午刻，陈荔秋等自大广办赈回，与之久谈。中饭后阅本日文件。接奉廷寄，内外蒙古地方并有贼窜扰，饬余统筹全局。因翻阅地图，并将《圣武记》一阅。核改马、步队营制，将即日入奏。方存之来一坐。雷雨交作，惜为时不久，无救于旱。酉刻，至陈荔秋处久谈。渠送《陈清端公瑸文集》一部，阅其首卷，备述圣祖召见时恩礼之隆，令人感泣。系康熙五十四年十二月陈调福建巡抚时也。旋阅《古文·杂记类》。二更四点睡。

十二日

早饭后清理文件。旋坐见之客一次，立见者一次。小睡良久。写信与张振轩等。巳正核科房批稿簿。午刻阅《圣武记》。因漠北有贼扰库伦等处，漠南有贼扰察哈尔，所以防御之也。中饭后阅本日文件，又阅《圣武记》。思作古文，而不克下笔。天气亢旱，绕室忧皇，如有非常祸变者。小睡颇久。酉刻，张振轩、陈作梅来久谈，商口外防堵之事。傍夕，在室私行祷雨。旋又小睡。夜阅地图，眼蒙殊甚。旋温《孟子》《离娄》下，《万章》上、下三篇，朗诵而气不能振，盖年力已衰而中有愧作，故馁也。二更四点睡。

附 记

赵宗道于八年八月领咨

十三日

早饭后清理文件。旋坐堂，与司道审录秋审，各犯过堂，辰正毕。旋与博多宏武一谈内外蒙古事。小睡半时许。巳正核科房批稿簿。午刻又睡。中饭后阅本日文件，阅《国朝文录》。傅军门来一谈。陕西臬台英奎来久谈。竹舲来诊脉，一谈。在室私行祷雨。傍夕又睡。夜再核练军营制。阅《国朝文录》中祭文、颂、赞等类。二更四点睡。自二月杪右目失明，至是四十余日，不敢治事，每日暇逸，愧悔身闲而心乱，盖生平之一无所养甚矣。

十四日

早饭后清理文件。旋坐见之客一次，立见者一次。小睡良久。巳正核科房批稿簿。阅汪双池《读困知记》。中饭后，李勉亭来久谈。阅本日文件，改片稿一件，约改五百字。酉正久睡。夜，拟改《江宁府学记》而不果。眼蒙，不敢久视。阅《梅伯言文集》数首。二更四点睡。

十五日

早饭后清理文件。至教场阅古北口练军操演。归，小睡片刻。巳正核科房批稿簿。午刻核河工保举清单。中饭后阅本日文件。申刻至城隍庙求雨。归，将各折片细加校对。傍夕至幕府一谈。夜阅《梅伯言文集》。二更四点睡。

十六日

寅正起，头或大眩晕，床若旋转，脚若向天，首若坠水，如是者四次，不能起坐。请竹舲一诊，服滋阴之剂，辰末始起坐。早饭吃一碗有零，较寻常减去一碗。饭后写纪泽信一件，尚能成字。巳正核科房批稿各簿。旋又久睡，未正起。中饭后阅本日新到文件。旋又久睡。接纪泽自京来信。申初发折。每登床则大晕，起坐则大晕。夜饭后，竹舲、良甫来久谈。二更后小坐。四点睡。睡后，微晕一、二次。

十七日

卯正始起，仍大眩晕。是日，每登床则眩晕，每起眩晕。若睡定、坐定之后，却不眩晕。早饭后清理文件。作梅、乐山来一叙，幕府诸君来一叙。久睡。巳正核科房批稿簿。午刻久睡。中饭后阅本日文件。小睡良久。阅《梅伯言诗集》。傍夕又久睡。夜阅《渔洋七言古诗选》。请徐医、竹舲各诊脉一次。二更四点睡。睡后，未再眩晕。

十八日

卯正起，眩晕如故。饭后清理文件。藩臬来一谈。旋又久睡。每登床则晕，坐起则晕，睡定坐定则不甚晕。黄静轩来久谈。午初核科房批稿簿。未正中饭后，阅本日文件，写澄、沅两弟信。又复久睡。本日，天气亢燥异常，眩晕较昨日加甚。夜与竹舲、旭亭商换一方。二更四点睡。

十九日

卯正起，眩晕如故。饭后清理文件。小睡甚久。巳刻观薛叔耘等围棋二局。

午刻核科房批稿簿。阅纪文达公《笔记》。未正中饭后，阅本日文件，写信与纪泽，改折稿一件。阅纪公《笔记》。酉刻久睡。傍夕与竹舲一谈。夜饭后与良甫一谈。阅纪公《笔记》，背《孟子》数十章，高声朗诵。小睡一次。二更四点睡。

廿日

卯正起，眩晕如故。饭后清理文件。小睡甚久。阅纪公《笔记》。请两医来诊，谓肝火甚旺，宜服凉药。巳正核科房批稿簿。午刻服药，久睡。未初中饭后，坐见之客一次，立见者一次。阅本日文件。旋又久睡。阅一阅一二字衍起坐，阅纪公《笔记》。申刻及夜间，两次请医诊视，服龙胆草等药，以泻肝火。倦甚，竟日久睡。二更四点睡。

廿一日

卯正起，眩晕如故。饭后清理文件。请医诊脉，仍服昨方。睡良久。阅纪公《笔记》。午刻写信一页与纪泽，核科房批稿簿。是日发折，请假一月调理。中饭后阅本日文件。坐见之客一次。阅纪公《笔记》。幕中诸友来一谈。旋又睡甚久。夜与竹舲一谈。阅纪公《笔记》。二更四点睡。

廿二日

卯正起，眩晕如故。早饭后清理文件，阅纪公《笔记》。小睡甚久。请医诊脉，谢与黎意见不同。接纪泽京信。午正又睡。未初中饭。本日交布政司代拆代行，无公事可阅，惟阅纪公《笔记》，以消遣而已。申刻服药后，静坐良久。傍夕小睡。夜阅纪公《笔记》。二更四点睡。

廿三日

卯正起，眩晕如故。早饭后诊脉，与竹舲一谈。清理文件，阅纪公《笔记》。辰巳间久睡。午刻再阅《笔记》。中饭后屡次静坐，屡次阅纪公《笔记》，心总不能澄静。傍夕，杭人周抚文自京来，纪泽请来医病者也。诊脉后，与谈良久。夜仍阅纪公《笔记》。竹舲来一谈。二更四点睡。

廿四日

卯正起，眩晕如故。请周抚文诊脉。饭后清理文件，阅纪公《笔记》。久睡。请竹舫一诊，仍服昨日原方。午后又睡。中饭后阅纪公《笔记》。申刻又久睡。酉刻及亥正，服周抚文方。傍夕静坐。夜阅纪公《笔记》，与抚文一谈。二更四点睡。

廿五日

卯正起，眩晕如故。请抚文诊脉。早饭后，又请竹舫一诊。清理文件，阅纪公《笔记》。睡甚久。午刻静坐。中饭后，钱调甫来，谈甚久。旋核题奏各稿。小睡良久。抚文来，谈甚久。傍夕小睡。夜阅纪公《笔记》。二更四点睡。

廿六日

早起，诊脉。饭后清理文件。同年张廉泉继灏来见，孙省斋廉舫来见，先后均久谈。阅纪公《笔记》。小睡良久。中饭后阅纪公《笔记》，核信稿数件。酉刻睡甚久。夜阅纪公《笔记》。二更四点睡。

廿七日

早起，诊脉。饭后清理文件。首府来一谈。旋藩臬首县来一谈，吴竹庄自京来久谈，管才叔来谈，兼为余诊脉，又请竹舫、抚文与才叔一商。应酬太久，倦甚小睡。未刻中饭后，阅本日信件，阅纪公《笔记》，写纪泽信一封。小睡片刻。写挽幛二幅。静坐片时。至幕府两处一坐。傍夕小坐。夜饭后阅纪公《笔记》。时复静坐。二更四点睡。

廿八日

早起，诊脉。饭后清理文件。竹庄及才叔来久坐。旋阅纪公《笔记》。又请竹舫一诊。午刻久睡，起时，眩晕殊甚。中饭后写澄、沅两弟信。请谢旭亭一诊。小睡良久。傍夕，与周抚文久谈。夜阅纪公《笔记》。眼蒙殊甚。二更四点睡。

廿九日

早起，吴竹庄、管才叔来诊脉，久谈。饭后清理文件，阅纪公《笔记》。又请竹舫一诊。围棋二局。午刻久睡。中饭后阅本日信件。申刻久睡。又请旭亭一诊。酉初剃头一次。旋又久睡。夜饭后，静坐。与周抚文久谈。二更四点睡。人不勤则万事俱废,一家俱有衰象。余于三、四两月内不治一事,于居家之道大有所损,愧悚无已。二更后,闻报纪泽考荫引见,蒙恩以员外郎分部行走,为之一慰。

五 月

初一日

早起，诊脉。饭后清理文件。旋小睡良久。阅《欧阳文忠公年谱》。旋又久睡。夏间疲甚，是余向日旧病，今年则更甚矣。中饭后阅欧阳公《诗话》，阅《集古录·题跋》。申正一睡，直至上灯，为时极久。夜又阅《集古录》。与周抚文久谈。二更四点睡。

初二日

早起，诊脉。饭后清理文件。新任河间府耆昆来见，邵希奭来见。阅《集古录》。旋久睡，疲甚，不耐坐也。阅《欧集》附录五卷祭文行状之类。中饭后阅《欧集》诗文。旋又久睡约二时许。酉初，竹文来诊脉，与之围棋一局。傍夕又睡。夜饭后静坐颇久，略阅欧文。是日接家信，澄弟二件、沅弟一件，均甚详细；叶亭甥三信，将挈眷来此。二更四点睡。

初三日

早饭后诊脉，与医一谈。清理文件。两司来一谈。阅《国朝文录》，姚春木所集也。静坐颇久。午刻见客一次。中饭后阅《国朝文录》。小睡甚久。静坐一响。酉刻，竹舲诊脉，因与围棋一局。夜又阅《国朝文录》。静坐一次。二更四点睡。余病目则不能用眼，病晕则不能用心，心眼并废，则与死人无异，以是终日忧灼，悔少壮之不努力也。

初四日

早饭后诊脉一谈。清理文件，阅《国朝文录》。小睡半时，巳刻，黄静轩来久谈，劝我静坐凝神，以目光内视丹田，因举四语要诀曰：但凝空心，不凝住心；但灭动心，不灭照心。又称二语曰：未死先学死，有生即杀生。有生谓妄念初生，杀生谓立予铲除也。又谓此与孟子"勿忘勿助"之功相通。吾谓与朱子"致中和"一节之注亦相通。中饭后阅本日信件，核题奏稿件。闭目静坐，学内视之法。阅《国朝文录》。小睡半时。酉正请竹舲诊脉。围棋一局。夜，静坐良久。二更四点睡，梦大水汹涌可怖。

初五日

早间，各员弁在署内者贺节，均接见，在外者未见。饭后清理文件。诊脉一次。辰正，余至各幕友处贺节。巳刻久睡。阅《国朝文录》。中饭，请潘师及周抚文等小宴。阅本日信件，阅纪公《笔记》。小睡良久。夜又阅纪公《笔记》。眼蒙，静坐。二更四点睡。本日眩晕病稍愈。

初六日

早饭后清理文件。诊脉一次。坐见之客三次。小睡半时许。改谢恩折稿一件，阅《国朝文录》。中饭后阅本日信件。李勉亭来久谈。阅《国朝文录》，改信稿七件。傍夕与周抚文久谈。夜饭后阅《国朝文录》。闭目久坐。二更四点睡。

初七日

早饭后清理文件。诊脉一次。阅《国朝文录》。小睡半时许。又请竹舲诊脉。闭目静坐。中饭后阅本日文件，阅《国朝文录》。小睡半时许。核对明日应发折片。与周抚文一谈。夜饭后阅《国朝文录》，阅杜、韩七古。二更四点睡。

初八日

早饭后诊脉一次，清理文件。方存之来一谈。与竹舲围棋二局。旋小睡半时许。写纪泽信一件，阅《国朝文录》数篇。中饭后阅本日信件，核稿数件，发折片各件。小睡甚久。酉正，静坐数息。夜阅黄静轩所著《福寿金鉴》，因求摄生之方。温欧公七古。二更四点睡。

初九日

早饭后清理文件。请周虎文诊脉一次。阅《国朝文录》。小睡半时许。谢旭亭来诊脉一次。阅《福寿金鉴》。午正，数息静坐，仿东坡"养生颂"之法，而心粗气浮，不特不能摄心，并摄身不少动摇而不能。中饭后阅本日信件，又阅《国朝文录》。小睡良久。围棋一局。酉刻服药后，行小周天法，静坐半时许。夜，周虎文来一谈。阅《古文辞类纂》中苏文数首。二更四点睡。

初十日

早饭后诊脉一次，清理文件。阅梁芷邻《缺艺丛话》。巳正围棋二局。午刻，李勉亭来一谈。旋静坐，数息三百六十。中饭后阅本日信件，阅《制艺丛话》。小睡半时许。天气躁热。酉刻服药后，行小周天法，静坐片时。夜阅《制艺丛话》。二更后阅姚选《近体诗》。四点睡。

十一日

早饭后清理文件。诊脉一次。阅《制艺丛话》。巳刻又请竹舲诊脉一次。围棋一局。午刻，静坐数息。未初二刻中饭后，阅本日信件。小睡半时许。申刻核题奏稿件，核信稿十余件，阅《制艺丛话》。接澄、沅两弟信，沅以余目疾，力劝余不用心，而不知已迟矣。酉正服药后，行小周天法。夜阅《理学宗传》。二更四点睡。

十二日

早饭后清理文件。旋诊脉一次。小睡半时许。贺仪仲自湖南来，久坐。午刻，静坐数息。中饭后阅本日文件。接沅弟信，许为我代办晚女下定事宜。核信稿廿余件，阅《福寿金鉴》，偶作一联云："战战兢兢，即生时不忘地狱，坦坦荡荡，虽逆境亦畅天怀。"酉刻，尹杏农来久谈，引见出京过此也。旋静坐，行小周天之法，夜饭后始行毕。阅《古文·奏议类》。二更四点睡。

十三日

早饭后清理文件。诊脉一次，旋倦甚，小睡片时。首府县来见一谈，黎竹舲来见，一谈。折差自京回，接各信件。又坐见之客一次，黄静轩来久谈，与论静坐数息之法，亦自恨衰老，不能有济。杨春皆之子来一见。午正，默坐数息。中饭后阅本日信件。又小睡片时。写纪泽信一件，阅沈文忠公《兆霖集》，又阅斌椿《乘查笔记》。斌号友松，内务府郎中，丙寅年曾奉使至西洋各国也。傍夕静坐。夜又倦甚,小睡。再阅《乘查笔记》。二更四点睡。

十四日

早饭后清理文件。诊脉一次。倦甚小睡。又请竹舲诊脉。围棋二局。阅《国朝文录》。午刻,静坐数息。中饭后阅本日信件。倦甚,小睡良久。阅斌椿《乘查笔记》。酉刻,静坐数息。夜与周虎文一谈。二更后阅五言古诗陶、曹等作。四点睡。

十五日

是日周虎文回京。早饭备席小宴。余吃菜稍多,饭后大为呕吐。余向有此病,近日服药,有知母、黄柏、龟板等,又不免伤脾也。送客后,两次久睡。作梅来一谈。阅《国朝文录》。午刻,静坐数息。中饭后阅本日信件,阅《国朝文录》。小睡甚久。请黎竹舲看脉。围棋一局。酉刻,静坐数息。夜阅《国朝文录》。温苏文数首。二更四点睡。

附 记

续假折　　河工保举折
赈贷案折　　史道折

十六日

早饭后清理文件。坐见之客二次。阅《国朝文录》。小睡良久,巳正后改折稿一件,核科房稿簿。午刻,静坐数息。中饭后阅《国朝文录》,阅纪公《笔记》。小睡良久。申正,请竹舲看脉。围棋一局。酉刻,静坐数息。夜饭后阅纪公《笔记》。二更后,大便不通利,有似于里气后重者,腹胀而溲不能出,屡次出恭,卒不得畅。因此,竟夜不得安眠。

十七日

早饭后清理文件。请竹舲诊脉。是日因里气后重之症,竟日不快,屡次久睡,间亦阅纪公《笔记》、《国朝文录》。然腹胀殊甚,坐卧不宁。申刻核题奏各稿。酉刻核信稿。静坐数息。夜温陶诗。二更后大解稍畅,所患渐愈。四点睡后,亦得酣眠。

十八日

早饭后清理文件。请竹屿诊脉。旋坐见之客三次。屡次登床小睡。阅《制艺丛话》。中饭后阅本日文件，阅《国朝文录》。小睡两次，良久。酉刻，静坐数息。夜仍小睡。竟日不能支撑，久坐。惟以睡眠为事，愈眠愈疲，盖衰惫甚矣。二更四点睡。

十九日

早饭后清理文件。诊脉一次。坐见之客一次。阅纪文达公《笔记》，旋又阅其遗集，诗尚可观，文则俗矣。屡次小睡。午初，纪泽自京归来，与之久谈。中饭后阅本日文件。旋又小睡。阅《纪文达诗文集》。酉正，静坐数息。夜饭后，微觉眩晕，诊脉一次。是日巳初围棋一局。申初核题奏稿。二更与纪泽一谈。四点睡。

廿日

早饭后见客二次。旋请竹屿诊脉。阅纪公《笔记》。谢旭亭来诊脉一次。小睡大半时。午正，静坐数息。中饭后阅本日信件，核改折稿一件。又将改史念祖请放实缺折，觉心烦头晕，不能下笔，因下睡良久。酉正服药后，静坐数息。夜饭后，又阅纪公《笔记》，与纪泽谈良久。二更四点睡。日内常作呕吐。至未刻后，一种亢旱炎燸之气殊不可耐，故病体总未痊愈。

廿一日

早饭后清理文件。诊脉一次。坐见之客二次，立见者一次。阅纪公《笔记》。小睡半时。午刻围棋一局。静坐数息。中饭后阅本日文件，阅《国朝文录》。小睡片刻。写对联数付，内撰寿联一付。酉刻，静坐数息。夜温《论语》《学而》至《述而》止。二更四点睡。

廿二日

早饭后，清理文件。阅纪公《笔记》。小睡半时许。巳刻，王叶亭甥自湖北航海，由天津到此一谈。旋诊脉一次。午刻，静坐数息。中饭后阅本日文件，阅《国朝文录》。小睡片时。申正与叶亭甥久谈，直至曛黑。旋小睡刻许。夜温

《述而》至《乡党》末止。二更四点睡。

廿三日

早饭后清理文件。坐见之客一次，立见者二次。阅纪公《笔记》。小睡半时许。午刻，钱调甫自京归，久坐。阅本日文件。中饭后，因直隶绅士公禀，请刘静修入祀文庙。将《静修文集》一阅。小睡一次。酉刻与叶亭甥一谈。旋静坐数息。夜温《先进》至《阳货》止。二更四点睡。

廿四日

早饭后清理文件。卢方伯来一谈。旋阅纪公《笔记》。小睡片时。巳正请竹舲诊脉，与之围棋二局。午刻与黄静轩久谈。阅本日文件。中饭后阅纪公《笔记》。小睡颇久。见客一次。核题奏各稿，核信稿数件。酉刻，静坐数息。夜阅刘静修文数首。温《阳货》至《尧曰》之末。二更四点睡。

廿五日

早饭后清理文件。旋小睡片刻。陈作梅来一谈。请竹舲诊脉。围棋一局。谢旭亭诊脉一次。午正数息，烦躁不耐久坐，在室散步。中饭后阅本日文件，阅《国朝文录》，核批稿各簿。自去年四月亢旱至今，十三个月未得大雨。本日未刻起，直至傍夕，雨尚小，灯后大雨。二更末，雨仍小。五更大雨，至次日辰初乃停，农家从此稍慰矣。酉刻，静坐数息。傍夕至内室一谈。夜温《大学》、《中庸》。二更四点睡。

廿六日

早饭后清理文件。大雨不止，为之快慰。巳初见客一次。旋诊脉一次。围棋一局。阅纪公《笔记》。接奉廷寄，派余赴天津查办事件，因病未痊愈，踌躇不决。小睡片刻。午刻，静坐数息。中饭后阅本日文件，阅纪公《笔记》。与吴挚甫一谈。小睡片时。傍夕与作梅久谈天津事件。夜阅纪公《笔记》，温《孟子》《梁惠王》上、下，《公孙丑》上。二更四点睡。

廿七日

早饭后清理文件。旋坐见之客三次，钱调甫谈颇久。小睡片刻。请竹舲诊脉。围棋二局。核批稿簿，阅《国朝文录》。中饭后阅本日文件，写澄、沅两弟信。思往天津查办殴毙洋官之案，熟筹不得良策，至幕府与吴挚甫一商。阅《国朝文录》。旋小睡片刻。酉刻，静坐数息。夜，眼蒙殊甚。温《孟子》《公孙丑》下、《滕文公》上、《滕文公》下。二更四点睡。

廿八日

早饭后清理文件。旋坐见之客四次。请竹舲诊脉一次。围棋一局。旋改折稿一件，改信稿一件，皆为天津洋务。中饭后阅本日文件。调甫来一谈。小睡颇久。旋写挽幛一件，阅纪公《笔记》。酉刻，静坐数息。夜温《离娄》上、《离娄》下、《万章》上。困倦之至，如不克支柱者，何其衰也。二更四点睡。

廿九日

早饭后清理文件。旋坐见之客四次。诊脉一次。小睡甚久。午刻见客一次，改信稿一件。中饭后阅本日文件。小睡甚久。围棋一局。酉初大雨，直至三更始息。酉刻睡颇久。疲倦殊甚，竟日惟酣睡耳。夜改信稿一件，温《万章》下、《告子》上、《告子》下。二更四点睡。

卅日

早饭后清理文件，旋立见之客一次，坐见者三次。诊脉一次。围棋一局。阅纪公《笔记》。小睡甚久。中饭后阅本日文件，又阅纪公《笔记》。屡次小睡，盖因目疾已深。此生一无所成，无可挽救，而目下天津洋务十分棘手，不胜焦灼，故仅阅笔记、小说，而此心实未半刻恬愉也。傍夕与纪泽一谈。夜阅纪公《笔记》。旋温《尽心》上、《尽心》下，《四书》温一过毕。二更四点睡。

六 月

初一日

早饭后清理文件，阅纪公《笔记》。小睡颇久。诊脉一次。围棋二局。午刻又久睡。中饭后阅本日文件，阅范宗山《经说》。申刻，坐见之客一次。旋小睡片时。酉刻，狂风骤雨。申正写对联二付、扁三方。傍夕会客一次。夜改信稿三件。眼蒙殊甚，即在室中闲坐，不复治事。二更四点睡。

初二日

早饭后清理文件。坐见之客六次，立见者一次。诊脉一次。围棋一局。疲倦殊甚，小睡半时许。中饭后阅本日文件。坐见之客二次。申正写对联五付。小睡半时许。改信稿一件，未毕。夜将信改毕。眼昏，不敢治事。本日闻崇侍郎奉旨出使法国，余日内因法国之事焦虑无已。二更四点睡，不甚成寐。

初三日

早饭后清理文件。见客一次。出门拜客，藩枭晤谈颇久，方存之来一谈。午刻，黄静轩来久谈。改信稿一件。中饭后阅本日文件。将赴天津，恐有不测，拟写数条以示二子。未申间，写二三百字。剃头一次。小睡颇久。酉刻与叶亭一谈。夜又写四五百字，有似于遗令者。二更四点睡。

初四日

早饭后清理文件。见客一次。又写遗令四百余字，至午刻写毕。巳刻诊脉一次。围棋二局。小睡片刻。中饭后，费幼亭等来，谈颇久。两次小睡颇久。酉刻，振轩、作梅等来久谈。傍夕又睡。夜将书案零件清理。小睡一次。二更后与纪泽等一谈。四点睡。

初五日

早饭后清理文件。坐见之客五次。旋小睡颇久。写澄、沅两弟信。中饭后，将案上零件收拾，阅本日文件。祝爽亭、丁乐山、蒋养吾先后来一谈。余至幕府四处各一谈，以明日将出门也。傍夕，振轩来久谈。夜将各件清理一番。二更四点睡。

初六日

是日起行赴天津。早饭后，卯初出城。司道在东关外送行，小坐一叙。旋行四十里至板桥，系安州所辖，打茶尖。张振轩送至此一谈，渠将赴山西，故远送话别也。又行廿里，至高阳县住宿。是日，名六十里，实将及八十里。中饭后屡次久睡。阅《史记》数篇。见客一次。幕友来一谈。夜改折稿一件。二更四点睡，竟夕为臭虫所謷，不能成寐。

初七日

黎明饭后，行卅里至高阳旧城，打一茶尖，旋又行卅里，至任邱县住宿。清理文件。见客二次。中饭后，丁乐山及幕府诸人先后来谈。小睡良久，自未至酉，几及两时，以昨夕未睡也。发报一折，看公牍数件。夜眼蒙殊甚，左眼亦可危矣。小睡甚久。二更三点睡。

初八日

寅初，黎明即起行。行四十里，卯正二刻至吕公堡打尖。早饭后又行五十里，午正三刻至大城县住宿。中饭后见客四次。小睡二次。拟作一说帖，晓谕天津士民，起稿四百余字，未毕。夜改信稿二件，二更三点改毕。眼蒙殊甚，睡后不能成寐。

初九日

寅初起行。行五十里至唐官屯打尖，系静海县所辖，运河经过处也。见客二次。早饭后发总理衙门信。行五十里，至静海县住宿。张翰泉来见，久谈，又坐见之客三次。申刻中饭。旋看包封公文。小睡良久。夜将谕天津士民稿写毕,约七百字。二更四点睡。日内左眼亦蒙,深以为虑,竟夕不能成寐。

初十日

寅初二刻起行。行四十里至炒米店打尖。坐见之客三次。辰正又起行二卅里,至天津住。中间离城十二里,司道在稍子口迎接,茶坐。离城五里,崇侍郎在教军场迎接,茶坐。旋先拜崇侍郎,一叙,再至公馆,未正到。倦甚。中饭后清理文件。坐见之客七次。阅本日文件。傍夕与吴挚甫等一谈。夜,乐山来一谈。旋小睡数次。二更四点睡。

附记

游击左宝贵,言与卢思诚于五月初六日亲见二尸,无眼无心。

周道言派把总常荣富去查,只见骷髅,无皮无肉,不止无眼无心而已。

博道、陈道六月十一日亲见一棺,有埋三尸者。

十一日

早饭后清理文件。坐见之客四次。小睡片时。写纪泽信一件,核包封寄来稿件。眼蒙殊甚,作字极苦。中饭后又核稿数件。小睡两次,颇久。申正,崇帅来会。旋又坐见之客四次。夜核告示稿一件。小睡甚久。二更四点睡。

十二日

早饭后,崇帅来一谈。旋坐见之客三次。诊脉一次。小睡颇久。核批稿各簿。中饭后,崇帅又来。英国副钦差傅磊斯自京至津,来寓一见,与崇帅同会。又有翻译官雅妥玛同来,坐颇久。围棋一局。旋久睡。夜间,与荔秋、乐山、良甫先后一谈。二更后阅姚选七言律诗。四点睡。

十三日

早饭后清理文件。见客二次。旋出门拜客,会晤者四家,未见者数家。午初归,围棋二局。中饭后,见客一次。美国领事密妥士来见,崇帅来会,又坐见之客二次,乐山来一谈。夜与荔秋等一谈。阅包封文件。二更后阅《七言律诗选》。四点睡。是日闻永定河决口,焦灼之至。

十四日

早饭后清理文件。崇帅来一谈，又坐见之客二次。小睡颇久。阅包封文件，写纪泽信一封。巳正围棋二局。旋又见客一次。午正，吴彤云自福建来，久谈。中饭后阅包封稿件。剃头一次。小睡二次。与幕友谈二次。夜改信稿一件。二更后阅杜诗七古。四点睡。

十五日

早饭后清理文件。见客五次。崇帅谈颇久。小睡片刻。围棋二局。写纪泽等信一件。中饭后阅包封文件。迭次小睡。未刻见客一次。筹议洋人之事，旁皇无计。傍夕与幕友屡谈。夜改咨文稿一件，约改七百字。眼蒙殊甚。二更四点睡。

十六日

早饭后清理文件。凡会客十次，内有山东丁中丞荐来之眼医刘会和，诊脉一次。围棋两局。中饭后阅包封文件。英国领事李蔚海等来见。申刻以后久睡，几及两时之久。盖衰颓疲困，又目疾不能治事，遂尔怠慢若此，自愧亦自伤也。夜间仍睡，不治一事。二更四点睡。本日办一咨文，力辨外国无挖眼、剖心等事。语太偏徇，同人多不谓然，将来必为清议所讥。

十七日

早饭后清理文件。会客四次。崇帅每日必来会晤。围棋两局。写纪泽等信。小睡甚久。中饭后见客一次。阅本日文件，内有罗研生信及所寄木刻、石刻各件，阅之良久。改折稿一件。闻法国罗公使将来，屡与委员等商接见之法。屡次小睡，夜亦小睡，以眼蒙不能治事也。二更四点睡。

十八日

早饭后清理文件。旋见客二次，吴彤云谈甚久。旋出门至天主堂、仁慈堂查勘被焚之迹，至彤云处久谈。归，见客二次。围棋二局。中饭后阅本日包封文件。崇帅来一谈。屡次小睡。因眼蒙不能治事。彤云送《正谊堂丛书》，将首册略一翻阅。又送《沿海图》，则不能阅看矣。夜与幕友等谈四次。二更四点睡。

十九日

早饭后清理文件。旋出门至崇帅处,与法国罗公使相见。渠系驻京钦差,十七日由京来津,查廿三日之案也。晤谈一时有余,辞气尚属平和。巳正归寓,见客二次。围棋二局。小睡片刻。中饭后阅包封文件。吴彤云来久坐,约一个半时辰。阅《读朱随笔》。小睡颇久。夜间阅《读朱随笔》。二更后核批稿各簿。四点睡。

廿日

早饭后清理文件。诊脉一次。旋见客三次。与幕府一谈。围棋二局。旋改折稿,久未下笔,构思良久。中饭后始核改,至傍夕改毕,约改五百余字。申刻,见客二次,谈颇久。夜改片稿二件,用心太过,疲乏殊甚。二更四点睡。

廿一日

早饭后清理文件。起床时,又发眩晕之症,盖二日内服山东刘医之药,多疏散之品也。请竹舲诊脉一次。围棋二局。旋见客二次,内俄国领事一谈。小睡甚久。中饭后写纪泽信三页。崇帅来一谈。又请刘医、高医各诊脉一次。核批稿各簿。见客二次。小睡良久。夜又小睡。二更后,崇帅来,言洋人将大兴波澜,欷歔久之。旋幕府诸君来商抵御之法,谈至丑初方睡,不甚成寐。

廿二日

早饭后清理文件。见客一次。崇帅于辰刻、巳刻、酉刻来谈三次。辰正诊脉一次。围棋二次。小睡一次。中饭后阅本日文件。见客二次。改片稿一件。是日,因洋人来文,欲将府、县抵命,因奏请将府、县交刑部治罪,忍心害理,愧恨之至。又坐见之客一次。吴彤云来一坐。小睡片刻。夜改照会稿一件,核科房批稿簿。眼蒙日甚。二更四点睡。

廿三日

早饭后清理文件。因昨夜照复罗使之件尚多不妥,又改添三百余字,重写一遍。崇帅来,与之一谈。又坐见之客一次。巳刻以后久睡。中饭后料理发报,并发军机处咨文、总理衙门信件、罗使照复之件。围棋一局。崇帅来邀同往拜罗使，拜英、俄二国领事官。申初去，曛黑归。夜见客数次，吴彤云谈颇久。核科房批稿簿。二更四点睡。

廿四日

早饭后清理文件。小睡片刻。旋诊脉一次。围棋二局。见客一次。写澄、沅两弟信。狂风猛雨，书案皆湿，不能治事，小睡良久，愁闷之至。中饭后，将弟信写毕，又写纪泽信二页。旋又围棋一局，观人围棋二局。崇帅来久谈。夜接廷寄二件、罗使照会一件，阅之郁闷之至，绕室行走而已，二更四点睡。

廿五日

早饭后清理文件。见客四次。诊脉一次。围棋二局。崇帅与翻译官德威理丝来一谈。小睡良久。中饭后阅本日文件。见客一次，吴彤云来久谈。小睡极久。天热而头晕，不能支持也。傍夕见客一次。夜又久睡。是日，竟日昏睡，盖心绪烦闷而病又作也。二更四点睡。

廿六日

早饭后清理文件。见客一次。旋诊脉。崇帅来一谈。围棋二局。坐见之客二次。小睡良久。中饭后改照会稿件。申正，崇帅来，丁道、陈镇来。余陪客之际，呕吐殊甚。客至别室坐，余登床小睡。接廷寄，于战和之计，亦尚未定。夜因病沉睡，未吃夜饭。二更四点睡。

廿七日

早饭后清理文件。崇帅来一谈。旋诊脉一次。围棋二局。泻泄数次，登床久睡。中饭后见客一次。崇帅因余患病，奏请另派重臣来津查办。核改折稿一件。夜又改片稿一件。小睡数次。幕友等来一谈。二更四点睡。

廿八日

早饭后，清理文件。崇帅来一谈。旋见天津道府。病热殊重。与吴彤云议折、片各稿。围棋二局。久睡不起。中饭后，核对折片，发报一次。浙江提督黄少春来见。又诊脉一次。小睡良久。核科房批稿各簿。夜，屡次小睡，精神不能支持。二更四点睡。

廿九日

早饭后清理文件。崇帅来一谈,又坐见之客一次。竟日久睡。午刻写纪泽信一件。中饭后又屡睡。申正围棋一局。崇帅来一谈。又围棋一局。彤云来一谈。傍夕一睡。夜,核改信稿一件。二更四点睡。

七 月

初一日

是时，尚在天津查办事件。早饭后清理文件。小睡颇久。围棋二局。旋又久睡。核信稿一件。是日仅泄泻一次，而胃口不开如故。见客二次。中饭后久睡。申正，崇帅来一谈，与幕友一谈。夜久睡。不吃夜饭，惟吃扁豆、点心。日内仅扁豆尚适口耳。二更四点睡。

初二日

早起，诊脉一次。饭后见客一次。崇帅旋来一谈。辰正围棋二局。自是竟日在床久睡，不能起坐，盖署邪未清，胃口不开，自尔疲乏异常也。中饭后核信稿二件。申刻核批稿各簿，余亦久睡不起。夜间，亦惟酣睡，仅灯时起吃点心，二更三点起洗脚而已。四点睡。

初三日

早饭后清理文件。诊脉一次。见客三次。写纪鸿信寄京，写纪泽信寄省。屡次久睡，病困不能支持也。中饭后见客一次，围棋二局。又久睡。崇帅来一谈。日内病象，胃口不开，泄泻、出汗诸症。夜又大睡，二更四点大睡，竟夕不甚成寐。

初四日

早间诊脉。饭后清理文件。是日仍竟日酣睡，仅围棋二局，见客二次而已。中饭后仍屡次久睡。终日不治一事，忝窃高位虚名，愧赧极矣。请山东荐来之刘医诊脉，渠意专主治湿。夜又久睡。二更四点睡。

初五日

早饭后，崇帅来一谈。旋诊脉一次。围棋二局。竟日酣睡，不治一事。病体小愈。见客二次，内有英国副领事贾勒斯威，公使所派来也。中饭后屡次久睡。申正见客一次。酉刻，毛煦初尚书昶熙，自京来会办洋务，与谈颇久。夜又久睡，二更四点大睡。是日核折稿一件、信稿二件。

附记

初五日，田二，河东人。供认用西瓜刀砍洋人。

终松荫，烧教堂后，百姓拿送县，刀伤都是众百姓砍的。

安三，烧教堂后，众百姓拿住送县，各处有烧伤，左右膝有跪伤。

李兆恒，宁晋人。烧教堂之次日，小关混混王姓等拿住送县。刘长清坚供是李迷拐，有棒伤、烧伤。

赵荣，任邱人。教堂烧后，众百姓拿住送县，审讯未用刑，伤是众百姓打的。

王三，天津县人。教堂烧后，众百姓拿住送县，武兰珍供认是王三，渠供不是王三，是王二，有棒伤、踢伤。

初六日

早饭后清理文件。小睡片刻。诊脉一次。围棋二局。又诊脉一次。写纪泽信一件。坐见之客四次。内有毛煦初带来之小钦差四人，皆良才也。中饭后迭次小睡。是日，人送八宝鸭子，略一沾唇，盖久不食荤腥矣。晡时，崇帅来一谈。夜仍久睡。总为眼蒙，不耐久视，遂致百事废弛。二更四点睡。

附记

王荫之文稿寄至洪调笙处

初七日

早饭后清理文件。旋诊脉一次。小睡多次，未能治事，早、中饭后，俱在室散行千步。未刻，毛煦初来久谈。旋改信稿二件。吴彤云、季勉林先后来久谈。

迭次小睡，眼蒙不能治事。夜亦久睡。二更四点睡。

初八日

早饭后清理文件。诊脉一次。小睡良久。王幼八来见，王率三之子，亦从军十年矣。旋又见客一次。小睡时许。中饭后，毛帅、崇帅并来一谈。日来之病，总苦胃口不开，除开水泡饭外，一无所食，脾经亏损极矣。吴彤云送所著《读易随笔》，偶一翻阅。小睡良久。夜，葛绳孝来见，从江苏调来办洋务者也。小睡片时。二更三点睡。

初九日

早饭后清理文件。吴子健、刘小云来商量折稿，毛煦初所拟稿也。旋诊脉一次。巳正，英国公使威英玛来见，与谈良久，多虚疑恫喝之辞。旋又见客一次。小睡良久。中饭后，葛令绳孝来言，罗使尚可挽留，因令其至毛帅处一商。旋葛令与陈子敬同来。葛令去留罗使，而陈留此久谈。又便见之客二次。小睡良久，夜亦久睡。略阅吴彤云所著《易说》。二更四点睡。

初十日

早饭后清理文件。见客一次。旋毛帅、崇帅来一谈。诊脉一次。小睡良久。写纪泽信一件。见周惠堂等，一谈，渠携两弟之信来也。中饭后散行千步。吴桐云来一谈。屡次小睡。夜写两弟信，未毕。思此生一无所成，欲发愤一为晚盖，而为目病所困，感叹不已。二更四点睡。

十一日

早饭后见客一次。清理文件。旋立见之客二次，坐见之客一次。诊脉一次。屡次小睡。写纪泽信一件。中饭后，散行千步。将两弟之信写毕。崇帅来辞行。屡次小睡。竟日不治一事，深为愧疚，寸心如焚。夜亦屡睡，而心之负疚弥甚。二更四点后，阅《通鉴》十余页。睡，不甚成寐。

十二日

早饭后清理文件，毛帅来久谈。散行千步。诊脉一次。念竟日困卧，寸心负疚，不如看书，稍得自安，因取《通鉴》，连昨夕所看之十余页，看第一卷卅三页、第二卷卅三页。旋小睡片时。中饭后写纪泽信。散行千步。将《通鉴》分类，略记目录。旋写笔记一条，将以示家中子侄辈。见客二次。傍夕小睡。夜略看公牍。静坐颇久。二更四点睡。

十三日

早饭后散行千步。清理文件。毛帅来久谈。诊脉一次。阅《通鉴》第三卷卅页，思写目录而久不就。杨见山来久谈。小睡一次。中饭后小睡良久。写笔记一条，核批稿各簿。酉刻久睡。夜，眼蒙特甚。幕友来久谈。二更后小睡。四点睡，久不成寐。

十四日

早饭后清理文件。蒋养吾来谈甚久。旋诊脉一次。陈小蕃来一谈。巳正，总税司赫德来久谈。又坐见之客一次。阅《通鉴》第四卷卅三页、第五卷十五页，未毕，将可为法戒者略记目录。小睡片刻。中饭后，毛帅来久谈。周虎文自京来，为余诊病。吴彤云来久谈。傍夕小睡。夜写笔记一条。二更四点睡。

十五日

早饭后清理文件。见客三次。诊脉一次。散行千步。毛帅来一谈。阅《通鉴》五卷十六页、六卷卅二页，略记类目。小睡片刻。中饭后，散行千步。小睡片刻。彤云、小蕃、虎文及道府等四起便衣来坐，谈俱颇久。核信稿二件。夜写笔记一条。小睡一次。二更四点睡。

十六日

早饭后清理文件。坐见之客一次，立见者一次。诊脉一次。阅《通鉴》第七卷卅四页、第八卷十八页，略记类目。小睡片刻。中饭后，小睡甚久。见客一次。写笔记一条。傍夕小睡甚久，夜仍小睡。日内仍患泄泻，故疲惫殊甚，两腰无力。二更四点睡，竟夕不甚成寐。

附记　七月十五　五十三号

未将教堂及领事衙门服役之人传讯
拜晤，并未答拜

非刑拷讯习教人
坚嘱拿混星子有水火会

十七日

早饭后清理文件。散行千步。诊脉一次。坐见之客二次。阅《通鉴》八卷十一页、九卷廿九页。毛帅来，久谈一时许。略记类目。小睡片刻。中饭后散行千步。小睡颇久。写对联四付，写笔记一条。坐见之客三次。傍夕小睡。夜核稿数件，写零字百余，欲试目力之尚可支持否。二更三点后，朗诵《孟子》数章，欲以疏散肝家不和之气。四点睡。

十八日

早饭后散行千步。清理文件。诊脉一次。坐见之客一次。阅《通鉴》十卷廿五页、十一卷廿九页。见客一次。小睡片刻。中饭后散行千步。写纪泽信一件。小睡良久。吴彤云及道府等先后来谈。写笔记一条。傍夕小睡。夜改片稿一件。小睡二次。二更四点睡。

十九日

早饭后散行千步。清理文件。诊脉一次。阅《通鉴》十二卷卅四页、十三卷十九页，略记类目。坐见之客二次。午正小睡。核对本日应发各折片。中饭后散行千步。写纪鸿信一件，约三百余字。毛帅来久谈，又坐见之客一次。写笔记一条。小睡良久，夜仍小睡。幕友来一谈，二更四点睡。

廿日

早饭后散行千步。清理文件。见司道一次、镇将一次、府县一次，又立见之客一次，诊脉一次。阅《通鉴》十三卷、十四卷廿七页、十五卷九页。又坐见之客一次，赫德来久谈，刘子务来久谈。略记类目。午正小睡。中饭后散行千步。迭次小睡。至幕友处一谈。写笔记一条。刘子务又来一谈。核信稿二件。旋又小睡。夜，眼蒙，不能治事。二更后略阅《古文·辞赋类》。四点睡。

廿一日

早饭后，散行千步。清理文件。阅《通鉴》十五卷廿二页、十六卷卅一页。

因屡见客，中饭后始阅毕。见客五次，内毛帅谈最久，约一个半时辰。午正略睡片刻。中饭后散行千步。略记类目，核改信稿二件。迭次小睡。吴彤云来久谈，又少坐之客二次。傍夕小睡。夜写笔记一条。屡与幕友商寄总署信件。二更后阅《古文·序跋类》。四点睡。

廿二日

早饭后散行千步。清理文件。坐见之客二次。诊脉一次。阅《通鉴》十七卷廿九页、十八卷廿三页。略记类目。坐见之客二次。中饭后散行千步。写纪泽信一件，改信稿一件，约改三百余字。迭次小睡。剃头一次。写笔记一条。傍夕小睡，夜又小睡。二更后阅《古文·序跋类》。四点睡。

廿三日

早饭后散行千步。清理文件。坐见之客一次。毛帅来久谈。诊脉一次。阅《通鉴》十八卷十页、十九卷卅三页。略记类目。见客一次。小睡片刻。中饭后散行千步。坐见之客一次。屡次小睡。申正写笔记一条。酉刻吴桐云来久谈。傍夕小睡，灯后又睡。旋温《古文辞类纂》中序跋类，温一过，粗毕。二更四点睡。

廿四日

早饭后散行千步。清理文件。诊脉一次。外国人密妥士来见。阅《通鉴》廿卷卅二页、廿一卷廿四页，略记类目。中饭后散行千步。出门拜毛煦初尚书，久谈，酉初归。批核稿各薄，改信稿二件。夜间小睡片刻。又改信稿二件。小睡二次。二更四点睡。因眼蒙日甚，本日未写笔记，将来并不能看书矣。

廿五日

早饭后散行千步。清理文件。丁雨生中丞自江苏来，畅谈良久。旋坐见之客三次。诊脉一次。阅《通鉴》廿一卷十一页、廿二卷廿八页，略记类目。午正小睡。中饭后散行千步。毛帅来谈良久。旋小睡二次。见客一次。酉刻，丁帅来谈甚久。渠有墨晶镜，令余常用遮眼，不看文字，以葆左目一隙之光，是夜带之。添马谷山信稿三百余字。二更四点睡。

廿六日

早饭后散行千步。清理文件。诊脉一次。坐见之客二次。阅《通鉴》廿三卷廿四页、廿四卷亦廿四页，略记类目。出门拜丁中丞，谈颇久，午正二刻归。小睡片刻。中饭后散行千步。毛帅来谈甚久，吴彤云、陈小帆先后来谈。小睡三次。带墨晶镜以遮眼。夜间亦不治一事。二更四点睡。

廿七日

早饭后散行千步。清理文件。诊脉一次。阅《通鉴》廿四卷九页、廿五卷卅页，略记类目。丁中丞来久谈，丁乐山来一谈，又坐见之客一次。午正小睡片刻。中饭后散行千步。坐见之客一次。因目蒙不能治事，小睡二次，或带墨晶镜枯坐。心不能静，游思杂想，或思食水果之类。傍夕久睡。夜核信稿一件。小睡二次。幕友来谈二次。二更四点睡。

廿八日

早饭后散行千步。清理文件。阅《通鉴》廿六卷廿五页、廿七卷三页。坐见之客二次。旋毛帅、丁帅来，久谈一时有余，午正二刻始散。又见客二次。中饭后散行千步。写纪泽信一件。又阅《通鉴》廿七卷廿页，盖无事则愈焦闷，故不如稍阅书籍也。迭次小睡，傍夕久睡。夜改信稿一件、折稿一件。温《古诗选》中苏、黄七古一遍。二更四点睡。

廿九日

早饭后散行千步。清理文件。诊脉一次。丁道、马守各来见一次。阅《通鉴》廿七卷五页、廿八卷廿八页、廿九卷廿二页。坐见之客一次。小睡片刻。中饭后散行千步。毛帅、丁帅来，久谈将两时许，酉初始散。病后陪客，疲乏殊甚，客去小睡。夜阅《古文辞类纂》奏议类、书说类。眼蒙，不能细看，涉猎而已。日来，办天津之案，拿凶犯已五十余人，稍有头绪。二更四点睡。

卅日

早饭后散行千步。清理文件。诊脉一次。阅《通鉴》廿九卷十页、卅卷卅二页，略记类目。坐见之客二次。出门拜客二家，坐均颇久，午初归。坐见之客一次。小睡片刻。未初，请毛、丁二公便饭，畅谈良久，至酉初方散。丁公带来何子贞所写手卷，服其精力之酣足。傍夕料理天津教案诸事。夜核科房批稿簿。二更四点睡。

八　月

初一日

早饭后散行千步。清理文件。坐见之客一次。诊脉一次。阅《通鉴》卅一卷卅二页、卅二卷廿六页，略记类目。午初，毛帅来，久谈一时许。中饭后散行千步。坐见之客二次。申刻，丁帅来，道、府亦来，直至曛黑始去。夜，幕府来一谈。二更三点后，接总理衙门信，阅之良久。五点睡。

初二日

早饭后散行千步。清理文件。诊脉一次。坐见之客一次。阅《通鉴》卅三卷廿九页、卅四卷廿六页，略记类目。孙士达来一谈，毛、丁二帅来久谈。午末小睡。中饭后散行千步。如冠九来久谈，吴彤云来久谈，丁乐山来一谈。傍夕小睡。夜核改信稿三件，核文稿数件。眼蒙殊甚。阅《古文辞类纂》中书说类数首。二更四点睡。

初三日

早饭后散行千步。清理文件。坐见之客三次。诊脉一次。阅《通鉴》卅五卷廿页。毛、丁二师来久谈，未初去。中饭后散行千步。再阅《通鉴》卅五卷十页，阅卅六卷五页，略记类目。眼蒙，不敢治事，屡次小睡。酉正至幕府一谈。夜写纪鸿信一件，约四百字。眼蒙小睡。坐见之客一次。二更四点睡。

初四日

早饭后散行千步。清理文件，改信稿三件，约共改四百字。立见之客一次，坐见者一次。诊脉一次。阅《通鉴》卅六卷廿页。接奉廷寄，马谷山被刺客戕害；余调两江总督，李少荃调直隶总督。幕府来一谈。毛、丁二帅来久谈，午末去。中饭后散行千步。阅《通鉴》卅六卷五页、卅七卷十九页。添纪鸿儿信一页，写纪泽儿信三页。出门拜毛煦初，久谈。傍夕归，小睡。夜将天津教案料理一番，见客一次。二更四点睡。

初五日

早饭后散行千步。清理文件。见客，坐见者三次，立见者三次。诊脉一次。阅《通鉴》卅七卷十五页、卅八卷六页，未毕。毛、丁二帅久谈，巳正来，未初去。中饭后散行千步。又阅《通鉴》卅八卷廿六页，毕。坐见之客五次，陈子敬与吴桐云谈颇久。小睡片刻。夜阅张守、刘令所具亲供，又阅文牍数件，二更后改一折稿，未毕。四点睡。

初六日

早饭后散行千步。清理文件。坐见之客三次。诊脉一次。阅《通鉴》卅九卷卅四页、四十卷十六页。午刻小睡。中饭后散行千步。小睡片刻。将昨夜折稿改毕，又核改谢恩折，未毕。毛帅来久谈。傍夕小睡。夜将谢恩折改毕。小睡片刻。二更后默诵《孟子》。四点睡。

初七日

早饭后散行千步。清理文件。立见之客一次。阅《通鉴》四十卷十七页、四十一卷六页。毛、丁二公来久谈，午刻去。又坐见之客一次。将本日应发折片校对一过。中饭后散行千步。写纪鸿信一件。拜发折件，行礼起跪甚难，需人扶掖。核科房稿簿。又阅《通鉴》四十一卷十五页，略记类目。静坐数息三百。余生平不善静坐，坐辄昏散成寐。傍夕小睡。夜阅《本草》药性数事。二更后阅古文数首。四点睡。

初八日

早饭后散行千步。清理文件。毛帅来一谈，又坐见之客二次。诊脉一次。阅《通鉴》四十一卷十一页、四十二卷卅二页，略记类目。坐见之客二次。中饭后散行千步。阅《通鉴》四十三卷十七页。出门拜成竹坪，未晤。归，坐见之客一次。小睡片刻。写澄、沅两弟信，约近四百字。静坐数息，昏散如故。旋又小睡。夜核批稿各簿，添澄、沅两弟信二页。二更后温《古文·辞赋类》。四点睡。

初九日

早饭后散行千步。清理文件。诊脉一次。阅《通鉴》四十三卷十四页、四十四卷卅四页。略记类目。中饭后散行千步。派道员三人、京员三人来余寓，审案，讯府县等亲供。未正见客一次，即派审诸君也。写纪泽信一件。阅虞伯生、刘静修等七古诗。吴彤云来久谈，傍夕去。小睡片刻。夜写李少荃信三页，眼蒙，未毕。温《古文·辞赋类》数首。四点睡。

初十日

早饭后散行千步。清理文件。坐见之客一次。诊脉一次。阅《通鉴》四十五卷廿四页，未毕。毛、丁两帅来久谈，午刻去。又坐见之客一次。阅《通鉴》五页。中饭后散行千步。坐见之客二次，立见者一次。阅《通鉴》四十六卷十八页，略记类目。毛、丁二帅又来久谈，傍夕去。夜写少泉信二页，阅《古文·碑志类》数首。二更四点睡。

十一日

早饭后散行千步。清理文件。诊脉一次。阅《通鉴》四十六卷十页。四十七卷廿二页。巳初二刻，毛、丁二帅来，成竹坪旋来。是日会审府县，午刻，过堂讯供。未初客散。中饭后散行千步。阅《通鉴》四十七卷六页毕，阅四十八卷八页，略记类目。方存之自省来，久谈，又坐见之客二次。是日辰刻核改折稿一件。酉刻核改信稿一件。夜又核改信稿二件。温《古文辞类纂·书说类》。二更四点睡。

十二日

早饭后散行千步。清理文件。诊脉一次。见客一次。阅《通鉴》四十八卷十五页。毛、丁二帅来议府县亲供事，辰正来，午初去。又阅《通鉴》五页。未初，请吴彤云、方存之等小宴。申正客散，倦甚，小睡。阅核各项亲供多件。核毕，即行发抄。以便明日随折进呈。傍夕小睡。夜写纪泽信一件。折差自京归，阅京报及各信件。余辞两江之任，未蒙允准，徘徊久之。二更后，又核亲供二件。五点睡。

十三日

早饭后散行千步。清理文件。坐见之客一次。诊脉一次。阅《通鉴》四十九卷廿九页、五十卷十八页，略记类目。坐见之客一次。午正出门至发审局。旋至丁雨帅处，渠本日患病，故往视之。未正，至毛煦帅处，渠约小宴，申末始散。归寓，见客一次，小睡片刻。傍夕又小睡。夜写小信二件。与毛、丁及成竹坪料理明日发报事件。阅《古文辞类纂》奏议、书说二类。二更四点睡。

十四日

早饭后散行千步。清理文件。诊脉一次。毛帅来久谈。阅《通鉴》五十卷十七页、五十一卷十七页。坐见之客二次。中饭后散行千步。又阅《通鉴》五十一卷廿页，此卷凡卅七页，较他卷稍多，阅时稍久。沈品莲自京来见，久谈。剃头一次。小睡片刻。吴彤云来久谈。核批稿各簿。夜阅新到文件，温《古文》韩文碑志类。二更四点睡。

十五日

早饭后散行千步。清理文件。立见之客数次，皆武员贺节者。诊脉一次。阅《通鉴》五十二卷廿九页、五十三卷廿二页。未毕。略记类目。中饭后，散行千步。又阅《通鉴》六页，五十三卷阅毕。是日全无宾客。写信与毛帅，写纪泽儿信一件。屡次登床小睡，自未至酉，小睡良久。夜写零字颇多。温《古文辞类纂·书说类》。二更四点睡。

十六日

早饭后散行千步。清理文件。诊脉一次。毛帅来一谈，旋坐见之客二次。阅《通鉴》五十四卷卅页、五十五卷廿六页，未毕，略记类目。中饭后散行千步。又阅《通鉴》三页，五十五卷阅毕。出门拜客，丁雨帅处一谈，毛煦帅处不遇。归，史绳之来久谈，又坐见之客一次。写信与毛帅，留渠暂不回京。恒都转来一谈。夜改复总署信一件。料理与各衙门公回总署信件。幕友来谈两次。二更四点睡。

十七日

早饭后散行千步。清理文件。毛帅来久谈，司道来一谈，又坐见之客三次。阅《通鉴》五十六卷廿四页。中饭后，出城至西沽送毛煦帅进京。归，再阅《通鉴》五十六卷五页、五十七卷十四页。略记类目。核改信稿一件，写毛帅信一件。夜核改折稿，未毕。二更四点睡。

十八日

早饭后散行千步。清理文件。坐见之客三次。诊脉一次。成竹坪来一谈。阅《通鉴》五十七卷十五页。中饭后散行千步。阅《通鉴》五十八卷廿一页，略记类目。与幕府谈两次，周琳叔来一谈。傍夕小睡。夜改折稿，二更后毕。温《古文·序跋类》。四点睡。

十九日

早饭后散行千步。清理文件。丁雨帅于辰初来，在此坐谈竟日，直至申正始去，因为津案廿三日出奏，紧急之至。传镇协来见一次，道、府、县来见一次，发审局六员来见一次，皆严催二日内审讯。丁帅中间去幕府时，余阅《通鉴》五十八卷六页。是日，天津陈镇及委员二人在余寓审案，敲搒之声竟日不绝。申末后，阅《通鉴》五十九卷廿八页，略记类目。晡时小睡。夜阅本日文件及家信等，写信与丁帅及首县。二更后温苏诗七古。五点睡。

廿日

早饭后散行千步。清理文件。坐见之客二次。诊脉一次。阅《通鉴》五十九卷三页毕，阅六十卷廿页。坐见之客二次，丁中丞来久坐，未初去。中饭后散行千步。又阅《通鉴》六十卷十一页毕，阅六十一卷五页。欧阳宗偘来谈，石汸之子也。丁中丞自送空青来，以重价自苏州购得，为余医目，厚意可感！可送《通鉴》、《续通鉴》及目录等书，纸墨亦皆上品，谈及灯后始去。夜阅公文中，有运司详请奏盐务十条。闭目坐颇久。二更后温《古文·奏议类》。四点睡。

廿一日

早饭后散行千步。清理文件。丁雨帅来，道、镇、府、县均来，议定本日定各犯清供，廿三日出奏，至未初方散。中饭后散行千步。写纪泽信一件，五页，核改信稿，阅《通鉴》六十一卷廿五页。陈小蕃来久谈。写对联二付、直条一张。傍夕至幕府一谈。夜又将《通鉴》六十一卷补阅一过，略记类目。二更四点睡。

廿二日

早饭后，天津道及府、县俱来，丁中丞亦来，公定各凶犯清单，商订良久始定。午正，各客皆去。清理文件，核改折稿，未毕，中饭后改毕。纪鸿儿及页亭甥自京来津，与之一谈。旋又核改清单，核对府、县供折，核改夹片，至酉正粗毕。小睡片刻。夜核改夹片，将各单细细料理，送丁中丞、成廷尉一商。二更后再核改折件，核咨总署文件。三更睡。是日专办公事，未遑他顾，幸精神尚能照料耳。

廿三日

早饭后散行千步。清理文件。坐见之客二次。诊脉一次。丁中丞来久坐，成廷尉来一坐。阅《通鉴》六十二卷卅二页、六十三卷十八页。中饭后散行千步。陈小蕃来久谈，陈镇来一谈。是日料理发折，奏办天津凶犯，校对各件。丁中丞酉刻又来。傍夕小睡。夜，刘省三军门自南来，一谈。发折后，将各犯供折清理一番。二更后温《古文·书说类》。四点睡。

廿四日

早饭后散行千步。清理文件。立见之客一次，坐见者三次。丁中丞来久谈。阅《通鉴》六十三卷十页、六十四卷廿四页。中饭后散行千步。因府、县当解进京，与幕府谈思所以救全之法，踌躇良久。旋至丁中丞处久商。傍夕归，小睡。夜阅本日文件。将府、县事再三斟酌，与幕友久谈。二更后核改信稿一件。五点睡。

廿五日

早饭后散行千步。清理文件。见司道一次，又坐见之客一次，丁中丞来久坐。诊脉一次。阅《通鉴》六十五卷卅页。见客一次。午初出门，至西沽接李少泉中堂，迎候良久，与渠同回余寓，因留渠便饭，丁中丞亦在坐，酉初始散去。散行千步。阅《通鉴》六十六卷八页，略记类目。夜见幕友二次，久谈。改折稿一件，将盐务详文细阅。欲作折而不能，盖日内将交御矣。二更四点睡。

廿六日

早饭后散行千步。清理文件。见客，坐见者八次，立见者二次，内刘省三、吴清卿谈颇久。阅《通鉴》六十六卷廿二页、六十七卷七页。中饭后散行千步。出门拜李少荃节相，谈颇久。归，李咏莪来久谈，方存之来一谈。夜阅《通鉴》六十七卷十一页。与幕友久谈。二更后略记类目。温东坡七古。四点睡。

廿七日

早饭后散步千步。清理文件。坐见之客七次，立见者一次，李咏莪谈甚久。阅《通鉴》六十七卷五页、六十八卷廿九页。未初，请李少泉、丁雨生、刘省三小宴，散席后，复久谈，直至傍夕始去。夜，陈国瑞来见，一谈。写纪泽信一件，约五百余字。二更后将本日所阅《通鉴》再一检阅。看吾脚自膝以下，业已肿涨，盖虚弱已甚矣。四点睡。

廿八日

早饭后散行千步。清理文件。见客六次，又立见者一次。诊脉一次。午刻核改片稿，至未正中饭后改毕。阅《通鉴》六十九卷卅五页。小睡片刻。李佛生来一谈。傍夕又小睡。夜，张翰泉来见，一谈。略记两日阅《鉴》类目。闭目小坐。二更后发报。四点睡。

廿九日

早饭后散行千步。清理文件。坐见之客六次，立见者一次。正拟料理发折，午刻丁雨帅来，午末李荃相来，直谈至傍夕始去。小睡片刻。夜发折差。添许仙屏信一页，写纪泽信二页。阅张清恪公所著《学规类编》及所选《唐宋八大家文钞》，涉猎数十页。二更四点睡。

九　月

初一日

早饭后散行千步。清理文件。立见之客三次，坐见者一次。巳正，丁中丞、刘军门、成廷尉先后来久谈，又坐见之客二次。中饭后散行千步。阅《通鉴》七十卷廿八页、七十一卷十八页，略记类目。傍夕小睡。困倦殊甚。夜，谢旭亭、吴桐云二人先后久坐，陈云卿来一坐。核批稿各簿，阅新到文件。二更四点睡。

初二日

早饭后散行千步。清理文件。出门拜丁中丞，又拜成竹坪，未晤。归，围棋二局。刘省三、丁雨生先后来久谈。阅《通鉴》七十一卷九页、七十二卷十八页。丁雨生力劝余不看书、不写字、不多阅公牍，以保将盲之左目。其言恳恻深至，余将遵而守之。中饭后散行千步。小睡二次。写纪泽信三页。傍夕，与李勉林久谈。夜与挚甫一谈。阅《朱子文件》十余页。二更四点睡。

附　记

陈济清 不带　　吴大廷 于收米折内附片调
李傅芾 不带　　吴汝纶 折调
金吴澜 附片带回　　李兴锐 折调
陈兰斌 附片带回　　方宗诚 函补
萧世本 奏补　　丁寿昌 结案保
刘盛藻 奏保

初三日

早饭后散行千步。清理文件。围棋一局。丁中丞来一坐。诊脉一次。又围棋一局。又坐见之客二次，立见者一次。午正出门至河干送丁中丞回苏，未正归。中饭后散行千步。阅胡敬斋《居业录》。酉刻倦甚。小睡良久，直至灯后始起。夜饭后阅《朱子文集》数页。闭目小坐。二更四点睡。

初四日

早饭后散行千步。清理文件。围棋二局。诊脉一次。坐见之客二次。核改折稿二件、片稿一件。中饭后散行千步。见客一次。小睡片刻。申初，李中堂来久坐，灯后始去。核改咨稿一件；略阅《读朱随笔》。近日，膝以下浮肿，是夜洗脚后，以姜、葱、艾叶蘸烧酒擦之。二更四点睡。

初五日

早饭后散行千步。清理文件。坐见之客三次。诊脉一次。围棋二局。阅《通鉴》七十二卷十七页毕。中饭后散行千步。又阅《通鉴》七十三卷廿九页、七十四卷六页。吴桐云、丁乐山先后来谈。傍夕小睡。夜阅张清恪公《道统编》。是日看书稍多，又不能守丁雨生之诫，保全左目。二更四点睡。

初六日

早饭后散行千步。清理文件。坐见之客三次，方存之谈颇久，旋又见客一次。是日交卸直隶总督印务，午刻交李中堂。巳刻围棋二局。阅《通鉴》七十四卷廿五页。中饭后散行千步。见客一次。出门至李中堂处道喜，谈至日晡方归。夜写纪泽等信，阅《通鉴》七十五卷十七页。二更四点睡。

初七日

早饭后散行千步。清理文件。坐见之客二次。围棋二局。又坐见之客二次。诊脉一次。核改信稿数件。午刻，李中堂来，即在此便饭，申初去。核信稿一件。阅《通鉴》七十五卷十七页。傍夕小睡。夜，幕友来久坐。阅七十六卷廿四页。日内眼蒙日甚，盖下棋看书，皆费目力也。脚肿未愈，老态颓然，殊不自持也。二更四点睡。

初八日

早饭后，散行千步。清理文件。诊脉一件。巳初，日本国使臣五人来见，曰柳原前光，曰花房义质，曰尾里政道，曰名仓信敦，曰郑永宁，设酒果相待，巳正去。围棋二局。坐见之客四次，李咏莪、王灼棠坐甚久。黎竹林自京归来，与之一谈。中饭后散行千步。阅《通鉴》七十六卷五页、七十七卷卅页。小睡片刻。写对联四付。傍夕，与竹林久谈，因同夜饭。阅《通鉴》七十八卷十三页。闭目小坐。阅新到文件。二更四点睡。

初九日

早饭后散行千步。清理文件。阅《通鉴》七十八卷十六页毕。坐见之客四次。将近数日所看《鉴》略记类目。阅《通鉴》七十九卷廿二页。围棋二局。中饭后散行千步。又阅《鉴》七十九卷十四页毕。坐见之客二次。阅《鉴》八十卷十三页，写对联三付。傍夕小睡。夜又阅《鉴》八十卷十一页。闭目静坐片刻。阅《居业录》数页。二更四点睡。

初十日

早饭后散行千步。清理文件。坐见之客二次。阅《通鉴》八十卷六页、八十一卷卅一页。坐见之客一次。诊脉一次。围棋二局。阅《通鉴》八十二卷廿八页。中饭后散行千步。阅《通鉴》八十三卷十四页。倦甚小睡。李中堂来，自申初至灯后方去。又阅《鉴》十三页，将八十三卷阅毕。是日阅三卷零六页，在近日为极多者。然目力愈坏，不能守丁雨生保养左目之诫，而看书亦涉猎不能深入，殊无谓也。闭目小坐片刻。二更后略阅《居业录》。四点睡。

十一日

早饭后散行千步。清理文件。坐见之客三次。将昨日所阅之《通鉴》重阅一遍，稍加详慎，至申初始毕，略记类目。巳初诊脉一次。围棋二局。申刻写对联七付。未刻改片稿一件。傍夕小睡。夜阅《通鉴》八十四卷廿六页。二更后又阅《居业录》数页。闭目小坐。四点睡。

十二日

早饭后散行千步。清理文件。料理第二批津案人犯，酌定清单。坐见之客二次。改折稿一件。巳初，李中堂来久谈，在此便饭，申初始去。卢午峰来一谈，渠将赴浙江之任，过此也。申初，法国翻译官德微理亚来见。围棋二局。谢立夫出京过此来见。刘子务来一谈。傍夕小睡。夜阅《通鉴》八十五卷廿页。闭目小坐。二更后阅《居业录》数页。四点睡。

十三日

早饭后散行千步。清理文件。见客三次。围棋二局。阅《通鉴》八十五卷十页，此卷似未看清，又重阅一遍。午初出门，拜李中堂，即在渠处中饭。饭后，申初归。李咏黄、吴桐云先后来久谈。傍夕小睡。夜，卢方伯来一谈。将八十二、三、四、五卷中晋世骨肉相残之事，另写一目录，以便省览。闭目小坐。阅《居业录》数则。二更四点睡。

十四日

早饭后散行千步。清理文件。见客三次，安徽学使景鉴泉谈颇久。阅《通鉴》八十六卷卅一页，写纪泽信一封。午刻围棋二局。中饭后阅《通鉴》八十七卷十二页。出门至河干拜景鉴泉。归，将本日后阅《鉴》重阅一遍。又阅八十七卷六页，至第十八页止。傍夕小睡。夜写信与成竹坪，阅张清恪《学规类编》十余页。二更后闭目少坐，四点睡。

附记

郭子美在桑园，德州下七十里

滕学义铭军三营，在临清

阎克显铭军道员

万年青李相转运局

徐道奎淮军水师

以上三人均在张秋

程绳武前任济宁，在东昌，知府

十五日

早饭后，见贺望之客，立见者数次。散行千步。清理文件。改折稿一件、片稿一件。刘省三、郭子美来见。巳正，李少泉来，即在此久谈，未初便饭，申初始去。又见客,式甫、成竹坪先后久坐。围棋二局。夜与幕友一谈。添陈作梅信三页、费幼亭信一页。二更后阅《居业录》数页。闭目小坐。四点睡。

十六日

早饭后散行千步。清理文件。坐见之客七次。围棋二局。改折稿一件。中饭后散行千步。改片稿一件。阅《通鉴》八十七卷十六页毕。前甘肃林方伯之望来见,一谈。倦甚,小睡颇久。将《通鉴》八十六、七卷再翻阅,而其不能清了如故。甚矣,余之衰也! 夜阅薛文清公《读书录》十余页。二更四点睡。

十七日

早饭后散行千步。清理文件。坐见之客一次。将《通鉴》八十七卷再阅一遍,用目录一对,始觉清晰。又阅八十八卷十一页。巳正出门拜李中堂,久谈,即留彼处便中饭。饭后拜成竹坪,又拜刘省三、郭子美,申正归。陈小蕃来一谈,又坐见之客一次。围棋二局。傍夕,吴桐云来久坐。夜饭后阅薛文清《读书录》约卅页。目蒙,不敢再看。二更四点睡。

十八日

早饭后散行千步。清理文件。坐见之客二次。阅《通鉴》八十八卷廿一页、八十九卷十八页。午初出门,至山西会馆,李中堂与三工大臣成竹坪及司道等公请饯行,至申正二刻散席,始归。写澄、沅二弟信四页,约本百余字。小睡片刻。夜见客一次。阅《读书录》十余页。闭目小坐。二更四点睡。

附 记

京信四封	别敬单
留通箱件单	随眷水路人员单
随余陆路人员单	京城送书单
津城辞行单	津寓书单

十九日

早饭后散行千步。纪泽儿自保定奉眷来此,一叙。旋坐见之客二次,陈子敬谈颇久。巳初,李中堂来久谈,午末始去。中饭后清理文件。杨艺芳来久谈。出门至河下与眷属一谈。酉正回寓，小睡片刻。夜料理进京各事，及眷属由水路南行各事。将上年在京送别敬各单斟酌一遍，应再送都圈出。闭目小坐。二更四点睡。

廿日

早饭后散行千步。清理文件。坐见之客六次，沈品莲坐甚久。将保定零星文件清理，应焚毁者弃之。改信稿二件。派人送信进京。中饭后，坐见之客三次。清理应弃之件。又立见之客二次。傍夕，纪泽来一谈。夜饭后，李中堂来罄谈，至二更四点方去。清理零件。三更后睡。

廿一日

早饭后散行千步。清理文件。坐见之客一次，立见者一次。再将零件应焚弃者清检一番。巳初出门辞行，拜会者七家，亲拜者数家，未刻归。饭后散行千步。坐见之客三次。写横披一幅、对联二付。傍夕小睡。夜改信稿四件，出纪泽及王瑞珍先后一谈。二更四点睡。

廿二日

早饭后散行千步。清理文件。坐见之客五次，李中堂坐甚久。午初，日本国使臣四人来见，谈颇久。中饭后散行千步。坐见之客六次，立见者二次。本日所见，皆送行之客，以余明日起程进京也。剃头一次。纪鸿儿巳午间来禀辞，将送眷口由水路赴江南，纪泽则侍余进京耳。夜将案上零件清理一番。闭目小坐。幕府来久谈，三更去。

是日细思古人功夫，其效之尤著者，约有四端：曰慎独则心泰，曰主敬则身强，曰求仁则人悦，曰思诚则神钦。慎独者，遏欲不忽隐微，循理不间须臾，内省不疚，故心泰。主敬者，外而整齐严肃，内而专静纯一，斋庄不懈，故身强。求仁者，体则存心养性，用则民胞物与，大公无我，故人悦。思诚者，心则忠贞不贰，言则笃实不欺，至诚相感，故神钦。四者之功夫果至，则四者之效验自臻。余老矣，亦尚思少致吾功，以求万一之效耳。

廿三日

黎明起，早饭。饭后，辰初一刻起程进京，李少泉、成竹坪及文武各官送至西沽，寄请圣安。旋少泉又送数里，余使人力阻之，始于道旁茶棚话别。行卅五里，至浦口打尖，司、道、府、县均送至此。中饭后行廿五里。未正至杨村小坐，吴桐云、周琳叔等送至此，别去。又行廿五里，至蔡村住宿。见客三次。夜清理文件。二更后接李中堂信，写复信一页。三点睡，竟夕不能成寐。

廿四日

黎明起，早饭。饭后行卅五里，至河西务。又行十八里，至安平打尖，午初始到。又行十八里至马头。又行廿八里，至张家湾缩，酉初到。坐见之客三次。傍夕与幕友小谈。夜核津案凶犯名单。二更后阅李少泉寄来文件。二点后洗脚，三点睡。

廿五日

黎明起，早饭。饭后行十二里至通州。乔鹤侪在东关外迎接，在庙内与之一谈。旋至仓场总督署内拜乔鹤侪。出西门，走廿五里至定福庄，又走廿里至齐化门。进城，走七里许至金鱼胡同贤良祠居住。坐见之客十余次，直至夜间未能少息。料理明日入朝应办事件。二更一点睡。

廿六日

早，于寅初三刻即起。寅正二刻自寓起行，大轿至东华门，换坐小轿至景运门。卯初至内务府朝房，与军机沈经笙、李兰生、文博川先后一谈。旋与恭王一面，即退至东路九卿朝房，与黄恕皆等久谈。巳正叫起，因入乾清门内，养心殿之外军机坐处一坐。巳正三刻入养心殿之东间，叩谒皇太后、皇太圣安，旋即叩头恭谢天恩。西太后问曰："尔何日自天津起程？"对："廿三日自天津起程。"问："天津正凶曾已正法否？"对："未行刑。旋闻领事之言，俄国公使即将到津，法国罗使将派人来津验看，是以未能遽杀。"问："李鸿章拟于何日将伊等行刑？"对："臣于廿三日夜接李鸿章来信，拟以廿五日将该犯等行刑。"问："天津百姓现尚刁难好事否？"对："此时百姓业已安谧，均不好事。"问："府、县前逃至顺德等处，是何居心？"对："府、县初撤任时，并未拟罪，故渠等放胆出门，厥后遣人谕知，业已革参交部，该员等惶骇，始从顺德、密云次等回津云云。"问："尔右目现尚有光能视？"对："右目无一隙之光，竟不能视。左目尚属有光。"问："别的病都好了么？"对："别的病算好了些。"问："我看你起跪等事，精神尚好。"对："精神总未复原。"问："马新贻这事岂不甚奇？"对："这事很奇。"问："马新贻办事很好。"对："他办事和平、精细。"旋即退出殿门以外。归寓，见客四次。中饭后又坐见之客三次。旋出门拜恭邸及宝尚书鋆家，灯后始归寓。见客二次。写本日日记簿。二更二点睡。

廿七日

早饭后，在寓稍一徘徊。辰初三刻出门入朝，在景运门内九卿朝房听候传宣。巳初三刻后，蒙召入内，在内朝房小坐。巳正三刻进见。西太后问："尔在直隶练兵若干？"对："臣练新兵三千，前任督臣官文练旧章之兵四千，共为七千。拟再练三千，合成一万，已与李鸿章商明，照臣奏定章程办理。"问："南边练兵也是最要紧的，洋人就很可虑，你们好好的办去。"对："洋人实在可虑，现在海面上尚不能与之交战，惟尚设法防守。臣拟在江中要紧之处，修筑炮台，以防轮船。"问："能防守便是好的，这教堂就常常多事。"对："教堂近年到处滋事，教民好欺不吃教的百姓，教士好庇护教民，领事官好庇护教士。明年法国换约，须将传教一节加意整顿。"问："你几时出京？"对："万寿在迩，臣随班行礼后，再行跪安请训。"太后旋与带见之六额驸景寿说话，命余明日无庸递牌。旋退出殿外。归途，拜单地山先生。到寓后，坐见之客四次。中饭后，坐见之客二次。出门拜客四家，仅黄恕皆得晤，久谈，日晡归。夜围棋二局。将上年别敬簿核对一过，应拜者记出。二更三点睡。

廿八日

早饭后散行千步。清理文件。坐见之客五次。出门拜客十余家，惟胡霁林、董酝卿、王荫堂得会，未正归。中饭后散行千步。坐见之客二次。出门拜客，至文博川、倭中堂处一谈，归已更余。夜饭后，与客围棋二局。二更三点洗脚后，阅纪鸿儿领出落卷。四点睡。

廿九日

早饭后散行千步。清理文件。坐见之客凡八次。巳正出门，拜客七家。申初，至黄恕皆家，渠请便饭，直至日晡方散。归寓，已灯初矣。夜饭后围棋二局，与纪泽一谈。因各处有请小宴者，却之则不恭，赴之则难于酬应，踟蹰良久。二更三点睡。

十 月

初一日

是日孟冬时享,奉派入坤宁宫吃肉。寅正一刻起,饭后入朝。卯初一刻五分至兵部报房,与诸大臣坐谈颇久。卯正二刻传入乾清宫,又与众王大臣立谈。三刻入,过交泰殿,至坤宁宫。皇上坐西南隅榻上,背南窗北向而坐。各王大臣以次向西而坐,以南为上。第一排南首为惇王、恭王,以次而北。第二排又自南而北,余坐第五排之南首一位。初进钉盘小菜、酱瓜之类一碟,次进白肉一大银碟,次进肉丝泡饭一碗,次进酒一杯,次进奶茶一坏。约两刻许退出,在兵部报房听起。巳正方散。归寓,见客六次。中饭后见客一次。出门拜客三家,未晡。至塔军门之太夫人家久坐,归已晡矣。小睡片刻。夜饭后围棋二局。阅崇地山所送《历代名臣传》节录。二更四点睡。

初二日

早饭后清理文件。坐见之客三次。出门拜客,由东单牌楼、四牌楼至后门外,拜至西四牌楼、阜成门等。拜会者只文秋山、彭芍庭两家,余俱亲拜,出顺成门。是日移居法源寺,未正二刻到。中饭后,坐见之客五次。酉初至李兰生处拜会,谈颇久。灯后归,何子愚来一谈。曹镜初来久谈。疲乏殊甚。阅董酝卿所送《观台祗谒笔记》。二更四点睡。

初三日

早饭后清理文件。坐见之客七次。天津府、县二人谈甚久,不复能治事矣。小睡片刻。中饭后出门拜客,会者四家,余具亲拜,灯后归。劳六世兄来见,久谈，与客围棋二局。二更后阅《湖南题名录》及闱墨等。四点睡。

初四日

早饭后清理文件。坐见之客二次。谈颇久。巳正出门拜客，未正二刻归。拜会者四家，余俱亲拜。中饭后围棋二局。风雨、阴凉，故下半日未再拜客。晡时，刘省三来一谈。渠本日奉旨督办陕西军务。夜与纪泽议及送别敬事。余衰颓日甚，全无记性，即应酬之事亦俱不能妥为思虑。本日闻省三言，长江水师弊端百出，尤以不能整顿为愧。小睡片刻。二更三点睡。

初五日

早饭后清理文件。坐见之客一次。辰正出门拜客，会者数家，余多亲拜，午正归。围棋一局。中饭后，坐见之客七次，如孙莱山、李兰生等，谈皆甚久。酉刻客散，倦甚，小睡。是日，有送寿礼中书画等物，偶一审观，旋即退出。夜阅朱伯韩所刻诗文集。眼蒙殊甚，较之在天津时又不如矣。二更四点睡。

初六日

早饭后清理文件。坐见之客八次，与客围棋一局。午正请赵曾向诊脉，将医目疾。中饭后，坐见之客六次。是日，军机大臣面奉谕旨，令余即日清训，前赴两江之任。余已定初八请训矣。继念初十须拜万寿，仍改为十二请训。夜，张翰泉来一谈。小睡片刻。左目蒙昧弥甚，几不能作字矣。二更四点睡。

初七日

早饭后清理文件。是日小雨霏微，天气作寒。辰刻后，坐见之客六次。午刻围棋二局。中饭后，在室中散步良久。坐见之客一次。申正将剃头，甫散发而刘省三来，与之一谈。客去晡黑，不能剃头矣。小睡片刻。夜，曹镜初陪圣性和尚来一谈，所送《楞严经指掌疏》，余偶一翻阅，仍无所解，又翻阅朱伯韩所著古文。二更四点睡。

初八日

早饭后清理文件。坐见之客四次。午刻围棋二局。中饭后小睡片刻。见客三次，剃头一次。是日辰刻，将各别敬单校核一过。傍夕小睡。夜阅魏璧文所著四书文，本日送来者。眼蒙，屡次小睡。与纪泽论送别敬事。二更四点睡。

初九日

早，卯正三刻起，吃饭，料理等事。于辰初二刻出门，道途泥深，不敢坐轿，雇车一辆。行六刻，至巳初始抵景运门。余本日具折请训，已早奉传宣召见矣。亟进乾清门，至内奏事处，与六额驸景寿同坐。约三刻许，始进养心殿东间。慈禧皇太后问："尔几时起程赴江南？"对："臣明日进内随班行礼，礼毕后三两日即起程前填江南。"问："江南的事要紧，望你早些儿去。"对："即日速去，不敢耽阁。"问："江南也要练兵。"对："前任督臣马新贻调兵二千人在省城训练，臣到任，当照堂进行训练。"问："水师也要操练。"对："水师操练要紧，海上现造有轮船，全未操练。臣去，拟试行操练，长江之中，拟择要隘处试造炮台，外国洋人纵不能遽与之战，也须设法防守。"问："你从前用过的人，此刻好将尚多么？"对："好的现在不多。刘松山便是好的，今年糟踏了，可惜！"问："实在可惜！文职小官也有好的么？"对："文职小官中，省省都有好的。"问："水师还有好将么？"对："好将甚少。若要操练轮船，须先多求船主。"太后少停，未问。旋告六额驸曰："令他即可跪安。"余立起退至帘前，复跪请圣安。旋即出乾清门。至东华门外，拜客五家，惟客中堂及宝大司农两处得会。申初至恭王处，未会。归寓已酉初矣。夜围棋二局。将本日公事及各处送礼稍一查阅。二更三点睡。

初十日

是日慈禧皇太后万寿。寅初起，饭后二刻七分出门。坐轿，泥泞，直至卯初二刻始至景运门，在兵部报房久坐。旋由景运门穿过隆宗门，又在工部朝房一坐，直至辰正始随皇上在慈宁门外行礼。礼毕，在朝房吃点心，江西按察使俊达所备也。旋出门，至黄恕皆家久坐。午初二刻出，至宝佩珩家，渠请戊戌同年，宾主凡七人。午正三刻登席，申正二刻散。余回寓已灯矣。写昨日日记。寓中人预祝生日。改信稿一件。将应送别敬之人再加料理一番。二更四点睡。

十一日

黎明起，寓中拜寿者数起。是日为余六十生日。饭后少停，即出门。细雨泥泞，至长沙会馆一坐，全无一人在馆寓居。途次，拜客三家。自长沙会馆出，又至辰沅馆、宝庆馆、上湖南馆各一坐，三处皆有人陪谈。旋又回至西头麻线胡同，拜魏庚臣。未正始至湖广会馆，南北同乡，唱戏公请。一则督抚进京，同乡向有公钱之局，一则借此为余祝寿也。听戏至酉正，灯上时始归。夜饭后清理文件。刘省三来久谈。二更四点睡。

十二日

早饭后清理文件。见客一次。将别敬各单核对一次。中饭后，宝佩珩、延荫溪来一谈。未正三刻出门，拜客三家，惟文博川得晤，久谈，曛黑时归。小睡片刻。夜饭后围棋二局。张竹汀、涂心畬来久谈，陈小蕃来一谈。再将各单核对一过。二更四点睡。

十三日

早饭后清理文件。坐见之客二次。围棋二局。阅看崇效寺老僧智朴《青松红杏》手卷，将作诗而不果。中饭后见客七次，小睡片刻。傍夕，郑小山来鬯谈。夜，袁子久来一谈，曹镜初、徐寿洪来一谈。二更后作七绝一首，写于《青松红杏》卷子之上。是日，幻泽将各处别敬单交付清楚，而雇车久未议妥，明日恐不能成行，殊为焦灼。四点睡。

十四日

早饭后清理文件。坐见之客四次。围棋二局。是日将出京，以车辆未齐，不果成行，常在室中散步盘旋。中饭后见客三次，陈仲鸾及陈小舫谈颇久。傍夕小睡。夜写澄、沅两弟信四页，约四百余字。旋阅斌友松《乘查笔记》。二更四点睡。

十五日

早饭后，装车出京，辰初起程。巳正至长新店打尖，见客二次。旋又行卅里，至良乡县西关外三里之寿国寺住宿。未正即到，见客二次。陈舫仙送寿礼至此，仓卒不能复信。夜接纪鸿及叶亭甥信，系在临清州所发者，此写回信三页，交来差带去。亥初刻睡。日内，左目益蒙，轿中不能看书，便觉衰懒，不治一事矣。

附 记

蒋养吾托写信，奏永定河大王将军封号。又托奏请三代一品封典顶奏。又托论徐道用银五万余两，未出报销经费。

贺仪仲托领戊午乡试公费。

李德英极言沧州王官屯蓝得春将才也。其兄蓝大春亦有用之才。

十六日

早，卯初二刻起。饭后，黎明起行。行廿五里，辰正二刻至窦店小坐。又行四十五里，未初至涿州住宿。坐见之客二次。中饭后又见客二次。阅《论语》《述而第七》至《颜渊第十二》止，细看朱注。傍夕小睡。夜再阅《论语》。二更初睡，盖亥初也。近定为亥初睡，卯初二刻起。

十七日

早，卯初二刻起。饭后，黎明起行。行卅里，至三角淀小坐。又行卅里，午初至新城县住宿。因泥泞在途，轿行快而车行极慢，故每日仅行六七十里，因车至甚迟也。在轿中思廿二日日记，所云"思诚则神钦"者，不若云"耐苦则神钦"，盖必廉于取而俭于用，劳于身而困于心，而后为鬼神所钦伏，皆耐苦之事也。中饭后围棋二局。赵惠甫自磁州来，至此久谈。夜，王仲山同年来一谈，渠系新城人，来此送别。阅《论语》《颜渊》、《子路》、《宪问》等篇。二更一点睡。

十八日

早，卯初二刻起。饭后行卅里，巳初至白沟河小坐，与惠甫一谈。旋又行四十里，未初至雄县，保定司道钱调甫、费幼亭、陈作梅等六人在此送行，等候三日矣，与之久谈。又中军等坐见二次。中饭后，作梅、调甫绳之三人先后来久谈。傍夕，余步行至调甫、绳之两店一谈。夜饭后，赵惠甫来久谈。二更二点睡。

十九日

早，卯初二刻起。饭后，钱调甫等司道六人来见，话别，与谈片时。旋上轿，行卅里至鄚州小坐，见客一次。旋又行四十里，午正二刻至任邱县住宿。在轿中久睡，不理一事。未刻与纪泽一谈。行程应走济宁，抑走泰安，踌躇未决。申刻围棋二局。晡时小睡。灯后，惠甫来一谈。阅下《论》注毕。二更二点睡。

廿日

早饭后，黎明开行。行五十里至河间府北廿里铺。府、县及武员等在此迎候，接晤一谈。旋又行廿里，至河间府城住宿。时甫午正，见客三次。未初，请惠甫在此同饭。饭后李勉亭、李黻生、吴挚甫来一畅谈。勉与挚将与我同赴江南，黻则自保定来此送行也。在轿中阅上《论》《学而》、《为政》、《八佾》各注。眼蒙殊甚，深以看书为苦。酉正与竹林围棋二局，至初更后毕。夜饭后阅《里仁》注。惠甫来久谈。二更二点睡。

廿一日

早饭后，黎明起行，行卅里至商家林打一茶尖。又行卅里至献县打尖，坐见之客三次。午正又起行，行四十里至富庄驿住宿。广大顺道李文敏来此送行，去渠大名治所已五百余里，与之邕谈。旋又见客一次。小睡片刻。李勉亭、吴挚甫、李佛生、黎竹林、薛叔耘等并来一谈，皆随余南行者也。夜，惠甫来同饭。饭后，李捷峰文敏又来一谈。二更二点即睡。

廿二日

早饭后，黎明起行。行四十里至阜城县打尖，见客二次。中饭后，行五十里至景州住宿，住开福寺。景州城三面皆有积水围绕，迂道十里许。绕至南门始克进城。坐见之客一次，旋李佛生来一谈，李勉亭、吴挚甫来久谈。晡时小睡。未申间，在轿中温《易》《乾》、《坤》、《屯》、《蒙》、《需》五卦。眼蒙日甚，轿中日光穿入，尤不相宜。夜再温《易经》《讼》、《师》、《比》、《小畜》、《履》、《泰》、《否》七卦。小睡二次。二更二点睡。

廿三日

早饭后，黎明起行。行四十里至留智庙打一茶尖，见客一次。又行廿里至德州住宿。城守尉富明在一店恭请圣安。午正到店，坐见之客五次。眼蒙不能治事。中饭后会客二次，围棋一局。旋又会客一次。小睡二次。闻湘潭、湘乡、衡山哥老会滋事，甚为猖獗，不胜焦虑。并闻沅北带队进剿，有小挫之说，尤为忧灼。夜温《易经》《同人》、《大有》、《谦》、《豫》、《随》、《蛊》、《临》、《观》八卦。二更二点睡。

廿四日

早饭后，黎明起行。行七十里，午正至恩县打尖，坐见之客二次。尖后又行卅里。申初二刻至腰站住宿。已午间，在轿中温《易》《噬嗑》、《贲》、《剥》、《复》、《无妄》、《大畜》、《颐》、《大过》八卦。未正又温《坎》、《离》二卦。腰站系平原县境。是日该县未来办差，自行租店买食而已。酉正小睡两次。夜饭后温《易》《咸》、《恒》、《遯》、《大壮》、《晋》、《明夷》六卦。勉亭、挚甫来坐，一谈。二更二点睡。

廿五日

早饭后，黎明起行。行四十里至高唐州打尖，儿子辈在新店打尖，在高唐之南廿里。余于巳正二刻自高唐起行。行七十里至茌平县住宿。东昌府知府程绳武，号筱泉者，来此迎接。五年前在济宁州共事之旧游也。在轿中温《易》《家人》、《睽》、《蹇》、《解》、《损》、《益》、《夬》、《姤》、《萃》、《升》、《困》、《井》十二卦。日光窗轿射目，屡作屡止。是日，途中泥淖处皆已成冰，寒气渐深矣。酉刻又见客一次。夜饭后，温《易》《革》、《鼎》二卦。纪泽来谈颇久。二更二点睡。

廿六日

早饭后，黎明起行。行六十里，午初二刻至桐城驿打尖，东阿县境也。过小河一道，系黄河分支窜出者。夏间盛涨分流，冬日渴耗，有土桥矣。中饭后，午正二刻起行。行卅五里至大河口渡黄河。渡毕，复行十八里至旧县住宿。在轿中温《易经》《震》、《艮》、《渐》、《归妹》、《丰》、《旅》、《巽》、《兑》八卦。未申间，又温《涣》、《节》、《中孚》、《小过》、《既济》、《未济》六卦。至旧县，见客二次。接李少泉信，知长女适袁氏者，于九月下旬去世，为之伤感。日内所深虑者，家乡哥老会滋事，恐扰及桑梓、丘墓，又恐沅弟带兵未能得手，不料儿女中有袁氏女之变。老境颓唐，不堪伤感。与纪泽儿一谈。温《易·系辞》上传前十章。二更二点睡。

廿七日

早饭后，黎明起行。行六十里，午初至东平州打尖。知州为宋祖骏，号伟度，昔年旧识也。饭后又行七十里，申正二刻至汶上县住宿。是日共行一百卅里。出京以来，惟此日行路最多。在轿中温《易·系辞》上传末二章、下传十二章。未申间，温《说卦传》。途中，恩余年来出处之间多可愧者，为之局促不安，如负重义疚；年老位高，岂堪常有咎悔之事！夜再温《系辞传》，与纪泽一谈。接信，知家眷船尚在济宁，明日即可会聚江南。戈什哈来接，接到文件颇多。二更二点睡。

廿八日

早饭后，黎明起行。行四十五里至康庄驿打一茶尖。又行四十五里，未初二刻至济宁州住宿。途次迎接者颇多，屡次下舆为礼。在轿中温《书经》《尧典》、《舜典》、《大禹谟》。到济宁后，坐见之客三次。中饭后坐见者三次，立见者三次，兖州知府沈鹭卿来谈稍久。申正至河下船中与眷属一谈。晡时回公馆，小睡。夜温《书经》《皋陶谟》、《益稷》。二更二点睡。

廿九日

早，至辰初始起，比途次较晏。饭后料理杂事。旋出门拜客五家，会晤者一家。遂登舟将由水路下清江至江宁也。会客四次。过船与眷属一谈。中饭后会客一次，围棋一局。谢立夫回家，在此同行，来会一谈。申正开船，行十里许，至赵村闸湾泊。剃头一次。小睡片刻。夜，坐见之客三次。温《书经》、《禹贡·九州》，旋温至篇末。二更二点睡。

卅日

早，黎明开船。行卅四里至新店闸。因逆风不能渡湖，遂停泊竟日。温《书经》，自《甘誓》至《武成》，傍夕止。巳刻见客二次。申刻见客一次。午刻围棋三局。晡时小睡。目力用之稍过，弥觉昏蒙。夜温《洪范》、《旅獒》。二更后睡。

闰十月

初一日

黎明早饭后，舟师以为风比昨日较小，可以开船。过南阳湖，甫行十里，风力转加，不能渡湖，即行湾泊。竟日温《书经》，《金縢》起至《多方》止。眼蒙，屡次小睡。午刻围棋二局。儿辈来船，与语两次。请医人谢旭亭诊脉一次。二更后睡。

初二日

黎明，早饭后开船。逆风，用舢板拖行。行四五里，风盛，不能前进，停泊片刻。旋又勉强开行，拉纤行走。走四十里至南阳闸停泊片刻。旋又行十二里至赵家闸泊宿，已上灯矣。温《书经》，自《立政》至《秦誓》毕。申初后再温《金縢》、《大诰》、《康诰》、《酒诰》、《梓材》。因眼蒙，屡次小睡。昔年于慎独、居敬等事，全未用功，至今衰老，毫无把握，悔之晚矣。二更后睡。天气颇热。寤后，大汗沾被，揭去衣物以后，便不甚成寐。

初三日

黎明起，开船行走，至晡时泊宿，在于微山湖中之王家楼，去夏镇三里许。是日共行九十里。卯辰间，顺风行卅余里。已初以后，风渐小，亦尚顺行六十里，已入江南沛县境矣。在舟再温《召诰》、《洛诰》。旋温《左传》"隐公"、"桓公"、"庄公"。已正写澄、沅两弟信五页。午刻围棋三局。未刻接廷寄公文等件。旋接澄、沅两弟十月初十、十一日信，知哥老会匪业已剿灭。夜与纪泽久谈。二更二点睡。灯时初泊船，坐见之客二次，立见者一次。

初四日

黎明起，开船行走，值东北风，北风顺而东风则逆，勉强行十里许。至巳刻，东风太大，不复能行，即在湖中停泊。竟日温《左传》"闵公"、"僖公"、"文公"，共百六十六页。午刻再写澄、沅两弟信四页。酉刻，坐见之客一次，余则屡温书，屡小睡。目蒙，不能久视，故常睡以养之。夜与叶亭甥一谈。二更二点睡。

初五日

黎明起，开船行走。风色与昨日同，但略小耳。在微山湖中撑篙而行，间有浅处，船底磨石子，荦确有声。行至酉初，仅走卅里，至郗山住宿。该处为微山湖尽处，仍入运河口，口门浅阻异常，派数十人牵挽，始得入口。又等候眷属之船良久，牵挽入口。在舟中温《左传》"宣公"、"成公"至"襄公"九年上，共百七十页，涉猎一过，不能深求。屡次小睡，以息目力。未刻，见客一次。申刻围棋二局，写丁雨生中丞信一封。夜间，幕友、委员来一谈。二更二点睡。

初六日

黎明起，开船行走。无风，拉纤下行。行卅五里至韩庄闸小停湾泊，见徐州府、县各官。在舟温《左传·襄公》百六十三页，申正毕。下半日又行卅五里，至际隆桥泊宿，即张庄闸也。夜，船泊时搁浅，牵挽良久，始得活动。欧阳镇利见自清江来接，与谈颇久。儿子辈来一谈。二更二点睡。

初七日

黎明起，开船行走，仍恃拉纤以行。行五十三里至台儿庄。又行六里泊宿，系江南邳州境。未申间，徐州道吴子梅世熊与其幕方元微骏谟来见，谈均久。又坐见之客二次。立见者四次。在舟温《左传·昭公》一百七十三页。因眼蒙次小睡。是日，闻江宁马制军被刺之案业已讯明。夜与欧阳镇一谈。二更二点睡。

初八日

黎明起，开船行走，州县派多夫拉纤而行。行廿里许至泇沟，遇李幼泉送其兄嫂少泉之夫人赴直隶，经过此间，彼此停船会晤。余见客，坐见者五次，立见者三次，幼泉谈甚久。旋坐小船至泉处回拜。未初中饭后，再开船，行卅里至徐塘口泊宿。又坐见之客二次，方元徵谈颇久。温《左传》"昭公"、"定公"、"哀公"五卷，共百五十九页，尚余一卷未毕。夜，坐见之客二次。日间屡次小睡。二更二点睡。

初九日

黎明起，开船行走。是日顺风水溜而风紧，虽不挂帆亦可行走，特以水多搁浅之处，屡次阻滞，牵挽许久，船始活动，故虽行船竟日，仅行五十七里，至宿迁之瑶湾泊宿，以阻浅六七次故也。上半天温《春秋》之末卷卅七页，又温"昭公"后二卷。下半日改李申夫等信稿二件，又屡次小睡。夜阅杜、韩七古。见客，坐见者一次，立见者一次。二更二点睡。

初十日

黎明起，开船行走。是日水足，无浅阻之处，而风不甚顺，舟行竟日，仅走八十五里。灯后，至宿迁泊宿。巳刻以前阅苏、黄七古。午后温《礼记·曲礼》上、下。是日，立见之客二次，坐见者一次。午末间围棋二局。巳刻，阅公牍十余件。上半天小睡二次，下半天小睡二次。此次在济宁登舟，顺流而下，迟滞如此，寸心为之不快。幸接家信，兄弟各家平安，差足慰耳。夜，坐见之客一次，立见者一次。温苏诗七古。二更二点睡。

十一日

黎明起，开船行走。风虽顺而河多湾曲，时顺时逆。行至灯后，始抵桃源，约行百里。上半天小睡两次。阅鲁通父所撰《邳州志》。旋温《檀弓》上、下，至灯后始毕。下半天小睡一次，写李少泉信六页。夜又添写一页。坐见之客四次，立见者二次，王子蕃谈甚久。二更后，闻丁雨生中丞丁内艰。与纪泽等一谈。二点睡。

十二日

黎明起，开船行走，河曲风平，挽纤以行。行八十里，于未初抵杨庄。坐见之客四次，立见者三次。旋又开船，行廿里，过天妃闸下泊宿。在舟温《王制》、《月令》，屡次小睡。天妃闸闸上之水，比之闸下不过高一尺许。各船摇橹顺流而下，毫无艰险。狡余与内人两船，官弁、夫役格外慎重，迟滞良久，始得放下。所谓瓦注贤于黄金，处处有然矣。夜，坐见之客两次，立见者一次。二更后，土子蕃来久谈。三点睡。

十三日

黎明起，开船行走。行廿五里，于巳正抵清江湾泊。见客，坐见者三次，立见者二次。午初出门拜客，在钱仑仙同年处久谈。未初至欧阳健飞总戎处，即在渠处中饭，同席者为仑仙及张子青之弟张之京，号菊槎，申正方散。归船，巳酉初矣。见客，坐见者三次，立见者二次。辰乙间在舟温《曾子问》及《文王世子》十页。夜阅宝应朱武曹先生彬《游道堂集》廿余页。余座师朱文定公士彦之父也。目光甚蒙。二更二点睡。

十四日

黎明起，饭后见客一次。旋开船行走，行卅里至淮安府西门外湾泊。舟中见客二次。停船后，丁枯唐晏来会，山阳之宿儒也。余亦登岸进城，至栝唐家回拜。归舟，未初复开船。行五十五里至戴家湾住宿。途中见客二次。灯后又见客三次。未申间温《文王世子》、《礼运》。旋阅陆清献公所抄纂之《莅政摘要》。夜阅范志熙呈之《仕隐图》等诗。二更二点睡。

十五日

黎明早饭后，见王子蕃一谈。开船行走，行卅里至宝应县。是日风色甚顺，又行百廿里至高邮州泊宿。舟行时，坐见之客五次，申刻见李质堂，酉刻见李眉生，谈均甚久。温《礼记》《礼器》、《效特牲》、《内则》。小睡数次。李眉生带来所书之《金陵官绅昭忠祠》及近作诗数首，读之感叹。二更二点睡。

十六日

黎明饭店，见客一次。旋开船行走，行卅余里至露筋祠。登岸看堤工，至卅六湖楼一览。又行十里，再登岸看堤工。是日屡次见客，皆自扬州来迎接者，约十六七次，几无片暇，直至二更四点，客始稍散。竟日未能看书及作他事。三更睡。

十七日

黎明起，饭后见客多次。巳初出门拜客，会者五家，未会者数家。午正三刻至何廉昉家赴席，司道各官与绅士公请。未初登席。直至灯后戌初方散。归船。已夜深矣。见客三次。旋写信稿二件，辞同乡及扬州绅士酒席。三更睡，不甚成寐。

十八日

黎明早饭后，见客多次。巳正出门拜客，吴世兄一家小坐。吴名丙湘，字次潇，呈文节公之子，莲芬观察文锡之侄也。旋至魏荫庭家赴宴，渠约定不唱戏，至则仍设音尊。陪客黄昌岐、李质堂、方子箴等。申正二刻散。又至湖南会馆赴宴，亦系音尊，同乡公请，主人系欧建吾、许次苏、易昀荄等。夜深出城。归船将二更矣。又见客七次。三更睡，不甚成寐。

十九日

黎明饭后，开船行走。扬州河窄，新换大船，因溜急不敢正行，用船尾倒行二里余，始转头以船首向前。行十余里至三汉河，以小轮船拖带行走。辰巳间小睡颇久。黄昌岐来船久坐，又坐见之客三次。申初至瓜洲口，梅藩司启照、贾署臬司益谦等四人自江宁来接。又见客二次。闻江岸崩塌，恐瓜栈将沦于波心，因至该处查看。先至关帝庙，次至江岸榻处，次至瓜栈。栈中委员薛观察书常留吃夜饭，回船已二更后矣。又见客三次，眉生、质堂等坐颇久。三更睡。

附 记

丁太夫人黄氏　　吴太夫人张氏
马谷帅

廿日

黎明饭后，见客一次。开船出瓜口，至江中，系于轮船之后，拖带行走。辰正三刻开行，申正即至下关湾泊。城中司道及各员来船迎接，见客六次。一面开船入内河。灯后，至旱西门以下四里许泊宿。是日，在舟添写李申夫信四页，作挽联二首，一挽马谷山，一换丁太夫人，皆粗拙不称意。阅《唐人万道绝句选》。二更三点睡。

廿一日

早饭后，黄昌岐来坐。旋开船。用小轮舟拖带，行至旱西门下浅阻，因小停泊至巳初二刻。登岸至接官厅，漕帅与将军、织造、司道等迎接，恭请圣安，礼毕，小坐。茶罢，进城，借住盐道衙门，坐见之客十次，直至申末方散。小睡片刻。因昨日换联不称意，思一改而未能。夜，吴彤云来久谈。二更三点睡。

廿二日

黎明早饭后，清理文件。是日，定巳刻接印拜牌、拜印、坐堂、接见书吏等。礼毕，接见道喜之客十三次，府、厅、州、县禀见者共见七班，每班十人，小坐一谈。中饭后，李小湖、张子青来久谈，又坐见之客一次。写丁太夫人挽幛一悬。申正出门拜客，晤魁将军一谈。旋至马谷山处吊唁，已上灯矣。归寓，饭后，吴挚甫、吴彤云先后来久谈，改丁丞信稿一件。二更四点睡。

廿三日

黎明早饭后，清理文件。坐见之客七次，立见者二次。府、厅、州、县禀见者共见五班，每班十人。午末出城，送张子青归清江，在水西门外官厅公送。归署后，魁将军来会。未正中饭后，见客，立见者一次，坐见者一次。阅本日文件甚多。申正围棋二局。傍夕小睡。夜阅《古文·趣味之属》。二更后核改信稿数件。三点睡。

附 记

陈大源　　　张云吉须面商黄

廿四日

早饭后清理文件。见客，坐见者三次，立见者三次，又府、厅、州、县接见四班，每班十人。又佐杂接见六班，每班十人，又坐见之客三次，洪琴西坐最久。中饭后略阅本日文件，未毕。出门拜客，织造及吴竹如、李小湖三处，各一谈，傍夕归。夜将本日文件阅毕，又核批稿簿，未毕。二更三点睡。

廿五日

早饭后清理文件。坐见之客四次，衙门堂期也。立见之客四次，内有佐杂三班，每班十人。旋坐见之客四次，内江西学政徐郙及冯竹如坐甚久。中饭后，黄军门来一谈，又坐见之客一次。阅本日文件甚多，又核批稿各簿，未毕。傍夕，桐云来久谈。夜，富副都统来一谈。又核批稿各簿，二更毕。三点睡。夜间小便，偶无便壶在侧，起床裸行，甚以为苦。近来多每夜两次小便者，亦衰征也。

附记

发吴关防并札　　发吴薪水单
回马四爷信

廿六日

早饭后清理文件。坐见之客三次。出门至河下拜江西学政徐颂阁，又拜四川翰林黄湘。旋进城拜黄军门，又与黄同至文庙看续修工程崇圣祠、尊经阁、飞云阁等处。又新制乐器琴、瑟、箫管、钟、磬、柷、敔之类。又至书局拜张啸山、唐端甫诸君子。旋拜孙琴西，一谈。归署，已未正矣。中饭后阅本日新到文件，未毕。又见客三次，勒少仲坐甚久，客散已黑矣。夜饭后阅本日文件，核批稿各簿。二更后，静坐片刻。三点睡。

廿七日

早饭后清理文件。坐见之客六次，立见者五次。午初围棋二局。旋吴彤云、冯竹如来一谈。中饭后郭慕徐来见。阅本日文件。天阴早暗。傍夕小睡。夜核科房批稿簿。二更后出惜阴书院经解、诗、赋题，久而不就。甚矣。余之荒废也。三点睡，四更未醒。又将题目思索不已，心如枯井，直至天明，全无所会。

附记

江筱云信　　京中毛、黄信
湖北李、郭信　　家中澄、沅信

廿八日

早饭后清理文件。立见之客二次。旋出门拜客，会者三家，亲拜者八家，未初归。中饭后，坐见之客三起。阅本日文件，未毕。写扁、对数件。晡时，贺麓樵与其侄来一谈。夜将本日文件阅毕，核批稿各簿甚多，二更后毕。闭目少坐。三点后睡。本日，目力用之稍过，又觉昏蒙。

廿九日

早饭后清理文件。坐见之客八次，立见者四次。改信稿五件。中饭后，坐见之客三次。改信稿一件。陈虎臣谈甚久。阅本日文件，未毕。晡时小睡。夜将本日文件阅毕，郭慕徐来一谈，核批稿各簿。二更二点睡，不甚成寐。

附 记

江南境内河工，应派员勘估

河南除引河外、进占及坝戗各工，须千二百万两

十一月

初一日

是日冬至。未明起，至明伦堂拜牌，在途次已天明矣。率属行礼毕，旋至文庙行香，亦行九叩礼。礼毕，还署。谢绝各客。巳正围棋二局。午刻小睡。中饭后阅本日文件，改信稿二件。申刻阅人所送寿屏三付。见客一次。小睡片刻。夜温《大学》，阅惜阴书院课卷。二更二点睡。

初二日

早饭后清理文件。坐见之客七次，立见者八次，盖副、参、游之候补者。又坐见之客一次。核科房批稿簿，未毕。中饭后，又会见之客三次。核批稿簿毕，阅本日文件。小睡片刻。酉初围棋一局。旋又小睡。夜，坐见之客一次。写"慎独"、"主敬"、"求仁"三条，每条疏证二百余字，以为暮年盖愆之资，共七百余字。二更三点睡。

初三日

早饭后清理文件。坐见之客二次，立见者六次，旋又坐见之客四次，洪琴西坐甚久。核科房批稿簿。午刻围棋二局。中饭后，张啸山来一谈。阅本日文件，未毕。写对联三付，内寿对一付。傍夕小睡。夜将本日文件阅毕，与纪泽一谈，写"习劳"一条，约四百字。二更四点睡。

附 记

退钱洪等礼　　　送家乡礼

定巡捕差官单

初四日

早饭后清理文件。坐见之客五次，立见者五次。午刻见客一次，应敏斋谈颇久。核批稿各簿。未正，至黄昌期家中饭。陪客为魁时若将军、富桂卿副都统、忠心一织造，申末散。酉初二刻归署，阅本日文件，未毕。傍夕小睡。夜将本日文件阅毕，核改信稿三件。旋将昨二日所写四条书跋于后，约近二百字。二更三点睡。

初五日

早饭后清理文件。坐见之客三次，立见者一次。巳正，朱修伯来久谈。核科房批稿簿。中饭后，未正二刻出门，至织造局观所办大婚活计，闪缎、妆缎、蟒缎之类，又观工匠织闪缎被褥之类。申正归，坐见客一次。阅本日文件。剃头一次。夜写澄、沅两弟信，甫写二页，接两弟信，知科九侄于闰十月十一日病故。少年入泮，气质纯厚，不意遽尔不禄，家运不顺，丁口不利，尤恐澄弟夫妇悲伤致疾，为之忧郁不释。旋将军信写毕，共六页。二更三点睡。

初六日

早饭后清理文件。坐见之客九次，立见者一次，其中如涂朗仙、陈虎臣谈均甚久。未刻，陈荔秋自沪来见，谈甚久。又坐见之客二次。申初，至魁时若将军处处宴，灯后归。阅本日文件，核科房批稿簿。二更后眼蒙，闭目小坐。三点睡。近日为见客所苦，本日则所见尤多。

初七日

早饭后清理文件。坐见之客七次，其中程敬之、王子蕃坐甚久。核批稿各簿。午刻围棋一局。中饭后阅本日文件。出门拜客二家，不晤。申刻至幕府两处一谈。酉初见客一次。傍夕小睡。夜阅惜阴书院课卷，系请李小湖评定甲乙者。旋阅《试律丛话》。二更三点睡。

初八日

早饭后清理文件。坐见之客七次。核批稿各簿。中饭后阅本日文件，阅至外洋上海新闻纸，若昏睡不醒者然。唐端甫来一谈。申末酉初，围棋二局。夜阅《汉官仪》，多不能解，阅《试律丛话》。邓良甫来，言上江水浅，轮舟不能至湖口以上，因与管驾官一商，另作札与他轮船接替。二更三点睡。

附 记

写应敏斋信，荐吴唐林
写刘韫斋信，荐贺仪仲，并言邓禹墓
写张子青信，言派署藩司事

初九日

早饭时，忽发眩晕之症，几坠于地，不待饭毕而小坐。旋即小睡。旋见客二次。核科房批稿簿，未毕。朱修伯来久谈。是日，本请修伯吃中饭，因病不能亲陪，命纪泽陪之。余中饭尚能吃两碗。旋与修伯一谈。阅本日文件。傍夕小睡。夜阅陶学士《安文集》。二更二点睡，三更四点即醒，以后不成寐矣。自思衰病如此，殆难久支耳。

初十日

是日衙门堂期，因病不能见客。旋立见之客一次，李熙端来见，谈及其嫂——笋生之夫人近况贫苦，因以百金寄赠。旋诊脉二次。王子蕃谈颇久。核批稿各簿，小睡在床上。眩晕一次。坐见之客一次。中饭后阅本日文件。立见之客一次。核折稿二件、片稿一件。小睡片刻。写信二页，核信稿一件。傍夕又小睡。夜改信稿二件，阅《困学纪闻》。二更三点睡，是夜未小解，殆因药中有附片之故。

十一日

早饭后清理文件。坐见之客四次，朱修伯坐最久。核批稿各簿。两次诊脉，眩晕症尚未愈，行立皆法，惟坐时略安稳耳。旋坐见之客一次，立见者三次。中饭后阅本日文件。坐见之客二次。傍夕小睡。夜阅《困学纪闻》。二更三点睡。

十二日

早饭后清理文件。坐见之客九次，立见者一次。核批稿各簿。两次诊脉。中饭后，刘开生来久坐，易芸陔来一谈。阅本日文件。许仙屏送有码瑙，中空积水者，与空青相类。纪泽命匠以金刚钻钻之，取水点于余右目中，闭目少顷。傍夕小睡。夜改信稿十余件，阅《试律丛话》。二更三点睡。

十三日

早饭后清理文件。坐见之客三次。核批稿各簿，未毕。诊脉二次。围棋二局。张廉卿、欧阳星泉自湖北来，谈颇久。将批稿簿核毕。中饭后，欧阳凌云、李季泉先后来久谈。阅本日文件。傍夕小睡。夜，凌云叔侄来一谈，阅扬州新刻之《孝经》一编。二更三点睡。

十四日

早饭后清理文件。旋坐见之客八次，立见者二次。潘琴轩、刘仲良谈较久。诊脉二次。围棋二局。核批稿各簿。中饭后阅本日文件，阅韦苏州诗。坐见之客三次，陈荔生坐稍久。夜改信稿三件，阅《文选》五古数十首。二更后，凌云叔侄来一谈。三点睡。

十五日

早饭后清理文件。坐见之客五次，衙门期也。王子蕃、黎竹林先后诊脉。核批稿各簿。中饭后，黎竹林来一谈，李季泉来一谈。是日，请季泉与凌云叔侄小宴。余有病不能陪，命纪泽陪之。阅本日文件。傍夕小睡。旋与季泉一谈。夜阅《试律丛话》，改信稿数件。二更后，凌云来一谈。三点睡，三更末醒，发眩晕一次。

十六日

早饭后清理文件。陈松如来坐甚久。旋立见之客一次，坐见者三次。核科房批稿簿。诊脉二次。中饭后阅本日文件。围棋二局。章价人、陈荔秋先后来久坐。傍夕小睡。夜与李季泉久谈。二更后阅《文选》杂诗、杂拟。三点睡。近日病体，吃饭时如欲作呕者。然本日王子蕃举方，用丽参、干姜，黎竹林则用生地等平胃之品，用服黎方，尚得平稳。

十七日

早饭后清理文件。坐见之客五次，立见者二次。核批稿各簿。诊脉一次。中饭后阅本日文件。见客一次，谈颇久。围棋二局。坐见之客三次，潘琴轩及洪琴西坐颇久。夜饭后阅《古文·词赋类》下编。本日服王子蕃方肾气汤，尚平顺。二更三点睡。

十八日

早饭后清理文件。坐见之客六次，立见者一次。王子蕃诊脉一次，仍用丽参、干姜之类。李小湖谈甚久。中饭，请刘仲良、潘琴轩小宴，与余一谈，旋命纪泽陪之。饭后阅本日文件，改信稿二件。静坐片刻。酉刻，客饮罢，又来余处一谈。傍夕小睡。夜改信稿数件，将黄坡所送寿屏一阅。凌云来一谈。二更四点睡。

十九日

早饭后清理文件。立见之客一次，坐见者三次。核科房批稿簿，未毕。围棋一局。薛慰农山长来久谈。将批稿簿核毕。中饭后阅本日文件。坐见之客一次。小睡片刻。至凌云房中一谈。傍夕复小睡。夜写澄、沅两弟信。昨日接两弟闰十月廿四日信，详告耀衡侄葬事，读之感伤也。二更三点睡。

廿日

早饭后清理文件。坐见之客三次，衙门期也。王子蕃来诊脉。旋核批稿簿，未毕。黎竹舲又诊脉。围棋二局。旋将批稿簿核毕。中饭后阅本日文件。接澄弟信，闰十月廿九日发，具告近状之窘。李季泉来一谈。添写郭云仙信二页。傍夕小睡。夜，季泉来辞行，又一谈。添写澄弟信二页。是日，桂香亭送新印之史姓《韵编》，屡次翻阅，一更四五点又一阅。二更后，凌云来一谈。三点睡。

廿一日

早饭后清理文件。坐见之客二次。诊脉一次。核批稿各簿。中饭后阅本日文件，未毕。与竹林围棋二局。因诊脉换方，旋将文件阅毕。傍夕小睡。夜阅刘阳萧振枒《经说》，又阅王船山《杂著》，添写谭文卿信一页。二更三点睡。

廿二日

早饭后清理文件。王子蕃来诊脉定方。渠本主补阳，黎竹林等主滋阴。本日，王方用丽参、附片，而参用首乌，兼顾阴分。旋坐见之客六次，立见者一次，尚斋及孙琴西谈预久。核批稿簿，未毕。中饭后核毕。改沈经笙信稿一件。申正，闻丁中丞扶太夫人梓已至下关。即料理出门，坐轿至旱本门登舟。灯后至下关，往丁中丞处吊唁，久谈。旋出与各司道一谈。苏州杜小舫、倪载轩、潘季玉、扬州方子箴等同来。二更二点回船，阅阮亭选七古。三点睡，尚能成寐。

廿三日

早饭后清理文件。见客，立见者一次，坐见者二次。巳正至丁中丞处一谈。与司道等公备祭席，行礼一次。小睡片刻。加饭后阅本日文件。坐见之客二次。迭次小睡。阅阮亭选七古。夜饭后，余私备祭席，又至丁中丞处行礼一次，与之一谈。旋至公船与司道一谈。归船后，写丁义方信一件。二更三点睡。

附　记

湖北朱医治目
写文辅卿信　　　淮北公费交余处转交杜
复王子寿信　　　复王壬秋信

廿四日

早饭后清理文件。旋至丁中丞船上一谈，送行。辰正，余归船，渠即开船行矣。余进城至惜阴书院拜薛慰农，一谈。归署，外甥王临三自家中来见，一谈，中饭后核昨日批稿簿。申刻，坐见之客三次，立见者一次。将批稿簿核毕。傍夕与凌云一谈。夜饭后，阅本日文件甚多。二更后，凌云等来一谈，阅《古文·气势之属》。三点末睡，颇能酣寝。

廿五日

早饭后清理文件。坐见之客五次，立见者一次。核批稿簿，未毕。围棋二局。旋将批稿簿核毕。中饭后阅本日文件。坐见之客二次。阅俞荫甫寄来所著各书。王临三外甥来一谈。傍夕小睡。夜，凌云来一谈，阅王船山《杂著》。二更后改信稿一件。三点睡，三更末醒，旋又成寐。

廿六日

早饭后清理文件。坐见之客三次，立见者二次。王子蕃来诊脉。巳正三刻出门拜客，会者二家，未正归。请客，程尚斋与欧阳凌云、王氏甥等小宴，余亲陪之，申末散。阅本日文件，核科房批稿簿，未毕，夜间核毕。改信稿三件。二更后温《诗经·周南》。二更四点睡，屡次醒。

廿七日

早饭后清理文件。见客，坐见者三次，立见者一次。核批稿各簿，未毕。围棋一局。富桂卿都统来一坐，又核批稿数件。中饭后将批稿核毕，阅本日文件。坐见之客三次。傍夕小睡，夜改信稿廿余件，阅俞荫甫所为词，凌云来一坐。二更四点睡，四更醒。

廿八日

早饭后清理文件。坐见之客五次，立见者三次。王子蕃诊脉一次。是日，欧阳凌云叔侄归鄂，巳正送之起行。核批稿各簿。中饭后阅本日文件，未毕。围棋二局。坐见之客四次，黄昌岐谈颇久。又阅文件，未毕。傍夕小睡。夜将文件阅毕，改信稿数件。二更四点睡。

廿九日

早饭后清理文件。坐见之客三次，立见者一次。午初出门，至妙相庵吊织造忠君之妻丧。旋至昭忠祠三处周览一过，又至关帝庙周览一过，归署已未末矣。中饭后核批稿各簿。陈荔秋、王子云先生来谈，旋阅本日文件，甫阅一廿件，天已黑矣。傍夕与王氏甥一谈。夜将本日文件阅毕，为数甚多。二更后改信稿数件。三点睡。

卅日

早饭后清理文件。坐见之客三次，立见者一次，诊脉一次。巳正三刻出城，至水西门外官厅迎接张漕台兆栋，直至未正三刻始到，茶叙片时。归署，渠随来拜会。客去，中饭毕，已申正矣。将科房批稿各簿核毕。剃头一次。夜阅本日文件甚多，改信稿一件。二更后，温《诗经·周南》。三点睡。

十二月

初一日

早饭后清理文件。坐见之客四次。诊脉一次。午初出门拜张友山漕帅。归时，黄军门来。是日，余请张与黄中饭也，申正三刻客散。王晓莲来久谈。傍夕小睡。杨石泉遣人来送礼，观渠暨何子贞所送之对。夜阅本日文件，核科房批稿簿。二更后温《诗经·召南》。三点睡。近来，每夜汗湿衾被，不知果天热乎，抑病状乎？因此，不能酣睡。

初二日

早饭后清理文件。坐见之客三次。诊脉一次。核批稿各簿。午刻又见客三次。中饭后出门，至水西门外送张友山。饭后呕吐，盖向来之旧症，数月一发，即反胃之象也。自城外归，阅本日文件。酉刻小睡片刻。夜改信稿一件，约七百余字，温《诗经·邶风》。二更四点睡。

初三日

早饭后清理文件。坐见之客二次，立见者一次。诊脉一次。因服药无效，停药二日。午初围棋二局。莫子偲、张廉卿来久谈。中饭后核批稿各簿。坐见之客二次，立见者一次。阅本日文件，未毕。傍夕小睡。夜将文件阅毕，阅渐刻《钦定诗经传说汇纂》，二更四点睡。是日，闻客言王少鹤左目失明，右目尚好，盖与余病相同，罕闻之事也。

初四日

早饭后清理文件。坐见之客三次。诊脉一次，旋又请黎竹林诊脉一次。围棋二局。阅核批稿簿。未毕。中饭后将批稿核毕，阅本日文件。张啸山来一谈。闭目久坐至天黑。灯后阅《诗经注疏》数章。旋改信稿一件，约五百字，又改一件。二更四点睡。

初五日

早饭后清理文件。坐见之客二次，立见者三次，诊脉一次。近三日未服药。午刻见客一次。核批稿各簿。记性日坏，过目之事顷刻即忘，因立记事册，于应记者逐日略记一二，从本日为始。未刻，至梅小岩方伯处小宴，陪客为黄昌岐，申正散。至王晓莲处一坐。归，阅本日文件，未毕。傍夕小睡。夜将本日文件阅毕，温《诗》《邶风》、《谷风》等篇。二更四点睡。

初六日

早饭后清理文件。旋坐见之客二次，立见者一次。写记事册一页。围棋二局。诊脉一次。中饭后核批稿各簿。坐见之客二次。阅本日文件，未毕。傍夕小睡。夜将本日文件阅毕，是日，杨仲乾送渠所著《尚志居稿》及吴竹如《拙修堂集》，屡次翻阅。夜又阅《近思录》第二卷。改信稿二件。二更三点睡。

初七日

早饭后清理文件。坐见之客七次，立见者一次。写记事册一页，核批稿簿甚多。中饭后，坐见之客二次，洪琴西坐颇久。阅本日文件，未半，天已黑矣。傍夕小睡。夜将本日文件阅毕。旋改信稿一件，约四百余字。阅吴竹如集中有录罗罗山《姚江学辩》数十条，同人多以为可删。二更四点睡。

初八日

早饭后清理文件。坐见之客五次，立见者一次。写记事册半页，核批稿簿。中饭后，坐见之客二次。阅本日文件，阅马素臣所作《长江图》。傍夕小睡。夜阅《近思录》第二卷。旋改信稿二件，约三百余字。二更四点睡。昨日，筠仙寄到其子依永所作诗二卷，临贴篆、隶、楷、各一种。本日，莫子偲、张廉卿来，出以示之，叹为奇慧，惜其早逝，欷歔久之。

初九日

早饭后清理文件。坐见之客四次。旋坐堂审一沭阳县京控案，过堂。写记事册一页。旋核批稿各簿。中饭后，坐见之客三次。阅本日文件。围棋二局。傍夕小睡。夜改信稿数件，内有俞荫甫一信，沉吟颇久。是日午刻作庞省三之母宋太夫人挽联一付。接两弟家信，知科四侄之第二子于十一月衍"一"字初九日夭亡。吾家近来丁口欠利，实深焦灼。二更四点睡。

初十日

早饭后清理文件。坐见之客二次，立见者二次，衙门期也。有湖北江夏朱兆兰者，闻善医目疾，能点空青，请来诊脉，谈颇久。写记事册。旋核批稿簿。未初三刻出门，至王晓莲家赴宴，陪客为黄昌岐、梅小岩、钱子密，申末散。旋拜吴竹如，请渠诊脉。渠谓余病在心肝，虚火上炎，宜静坐以养之，非药所能为力。归署，已天黑矣。夜阅本日文件甚多。二更后，阅俞荫甫《四六集》。四点睡。

十一日

早饭后清理文件。旋立见之客一次，坐见者五次。写记事册。请朱兆兰来诊脉。因将前在苏州所买之空青，命匠人钻开。适欧阳小岑亦来，因与朱医取空青中水，为余点于右目。未正客散。因教读师潘撷珊将归，是日具酒席小宴。同席为幕中钱子密、任楳香、陈小浦诸君，申末始散。阅本日文件。傍夕小睡。夜核批稿簿。二更后闭目小坐。旋阅《近思录》第二卷。四点睡。

十二日

早饭后清理文件。旋坐见之客二次。写记事册，核批稿各簿。午刻见客一次。中饭后阅本日文件。坐见之客二次，杨仲乾、戴子高谈均久。傍夕小睡。日来，左目蒙甚，恐又将如右目之失明，深为焦虑，而无如之何。夜又小睡。二更后阅《近思录》第二卷。四点睡。

十三日

早饭后清理文件。辰正出门，至小营教场阅新兵五营操演。初演洋枪队十余阵，继演藤牌阵，末演杂技，午正二刻毕。归署，核批稿各簿。中饭后围棋二局。阅本日文件。见客二次，冯卓如谈甚久。傍夕小睡。夜将改信稿而未果。二更后温陶诗。四点睡。日内疲惫殊甚。本夜，纪泽以酒泡之麋茸进余服之。

十四日

早饭后清理文件。坐见之客五次,内王子蕃、王吉元两人诊脉,谈均久。核批稿各簿。中饭后阅本日文件。旋坐见之客三次,吴子登、严缁生均久谈。旋将文件阅毕。傍夕小睡。夜观《阅微草堂笔记》。眼蒙殊甚,闭目小坐。二更四点睡,四更四点醒。

十五日

早饭后,辰正出门,将至下关验新造之轮船。在于旱西门外登舟,与黄军门同坐舢板前往舟次,遇逆风骤雨,至午正始至下关。又因风大,不敢出江。旋冯卓如自坐洋舢板来接,乃出江登轮船,司道及武营等皆在船伺候,聚谈半时许。未正式轮船,行卅里至大胜关。一面在舟中小宴。申正回至下关,停二刻许。坐舢板行廿里,灯后至旱西门,舍舟登舆,风雨甚大。归署夜饭。阅本日文件甚多,二更三点阅毕。核批稿各簿。四点睡。

十六日

早饭后清理文件。坐见之客八次,立见者一次。核批稿各簿。中饭后,围棋二局。阅本日文件。易芸陔来一坐。写沈幼丹之父挽幛一悬。欧阳小岑来久谈。傍夕小睡。夜改信稿二件。二更后温陶诗,四点睡。日来,眼蒙殊甚,而眩晕之症未发。本日,王子蕃诊脉,亦略好些。

十七日

早饭后清理文件。坐见之客五次,立见者一次。写记事册一页,核批稿各簿。中饭后阅本日文件甚多。坐见之客一次。旋将文件阅毕。钱子密来谈颇久。傍夕小睡。夜改信稿一件。温《孟子·梁惠王》上、下。二更四点睡。

十八日

早饭后清理文件。坐见之客二次,立见者一次。出门至夏伯音家送行。旋至季弟靖毅公庙内一坐,午初归。坐见之客二次,立见者一次。核科房批稿簿。未正请欧阳小岑、易昀芰、王子敷、何丹诚等小宴,申末散。李幼泉自天津来,与之久谈。傍夕小睡。夜阅本日文件甚多。二更又阅《阅微草堂笔记》。二更五点睡。

十九日

早饭后清理文件。坐见之客七次，立见者二次，内李幼泉、黄翰仙谈甚久。核科房批稿簿。中饭后阅本日文件。坐见之客一次。阅《阅微草堂笔记》。傍夕小睡。夜改信稿十余件。二更五点睡。日内，左目甚蒙，傍夕看公事，尤于目光有损，殆将如右目之渐废矣。

廿日

早饭后清理文件。坐见之客三次，立见者一次。围棋二局。核批稿簿。中饭后阅本日文件。坐见之客三次，黄翰仙坐甚久。阅《阅微草堂笔记》。傍夕小睡。夜又阅《阅微草堂笔记》。小坐片刻。本日闻翰仙言，何镜海得静坐之法，于熊槃隐、贺幼斅学之，目已瞽而复明，余亦思一试也。二更四点睡。

廿一日

早饭后清理文件。坐见之客二次，立见者一次。阅《阅微草堂笔记》。午刻封印，行拜牌、拜印礼。旋又见客一次。核科房批稿簿。中饭后阅本日文件。写澄、沅两弟信，未毕。坐见之客一次。小坐片时。傍夕小睡。夜将家信写毕，复看《阅微草堂笔记》，又阅《书经传说汇纂》。二更四点睡。

廿二日

早饭后清理文件。坐见之客二次。出门看上江两县新修学宫，旋又至贡院一看。归，坐见之客三次。核批稿各簿。中饭后阅本日文件。接澄弟十二月初三日信，至是始接余信。余抵金陵后半月未发信，令家中悬盼，余之咎也。严缁生来久坐。傍夕小睡。夜将本日文件阅毕。阅《钦定诗经传说汇纂》。二更四点睡。

廿三日

早饭后清理文件。坐见之客二次，立见者一次。围棋二局。又坐见之客二次。核科房批稿簿。中饭后阅本日文件甚多，傍夕始毕。小睡片刻。夜阅《阅微草堂笔记》。旋改河运艰难情形折，未毕。三更睡。天气暖热，出汗颇多。四更末醒。

廿四日

　　早饭后清理文件。立见之客一次，坐见者二次，黄翰仙坐甚久。核科房批稿各簿，阅《阅微草堂笔记》。中饭后阅本日文件。钱子密来一谈。傍夕小睡。夜将昨夜所核河运艰难折改毕。本日接英粮道朴禀，愿从部议，将海运之米径解通州，不在天津验收，将其禀及十四条细看一过。二更五点睡。

廿五日

　　早饭后清理文件。见客二次，衙门堂期也。旋改杨石泉信，论海运事。见客一次。阅《阅微草堂笔记》，核科房批稿各簿。中饭后阅本日文件。坐见之客一次。傍夕至子密处一坐。夜改信稿数件，张子青信未改毕。二更五点睡，不甚成寐，四更四点醒。近日睡眠不能酣畅，亦一病也。

廿六日

　　早饭后清理文件。坐见之客六次，立见者二次。将昨夜所改张子青信改毕，核科房批稿簿。中饭后阅本日文件。坐见之客三次，吴子登坐颇久。傍夕小睡。夜改李小泉、张友山信二件，各改三百余字。二更五点睡。每日会客至八九次，精神辄疲乏不支，虽阅文核稿，亦多潦草，盖衰年病躯，尤以对客为苦也。

廿七日

　　早饭后清理文件。坐见之客四次。出门至马大令新□处一坐。归，核科房批稿簿。中饭后阅本日文件。薛慰农来一谈。阅《阅微草堂笔记》。本日，杨文会送所刻《佛经》数种，略一翻阅，全不能入。傍夕小睡。夜，眼蒙殊甚。近来，每夜多改信稿，本夜不复治事。二更后闭目少坐。四点睡。

廿八日

　　早饭后清理文件。坐见之客二次，立见者一次。核科房批稿簿，围棋二局。桂香亭来一谈。中饭后阅本日文件。坐见之客一次，剃头一次。至上房一坐。傍夕小睡。夜将张汶祥之案细阅一过，将凶党余犯及承审之名开一清单。二更四点睡。日内眼蒙弥甚，殊为焦虑。

廿九日

早饭后清理文件。坐见之客二次。出城迎接钦差郑筱珊尚书敦谨,来讯张汶祥之案者,恭请圣安。归署,见客二次,周虎文炳章来,因留共吃年饭。核批稿簿甚多。中饭后阅本日文件。坐见之客一次。傍夕小睡。夜,眼蒙,闭目坐,背诵《论语》,至《公冶长》止。二更三点睡。

日记

同治十年

正 月

初一日

卯初一刻起，至江宁府学明伦堂，率属拜牌行礼。旋至文庙拈香。归署，在祖先堂行礼。早饭后，坐见之客二次，立见者十六次，皆属员贺年者。清理文件。出门拜客，至郑小山并其所带司员处———一伊勒通阿，号达川，一颜士璋，号聘卿———一坐，又至吴竹如处一谈。归署，坐见之客三次，立见者一次。中饭后阅《阅微草堂笔记》良久，眼蒙。傍夕小睡。夜温《论语》，自《公冶长》至《乡党》末止，闭目默诵。二更四点睡。

初二日

早饭后，蒯子范来一叙。是日派员至贡院，与郑星使所带之司员会审张汶详一案。梅小岩、王晓莲、洪琴西先后来，共议此事，至巳初毕。定派王、洪两道会审。清理文件。写一信与筱山。旋又见客二次。出门拜客，会者一处，余俱亲拜贺年。午正三刻归署，坐见之客一次，立见者一次。中饭后，魁将军来一谈。围棋二局。阅本日文件甚多。坐见之客三次。傍夕小睡。夜将本日文件阅毕。本日在轿中默诵《先进》。夜又闭目静坐，默诵《颜渊》至《卫灵公》止。二更四点睡。到江宁任又已两月余，应办之事全未料理，悠悠忽忽，忝居高位，每日饱食酣眠，惭愧至矣。

初三日

早饭后清理文件。立见之客七次，坐见者五次。写记事册，阅《阅微草堂笔记》。中饭后阅本日文件，将改信稿而未动手。旋围棋二局。至上房一坐，至瑞臣甥室内一坐。夜闭目静坐，默诵《论语》，自《卫灵公》至《尧曰》篇末止。二更五点睡。是日午刻，将长江水师续议五条、江苏水师续议廿五条细阅一过。拟江苏事咨，请张子青入奏；长江事咨，请李小泉入奏。

初四日

早饭后清理文件。坐见之客十一次，立见者三次。疲乏殊甚，不能更作一事。中饭后出门，拜客十余家，黄昌岐处一坐，申末归。阅本日文件，未毕。欧阳小岑来一谈。傍夕小睡。夜将本日文件阅毕。神倦眼蒙，不能更看公牍，闭目默诵《大学》，又诵《中庸》，至"鬼神之为德"章止。二更五点睡。

初五日

早饭后清理文件。坐见之客六次，立见者三次。核科房批稿簿。中饭后阅本日文件，改信稿数件。黎莼斋自吴江县来，久谈。傍夕小睡，夜又改信稿数件，阅《阅微草堂笔记》。眼蒙，闭目静坐，默诵《中庸》，自"鬼神之为德"章起至末。二更四点睡。

初六日

早饭后清理文件。坐见之客十一次，立见者三次。中间午初围棋一局。申初始中饭，较平日略晏。巳正核批稿各簿。申正阅本日文件，拟改海防、江防折，久未下笔。至上房一坐。夜又拟改海防、江防折，仍不能下笔，盖衰年文心迟钝极矣。二更五点睡。每日应酬之事甚多，悠悠忽忽，一事未了。日复一日，年复一年，惭悚何已！

初七日

早饭后清理文件。见客一次。写纪事册。巳初出门拜客，至郑小山处一谈，又拜吴霭人一叙，又拜二家。归，会客，坐见者二次，立见者一次。核科房批稿簿，未毕。中饭，请汪梅村、莫子偲、黎莼斋、王鼎丞等小宴，申正散。将科房批稿簿核毕。傍夕小睡。夜阅本日文件。二更后改江防、海防折，良久，仅作数句，已三更矣。眼蒙，不能开视。睡，不甚成寐。四更末醒。

初八日

早起，行礼，拜叩星冈公冥寿。饭后清理文件。坐见之客八次，立见者六次。核科房批稿簿，未正毕。出门至黄昌期家赴宴，共三席。申末归，阅本日文件，未毕。黎莼斋来一谈。傍夕小睡。夜将本日文件阅毕。改江防、海防折，约三百余字，已三更矣。因眼病即睡，四更末醒。

初九日

早饭后清理文件。是日因改折稿，谢绝诸客，仅李质堂军门来一见而已。上半日改折未毕。中饭后阅本日文件，又改折，至酉初毕。傍夕小睡。夜核科房批稿簿，又改海运径交通州一折，二更三点毕。四点睡。四更末醒。

初十日

早饭后清理文件。坐见之客九次，立见者二次，疲乏殊甚。围棋二局。中饭后阅本日文件，核科房批稿簿，将改预筹日本修约折，久不能下笔。钱子密来一谈。夜又至子密处一谈。拟改日本修约折，久不能下笔，文心迟钝极矣。二更四点睡。

十一日

早饭后清理文件。坐见之客四次。欲改折而不果。围棋二局。中饭后阅本日文件，核批稿各簿。王晓莲等来一坐。改折稿数行。傍夕小睡。夜将折搞改毕，约七百字。三更睡。日来因改奏折稍费心，眼蒙愈甚，而未了之事尚多。公事既多废阁，私又不能养体，益觉郁郁。

十二日

早饭后清理文件。坐见之客八次，立见者三次。将昨夕所改折片稿，请林达泉一阅。本日应发折件，细加点检。中饭后阅本日文件，未毕。坐见之客二次，勒少仲谈甚久，立见者一次。傍夕小睡。夜将折片校对错误，将本日文件阅毕，核科房批稿簿。二更后改信稿二件。五点睡。日间见客太多，应办之事多废阁不了，殊以为愧！

十三日

早饭后清理文件。坐见之客六次，出门拜客一次。归，核科房批稿各簿。又坐见之客二次。未刻请客，李质堂、黄昌期、都统、织造等，酉初散。阅本日文件。

傍夕小睡。夜将改复李少泉信，久未下笔，旋改至三更，未毕。二更后，陈氏女及婿松生自长沙来，陪之一谈。三更睡。眼蒙，本不宜于灯下作小字，奈每日见客之外，仅核批稿及阅来文，便无余暇，故奏疏、书信之类，皆至灯下始能核办。每日所核甚少，遂诸事丛集矣。

十四日

早饭后清理文件。坐见之客四次，李质堂坐甚久。写记事册。中饭后阅本日文件。旋围棋二局。核科房批稿簿。至内室与陈氏女一谈。子密来一谈。傍夕小睡。夜将李少泉信稿改毕，又改信稿三件。二更五点睡，四更末醒。

十五日

早饭后清理文件。坐见之客二次。旋巳初出门，拜郑小山，谈颇久。归，写澄沅两弟信，约六百余字。中饭后写毕。阅本日文件。坐见之客一次。写对联六付，扁四方。傍夕小睡。夜核信稿十余件，内彭楚汉信改三百余字。二更五点睡。

十六日

早饭后清理文件。坐见之客三次，立见者两次。写记事册。围棋二局。吴丙湘来见，谈颇久，甄甫师之子也。中饭后阅本日文件，核批稿各簿。倦甚，闭目小坐。旋又小睡，傍夕又睡。夜核改信稿。二更后眼蒙，不复治事。四点睡，五更醒。是日，接意城信，言长江水师之弊甚多，深为焦虑。

十七日

早饭后清理文件。旋坐见之客六次，立见者一次。午刻，刘开生来一谈，因与围棋二局。中饭后阅本日文件，核科房批稿各簿。剃头一次。傍夕小睡。夜核改信件，约改二百余字。偶作联语以自箴，云："禽里还人，静由敬出；死中求活，淡极乐生。"一本《孟子》"夜气"章之意，一本《论语》"疏水曲肱"章之意，以绝去桔亡营扰之私。二更四点睡。五更三点，闻长子纪泽生一孙，大小平安，深以为慰。纪泽今年卅有三矣。

十八日

早起，署内之人纷纷叩贺。饭后清理文件。坐见之客四次，立见者一次。核批稿各簿。围棋一局。子密来一谈。蒋光焴吟舫自浙江来，与子密及孙琴西并来一谈。阅本日文件。未末刻出门，至织造忠心一处赴宴，同席为魁时若、黄昌期、富桂卿等。酉初归，与竹林、松生一谈。傍夕小睡。夜将复筠仙兄弟信。因长沙督销局尚未定有接办之人，徘徊良久，不能下笔。小睡一次。二更四点睡。

十九日

早饭后清理文件。坐见之客四次，王伯尊成谦谈颇久。围棋二局。阅《吴文节公遗集》八十卷。余戊戌座师，其子丙湘送来者也。中饭后阅本日文件，核科房批稿各簿。阅《吴文节公集》。酉初，吴桐云来久谈。傍夕小睡。夜阅《吴文节集》。眼蒙，不能多看，二更四点睡。

廿日

早饭后清理文件。坐见之客五次。核科房批稿各簿。是日，新生之孙汤饼。命名曰曾广铭。至内室一坐。未正出门，至魁时若将军处赴席，同席者为李、薛两山长、富副都统，等候薛山长良久。散后至家，已灯初矣。夜改页介唐信稿一件，改郭云仙信稿，约三百字，未毕。日来眼蒙益甚，恐不久即将全盲，焦灼之至。二更四点睡，四更末醒。

廿一日

早饭后清理文件。见客一次。出门至贡院拜郑小山，久谈。午初开印行礼。旋又见客一次。眼蒙小坐。中饭后阅本日文件，核批稿各簿。申刻见客一次。傍夕，吴彤云来久谈。夜阅吴铤耶溪所作《文翼》，改云仙信稿毕，又改意城信稿，改谭久卿信稿。二更五点睡。

廿二日

早饭后清理文件。坐见之客六次，立见者一次，涂朗仙、陈虎臣两次，谭甚久。阅《文翼》毕。中饭后阅本日文件，核批稿各簿。眼蒙小坐。傍夕小睡。夜改信稿十余件，未甚改字。闭目默诵《孟子·梁惠王下》篇。二更四点睡，四更末醒。

廿三日

早饭后清理文件，核批稿各簿。坐见之客一次。倦甚小睡。旋将武营应补缺各员开一清单,审量一番。未正,请魁将军及李、薛两山长小宴,酉初毕。阅本日文件。傍夕小睡。夜,阅《吴文节公集》,观其批属员之禀甚为严明,对之有愧。吾今日之为督抚,真尸位耳。三更睡,梦一处竹木环绕,甚有清气,在近日为梦境之最佳者。

廿四日

早饭后清理文件。坐见之客八次,高碧湄坐甚久。未初,勒少仲坐亦久。旋请梅方伯及吴彤云、涂阆仙等小宴,未末登席,酉初散。李稚泉来一谈。傍夕小睡。夜阅本日文件,核科房批稿各簿。郑星使拟张汶详一案奏结稿,请余会核,余因细核一过,签出数条。二更四点睡。

廿五日

早饭后清理文件。坐见之客六次,衙门期也。围棋二局。核科房批稿簿。中饭后阅本日文件。坐见之客二次。申正,欧阳小岑来,坐甚久。傍夕小睡。夜写澄、沅两弟信,约七百字。二更后温《古文·奏议类》。眼蒙,勉强开视,殊觉不适,三更睡。

廿六日

早饭后清理文件。见客七次。围棋二局。核科房批稿簿。中饭后,纪鸿儿生一子。阅本日文件。坐见之客三次,魏温云坐颇久。天气阴雨,早黑,室暗而目又蒙,不能治事,小睡颇久。灯后,拟改谢福寿字恩折,久不下笔。旋改毕,又改一片。温《古文·奏议类》。二更四点睡。

廿七日

早饭后清理文件。坐见之客五次。核批稿各簿。未初中饭后,至贡院与郑小山尚书会审张汶祥之案,将首犯等十八人点名一过,并未问供。旋至小钦差伊、颜二君处一坐。归,阅本日文件,阅《阅微草堂笔记》。傍夕,与子密一谈。小睡片刻。夜核改信稿八件,其刘军门信改二百余字。二更五点睡。目蒙殊甚。

廿八日

早饭后清理文件。坐见之客六次,立见者二次,郑小山谈颇久。核批稿各簿。未刻阅本日文件。申初请小山小宴，昌岐与魏荫庭为陪客，傍夕始散。小睡片刻。夜阅《阅微草堂笔记》。旋温《古文·序跋类》。二更五点睡。杨芋庵寄信言治目方，每早黎明未起时，以两手掌之根擦极热，加以舌尖之津，闭目擦八十一下，久而有效。日内试为之，而初睡时擦一次，黎明又擦一次，不知果有益否？

廿九日

早饭后清理文件。坐见之客七次，立见者三次。核科房批稿簿。围棋二局。午正二刻出门至贡院，与郑小山同拜发折件，即会审张汶详之案也。在渠处吃中饭。申刻出城，至水西门外官厅，送小山还京。归署，已酉初矣。阅本日文件。坐见之客一次。傍夕小睡。夜改复王壬秋信稿。二更五点睡。

卅日

早饭后清理文件。坐见之客五次。核批稿各簿。围棋二局。吴竹庄送《佛十三经》，因阅吕纯阳所注《金刚经》。中饭后阅本日文件。坐见之客一次，莫子偲来一谈。又阅佛书之《指月录》。傍夕小睡。夜又阅《指月录》。接澄侯弟正月十八日信，由洋号寄来，洵为迅速。核改信稿数件。二更后温《古文·书说类》。三更睡。

二 月

初一日

早饭后清理文件。坐见之客四次，立见者一次，厉伯符谈甚久。核批稿各薄。倦甚，在室中小坐假寐，已未初矣。中饭后阅本日文件。坐见之客三次。校对明日应发折片各件。至内室一坐。傍夕小睡。夜出题目，明日将考书院也。阅《三国志·传》二篇，改信稿一件，温《古文·传状类》。二更五点睡。

初二日

早饭后清理文件。见客，坐见者五次，立见者一次。巳刻出门，至下江考棚考书院甄别。旋即归来，将《汪少海诗集》一阅，核批稿各薄。围棋二局。中饭后阅本日文件。坐见之客二次。阅《汪少海集》，阅《陆桴亭文集》。傍夕小睡。夜温《古文·碑志类》下。眼蒙殊甚，不克多看。二更五点睡。

初三日

早饭后清理文件。坐见之客四次，立见者二次。写记事册。出门拜薛慰农山长，将以纪鸿拜渠门下附课也。归，核批稿各簿。未正请厉伯符等中饭，小宴，酉初散。阅本日文件。傍夕小睡。夜倦甚，眼蒙之至。旋温《孟子》《公孙丑》上、下、《滕文公》上。二更二点睡。

初四日

未明起，至昭忠祠致祭，辰刻祭毕，还署。早饭后见客五次，魏召亭坐最久。倦甚。刘开生来，与之围棋二局。清理文件。又见客一次。中饭后，坐见之客二次。阅本日文件。倦甚，小坐。写二信与两山长，请其代阅书院甄别卷。傍夕小睡。夜阅魏黄生承柷《也居山房文集》、刘詹岩缪存《吾春斋文集》，皆新刻成，本日送来者也。二更四点睡。

初五日

早饭后清理文件。坐见之客五次，衙门期也。围棋二局。核批稿各簿。中饭后阅本日文件。见客一次。剃头一次。申末，徐寿蘅来久谈，至一更四点去。阅《刘詹岩文集》，阅《阅微草堂笔记》。二更五点睡。日内左目益蒙，焦虑之至。

初六日

早饭后清理文件。出门拜徐寿蘅，在舟中坐颇久。归，坐见之客四次。寿蘅送《浙江校士录》、《约园诗》及碑贴等件，翻阅颇久。未刻，坐见之客一次。阅本日文件，未毕。申刻请寿蘅小宴，陪客仅钱子密一人。饭至灯后方毕，又谈至二更后方去。将本日文件阅毕，核科房批稿薄。二更五点睡。日内眼蒙尤甚。

初七日

早，出门丁祭。行至圣庙，甫及黎明，率属行礼。礼毕，归署。早饭后见客，坐见者二次，立见者二次。核科房批稿簿，写澄、沅两弟信约五百余字。围棋二局。中饭后阅本日文件。坐见之客一次。核改信稿十余件。傍夕小睡。夜又核信稿数件。二更四点睡。是夕宿于内室。

初八日

早饭后清理文件。旋坐见之客九次，立见者一次，疲乏极矣。核科房批稿各簿。中饭后阅本日文件，阅《朱子年谱》。小睡片刻。酉刻见客一次。傍夕又小睡。夜，徐寿蘅来久谈，至三更始去。余困倦殊甚，而渠精采奕然，殆不可及。三更后睡。

初九日

早，出门。黎明至关帝庙，率属行礼。礼毕，旋至新兵中营，看开花炮、田鸡炮。归署，早饭后清理文件。坐见之客四次。出门送徐寿蘅之行。渠住黄军门外，与之久谈。归，中饭后阅本日文件。魏召亭来一谈。核科房批稿各簿。傍夕小睡。夜改信稿二件，约改三百余字。二更四点睡。

初十日

早饭后清理文件。坐见之客三次。围棋二局。旋又见客二次，魏召亭坐颇久。核科房批稿簿，阅本日文件。未正出门，赴藩司梅小岩、粮道王晓莲之招，同饮者为魁时若将军，酉初散。归署，小睡。夜阅《朱子年谱》，阅《表忠录》，罗淡村中丞之行状、碑志、传述等也。二更四点睡。

十一日

早饭后清理文件。坐见之客六次。围棋二局。核科房批稿簿。中饭后阅本日文件。欧阳小岑来，又与之围棋一局。阅《朱子年谱》，小睡。傍夕又睡。夜又阅《朱子年谱》，温《孟子》《离娄》上、下两篇。二更四点睡。日来懒惰殊甚。早饭后脾困。虽见客时亦渴睡成寐，治事则神惫甚矣，气衰而志亦靡矣。

十二日

早饭后清理文件。坐见之客七次，立见者一次。核科房批稿簿。围棋二局。中饭后阅本日文件，未毕。勒少仲来，久谈一时半，酉初去。将本日文件阅毕。傍夕小睡。夜核改信稿十余件。二更四点睡。灯下阅《江南通志》，乾隆二年所修二百卷者。

十三日

早饭后清理文件。坐见之客七次，立见者二次。围棋二局。核批稿各簿。中饭后阅本日文件。坐见之客二次。倦甚，闭目小坐。核改信稿二件。傍夕小睡。夜又核信稿二件。二更后温《孟子》《离娄》下，《万章》上未毕。四点睡。

十四日

早，五更起。上江两县新修学宫，请余开祭，率属行礼。毕，甫及黎明。归署，早饭后，清理文件。坐见之客六次，立见者二次。巳正围棋二局。午正核科房批稿簿。中饭后阅本日文件。酉初小睡。核改信稿。傍夕又小睡。夜再改信稿。二更后温《孟子·万章》篇，自"尧以天下与舜"起至末。四点睡。

十五日

因昨日奉到谕旨，本日须将张汶详正法，止院不见客。早饭后清理文件。坐见之客三次，立见者一次。写记事册一页，核批稿各簿。中饭后阅本日文件。李载珏自湖北来一谈，子密来一谈。眼蒙殊甚，又周身不适，坐立不宁，小便极数，自未刻至亥刻，溲溺十余次。夜温《告子》上、下篇。二更四点睡。睡后，小便三次。

十六日

早饭后清理文件，因病不能支持，小睡时许。巳刻出门，至钟山、尊经两书院送学，各行礼毕。午正归署，又睡一回。核批稿簿。中饭后阅本日文件，眼蒙殊甚，几不能完。旋又睡一时许。病中疲困多睡，觉略轻松。夜温《尽心》上。二更四点睡。

十七日

早饭后清理文件。坐见之客四次。围棋二局。又坐见之客五次。核批稿各簿。中饭后，坐见之客三次，立见者一次。阅本日文件。酉刻登床一睡，大半时许。夜饭后又睡大半时许。二更后温《尽心》篇下。日内症甚不支，多睡则略愈。夜间，偶探得右肾浮肿，大如鸡卵，危症见矣。二更四点睡。

十八日

早饭后清理文件。病甚，不能见客。辰正出门，至下关看刘玉龙之开花炮队。初看子弹、火药，旋看打靶，大炮四尊、田鸡炮二尊，各打十余响。旋下城，出仪凤门，过小河，至营盘内看各种炮位、各种子弹器具。看毕，即在渠处吃酒席。未刻，席散归。申初二刻，至署阅本日文件，核批稿各簿，酉初二刻毕。小睡甚久。夜饭后又小睡。二更后，温《易经》《乾》卦至《坤》之"六三"止。二更四点睡。

十九日

早饭后清理文件。右肾浮肿，昨日服药，今日略消。坐见之客三次，立见者二次。围棋一局。李世忠来见，与张得胜同来。昔年为天下所痛恶，近年解兵归里，颇知敛抑，或可保首领以没乎！旋核批札各稿。中饭后阅本日文件。坐见之客一次。病中疲困殊甚，登床久睡。起坐不久，傍夕又睡，夜饭后又睡。旋阅《阅微草堂笔记》。二更四点睡。内人自十三日起，病势日重，日内昏昏呓语，有似瘟疫之症，医者全未得法，殊以为虑。

廿日

早饭后清理文件。坐见之客二次，衙门期也。旋王子蕃来诊脉一次。又见客二次。围棋二局。核批稿各簿。中饭后阅本日文件。病中困倦殊甚，登床一睡时许。酉刻起坐，旋又睡。夜饭后阅《阅微草堂笔记》。又睡片刻。二更后，李荣、刘传桢两道来见，呈定埠厘卡委员之信，知建平有土匪滋事，头目姓关，人数颇多，殊以为忧。二更五点睡。

廿一日

早饭后清理文件。坐见之客七次，立见者一次。围棋二局。午刻，莫子偲、欧阳小岑来久坐。中饭后阅本日文件，核批稿各簿。小睡半时许。核改信稿。傍夕，厚九来久坐，因同夜饭。饭后又一谈。温《易经》《坤》、《屯》、《蒙》、《需》、《讼》卦。内人病势日重，余之右臂肿坠亦不少愈，殊以为虑。暮年疾病、事变，人人不免。余以忝居高位，一无德业，尤为疚负，故此心郁郁不释耳。二更四点睡。

廿二日

早饭后清理文件。坐见之客五次，立见者一次。校对折片，廿四将拜发者。午刻核科房批稿簿。中饭后阅本日文件。见客一次。偏坠之症未愈，不能治事，小睡颇久。傍夕又小睡。夜饭后又睡。一种昏困之气，除眠食外，几一无所事者，可愧极矣。二更四点睡。

廿三日

早饭后清理文件。坐见之客八次，立见者一次，谈均颇久。围棋二局。核批稿各簿。中饭后阅本日文件，改信稿多件。小睡半时许。傍夕又小睡。夜又改信稿数件。二更后温《易》《师》、《比》、《小畜》、《履》四卦。四点睡。前以目疾，用心则愈蒙，近以疝气，用心则愈疼，遂全不敢用心，竟成一废人矣。

廿四日

早饭后清理文件。坐见之客三次，立见者二次。发万寿折本，拜牌行礼。巳刻至马端敏公处公祭、行礼。灵柩定以明日登程回山东也。旋至吴竹如处久谈。午正一刻归，围棋二局。刘受亭咸来一坐。中饭后阅本日文件。庞省三自扬州来，久谈。旋核批稿各簿。内人病势甚重，殊以为虑。接澄弟信，知沅弟定以二月移居长沙。傍夕，与欧阳小岑、王子蕃一谈病事。小睡。夜饭后徘徊良久，未治一事。旋温《易经》《泰》、《否》、《同人》、《大有》、《谦》、《豫》六卦。二更五点睡。

附 记

郜吟樵　云晦如

廿五日

早饭后清理文件。坐见之客三次，衙门期也。小睡半时许。午初出门，至马端敏公处送殡。渠家扶榇回山东也。午正发引，余步行送至三山街口，在一古董店小坐。待柩过后，余另抄路先出水西门，至官厅等候。至未初三刻柩到，公同行礼。归署，已未正二刻矣。中饭后阅本日文件，核批稿各簿。剃头一头。傍夕早睡。夜核改信稿三件。二更后温《易经》《随》、《蛊》、《临》、《观》四卦。四点睡。内人之病日剧。殊以为虑。

廿六日

早饭后清理文件。坐见之客六次，立见者一次，吴挚甫、庞省三、陈虎臣三君谈均久。围棋二局。核批稿各簿。中饭后阅本日文件。欧阳小岑、钱子密先后来一谈。傍夕小睡。夜间《五种遗规》、《牧令书辑要》。二更后温《易经》《噬嗑》、《贲》、《剥》、《复》四卦。四点睡。内人之瘟，日剧日减，谵语不止，内外伺候者日夜不得少休，殊为焦虑。

廿七日

早饭后，清理文件。坐见之客二次。辰正一刻，出门至小营祭先农。未建坛庙，借教场为坛。率属行礼毕，旋耕种行九推礼。旋拜牌谢恩。巳正至妙相庵，织造忠心一诚请为其妻题主。礼毕，登席小宴。归至署，午正二刻，坐见之客三次。核批稿各簿。中饭后阅本日文件。围棋二局。旋写对联四付。勒少仲来一谈。傍夕小睡。夜阅《五种遗规》。二更后温《易经》《无妄》、《大畜》、《颐》、《大过》、《坎》、《离》六卦。二更四点睡。余之疝气病，日内稍见轻减，而内人之病沉重如故，殊以为虑。

廿八日

早饭后清理文件。坐见之客七次，立见者一次。围棋二局。核批稿各簿。中饭后，坐见之客二次，金眉生谈颇久。阅本日文件，阅宜兴拔贡潘镜沆所送诗集，写对联五付。傍夕小睡。夜阅《在官法戒录》。吴挚甫、黎寿民来久谈。温《易》《咸》、《恒》、《遯》、《大壮》四卦。二更五点睡。

廿九日

早饭后清理文件。坐见之客二次，立见者一次。阅《从政遗规》，将摘抄一二，以自纂《吏治要言》。围棋二局。核批稿各簿。未刻，请庞省三等小宴，申刻散。阅本日文件。傍夕小睡。夜改信稿一件，约五百字。二更后温《易经》《晋》、《明夷》、《家人》、《睽》四卦。五点睡。余之疝气病日内渐愈，内人之病，屡变不痊，殊以为虑。

卅日

是日内人生日，谢绝诸客。早饭后清理文件。旋坐见之客三次。阅《从政遗规》。围棋二局。午刻核科房批稿簿。中饭后阅本日文件。坐见之客三次。勒少仲坐颇久。小睡片刻。再阅《从政遗规》。傍夕又小睡。夜，吴小轩来一坐。旋温《易》《蹇》、《解》、《损》、《益》、《夬》、《姤》六卦。二更五点睡。

三　月

初一日

早饭后清理文件。立见之客一次，坐见者六次，谈均稍久，已日晏矣。围棋二局后，即至未正。中饭后阅本日文件。庞省三、吴小轩先后来久坐。核批稿各簿。傍夕小睡。夜阅家乡来信多件，改信稿二件。三更睡。余之疝气病日见轻减，而内人病日见沉重，儿女辈多方医调，内室费用日繁，奢汰殊甚，深为焦虑。

初二日

早饭后清理文件。旋出门至河下，拜苏州新藩司恩竹樵，又至庞省三处一谈。归署，坐见之客三次，立见者一次，莫子偲谈颇久。中饭后阅本日文件，核批稿各簿。欧阳小岑来一谈。傍夕小睡。夜，吴挚甫来谈颇久。二更后，温《易》《萃》、《升》、《困》、《井》四卦。四点睡。

初三日

早饭后清理文件。坐见之客四次。立见者一次。写澄、沅两弟信，中饭后写毕。阅本日文件，核批稿各簿。唐端甫、钱子密来先后来一谈。小睡片刻。将《从政遗规》阅毕。傍夕小睡。夜阅《训俗遗规》，改信稿三件。温《易经》《革》、《鼎》二卦。二更五点睡。自思生平过愆丛积，衰老不复能湔袚，疚负无已。

初四日

早饭后清理文件。坐见之客五次，吴小轩及赵粹甫谈颇久。赵名佑宸，曾为山东学政、上书房行走，新放江宁遗缺知府者也。午刻阅本日文件，核批稿各簿。未正，请恩竹樵及候补道三人小宴，酉初散。小睡片刻。至松生处一谈。傍夕小睡。夜改信稿数件。二更后温《易》《震》、《艮》、《渐》、《归妹》四卦。四点睡。

初五日

早饭后清理文件。改信稿二件。见客二次。衙门期也，旋围棋二局。核批稿各簿。中饭后阅本日文件。庞省三来一谈，言前年在马谷山厅上同坐，忽梁上落下一大蛇，长约四尺许，似亦不祥。又言近日有编造戏文讥讽马帅者。小睡片刻。涂阆仙送来新刻《战国策去毒》，翻阅一过。傍夕睡。夜核信稿二件，约改三百余字。二更后温《易》《丰》、《旅》、《巽》、《兑》四卦。五点睡。内人日内病势愈重，殊为可虑。

初六日

早饭后清理文件。坐见之客四次。围棋二局。未初，出城迎接张子青中丞。渠自苏州来此商公事也。旋与渠同返余署一谈。中饭后见客二次。阅本日文件，核批稿各簿，未毕。傍夕小睡。夜将批稿核毕。旋阅《毛诗稽古编》。吴挚甫来一谈。二更后温《易》《涣》、《节》、《中孚》、《小过》四卦。五点睡。眼光昏蒙日甚，焦虑无已。

初七日

早饭后清理文件，改信稿二件。出门至河干拜张子青，久谈。旋至黄军门处一谈。彭雪琴曾为吾制榇，新自芜湖移至黄家，余往阅看。黄家亦自制一榇，一并阅之，皆楠木也。黄榇坚厚异常，盖厚九寸，墙厚六寸，吾榇厚三寸。旋归署，核批稿各簿。中饭后阅本日文件。坐见之客二次。核改信稿数件。傍夕小睡。夜又改信稿一件。案上积压信件，至此为之一清。旋温《易经》《既济》、《未济》二卦，《系辞传》至第九章止。三更睡。

初八日

早饭后清理文件。坐见之客八次。疲乏殊甚。核批稿各簿。未末刻，请子青小宴，藩司及两道陪饮。席散时，天将黑矣。阅本日文件，未毕。傍夕小睡。

夜，将文件阅毕，将案头杂牍清理一番。二更后温《易经》《系辞》上传十章起，至"杂卦"末止。《易经》又粗温一遍毕。眼蒙日甚，内人病亦日重，家中奢靡散漫，毫无整肃之象，深以为愧。

初九日

早饭后清理文件。坐见之客五次。围棋二局。午刻核批稿各簿。中饭后阅本日文件。张子青来一谈。阅《阅微草堂笔记》。天气渐长，下半日为时甚久。傍夕小睡。夜又阅《阅微草堂笔记》，阅《经义述闻》中《通说》。二更五点睡。是日接沅弟信，言黄冠北事，甚为肫挚。

初十日

早饭后清理文件。将出城送张子青而闻其已行，遂不往矣。坐见之客七次。围棋二局。午正核科房批稿簿。中饭后阅本日文件。王子云来一谈。倦甚，闭目渴睡。旋阅《战国策去毒》。因思古来圣哲，胸怀极广，而可达天德者约有数端，如笃恭修己而生睿智，程子之说也；至诚感神而致前知，子思之训也；安贫乐道而润身晬面，孔、颜、曾、孟之旨也；观物闲吟而意适神恬，陶、白、苏、陆之趣也。自恨少壮不知努力，老年常多悔惧，于古人心境不能领取一二，反复寻思，叹喟无已！傍夕小睡。夜又阅《国策去毒》。二更后温《书经》，用纂言本读廿页。五点睡。

十一日

早饭后清理文件。坐见之客四次，立见者四次。阅《近思录》。将改折稿，沉吟许久而不果。核批稿各簿。中饭后阅本日文件。张啸山来一谈。出门至黄军门处送行，又至孙琴西处一坐。归署后，阅《近思录》。剃头一次。傍夕小睡。夜改折稿，约改四百余字。三更睡，不甚成寐。

十二日

早饭后清理文件。见客，坐见者六次。围棋二局。未初核科房批稿簿。中饭后阅本日文件。旋阅《白香山集》，将作折稿而不果，翻阅川盐行楚一案各卷。傍夕小睡。夜改折稿约三百余字。二更五点睡，不能成寐。

十三日

早饭后清理文件。坐见之客五次,立见者一次。围棋二局。核科房批稿各簿。厚九来久坐。中饭后阅本日文件。坐见之客二次。阅《白香山诗集》。傍夕小睡。夜将折稿改毕,约改三百字,全折约二千字。复阅《香山诗集》。二更五点睡。内人之病日见沉重,殊为焦虑。

十四日

早饭后清理文件。坐见之客六次,立见者二次。核科房批稿簿,阅《白香山诗集》。中饭后阅本日文件,将昨日折稿检校一番。倦甚,欧阳小岑来久谈。傍夕小睡。夜改信稿一件,温《书》纂言本《舜典》。二更五点睡。内人病势日重,为之焦虑。

十五日

早饭后清理文件。坐见之客三次,立见者一次。围棋二局。是日为内人制椑。李筱泉送建昌花板二付,交欧阳定果带来。午刻核科房批稿簿。中饭后阅本日文件。内人病已垂危,而余之目疾亦增剧,偶写字则昏蒙异常,不复成字,不敢治事,但在庭院散步,或闭目一坐。刘启发来一谈。阅白氏、元氏《长庆集》。傍夕小睡。夜阅《阅微草堂笔记》。旋闭目小坐。二更后温《书》纂言本《皋陶谟》,至"否则威之"止。五点睡。天雨竟夜,先小后大。

十六日

早饭后清理文件。坐见之客二次,立见者一次。围棋二局。陈善奎送其父《起礼诗集》。又送张南山《花甲闲谈》,纪生平之踪迹,绘图题咏。又送何文简公《余冬录》一部,明郴州何孟春所作也。将此三书略一翻阅。午刻核批稿各簿。中饭后阅本日文件。因思近年焦虑过多,无一日游于坦荡之天,总于由名心太切、俗见太重二端。名心切,故于学问无成,德行未立,不胜其愧馁。俗见重,故于家人之疾病、子孙及兄弟子孙之有无强弱贤否,不胜其萦绕,用是忧惭局促,如茧自缚。今欲去此二病,须在一"淡"字上着意。不特富贵功名及身家之顺逆、子姓之旺否悉由天定,即学问德行之成立与否,亦大半关乎天事,一概淡而忘之,庶此心稍得自在。展转筹思,徘徊庭院,申酉间不治一事。傍夕小睡。夜阅《韦苏州集》。二更后温《书经》，至"梁州"止。三更睡。

十七日

早饭后清理文件。坐见之客五次，立见者二次。写沅弟信一件。围棋二局。核科批稿各簿。有人送《三魏文集》，因翻阅《叔子集》中各论。中饭后阅本日文件，阅《叔子文集》，改信稿三件。傍夕小睡。夜将改信稿而不果，阅《叔子文集》。二更五点睡。

十八日

早饭后清理文件。坐见之客三次，立见者二次。围棋二局。核批稿各簿。冯树堂来久谈。卅年前老友，自祁门一别，至是忽十余年矣，畅叙一切。渠绝无老态，在山中善于调养也。中饭后阅本日文件。坐见之客一次。申正后改复应敏斋信稿，未毕。傍夕小睡。夜将信稿改毕，约八百余字。二更后阅韦苏州诗，又阅《文选》《行役》等诗。心气不聚，神尤散漫，看书惝恍，若无所睹，盖衰惫之至矣。五点睡。

十九日

早饭后清理文件。坐见之客四次。树堂本日搬至署内来住，与之久谈。午刻核批稿各簿，阅何子元《余冬余冬录》。中饭后阅本日文件。派折差进京。围棋二局。旋又阅《余冬录》及《阅微草堂笔记》。至树堂房内一谈。渠同来有一画师，周姓，亦与晤谈。傍夕小睡。夜又阅《余冬录》，改信稿一件。二更后温《古文·气势之属》。五点睡。内人病日危笃，儿辈请洋人诊视，心甚非之，而姑听之。

廿日

早饭后清理文件。坐见之客四次，立见者二次。围棋二局。午刻核科房批稿簿。中饭后阅本日文件，阅《阅微草堂笔记》，改复李中堂信稿，未毕。傍夕至树堂房久谈。夜将李信改毕，又改信稿一件。旋温《古文·趣味之属》。二更五点睡。是日巳刻，写记事册。

廿一日

早饭后清理文件。坐见之客五次。写记事册。围棋二局。核批稿各簿。请树堂小宴，小岑与厚九同在座，申刻散。阅本日文件。在洋床小睡。阅《阅微草堂笔记》，改信稿数件。傍夕小睡。夜又改信稿数件。二更后温《古文·气势之属》。三更睡。文思迟钝，虽改一"四六"信稿，亦踌躇良久而不能下笔。甚矣，余之陋且衰也！

廿二日

早饭后清理文件。坐见之客二次。围棋二局。写记事册。树堂带来之周姓善画小照，已午间为余写真，作二稿，不甚相肖。旋核科房批稿簿。未末出门，至富桂卿都统处赴宴，陪客为魁时若将军、忠心一织造。酉初散。归，阅本日文件。傍夕小睡。夜阅《阅微草堂笔记》，温《古文·情韵之属》。二更五点睡。

廿三日

是日，恭逢皇上十六岁万寿。五更，至府学明伦堂，黎明，率属行礼。归署，早饭后清理文件。坐见之客二次，立见者一次。写记事册。围棋二局。阅《阅微草堂笔记》。午正核科房批稿各簿。中饭后阅本日文件。上年作《江宁府学记》，甚不称意，本日拟加删改。翻阅《江南通志》中之《朝天宫》，遍搜不得，在室中徬徨良久。傍夕，至树堂处一谈。夜又翻阅《江南通志》。二更后温《古文·气势之属》，用朱笔圈点数篇。五点睡。自去年二月病目以来，久不用朱笔点书矣。

廿四日

早饭后清理文件。见客，坐见者一次。立见者三次。至署西支一帐棚看箭，二弁。毕，至陈作梅之世兄处一谈，送渠至保定。至欧阳小岑处一谈。归，围棋二局。万箎轩来久谈。中饭后坐见之客二次，表弟江远遂来久谈。李梅生来久坐。阅本日文件，核批稿各簿。纪鸿儿之第二子患病颇重，用以为虑。傍夕小睡。夜，洪琴西来久谈。核信稿一件。二更后温《古文·气势之属》。三更睡。

廿五日

早饭后清理文件。坐见之客三次，衙门期也。写记事册。围棋二局。见客二次，万箎轩谈甚久。核科房批稿簿。中饭后阅本日文件。倦甚，在洋床小睡。写祭帐四幅、对联三付。傍夕与树堂一谈。夜温《古文·气势之属》，圈点三篇。

眼奇蒙,几不能辨一字,因不复执笔,而温《项羽本纪》一过,眼在半开半闭之间,略见字影,略似默诵而已。二更四点睡。

廿六日

早饭后清理文件。坐见之客一次,立见者一次。出门拜万篪轩、李眉生,均未晤,巳初归。围棋二局。核批稿各簿。见客一次。中饭后阅本日文件。树堂约吴子登来,以玻璃用药水照出小像,盖西洋人之法也。为余照一像。纪鸿之次子病,早间甚重,晚来轻减。余目蒙殊甚,虽《阅微草堂笔记》等闲书亦不能看,因在洋床上闭目小坐。傍夕小睡。夜温《古文·气势之属》。以眼蒙不能久看,闭目小坐。二更四点睡。眼病如此,便与盲人无异,为之愧叹。

廿七日

早饭后清理文件。坐见之客四次,立见者二次。出门至任隶香家吊唁,渠有妻丧,本日开吊也。归,围棋二局。核科房批稿簿。未末,请万篪轩、李眉生小宴,酉初始散。阅本日文件,阅《龚定庵文集》。傍夕小睡。夜温《古文·气势之属》。眼蒙,竟不能看,屡次闭目小坐。二更四点睡。

廿八日

早饭后清理文件。坐见之客五次。围棋二棋。核批稿各簿。中饭后阅本日文件。将改复张友山信,论修黄河、运河事,翻阅兵部蒋主事所上条陈,细读良久,不甚清了。坐见之客一次。改信稿约二百字,未毕。接沅弟三月廿日信,仅八日即到。余去家信颇稀,弟信甚密,望余信甚切,悱恻之枕,露于言外。傍夕小睡。夜将信稿改毕,约共改五百余字。二更后,温《古文·气势之属》。五点睡。

廿九日

早饭后清理文件。坐见之客二次,立见者二次。出门至署右箭道考验江西武员三人,中有存禧全未中箭。归署,坐见之客一次。围棋二局。写记事册。午刻核科房批稿簿。中饭后见客二次。阅本日文件。杂翻《会典》中"户部门"一阅。眉生来一谈,渠今年四十二岁,身体之习,家运之衰,言之欲涕。拟作一诗赠之,徘徊未能下笔。傍夕小睡。夜拟作计而迟钝异常,仅作十句而已。二更五点睡。

四 月

初一日

早饭后,止院不见客。清理文件。旋坐见之客二次,立见者一次。写澄、沅两弟信一件。围棋二局。倦甚,在洋床上闭目少息。核科房稿批各簿。中饭后阅本日文件。剃头一次。将昨夜之诗作毕,一首,共卅句,二更方完。傍夕小睡。二更后温《文选》中诗及韦诗,恬吟稍久。五点睡。

初二日

早饭后,清理文件。坐见之客五次。围棋二局。核科房批稿簿,阅《会典·兵部事例》。万笏轩来一谈。中饭后阅本日文件,阅广东嘉应杨懋建所著《禹贡新图说》。日长如岁,仅一翻阅涉猎,过眼即忘,全未计真究治一书,殊以为愧。傍夕小睡。夜再作一诗赠眉生,凡廿六句。三更毕即睡。

初三日

早饭后清理文件,将昨夕之诗再一核改。见客二次。围棋二局。阅《会典·兵部事例》,核科房批稿簿,内有复总理衙门信,改三百余字。中饭后阅本日文件。李眉生来久谈。旋阅《会典》。倦甚,渴睡,不觉成寐。傍夕又登床小睡。夜温五古陶诗、杜诗。疲乏,全无清旭之气,昏浊而兼衰老,于读书之道去之千里矣。二更四点睡。内人之病,近日乃微觉减退,肿消而疼亦少愈,殊为意想所不及。

初四日

早饭后清理文件。坐见之客二次。围棋二局。徘徊室间,若无所事事者,乃知吾生日月尽在悠忽怠惰中过了。核科房批稿簿。中饭后阅本日文件。阅欧阳公文，茅选八家本也，其间选《唐书》五首、《五代史》十五首，与他处茅选《五代史》较多者又自不同。傍夕小睡。夜，温《古文类纂·论辨类》。二更五点睡。

初五日

早饭后清理文件。坐见之客二次，衙门期也。旋围棋二局。阅《兵部事例》中"置驿"、"设铺"等卷。魁将军时若来一谈。核批稿各簿。中饭后阅本日文件。万筼轩来一谈。申正写对联六付。倦甚，若有病者，四肢弛散，不能支持。傍夕小睡。夜，阅《古文》《序跋类》、《书说类》。二更五点睡。

初六日

早饭后清理文件。坐见之客四次，立见者一次。阅《会典》典中《宗人府》、《内阁》。围棋二局。已正出门，至水西门外送魁将军，渠赴镇江阅操也。归，核批稿各簿。中饭后阅本日文件。坐见之客一次。李眉生来一谈。核改信稿三件。傍夕小睡。夜温《古文类纂·碑志类》，二更后朗诵数首。五点睡。

初七日

早饭后清理文件。坐见之客二次，立见者一次。围棋二局。阅《会典》《内阁》、《吏部》。倦甚，看书则昏昏渴睡，已成痼矣。派弁至家乡送信，写澄、沅两弟信。核科房批稿簿。中饭后阅本日文件。眼蒙，在藤椅闭目久坐。核改信稿二件。自省目病之源在肝，肝病之源则由于忮心名心不能克尽之故。在室中反复自讼，不能治事。傍夕至子密处一谈。夜温《古文·传志类》下。二更后，朗诵数首。四点后睡。

初八日

早饭后清理文件。坐见之客二次，立见者一次。出门至吴竹如处久坐，又到张廉卿处一谈，午初归。围棋二局。坐见之客一次。核科房批稿簿。中饭后阅本日文件，阅《会典》七卷至十二卷，略一涉猎，未能一看注文。至内室一谈。至花园一散步。傍夕小睡。夜改信稿一件。二更后温《古文·识度之属》。五点睡。近来每苦心绪郁闷，毫无生机，因思寻乐约有三端：勤劳而后憩息，一乐也；至淡以消忮心，二乐也；读书声出金石，三乐也。一乐，三乐是咸丰八年所曾有志行之，载于日记者，二乐则近日搜求病根，迄未拔去者，必须于未死之前拔除净尽，乃稍安耳。

附 记

密考　　　　　改荔秋信寄季
盐船水脚
魏承鑫事应奏　　黄冠北请恤

初九日

早饭后清理文件。坐见之客四次。围棋二局。树堂及瑞臣甥自上海归来，各与一叙。周姓又为余写真一次。核科房批稿簿。中饭后阅本日文件。阅《会典》十三卷至廿卷。又至周君处对坐，为余写真。树堂来久谈，请余写对联三付。傍夕小睡。夜，表弟江远遂来久谈。二更后温《古文·识度之属》。三更睡。近来每日围棋二局，耗损心力，日中动念之时，夜间初醒之时，皆萦绕于楸枰白黑之上，心血因而愈亏，目光因而愈蒙。欲病体之渐痊，非戒棋不为功。

初十日

早饭后清理文件。见客二次，衙门期也。本日始戒棋。天气新热，困倦殊甚，竟日在洋床上睡。巳刻写对联四付。午刻见客数次。核科房批稿簿。树堂来久谈，与之同食。中饭后阅本日文件。申刻送树堂归去。傍夕登床一睡。夜又在洋床久睡，不治一事，偶起，则昏倦异常。纪鸿将所阅《诗经注疏》呈览，儿方侍立于旁，余已渴睡成寐矣，可笑可愧，一至于此！二更四点睡。

十一日

早饭后清理文件。在洋床上睡。巳刻将三省文职官单各注密考，或断或续，时起时坐，至夜二更止，将考语注毕。午刻会客一次，核批稿簿。中饭后阅本日文件。傍夕小睡。是日天气极热，全换暑衣。余本畏热多汗，又眼蒙加甚，写字吃力之至，尚不成字，勉强将考语注毕，在近日即属勤于办公者。二更后温诵古文欧、曾文数首。五点睡。

十二日

　　早饭后清理文件。坐见之客二次。孙琴西谈颇久。将武职提镇单加注密考。旋又改折一件。午刻，坐见之客三次，张廉卿谈甚久，子密来一谈。核科房批稿簿。中饭后阅本日文件。天气奇热，汗出不止。阅汪容甫所著《述学》。作片稿一件。阅《述学》至日晡。傍夕登床小睡。夜改信稿五件。二更后温《古人文·识度之属》。五点睡。是日接澄弟三月廿七日之信。

十三日

　　早饭后清理文件。坐见之客二次。倦甚，在洋床上久睡，直至巳正方起。拟改八年所作《江宁府学记》，久不能成。阅《述学》。午刻见客二次。核批稿各簿。中饭后阅本日文件。围棋二局。热甚，出汗甚多。又阅《述学》。见客一次，魏光辉将进京为员外郎，魏质斋之子也。傍夕小睡。夜又阅《述学》，温渔洋《五古选》。二更末睡。

十四日

　　早饭后清理文件。见客，坐见者一次，立见者一次。围棋二局。将八年所为《江宁府学记》核改，陆续改至三更，改毕，约改三百余字。午刻，坐见之客二次，李勉亭谈甚久。核科房批稿簿。中饭后阅本日文件。申刻，欧阳小岑来久谈。傍夕小睡。是日，院中搭天棚，屡出观看。三更睡。

十五日

　　早饭后清理文件，改复李少泉信稿，改致总理衙门信稿，改幼童出洋章程。坐见之客二次，立见者一次。围棋二局。核科房批稿簿。中饭后阅本日文件。坐见之客一次。阅《白香山诗集》。校对明日应发折件，凡六折、五片、三清单，改信稿三件。阅《阅微草堂笔记》。傍夕小睡。夜改信稿二年，阅《香山诗集》。二更后温韩文。五点睡。

十六日

　　早饭后清理文件。坐见之客四次，汪梅村谈甚久。围棋二局。又坐见之客三次，陈虎臣坐甚久。午正核科房批稿簿。中饭后阅本日文件。子密来一谈。阅

《阅微草堂笔记》。在洋床外睡。阅《香山诗集》。是日，因闻李世忠捆缚陈国瑞于船上，不知生何变端，为之悬系。改李世忠禀之批。傍夕小睡。夜又阅《阅微草堂笔记》。二更后温《古文·气势之属》。五点睡。

十七日

早饭后清理文件。坐见之客三次。围棋二局。在洋床一睡。阅《阅微草堂笔记》，核科房批稿簿。中饭后阅本日文件。何子贞自苏州来，久坐。李世忠自扬州来，因其与陈国瑞构衅，无赖行径，未与相见。渠在官厅等候极久。袁笃臣来一见，令其与李一谈。傍夕，富桂卿来一坐。小睡良久。夜阅《三国志》二篇。二更四点睡。每日一事未办，饱食甘寝，愧赧之至。

十八日

早饭后清理文件。坐见之客二次，立见者一次。至署旁看箭，考验江西武官二人。出城至河下拜何子贞，久谈。归，见客一次。围棋二局。核科房批稿簿。吴家榜来一谈。中饭后阅本日文件，阅《会典·礼部》，略一涉猎。至内家一谈。傍夕小睡。夜，折弁自京回，阅京信及邸钞等。阅《会典》，温《古文·书牍类》。二更五点睡。

十九日

早饭后清理文件。倦甚小睡。围棋二局。见客，坐见者四次，立见者一次。核科房批稿簿。又坐见之客二次，王子藩坐颇久。未刻阅本日文件。请客吃便中饭，汪梅村、方伯雄先到，与之久谈。何子贞后到。申初二刻登席，酉正散。傍夕见客一次。夜阅《文选》。眼蒙殊甚，二更五点睡。

廿日

早饭后清理文件。见客二次，衙门期也。围棋二局。阅《会典·兵部》。李佛生自保定来，久谈，又坐见之客二次。核科房批稿簿。中饭后阅本日文件。有义宁州曾丞恩等三人来见，云接湖南省谱局信，欲与渠族联谱；令其来金陵见我。阅其刻信果然，不知湖南何人主持也。欧阳小岑来久谈。申酉间，见客二次，一系江西臬司俊达，谈颇久。傍夕小睡。夜，科五来一谈。温《古文·序跋类》朗诵数首。三更睡。

廿一日

早饭后清理文件。倦甚，在于洋床久睡。坐见之客二次。巳刻出门拜俊质堂。归，杨正仪来一谈，厚庵之子也。何子贞来，谈最久。中饭后阅本日文件，核科房批稿簿。又在洋床一睡。剃头一次。傍夕登床一睡。夜温《古文·书说类》。眼蒙，竟不能见字。二更五点睡。

廿二日

早饭后清理文件。坐见之客四次。在洋床久睡。核批稿各簿。梅小岩来一坐。有人自湘乡来，用木笼舁一虎，送至署内，闲人纷纷趋看，云傅敏才自家中带来者也。又坐见之客一次。未来，请俊质堂小宴，请富桂卿与忠心一陪之。席散时，将西正矣。阅《会典》《刑部》、《工部》。傍夕小睡。夜作《丁伊辅墓志铭》，约百六七十字。三更睡。

廿三日

早饭后清理文件。在洋床小睡。旋围棋三局。见客三次，应敏斋谈甚久。核批稿各件。中饭后阅本日文件。罗研生新寄来《楚南文征》，略为翻阅，惜无凡例、序述及小传等。酉刻又作《丁伊辅墓志铭》，至三更止。仅作三百余字。甚矣，余之钝也。傍夕小睡。三更后睡。

廿四日

早饭后清理文件。在洋床小睡。坐见之客三次，应敏斋谈甚久。围棋二局。又坐见之客三次，薛世香谈颇久。核批稿各簿。中饭后阅本日文件。坐见之客一次。阅《湖南文征》。申刻后将《丁伊辅墓志铭》撰毕，共八百余字。傍夕小睡。夜温《古文·奏议类》。三更睡。是夜，见纪鸿近作文二首，笨拙益甚，徒见笑于山长耳。儿辈蠢陋若此，为之焦灼。

廿五日

早饭后清理文件。旋坐见之客二次，立见者一次。出门，至署西看箭二员。在洋床上久睡。余向来夏月有饭后脾困之症，每每终日思睡。近又眼病，更觉难于支持。午初，见客二次，张廉卿谈颇久。核科房批稿簿，核信稿九件，内二件改四百余字。中饭后阅本日文件，阅《龚定庵集》。渴睡殊甚。又在洋床久睡，未作一事，而天已曛黑矣。傍夕登床一睡。夜又阅《定庵集》，温韩文，朗诵数首。二更五点睡。

廿六日

早饭后清理文件。在洋床小睡。旋见客三次，梅小岩等坐甚久。巳刻围棋二局。午刻核科房批稿簿。中饭后阅本日文件。李梅生、欧小岑先生来，坐谈俱久，子密来谈亦久。傍夕，始将文件阅毕。小睡。夜阅《定庵集》。眼蒙殊甚。二更后温韩诗。三更睡。

廿七日

早饭后清理文件。阅《湖南文征》，将其名之最著者略开一单。坐见之客四次。围棋二局。午刻核科房批稿簿。中饭后阅本日文。陈子奉、忠心一先后来谈颇久。有人送吴仲云制军振试《花宜馆诗钞》，略一翻阅。申刻出城迎接将军，渠自京口归来。旋至余署一谈。是日公文甚多，未能看毕。傍夕小睡。夜将公文看毕。又阅吴仲云诗。二更五点睡。

廿八日

早饭后清理文件。在洋床小睡。坐见之客六次。围棋二局。核科房批稿簿。中饭后阅本日文件。是日将再改《江宁府学记》，徘徊良久而不能下笔。又间阅《花宜馆诗集》。子密来一久衍"一"字谈。傍夕小睡。夜阅吴南屏新刻集，曰《拌湖文录》《诗录》者。又屡思改《府学记》，及至二更末，始改数十字，而又甚不称意。甚矣，余之钝且陋也！三更睡。

廿九日

早饭后清理文件。坐见之客二次。围棋二局。改李世忠、陈国瑞一案批稿。又坐见之客一次。核科房批稿簿。中饭，请李眉生便饭，未正登席，申正散，又与之一谈。阅本日文件，阅吴南屏《拌湖文集》。是日渠送来一百部。傍夕至花园，一为巡览。至幕府陈小浦等处一谈。夜饭后，再将《府学记》核改，二更后改毕。又将《丁伊辅墓志铭》一核。三更睡。

卅日

早饭后清理文件。坐见之客二次。出门拜薛慰农，不晤。拜李眉生，久谈。归，核科房批稿簿。中饭后阅本日文件，改信稿数件，阅《拌湖文录》。至花园一看。至幕府一谈。申刻会客二次。戌刻会客一次。夜阅《拌湖文录》，目蒙不能细看。三更睡。

五 月

初一日

早饭后清理文件。出门迎接李小泉。余出水西门，渠已进旱西门至余署矣。归署，与之久谈。旋围棋三局。小睡。核科房批稿簿。中饭后阅本日文件，阅《理学宗传》。坐见之客二次，子密来一谈。傍夕小睡。夜阅《理学宗传》。李小泉来久坐，将三更方去。去后，余即洗脚睡矣。

初二日

早饭后清理文件。出门至李小泉处久谈，渠寓其戚张又堂家。归后，在洋床小睡。围棋二局。核科房批稿各簿。阅《理学宗传》。核改信稿三件，作梅信改甚多，方存之信改未毕。未末，请李小泉小宴，请小岩、琴西、子范陪之。申初登席，客散已戌初矣。小睡。夜阅本日文件，阅《理学宗传》中鹿忠节公，改方存之信稿毕。三更睡。是日接澄弟信，知纪寿侄县考又取案首。吾家星冈公之子、孙、曾孙，入学者九人，而取案首者八人，惟余不得案首耳。上两辈皆极难，纪字一辈则得之稍易。

初三日

早饭后清理文件。小睡于洋床。坐见之客六次。围棋二局。核批稿各簿。中饭后阅本日文件。坐见之客一次，立见者一次，李眉生来一谈。是日拟作《罗伯宜墓志铭》，而久不能下笔。傍夕小睡。夜始下笔，为文数十字而茫无意绪，文思固极迟钝，亦由平日致力不深耳。三更睡。是日申刻写对联六付。

初四日

早饭后清理文件。坐见之客六次。围棋二局。核科房批稿簿。中饭后阅本日文件。立见之客一次,坐见者一次。作《罗伯宜墓志铭》,自申初至三更作毕,约八百余字,尚未作铭辞。傍夕小睡,三更睡。因文思太钝,遂率意为之,期于成篇,绝无是处。

初五日

早饭后清理文件。谢绝拜节诸客。坐见者仅两次。脾困,在洋床久睡。作昨日之志铭辞,核科房批稿簿。中饭后阅本日文件。坐见之客一次。在洋床小睡甚久。改复云仙信稿,约改五百字。傍夕小睡。夜改复吴彤云等信稿,约改三百字。二更后阅《三国志》《王粲》、《卫觊》等传。三更睡。

初六日

早饭后清理文件。坐见之客四次,立见者二次。在洋床屡睡。巳正出门拜客,吴竹如、李小湖两处一谈,未初二刻归署。核批稿各簿。未正一刻请幕府十二人小宴,申末席散。阅本日文件。疲乏殊甚,在洋床久睡,不复能治事矣。傍夕小睡。夜阅孙琴西近日所作古文,名《逊学斋文稿》,约十余首。二更后温《古文辞》"奏议类"、"碑志类"。三更睡。

初七日

早饭后清理文件。在洋床小睡。围棋三局。坐见之客一次。改折稿一件,即李世忠、陈国瑞参奏之折。核批稿各件。中饭后阅本日文件。屡次在洋床小睡。屡次改信稿,共改廿余件。是日,两接澄、沅两弟信,一由排单,一由信局。傍夕至花园一行。小睡颇久。夜阅《明史》《杨一清传》,温韩文"碑志类"。二更四点睡。

初八日

早饭后阅《湖南文征》数首。坐见之客六次。围棋二局。核科房批稿簿。在洋床小睡二次。中饭后阅本日文件,阅邓湘皋之序文录于《文征》者二卷。又在洋床小睡。天热,已有溽暑湿蒸之气,余向来所最畏也。将上次所作《罗伯宜墓志》再一核改。傍夕小睡。夜又阅《湖南文征》，盖研生索余作序，故须略为涉猎耳。三更睡。

初九日

早饭后清理文件。在洋床小睡。坐见之客二次，立见者三次。围棋二局。许萨阿来一谈，渠将赴海州也。旋阅《湖南文征》，核科房批稿簿。中饭后阅本日文件，阅《文征》中罗苏溪、李石梧、黎樾乔诸人之文，阅陶文毅奏疏。在洋床上小睡二次。本思于初八、九日作文，以定常课，缘构思不成，且姑置之。傍夕小睡颇久。夜将纪泽初八所作诗四首批评。二更后阅震川文数首。三更睡。

初十日

早饭后清理文件。见客四次，衙门期也。围棋二局。改复张子青信稿，约改五百字。核科房批稿簿。中饭后阅本日文件，写家信二件，一由排递，一由江西义宁州曾承恩等带去，渠等至湖南联宗修谱，求寄一信也。写对联二付、扁一方。晡时至园一看。傍夕小睡。夜将各折件校对，明白将发。二更后温《古文·杂记类》，诵《离骚》一过。三更睡。

十一日

早饭后清理文件。坐见之客二次。在洋床小睡。围棋二局。核科房批稿簿，阅《湖南文征》。中饭后阅本日文件。奇热，汗出不止。改信稿数件，阅《阅微草堂笔记》，阅《湖南文征》。在洋床小睡。酉正登床一睡。新换竹簟，初一试之，因汗多遂不起，灯后乃起。夜又阅《湖南文征》。二更后，因阅震川古文，遂并翻其四书文阅之。其浑灏流转之气、乃更胜于古文也。三更睡。

十二日

早饭后清理文件。坐见之客二次。围棋二局。阅《湖南文征》。在洋床上屡次小睡。蒋益清来久谈，芗泉之胞弟也。中饭后阅本日文件，阅《湖南文征》中"哀祭"一门。仍在洋床小睡。至后园一望。傍夕久睡。夜阅《文征》颇多。三更睡。

十三日

寅初起。至关帝庙，率属行诞祭礼，礼毕，归。早饭后，至署西帐棚看箭，考验二员。归，清理文件。坐见之客五次，立见者一次。围棋二局。将作《湖南文征序》，而久不能下笔。核科房批稿簿。中饭后阅本日文件。湿热异常，迅雷大雨，稍解燠蒸之气。作《序文》约三百字。雨后微凉，久睡。夜又作《序文》百余字。三更睡。每一作文，未下笔之先，若有佳镜，既下笔则无一是处，由于平日用功浮泛，全无实际故耳。

十四日

早饭后清理文件。坐见之客六次，立见者一次。围棋二局。又作《序文》百余字。中饭后阅本日文件。将《序文》作毕，共六百余字，再阅一过，全无是处，深为愧闷。又阅《湖南文征》数首。在洋床小睡二次。傍夕登床一睡。夜又阅《湖南文征》，阅《梅伯言文集》。三更睡。

十五日

早饭后清理文件。坐见之客二次，立见者一次。围棋二局。阅《梅伯言文集》，核批稿各簿。中饭后阅本日文件。思将《序文》一改，而久不能下笔。再阅《伯言文集》甚多。傍夕小睡。夜阅《姚惜抱文集》。是夜月蚀，余于初食、食甚，三次行礼，皆三跪九叩。三更睡。

十六日

早饭后清理文件。折差归，阅京信、京报等。坐见之客七次，金逸亭、洪琴西、韩叔起谈俱久。围棋二局。核科房批稿簿。中饭后阅本日文件，阅《惜抱文集》，阅《通鉴辑览》第一本。在洋床小睡。是日仍思改《序文》，而未能动笔。至后园一看。傍夕睡。夜再阅《惜抱集》，三更睡。

十七日

早饭后清理文件。坐见之客三次。围棋二局。阅《通鉴集览》十余页。又坐见之客三次。核科房批稿簿。中饭后阅本日件。坐见之客二次。阅《理学宗传》中朱子、陆子。孙氏所录朱子之语，多取其与陆子相近者，盖偏于陆王之途，去洛闽甚远也。剃头一次。至园中一览。傍夕小睡。夜阅《湖南文征》，将十三所作《序文》改数十字。二更五点睡。

十八日

早饭后清理义件。坐见之客四次。围棋二局。阅《通鉴》八十七卷。午刻又见客一次。核科房批稿各簿。中饭后阅本日文件。梅小岩来一谈。将改复袁小午信稿，而久未下笔。阅《通鉴辑览》。至后园一览。傍夕久睡。夜阅周保绪所著《晋略》，赵惠甫所寄来者。周名济，荆溪人。书成于道光十八年，亦近世著作才也。三更睡。

十九日

早饭后清理文件。坐见之客三次，立见者一次。围棋二局。又坐见之客三次。阅《通鉴》八十八卷，未毕。核批稿各簿。中饭后阅本日文件，将《通鉴》之卷阅毕，改信稿五件，约改四百余字。傍夕小睡。夜阅姚惜抱、梅伯言《文集》，又阅《古文·论著类》。三更睡。

廿日

早饭后清理文件。坐见之客二次，衙门期也。阅《通鉴》八十九卷。围棋二局。核批稿各簿。中饭后阅本日文件，阅《理学宗传辨正》第一本。河南永城县刘廷诏，字虞卿之所著也，吴竹如侍郎为之校订，即将刊刻，送余一阅。改信稿十余件。傍夕小睡。夜又改信稿十余件，阅《梅伯言文集》，阅《古文·序跋类》。三更睡。

廿一日

早饭后清理文件。坐见之客五次。蒋益清送《莫如楼诗集》，略一翻阅。又阅《通鉴》九十卷。围棋二局。核科房批稿簿。中饭后阅本日文件，阅《理学宗传》中第一本大程子。倦甚，在洋床小睡。傍夕登床一睡。夜阅《宗传》二程子一本，未毕。二更后。温《古文·辞赋类》。三更睡。

廿二日

早饭后清理文件。坐见之客二次。围棋二局。旋又见客一次。阅《通鉴》九十一、二两卷，至申正始毕。改信稿一件，核科房批稿各件。中饭后阅本日文件。酉刻阅《理学宗传辨正》中之二程子。傍夕睡颇久。夜又阅二程子一卷，及朱子十余页。三更睡。

廿三日

早饭后清理文件。阅《通鉴》九十三卷。围棋二局。见客二次。又阅《通鉴》九十四卷，未毕。核科房批稿簿。中饭后阅本日文件。将九十四卷阅毕，粗涉一过，不能细也。梅小岩来一谈。思作武昌《张树程墓志》，而良久不能下笔，张廉卿之父也。傍夕小睡。夜作《张君墓志》约二百余字。三更睡。

廿四日

早饭后清理文件。将昨日所阅之九十四卷再阅一过。围棋二局。坐见之客十次，立见者一次，内曹镜初、袁床荣坐甚久。疲乏殊甚。核科房批稿簿。中饭后阅本日文件。天气甚热，不能治事。将昨日《墓志》又作三百余字。傍夕小睡。夜又作百余字，志文作毕。二更后将作《铭辞》，久思不能下笔，志文亦仅抄录张廉卿之节略。甚矣，余之陋也！三更睡。

廿五日

早饭后清理文件。坐见之客五次。作《铭辞》苦索不得，勉强凑成十余句，敷衍成篇。阅《通鉴》九十五卷，未毕。核批稿各簿。中饭后阅本日文件，又将湖南《文征序》改百余字。在洋床小睡。本日热甚。下半日得雨，稍凉。将九十五卷阅毕。傍夕登床一睡。夜因曹镜初搬入署内，与之久谈。二更后阅《伯言文集》。三更睡。

廿六日

早饭后清理文件。坐见之客十次，疲乏已甚。阅《通鉴》九十六卷。围棋二局。核科房批稿簿。中饭后阅本日文件。阅《通鉴》九十七卷，未毕。在洋床小睡。改复何子贞信稿，未毕。傍夕小睡颇久。躁甚，全不成寐。夜改信稿毕，约四百余字。又改复张子青信。二更后温《古文·奏议类》。倦甚，三更睡。

廿七日

早饭后清理文件。阅《通鉴》九十七卷毕。坐见之客四次。核科房批稿簿。中饭后阅本日文件。坐见之客二次。至曹镜初房内久谈。阅《通鉴》九十八卷，至夜二更方毕。傍夕小睡。二更后温《古文·赠序类》。三更睡。是日在藤椅坐睡数次，困倦殊甚。

廿八日

早饭后清理文件。阅《通鉴》九十九卷，未毕。坐见之客五次，立见者三次。围棋二局。核科房批稿簿，阅本日文件，未毕。未正请曹镜初、张芝孙、毕淳斋等小宴，申末席散。将本日文件阅毕。将《通鉴》九十九卷阅毕。傍夕小睡。夜温《史记》《儒林》、《汲郑》、《酷吏》等传。疲困殊甚，三更睡。

廿九日

早饭后清理文件。阅《通鉴》第百卷。坐见之客三次。出门拜吴竹如，与之久谈。归，核科房批稿簿。中饭后阅本日文件。围棋二局。将《通鉴》百卷再涉览一过。与曹镜初至园中一览。夜阅《史记·自序》等篇。疲乏殊甚，渴睡之至。老年志气不振，故精力益衰，深以为愧。

卅日

早饭后清理文件。阅《通鉴》一百一卷。坐见之客五次。围棋二局。午正核科房批搞簿。中饭后阅本日文件，倦甚，在洋床小睡。阅张皋闻《茗柯文编》。渠家将重刻板，其曾孙求余作序，在保定已面许之也。傍夕早睡。夜批纪泽所作诗四首。旋温黄山谷、元遗山七言律诗。三更睡。

六 月

初一日

是日止院谢客。早饭后清理文件，阅《通鉴》一百二卷毕，复细阅一过。洪琴西来久谈。围棋二局。核科房批稿簿。中饭后阅本日文件，阅《张皋闻集》。在洋床小睡。改信稿十余件。傍夕至曹镜初室中一谈。夜又改信稿。二更后阅《史记·酷吏传》。三更睡。日来困倦弥甚，想因不胜伏暑，故愈觉其衰耳。

初二日

早饭后清理文件。阅《通鉴》一百三卷一过，旋又阅一过。坐见之客七次。午正核科房批稿簿。未初至吴竹如先生处，自带酒席至渠处同饮，陪客为杨仲乾、陈虎臣、洪琴西，至酉初席散。归署，阅本日文件。傍夕小睡。夜又阅《酷吏传》。二更五点睡。天热，困倦殊甚。看书，辄渴睡成寐。

初三日

早饭后清理文件。阅《通鉴》一百四卷。围棋二局。旋又阅《通鉴》百四卷一过，昏倦之气，一阅全未清晰，胡须再阅也。坐见之客五次，立见者一次。午正核批稿各簿。中饭后阅本日文件。思作《张皋闻集序》，屡在洋床上小睡，不能下笔，将《张集》频频翻阅。酉刻，欧阳小岑来一谈，又同至镜初处一谈。傍夕小睡。夜再阅《张集》。思作序而不果。三更睡。

初四日

早饭后清理文件。坐见之客三次，立见者一次。围棋二局。思作序而仍不果。屡在洋床小睡。午正核科房批稿簿。中饭后阅本日文件。作序约三百余字。傍夕小睡。夜又作百余字，将序作毕。复视，乃无一字可用者，愧歉之至。阅《惜抱轩文集》。旋又温《史记》二首。眼蒙，不复能看字。二更五点睡。

初五日

早饭后清理文件。见客四次，衙门期也。围棋二局。在洋床小睡。天气极热。阅《通鉴》百五卷。核科房批稿簿。中饭后，阅本日文件。畏热，屡次小睡。申正后，改折稿三件、信稿四件。傍夕，与曹镜初至后园一谈。夜，阅《姚惜抱集》。旋温《史记》四篇。二更五点睡。

初六日

早饭后清理文件。坐见之客三次，立见者一次。阅《通鉴》百六卷。天气酷热异常，看书全不能入，眼若昏迷不能识一字者，身若燔炙不可聊赖。《通鉴》一卷，虽看两遍，而实一无所解，屡在洋床小睡。核科房批稿簿。中饭后阅本日文件，批纪泽文一首。改复页介堂信。坐见之客一次。傍夕小睡。夜温《史记》《大宛传》、《游侠传》。二更五点睡。

初七日

早饭后清理文件。坐见之客四次，立见者一次。围棋二局。阅《通鉴》百七卷。天气奇热。核科房批稿簿。中饭后衍一后字阅本日文件。坐见之客二次。畏热，屡次小睡。剃头一次。傍夕登床一睡。夜核改复李少泉信。二更后温《史记》二首，阅《惜抱轩诗集》。二更五点睡。

初八日

早饭后清理文件。坐见之客二次。是日，梅小岩、孙琴西请游后湖。辰正出署，至太平门城楼小坐。同游者为薛慰农山长、桂芗亭观察。旋出城登舟，行七里许，登岸至老洲湖神庙一看，小坐半时许。午初二刻返棹。清风徐来，一散炎焰之气；荷香扑鼻，不以盛暑为苦。回至太平门，升舆进城，至妙相庵。未初二刻登席，酒半，大雨。席接荷池，雨盛荷喧，景物清快。席散，又在庙中游览。出庙陆行二里许，至通心桥登舟，行八九里许，至大中桥小泊。点灯，余船张灯八十三炷。同行之船，各张五、六十灯及十余灯不等。行至下游，遇商民灯船，约三四十号灯,最多者与余船同,喜复略见太平景象矣。至夫子庙登岸。回署,阅本日文件,核批稿各簿。三更睡。

初九日

早饭后清理文件。坐见之客五次。围棋二局。天气酷热,汗出不止。阅《通鉴》百八卷,仅及一半,而昏愦欲睡,在洋床屡睡。核科房批稿簿。中饭后阅本日文件。畏热,小睡。坐见之客一次。申正核改信稿十余件,改折稿二件。傍夕小睡。夜再改片稿。二更后温《史记》《儒林》、《朝鲜》等传。三更睡。

初十日

早饭后清理文件。坐见之客三次,立见者一次,衙门期也。阅《通鉴》百八卷之后一半,旋又将此卷再阅一过。天热神昏,动辄渴睡成寐,读书全不能入,可叹可愧。在洋床小睡三次。午刻核科房批稿各簿。中饭后阅本日文件,酷热不可复耐。坐见之客一次。在洋床小睡二次。核改信稿四件。傍夕小睡。夜将前所作《茗柯文编序》核改一过。三更睡。

十一日

早饭后清理文件。坐见之客六次,立见者二次。倦甚,围棋三局。阅《通鉴》百九卷。午末核科房批稿簿。中饭后阅本日文件,阅怀宁马徵麟素臣新著之《家礼外祭述训》,亦近世笃学深思之士也。在洋床小睡二次。至曹镜初处一谈。傍夕登床一睡。夜再阅《家礼外祭》。二更后温《大宛传》,用朱笔圈点,未毕。三更睡。是日天气稍凉,不似昨二日之燠蒸。

十二日

早饭后清理文件。坐见之客四次。阅《通鉴》百十卷,未毕。围棋二局。旋将百十卷阅毕。核科房批稿簿。中饭后阅本日文件。前请季山长阅钟山书院课卷、薛山长阅尊经书院课卷,本日送来,余亦复阅十余卷。旋又校阅明日应发之折件,又阅《通鉴》百十一卷,未毕。将作倭中堂挽联而不果成。在洋床小睡。傍夕至园一看。夜阅《理学宗传》中薛文清一卷。改倭宅唁信。二更后将《大宛传》点毕。三更睡。

十三日

早饭后清理文件。拜发万寿折件。坐见之客一次。阅《通鉴》百十一卷毕，旋又阅一遍。出门至叶观察家吊丧。观察名宝树，字晋卿，昨日巳刻去世也。归，核科房批稿簿。中饭后阅本日文件。围棋二局。将作文而不果。阅《理学宗传》中薛、王二卷，又阅惜抱轩《九经说》及《笔记》。傍夕小睡。夜阅《九经说》，又阅《宗传》中顾端文一卷。二更五点睡。

十四日

早饭后清理文件。坐见之客六次，程敬之、莫子偲谈甚久。围棋二局。梅小岩来一谈。核科房批稿簿。中饭后阅本日文件。朱唐洲来一谈。沅弟荐来，谓可胜统领之任者也。此二日内拟作《先考台洲墓表》，而久不能下笔，迟钝之至。阅吴南屏《拌湖文录》数十首，叹其少而能文，老而不倦，为不可及。写扁三方，写对联五付。傍夕小睡。夜，换作《黎子元墓志铭》，黎莼斋之父也，作二百余字。三更睡。

十五日

早，接见贺望之客。饭后坐见之客二次，立见者一次，衙门期也。阅《通鉴》百一十二卷。围棋二局。旋又阅《通鉴》前卷一遍，核科房批稿簿。中饭后阅本日文件。将《黎子元墓志》作毕，约六百余字。傍夕小睡。夜作《铭辞》廿四句，三更始毕。文思之钝，精力之衰，均可愧叹。睡后，不甚成寐。

十六日

早饭后清理文件。坐见之客五次。阅《通鉴》百一十三卷，旋又阅一遍。齿疼喉痛，似心火之为病，小睡养之，而痛不止。核科房批稿簿。中饭后阅本日文件。围棋二局。阅《南屏文集》。检发各处信件，将改信稿而不果。傍夕至园，与镜初一谈。夜温《史记》《游侠》、《佞幸》、《滑稽》、《日者》等传。三更睡，不甚成寐。四更后，齿疼喉疼殊甚，久不能眠。

十七日

早饭后清理文件。阅《通鉴》百一十四卷，旋又阅一遍。见客二次。倦甚小睡。核科房批稿簿。中饭后阅本日文件。坐见之客一次，族弟国纲谈颇久。围棋二局。阅李勉林所订江苏水师条议，又阅《南屏文集》。傍夕小睡。夜温《史记》《龟策传》、《货殖传》，酌加圈批。三更睡。

十八日

早饭后清理文件。坐见之客三次。阅《通鉴》百一十五卷。微有病，坐则支持不住，屡次小睡。又将《通鉴》阅一遍，核科房批稿簿。中饭后阅本日文件。又在洋床上久睡。国纲来久谈。客退，又睡两次。身体病困，甚觉难支。改信稿一件。傍夕小睡。夜温《史记·自序》，酌加圈点。三更睡。

十九日

早饭后清理文件。坐见之客二次。阅《通鉴》百一十六卷，未毕。围棋二局。旋将《通鉴》一卷阅毕，又续阅一遍。核科房批稿簿。中饭后阅本日文件。倦甚，久睡。阅《日知录》，久不阅此书，因寻出一为流览。改信稿二件。傍夕小睡。夜温《史记》《朝鲜传》、《西南夷传》、《司马相如传》，酌加圈点。三更睡。

廿日

早饭后清理文件。坐见之客二次，堂期也。阅《通鉴》百一十七卷。围棋二局。旋又阅百一十七卷一遍。核科房批稿各簿。小睡颇久。中饭后阅本日文件，阅《通鉴》百一十八卷，未毕。出门拜魁将军、富都统，各一谈。归，至镜初处，与小岑一谈。夜至内室一谈。阅《史记·淮南衡山王传》，未毕。三更睡。

廿一日

早饭后清理文件。坐见之客四次，立见者一次。阅《通鉴》百一十八卷后半毕，旋又重阅一遍。倦甚，累次小睡。核科房批稿簿。中饭后阅本日文件。围棋二局。张廉卿自家来，久谈。前作《罗伯宜墓志》不妥者，又思核改而不果。傍夕小睡。夜温《史记》《淮南衡山王传》毕，温《循吏传》、《汲郑传》。三更睡。

廿二日

早饭后清理文件。坐见之客二次，立见者二次。阅《通鉴》百一十九卷。旋又重阅一遍。阅《日知录》数页，核科房批稿各簿。中饭后阅本日文件，阅马素臣所著《家礼外祭述训》。出门拜客，至钱子密家，渠之庶母新丧，故往一唁。旋至薛慰农处久谈。归，已日晡矣。傍夕小睡。夜温《史记·儒林传》。三更睡。

廿三日

早饭后清理文件。坐见之客四次，立见者一次。阅《通鉴》百二十卷。围棋二局。旋又阅《通鉴》一遍，核科房批稿各簿。中饭后阅本日文件，拟作文而不果，阅《日知录》。在洋床久睡。傍夕与镜初至园亭一谈。夜温《史记·酷吏传》。三更睡。

廿四日

早饭后清理文件。坐见之客四次，立见者一次。阅《通鉴》百二十一卷，未毕。以将作《先考妣墓表》，故未看毕。围棋二局。核科房批稿簿。中饭后阅本日文件。拟作文而久不能下笔，在室中徘徊良久，或在洋床小睡。傍夕登床一睡。夜将作文而卒不能就。迟钝可愧。二更后作二三行。三更睡。

廿五日

早饭后清理文件。见客二次，衙门期也。旋围棋二局。阅《通鉴》昨一卷，仍未毕。盖意欲作文，故他事皆不暇为，而又终不能就。阅《日知录》数页。午刻核科房批稿簿。中饭后阅本日文件。旋作《台洲墓表》，约七百字，至三更止，未毕。所作全不能表彰老人德意，深以为愧！傍夕小睡。夜颇得酣睡。

廿六日

早饭后清理文件。坐见之客六次。围棋二局。将《通鉴》百二十一卷阅毕，核批稿各簿。中饭后阅本日文件，又阅《通鉴》前卷一遍。写祭帐一悬、对联五付。欧小岑来久坐。傍夕小睡。夜又作墓表二百余字，粗毕。复视，全不成文，愧悚之至。三更睡，尚能成寐。

廿七日

早饭后清理文件。坐见之客四次。阅《通鉴》百二十二卷。围棋二局。旋又阅《通鉴》前卷一遍，核科房批稿簿。中饭后阅本日文件。题书检二种，将发刻也。评点纪泽所作文二首，阅桂文灿所著《经学博采录》。写澄、沅两弟信，约五百余字。至园亭中一览。傍夕小睡。夜改片稿一件、信稿一件。二更后温《史记》《吴王濞传》、《田窦传》未毕。三更睡。

廿八日

早饭后清理文件。坐见之客六次。阅《通鉴》百廿三卷，旋重阅一遍。核科房批稿簿。中饭后阅本日文件。天气奇热，汗出不止，屡在藤椅小坐、洋床小睡，又绕屋徘徊行走。厚九来一谈。打辫子一次。至园亭一坐。改信稿二件。傍夕小睡。夜又改信稿一件，将《刘濞传》、《田窦传》圈点一过，温《韩安国传》，未毕。三更睡，热甚，幸尚能成寐。

廿九日

早饭后清理文件。坐见之客五次。阅《通鉴》百廿四卷。围棋二局。又阅《通鉴》前卷一遍。天气奇热，汗出不止。核科房批稿簿。中饭后阅本日文件。酷热不能治事，在室中徘徊或小睡。申正后改信稿五件。小岑来一谈。与镜初至园亭一坐。夜仍异热。温《韩安国、李广传》，酌加圈点。温《匈奴传》，未毕。三更睡。今年未作一事，已半年矣。

七 月

初一日

早饭后清理文件。是日止院，坐见之客四次，立见者一次。阅《通鉴》百廿五卷。是日，阅"魏佛狸"至"爪步"等事，旋又细阅一遍。天气奇热，在于藤椅久坐。核科房批稿簿。中饭后阅本日文件。坐见之客一次。酷热多汗，小睡数次。申酉间，天虽阴而仍郁蒸，疲乏之至，不能治一事。非仅畏暑，亦衰颓甚矣。傍夕小睡。得大雨，稍解炎熇之气。夜，偶翻《经义述闻》，阅《通论》十余页。将《史记·匈奴传》阅毕。三更睡。

初二日

早饭后清理文件。出门至署西帐棚考验箭射。归，坐见之客二次。阅《通鉴》百廿六卷。围棋二局。将百廿六卷再阅一遍，旋又阅《通鉴》百廿七卷二遍。核科房批稿各簿。中饭后阅本日文件。是日暑热，虽比前三日略轻，然熇蒸之气尚难支拄。中饭时，因梅方伯送菜四样，邀镜初、仲诚等同食，为时较久。申酉间在洋床屡睡。旋改信稿一件。傍夕至园亭一坐。灯后大雨，暑气稍却。温《史记·卫霍传》。疲乏之甚，目若一无所睹者然。又改信稿一件。二更五点睡。

初三日

早饭后清理文件。坐见之客一次。阅《通鉴》百廿八卷。围棋二局。再阅《通鉴》前卷一遍。小睡一次。核科房批稿簿。中饭后阅本日文件。拟作《王考星冈公墓表》，而久不能下笔。疲乏殊甚，屡次在洋床上，屡次小睡。昨日出伏，又因连雨，暑气已减，然尚烦蒸。老年畏暑，但觉其困耳。酉刻剃头一次。傍夕小睡。夜阅《日知录》。思作文而不果，二更四点睡。

初四日

早饭后清理文件。坐见之客五次，立见者一次。镜初来一谈。思作文而不果。屡在洋床小睡。围棋二局。核科房批稿簿。中饭后阅本日文件。坐见之客二次。拟作文而不能下笔，在室中徘徊或小睡，困倦若不能自支者。傍夕至园亭一览。旋又小睡。夜阅《日知录》，作文约百余字。日内，脾土不旺，食物辄欲作呕，中气不足，坐立均觉不要。二更五点睡。

初五日

早饭后清理文件。坐见之客四次。阅《日知录》。屡思作文而不能下笔，在洋床屡次小睡。午正核科房批稿各簿。中饭后阅本日文件。坐见之客一次。作文约三百余字，艰窘之至，而所作庸浅无似。傍夕小睡。夜思再作用，而不能就。翻阅《日知录》。二更五点睡。

初六日

早饭后清理文件。坐见之客四次，立见者一次。巳初出门，至新建总督衙门之处，幕府业已修成，头二门及上房等处已立架，大堂、二堂等尚未兴修。旋小坐茶话，即归。小睡。核科房批稿簿。中饭后阅本日文件。围棋二局。又作墓表文二百余字，至二更尽止，文尚未毕，而枯涩殊甚。间阅张廉卿所圈批《史记》，又不能一意作文，盖老境与浮杂之心相间耳。傍夕，小岑来坐，言其孙妇被缢鬼缠扰，状甚怪诞，久谈。客去，小睡。三更睡。

初七日

早饭后清理文件。坐见之客三次。围棋二局。在洋床小睡。阅当涂夏炘所作《述朱质疑》一书。旋又作文百余字，核科房批稿簿。中饭后阅本日文件。又阅《述朱质疑》，作文数行。李健斋来久谈。客去，阅沅弟及筠仙、树堂、南云诸信。傍夕小睡。夜又作《墓表》百余字而毕。一文作至四日，文成，视之无一当意之处。甚矣，余思之钝，学之浅，而精力之衰也！余前有信寄筠仙云，近世达官无知余之荒陋者。顷接筠仙信，力雪此语之诬。余自知甚明，岂有诬乎！阅《古文类纂》数首。三更睡，不甚成寐。

初八日

早饭后清理文件。坐见之客三次，立见者一次。阅《通鉴》百廿九卷，旋又续阅一遍。坐见之客三次，季君梅坐甚久。核科房批稿簿。中饭后阅本日文件。倦甚，在洋床小睡二次。写祭帐一悬、对联四付，改信稿二件。欧阳小岑来一谈。傍夕小睡。夜温《史记·卫霍传》，未毕。渴睡，神甚昏。本日天气凉冷，已有秋意矣。三更睡。

初九日

早饭后清理文件。坐见之客五次，立见者一次，莫子偲谈甚久。巳刻出门，至季君梅处一谈。旋至吴竹如处一谈。刘启发在渠家备酒席请竹如，而邀杨仲乾、陈虎臣、洪琴西三人作陪。余去，恰与诸人皆至好，因留余同席，饮至未末刻方散。归署，有一守备马昌明，善于道家内功，云能为余治目疾，与余对坐，渠自运气，能移于吾身五脏云云。因与之对坐三刻许。旋又见客一次。阅本日文件。核科房批稿簿。傍夕至李健斋处一坐。渠新移于吾署，住花园也。夜改信稿一件。温《史记·卫霍传》，细加圈批，又温《平津侯主父传》，未毕。三更睡。

初十日

早饭后清理文件。坐见之客二次，立见者一次。阅《通鉴》百卅卷。围棋二局。将《通鉴》前卷再阅一卷。坐见之客三次。核科房批稿各簿。是日请客小宴。未初二刻，季世兄来久谈。未正二刻登席，酉初客散。马昌明复来，对余对坐，为余医目。阅本日文件，未毕。傍夕小睡。夜，江远遂来一谈。将本日文件阅毕，温《史记·公孙宏传》。疲乏殊甚。旋温韩文数首。二更五点睡。

十一日

早饭后清理文件。阅《通鉴》百卅一卷。是卷为晋安王子勋举兵事，头绪颇多。旋又阅一遍。旋又将四路兵事分东西南北题于眉上，至巳刻末始将此卷读毕。坐见之客三次。小睡一次。午刻核科房批稿簿。中饭后阅本日文件。申初，马昌明复来，与余对坐约半时许。核改信稿三件。傍夕小睡。夜阅《拌湖诗录》，温《书经·皋陶谟》，用吴文正公篡言本。二更五点睡。

十二日

是日恭逢慈安皇太后万寿。未明，至贡院率属行礼。毕，即黎明矣。归署，早饭后清理文件。阅《通鉴》百卅二卷。见客一次。围棋二局。又将《通鉴》前卷复阅一遍。坐见之客二次。在于籐椅欹坐。核科房批稿各簿。中饭后阅本日文件。王金七外甥来久谈。马昌明复来，与余对坐。批点纪泽所为文。倦甚，在洋床小睡。傍夕，至园亭与镜初一谈。夜温《史记》《公孙弘传》、《南越传》、《闽越传》，酌加圈点。三更睡，久不成寐。

十三日

早饭后清理文件。坐见之客三次。阅《通鉴》百卅三卷，旋又阅一遍。围棋二局。核科房批稿各簿。中饭后阅本日文件。出门至魁将军处道喜，渠新调成都将军也。归，与马昌明对坐。是日本拟作文。近来，每隔十日，逢三日作文一首。本日复吴南屏信，拟略加营度，为之而久不能成。傍夕，与镜初、健斋至园亭一谈。夜温《禹贡》，仅温"九州"，自"导山"以下，未毕。三更睡。

十四日

早饭后坐见之客四次，福建提督李与吾坐最久，渠将自沪进京也。立见者一次。阅《通鉴》百卅四卷，旋又阅一遍。围棋二局。倦甚小睡。午正见客一次。核科房批稿各簿。中饭后阅本日文件。偶翻《皇朝经世文编》，遂阅十余首，又阅南屏《拌湖文录》。马昌明来，与余对坐。傍夕小睡。夜，拟复南屏信。幕友先已拟稿，因核改百余字。三更睡。

十五日

早饭后，坐见之客二次，衙门期也。清理文件。昨日未写日记，本日并写，为时较久。阅《通鉴》百卅五卷。围棋二局。旋又阅《通鉴》一遍，仍昏然若无所解者。甚矣，余性之钝，而心之杂驰也。核科房批稿各簿。未初三刻，李与吾来。是日，余请渠小宴，陪客为富桂卿、忠心一、梅煦庵。未正三刻登席，酉初三刻始散。阅本日文件，未毕。傍夕小睡。夜将来文阅毕。改复吴南屏信，约二百余字，未毕。三更睡。

十六日

早饭后清理文件。坐见之客二次，立见者一次。阅《通鉴》百卅六卷。围棋二局。旋又阅《通鉴》前卷一遍。午刻，见客二次，何镜海坐甚久。核科房批稿簿。中饭后阅本日文件。马昌明来，与我对坐。旋坐见之客一次。未治一事，而天已暝黑，岂中饭较晏耶？抑天气已短耶？傍夕小睡。夜将南屏信改毕，共不过四百字，而已改三夜矣。旋阅《惜抱轩文集》数十首。三更睡。

十七日

早饭后清理文件。阅《通鉴》百卅七卷，旋又阅一遍。倦甚，在籐椅久坐，未能治事。坐见之客一次，立见者二次。钱子密来久谈。旋又坐见之客三次。陈虎臣、欧阳小岑坐均久。中饭后阅本日文件。马世明来，又与对坐四刻许。核科房批稿簿，阅《日知录》。傍夕小睡。夜改信稿数件，约改三百余字。三更睡。

十八日

早饭后清理文件。坐见之客八次，其中孙琴西、张廉卿坐甚久。阅《通鉴》百卅八卷，旋又阅一遍。核科房批稿簿。中饭后阅本日文件。围棋二局，立见之客一次。马昌明来，与之对坐四刻许。写挽帐三付。倦甚，在室中徘徊颇久。傍夕小睡。夜，镜初等来一坐。阅黄莘农自订《年谱》。二更后修改《湖南文征序》。三更睡。

十九日

早饭后清理文件。坐见之客四次。阅《通鉴》百卅九卷。莫子偲来久谈。旋又阅《通鉴》前卷一遍。核科房批稿各簿。中饭后，王霞轩自江西来，坐最久，约谈一时有奇。马昌明来，与我对坐四刻许。阅本日文件，倦甚，不复能治事，天亦暝矣。傍夕小睡。夜再将《湖南文征序》、《罗伯宜墓志》核改数处，将誊正付去。二更后温《古文类纂》中之"碑志类"。三更睡。

廿日

早饭后清理文件。坐见之客四次，立见者一次。阅《通鉴》百四十卷，旋又阅一遍。欧小岑、洪琴西先后来久坐。客退，而日已晏矣。中饭后阅本日文件。何镜海来久谈，唐端甫来一谈。马昌明来，与余对坐三刻许。至是坐十一日，而目光毫无效验。将本日文件阅毕，核科房批稿簿，未毕。傍夕小睡。夜将批稿核毕，批纪泽所作诗二首。旋温放翁七律，改信稿三件。三更睡。

廿一日

早饭后清理文件，阅《通鉴》百四十一卷。坐见之客四次。围棋二局。坐见之客二次。旋又阅《通鉴》前卷一遍。未初二刻出门，至忠织造处。渠承办大婚应用之绣货，请余阅看后乃起解。内有地衣二件，系铺养心殿之东西暖阁地者。东间红哈喇，地约见方二丈六尺。西间黄哈喇，地约见方一丈九尺。所绣花龙凤呈祥图，极人世之华丽。又有帏幔门帘，各种所绣花，皆龙凤呈祥图、百子千孙图二种。阅毕，即登席宴饮。同坐为魁将军、富都统、梅小岩，酉初三刻散。归署，已暝矣。阅看本日文件，未毕。夕时小睡。夜将文件阅毕。李健斋来一谈。核批稿各簿，二更二点半。温韩文志、铭数首。三更睡。

廿二日

早饭后清理文件。坐见之客二次，立见者一次。阅《通鉴》百四十二卷。纪泽之子同儿病甚，泄泻已廿余日，是日变慢惊风之症。旋又阅《通鉴》前卷一遍。出门拜客，会者二家，未见者二家。未初归，见客一次，核科房批稿簿。中饭后阅本日文件。李健斋来一谈。屡视同儿之病。阅《钱警石年谱》，将为之作《墓表》。傍夕小睡。夜，欧小岑来久谈，请渠看同儿病，遂留宿也。二更后，江表弟来一谈。旋阅《古文类纂》中"传志类"。三更睡。

廿三日

早，视同儿病，则昨夜慢惊风，抽掣多次，面色已惨白，知不可为矣。饭后清理文件。见客，坐见者三次，立见者一次。阅《通鉴》百四十三卷。围棋二局。涂朗仙来，谈最久。又阅《通鉴》前卷一遍。核科房批稿簿。中饭后阅本日文件。王晓莲解漕自通州归，久谈。马昌明来，对坐三刻。屡视同儿病，至酉刻殇亡。以正月十八日生，至是六个月零六日矣。与小岑、镜初久谈。夜，镜初等又来一谈。阅《警石年谱》。三更睡。四更后，同儿始入棺抬出。

廿四日

早饭后清理文件。阅《通鉴》百四十四卷。围棋二局。旋又阅《通鉴》前卷一遍。前后坐见之客七次，晏同甫、戴子高坐甚久。核科房批稿簿。中饭后阅本日文件。马昌明来，对坐三刻。思作钱君《墓表》，而久不能下笔，在室中徘徊良久。傍夕至园亭。李佛生来久谈。夜，亦思作文，而迟钝不能下笔，深以为愧。阅《苏源生集》。三更睡。

廿五日

早饭后清理文件。坐见之客三次。朗轩于旋见之后，又复独见。谈极久。阅《通鉴》百四十五卷，旋又阅一遍。出门拜晏彤甫，一谈。归，核科房批稿簿。中饭后阅本日文件。坐见之客一次。改信稿数件。马昌明来，对坐三刻。傍夕，至园亭与镜初、健斋等一谈。夜再改信稿二件，作《墓表》一二行。倦甚，二更五点睡。

廿六日

早饭后清理文件。坐见之客三次。写家信一件，以同孙殇亡事告之两弟。巳正出门，至靖毅公祠。祠本为黄少昆所修，日久圮败，今年司道等议重修，费银千数百两，而规模已焕然矣。文武皆随同看工。旋归署，见客三次，涂朗仙坐甚久。未正请客小宴，晏同甫为宾，梅方伯等陪之，酉初方散。阅本日文件。马昌明来，对坐三刻。晡时至园亭，与镜初等一谈。夜，作《墓表》六七行。三更睡。

廿七日

早饭后清理文件。坐见之客五次，立见者一次。围棋二局。核科房批稿各簿。中饭请王霞轩等小宴，未初二刻登席，酉初散。阅本日文件。傍夕至园亭，与镜初等一谈。夜又作钱警石《墓表》，粗毕，全无是处，深以为愧！三更睡。

廿八日

早饭后，坐见之客六次，立见者一次。阅《通鉴》百四十六卷，旋又阅一遍。子密来一谈。核科房批稿簿。中饭后阅本日文件。坐见之客一次。马昌明来，与我对坐三刻许。又将墓表核改。剃头一次。傍夕小睡。夜，将墓表改毕。温《古文类纂》中"碑志类"。二更五点睡。

廿九日

早饭后阅《通鉴》百四十七卷。坐见之客四次,立见者一次。清理文件。又阅《通鉴》前卷一遍。围棋二局。午正出门,至城外看莫愁湖新修工程落成也。将军、都统及司道等共三席,申末始散,酉初二刻归。阅本日文件。涂朗仙来一谈。马昌明来,与余对坐三刻许。核科房批稿簿。至园亭小坐。夜,镜初来一坐。改信稿三件,阅《古文类纂》数首。二更四点睡。

卅日

早饭后清理文件。其中如王霞轩、梅方伯两起坐甚久。阅《通鉴》百四十八卷,旋又再阅一遍。围棋二局。核科房批稿各簿。中饭后阅本日文件。何廉昉来久谈,约十刻许。旋将本日文件阅毕。马昌明来,对坐三刻许。傍夕至园亭一坐,与镜初等一谈。夜又将钱君《墓表》一改,核信稿二件,温《古文·碑志类》。二更五点睡。

八　月

初一日

早饭后清理文件。坐见之客三次，立见者一次。阅《通鉴》百四十九卷。围棋二局。旋又阅《通鉴》前卷一遍。李勉亭来一坐。核科房批稿簿。中饭后阅本日文件。马昌明来，对坐三刻许。天气甚热，在室中徘徊，未治一事。但以老而德业、文学一无所成，独自愁叹不已。至幕府与陈小浦等久谈。傍夕小睡。夜改信稿一件。二更后温《古文·论著类》。三更睡。

初二日

早饭后清理文件。坐见之客六次，立见者二次。杨仲乾、李勉亭等二次，谈甚久。阅《通鉴》百五十卷，未毕。围棋二局。核科房批稿簿。中饭后阅本日文件。薛慰农来一谈。马昌明来，对坐三刻许。自是坐廿一日之期已满，而目光毫无效验。总理衙门有要信二件，因将渠来信分条写出，以便细细答复。傍夕，至园亭与健斋一谈。夜改复总理衙门信一件。二更后又改一件，未毕。两信约共改七百余字。三更睡。用心稍过，不能成寐。脚肿愈甚。

初三日

早饭后清理文件。将复总署信第二件改毕。坐见之客一次。请人诊脉。围棋二局。巳初三刻出门至府学，观新学乐舞。仍派员照丁祭之例行礼。演习乐舞，皆有可观，约十刻许出。拜何廉昉，至湖南会馆一坐，未正二刻归。中饭后阅本日文件。旋核科房批稿簿。天气甚热，与伏天无异。在室徘徊良久。小岑来一谈。傍夕小睡。夜，镜初来一谈。核信稿数件。二更五点睡。

初四日

早饭后清理文件。坐见之客六次，陈六笙及刘恭甫等两起谈甚久。出门至城外送晏彤甫，渠船已开矣。归，黄幼农来久谈。围棋二局。核科房批稿簿。中饭后阅本日文件。汤小秋等来一坐。核改复李小泉信一件，言盐务事。旋又改复少泉信，未毕。傍夕小睡。夜间改毕。又改信稿四件。阅《论语正义》，系宝应刘宝楠楚桢所著，其子恭冕足成刊刻，本日新送来者。二更四点睡。

初五日

早饭后清理文件。坐见之客三次。围棋二局。钱子密来久坐。核科房批稿簿。中饭后阅本日文件。勒少仲来久坐。天气奇热，有似三伏，在室中徘徊良久，不能治事。改信稿三件。傍夕小睡。夜又改二信，阅《宋元学案》中胡康侯一卷，旋又阅《史》《屈贾传》、《老庄传》。二更四点睡。

初六日

早饭后清理文件。坐见之客六次，内梅方伯、范鹤生、陈六生三起坐甚久。倦甚，不能治事，因在藤椅上欹坐良久，不觉成寐。核科房批稿簿。中饭后清理文件。围棋二局。天热出汗甚多，在室中徘徊三刻许。傍夕小睡。夜，折差归，阅京信各件。龙翰臣所著之《古韵通说》，同治六年刊刻，其子寄来，粗阅一过。二更四点睡。

初七日

五更起，至关帝庙。黎明，率属行礼。礼毕，归。早饭后清理文件。见客四次，在藤椅欹坐良久。围棋二局。核科房批稿各簿。中饭后阅本日文件。将《通鉴》百五十卷粗为阅毕，尚未细核。吴彤云来，久谈约十刻许，去时。天已黑矣。思作金竺虔挽联，而久不能成。夜，初阅《白香山集》，后阅《古文类纂·论辨类》。二更四点睡。

初八日

早饭后清理文件。坐见之客五次，立见者一次，勒少仲谈甚久。围棋二局。核科房批稿簿。未初出门至莫愁湖，请客共三席，山长三人外，来客五人，书房七人，益以汪海村、莫子偲，为十七人。酉初归。坐见之客一次。阅本日文件，未毕。夜又阅本日文件。江远遂来一谈。二更后温《古文·论辨类》。五点睡。

附　记

送扎宅礼作品　　时若小照题诗
送皓庭礼并信　　辞行六家初九已拜三家
写家信专人送

初九日

五更至文庙。黎明，率属行丁祭礼。是日用新习之古乐，佾舞颇觉整齐。辰初归。早饭后清理文件。坐见之客二次。围棋二局。又坐见之客二次。写祭幛一、对联三，核科房批稿各簿。中饭后阅本日文件。出门拜客三家，忠织造、吴竹如、李小湖，将出省大阅而作别也。竹如处坐甚久，灯后归。脚肿愈甚，常服之袜已不能入，肥而复硬，且似已肿过膝上者。大约作文及看生书，俱嫌用心太过，有损于血，而气不能运化，故致于此，以后当不作文、不看生书。是夜温《孟子》《梁惠王》上、下，取其熟也。二更四点睡。

初十日

早饭后清理文件。坐见之客一次，立见者一次。写家信一封。出门至水西门河下，吊将军之兄嫂之丧，即常州太守扎克丹之次嗣母也。旋拜薛慰农一谈，又拜将军、副都统，皆未得见，而往返仍有卅里之远。午正二刻归，坐见之客二次。核科房批稿簿。中饭后阅本日文件。坐见之客二次，立见者一次。陈筱浦来一谈。天气日短，顷刻已曛黑矣。傍夕小睡。夜温《孟子》·《公孙丑》上、下，《滕文公》上。二更五点睡。

十一日

早饭后清理文件。坐见之客六次，其中吴彤云、张廉卿两起坐最久。客散，倦甚，围棋二局。清理文件，以便二日内起行。中饭后阅本日文件，未毕。坐见之客五次，立见者一次，内孙琴西、范鹤生、李小湖、薛季怀四起坐甚久，客去已黑矣。灯后，将本日文件阅毕，改信稿二件，核科房批稿各簿，改复总理衙门信。是日见客，说话太多，治事亦不少，疲困殊甚。二更五点睡。

十二日

早饭后清理文件。旋出门至小营校场大阅。辰初三刻上座，先看新兵五营，旋看湘勇二营，俱跑队演阵，旋看标中官弁射箭。余校副、参、游、都、守、千、把，射卅九员，午正三刻归。梅方伯及袁道保庆代校外委、额外兵丁，射一百四十余人。未初三刻毕，即在校场中饭，营中备席也。酒次，一面议赏副、参至都、守，赏袍褂料一件者三人，赏马褂料者二人。千把中五矢者，赏荷包扇络而兼一两重银牌一面。中四矢者，专赏荷包扇络。外、额中五矢者，专赏一两银牌，其余则赏五钱三钱有差，七营各赏钱百千。申初三刻饭毕。归署，阅本日文件，未毕。坐见之客四次。夜将本日文件阅毕，清理应发信件，料检明日出门应带之件。二更五点睡。

十三日

早饭后，检拾各件将出门。平日毫无收拾，遂觉混淆散乱，一无头绪。辰正二刻出城，将军、副都统、织造、司道等送至水西门。旋开船行走，司道又送至下关。在舟次，清理文件，阅《通鉴》百五十卷。未初中饭后，在下关，坐见之客五次。旋又开船行走，傍夕至燕子矶巴斗山湾泊。在舟次，核两日科房批稿簿，倦甚。坐见之客三次。温《古文类纂·序跋类》二更五点睡。

十四日

早饭后，登岸看船厂工料等事。旋归船，看冯竹渔所造铁壳浅划子，长不过四丈，中舱机器露于外，尾后暗轮藏于下，余两舱及前头后艄皆上无盖，旁无遮，仅有小洋线布棚数幅遮雨而已。试开行里余，旋即归来。上船开行，行十余里，风太逆，在于黄天荡上游，折回湾泊。至未刻，风稍定，又开行十余里，在于划子口湾泊住宿。是日在舟阅《通鉴》百五十一、二两卷，至未未毕。申刻，袁笃臣来一谈。旋剃头一次。请人诊脉一次。傍夕小睡。夜，镜初来一谈。写纪泽等信一件，阅《古文类纂·传志类》。二更四点睡。

十五日

早饭后清理文件。是日逆风，竟日不能开船，即在划子口住泊。阅《通鉴》百五十三、四两卷。中饭后又阅百五十五卷。午刻、申刻，各见客一次，余屡次小睡。细雨终日不辍，颇觉愁闷。夜温《左传·隐公》。镜初来一谈。二更四点睡。脚肿之病，似觉略消。

附　记

唐葆元，仪征令，广西人，卅九岁。父母俱存，有弟二人，无子。曾署睢宁。仪征片地丁一万五千两，不过收一万两，每两收二千四百廿文。征漕一千二百石，每石收三两六钱。学台考不派棚费，合郡自泰州独认。

十六日

早饭，请薛叔耘兄弟、陈蓉斋、曹镜初小宴，巳初散。是日，仍逆风苦雨，竟日不能开船。阅《通鉴》百五十六卷，未毕。午初，围棋二局。中饭后，始将《通鉴》前卷第二遍阅毕。旋又阅百五十七卷，复阅第二遍，直至晡时始毕。傍夕小睡。夜，镜初来一谈，温《左传·桓公》一卷。二更五点睡。

十七日

早饭后清理文件。阅《通鉴》百五十八卷毕。巳末围棋三局，至午正毕。又阅《通鉴》百五十九卷，未毕。中饭后又阅一遍毕。又阅百六十卷。旋阅第二遍毕。是日上半日，仍是逆风细雨，未得开船。未初以后，风略减，始开船。用小轮船拖带，行六十里，至泗源沟，小为湾泊，等候后来之船。见客，坐见者四次，立见都二次。旋又开船，由内河行走十里泊宿。夜，袁笃臣、李勉亭及镜初先后来一谈。阅本日到包封文件，写一营制及校阅册式，令科房照样办册。阅《古文类纂》中"诏令类"。三更睡。

附　记

黄仕林，江西丰城人，在湖南永绥开油店，因在永绥吃粮。随和春出师广西后，至江西又随胜克斋、薛庆堂、李少泉、刘仲良，现扎三汊河。气静而精明。

十八日

早饭后清理文件。开船，行卅余里，至三汊河。旋又行廿余里至扬州。自巳刻在船上见客起，及到扬后，极至夜间，凡见客廿八次，无片刻少停，中维吃饭二次时谢客耳。辰刻，在船阅《通鉴》百六十一卷，旋又阅一遍。夜核科房批稿簿。接家信，知欧阳牧云于八月初一日死于衡州，为之哀惋。旋检点各件。三更睡。

十九日

早饭后清理文件。坐见之客三次。旋出门拜客，见者八家，内张石卿、许次苏两家作吊。未初，至方子箴都转处一谈。旋坐大堂，盘查运库。盘毕，拜何子贞太史，渠住运司署内，与之一谈。旋即登席，唱戏入筵，先吃一顿，申初二刻即毕。又至子贞前辈室内一谈，因约渠同出登席、听戏，吃第二顿，未毕。戌正二刻归船，黎竹林来一谈。写纪泽信，未毕。三更睡。

廿日

早饭后见客二次，旋即出门，约十二里许，至扬州西门外校场看操。初看扬州盐捕两营操大队，约六百四十余人。旋看扬州营操洋枪队，约百五十人，演十一阵。旋阅奇兵、泰州、泰兴、三江、兴化等五或炮队，仅百六十余人。阅毕，余少歇息。旋阅步箭，自参游至千把四十一人，余亲阅。外委、额外六十二人，请方子箴代阅。世职兵丁五十三人，袁笃臣代阅。其枪炮打靶者，请吴朝杰、李勉亭代阅。余未初二刻阅毕，即在校场小宴。申初三刻回船，见客二次，何子贞谈稍久。旋又进城至厉伯苻家赴宴，渠与晏同甫、卞梓臣兄弟为东也。戌正三刻归船，略一清理公事。三更睡。

廿一日

早饭后见客二次，魏荫亭、杨子春坐稍久。旋出门至校场看操，辰正二刻始升座。阅吴小轩之淮勇三营，先操庆字正、副两营，后操亲兵营，或演十余阵、廿阵不等。旋看扬州等八营马箭，共阅一百五十六人。未初二刻阅毕。其庆字营有操步箭者，请方子箴代阅，枪炮打靶者，请袁笃臣、李勉亭代阅。旋入筵小宴，吴小轩所办席也，申初二刻散。酒次，一面料理发赏事件。赏毕，进城至何廉昉家赴宴，在扬司道公请音尊也。至戌正二刻回船。清理文件。坐见之客三次，曾善长、黎笔林坐稍久。阮家送《许周生集》，略一翻阅。三更睡。

廿二日

未黎明即开船，恐人纷纷致送也。行十里许，方子箴都转及各道员已赶来叩送。停船少候，坐见之客四次。旋又行数里，风逆而烈，水逆而溜，虽有轮船拖带，而仍不能速行。至湾头地方，吴家榜落水，良久乃起。又走数里，至观音堂地方泊宿。是日仅行廿里。盖余舟虽有轮船拖带，而随从各舟则难动也。在船阅《通鉴》百六十二卷，旋又阅一遍。申刻，曹镜初来一谈。旋又坐见之客二次。酉正，疲倦殊甚，小睡。夜核改复李少泉信，约改五百余字，阅《许周生文集》。二更五点睡。

廿三日

早饭后，因等候发一札，巳刻开船行走。逆风逆水，仍与昨日相同，行数里即行停泊，至未刻乃再开。行廿余里，至邵伯镇泊宿。是日亦仅行廿里，而幕友、书办各船尚未赶到。上半日，阅《通鉴》百六十三卷。下半日疲甚，似有感冒之象，屡次小睡。写纪泽等信一件。见客二次。灯后屡次小睡，未治一事。二更五点睡。

廿四日

是日，风仍逆，因随从之船未到，在邵伯久候，候至申刻始行。开船，用小轮舟拖带，行卅三里，一更四点始至露筋祠泊宿。上半日阅《通鉴》百六十四卷，旋又阅一遍。坐见之客三次。又阅百六十五卷，未毕。中饭后，围棋三局。开船后，改信稿三件。傍夕小睡。夜核科房批稿各簿，温《左传·庄公》，至十五年止。是日精神较胜于昨日。二更五点睡。五更又开船，不能成寐矣。

附 记　　程敬之呈各手折

——新坝工用器具各物存单计七十五种。均用旧者

——新坝坝底修理情形图

——新坝对河陈家坝等处估修西提单共工九段，计长三百一十丈，土二万三千一百零三方有奇，用钱一万三千零廿五千有奇

——新坝金门还做直坝，两墙盘做裹头估单共需钱三千二百六十八千有奇

——新坝前做新旧越坝起除估册需钱五百九十九千有奇

——新坝存厂料物单存广木八百六十八根，存石灰二百廿担

——录御碑一道，乾隆廿二年十一月初六日旨

何性泉所呈各折

——杨军厅河务情形略车逻坝、南关坝、车逻耳闸、南关耳闸、大姚闸、高邮头闸，不修恐生意外之险

——高甘二汛，本年厢修埽坝工段单

——宝汜二汛，本年加厢段落单

廿五日

五更开船，行十九里至车逻坝，余甫起。早饭后，登东岸看车逻耳闸，刘受亭、程敬之两观察随同阅看，余官伺应者颇多。阅毕，复登舟。行六里至新坝，即程敬之今年所修之工，长六十六丈，宽六丈，正月四日兴工，七月廿五日告竣者也。桩之排于海漫石以下者，不可得见。其得见之桩三层，每层二排三排不等，钉法尚坚，海漫石亦坚实，两头坝墙亦稳。又看南关耳闸。旋至监工棚内一坐，三次献茶毕，又到工厂内一坐，即程敬之住厂也。谈二刻许，即行回船。程留吃饭时仅午初，因令送至船上同吃。舟行七里许，程、刘二人来余舟共饭。饭后，至高邮头闸登岸一看。今年八月初四，曾经鳝洞走水，几至决提者。看毕，开船行走。王瑞臣外甥来，久谈。渠生臀痈，两月未瘥，弱瘠可虑。是日上半日阅《通鉴》百六十五卷毕，又阅一卷。申正以后，将各处所送手折细阅，略记其目。坐见之客二次。傍夕小睡。夜，坐见之客二次，鲍小山谈甚久。核科房批稿各簿，写纪泽信一件，温《古文类纂》"诏令类"、"传记类"。三更睡。

廿六日

黎明开船，用轮舟拖带。早饭后清理文件。瑞臣甥来久谈。阅《通鉴》百六十六卷，旋又阅一遍。旋阅百六十七卷，未毕。午正静坐片刻。又小睡三刻许。中饭后核改信稿卅余件。酉初至宝应城外泊宿。是日凡行百里。坐见之客二次。夜又见客二次。瑞臣甥来见久谈。核科房批稿各簿，温《左传·庄公》十五年至廿五年。二更五点睡。

附记

李显发，李世忠义子历在李营保举，英发谙练。青阳人。漕标中军副将。

牛世英天津人，壬辰进士大门侍。勇锐而颇浑。九年八月，部选漕标，右营游击。

陈顺超东湖人。明白而颇滑。历在胜、袁、胡、吴仲山等处保举。现署盐城营游击。

徐彬清河人。明而稳。历在吴仲山等处保举参将，本年七月初东海营都司。

陆占魁六合人。了亮而浮。历在六合及扬营出力保举。七年七月补漕标中军都司。
于国靖临桂人。尚老练。历经怡、何、都、李保举都司。现任盐城营守备。
樊国均山阳人。历在杨至堂以下各河辕当差。现署右营守备。
马祺华江宁人。明畅而小巧。历在金陵大营，余考试前茅。补淮安城守备。
恩禄公事颇明，弓马亦好，浮滑。现任海州参将。
程廷杰精明干练。在淮军保至记名提督，现署中营游击。

廿七日

黎明开船。是日共行八十里。酉初至淮安泊宿。早饭后清理文件，阅《通鉴》百六十七卷毕，旋又阅一遍。又阅百六十八卷，至未正而未毕。上半日，坐见之客三次。下半日，见客八次，张友山漕帅坐甚久。清江武官来接者数起，将官大者履历略一写记。夜间，袁笃臣、曹镜初先后来谈。旋温《古文类纂·词赋类》。三更睡。

附记 郑小山所交条

田恩来山西阳曲人，保副将，归两江督标。甚好。
张文标尽先都司

廿八日

未明开船，行十五里至淮关登岸，拜监督舒麟。旋归船，又行十五里至清江铺。舟江，见客多起。到清江停泊后，又见客十余次。午正中饭，较平日稍早。出门拜客，张友山、郑小山、钱楞仙三处，坐俱久。又拜两家，酉初归。又见客三起。灯后，有人送古帖三种，名迹一种，略一展阅，即行璧还。见客四次。是日将《通鉴》百六十八卷阅毕，未经写识。倦甚，二更三点即睡。

廿九日

黎明早饭后，坐见之客三次，清理文件。旋至校场大阅。请张友山漕师与余同坐同阅。先阅漕标七营大队。阅毕，退堂少息。旋阅镇标九营大队。漕七营谓中左右城守四营及海州、盐城、东海三营；镇九营谓中左右城守四营及宿迁、蒋坝、庙湾、佃湖、洪湖五营也。尚有苇荡左右两营不能与操。过操者，漕标、镇标各九百余人，漕标马队七十人，镇标马队九十余人。旋又看欧阳镇所练新兵五百人操十六阵。午初三刻,退堂小宴。未初又坐堂阅看马射,漕标由副将阅至外额止,镇标至千把止。申初二刻散,至友山处赴宴。同饮者为钱楞仙同年,饮至灯后三刻许散。归船,阅本日文件。二更后核批稿各簿,改信稿一件。三点睡。

九　月

黎明早饭后，清理文件。见客二次。辰正，至校场将漕标之兵丁、镇标之外额及兵丁马箭看毕。旋阅漕标之洋枪队，至午正止，退堂歇息。旋又看步箭，漕标自副将至千把阅毕，镇标自副将至守备世职止阅毕，尚有千把未阅，时已申初，即行停止。其外额兵丁步箭，则派袁道、李道、淮扬刘道、瓜洲吴镇分阅、兵丁亦未阅毕。在校场中饭。小宴毕，归船已酉初矣。阅本日文件。剃头一次。夜，见客二次。写家信四页，核科房批稿各簿。二更后，袁道、李道来，斟酌赏项开单，四点始毕。旋改信稿一件。三更后睡。

初二日

黎明早饭后，清理文件。坐见之客二次。出门至校场阅看镇标千把步箭卅名，毕。旋阅漕标三叠枪四百余人、镇标三叠枪二百余人，巳正阅毕。将各营之将、备、弁兵之应赏者开一清单。是日，吴镇又代阅兵丁步将四十余人，袁道、刘道代阅枪炮把靶百余人。午初二刻，将赏项发毕，即行回船。坐见之客四次。王壬秋自京来此，与之久谈。申初出门，至郑小山处叙别。旋至欧阳健飞斋赴宴，渠与刘道咸、王道翚翎公请音尊也。申正登席，至亥初一刻回船。阅本日文件。坐见之客三次。将书翰等料检一番，明日将起行矣。核科房批稿簿。三更睡。未五更已醒。

初三日

早起，点灯吃饭。饭后，坐见之客二次，立见者二次。旋料理琐事，即行起程，由陆路赴徐州。漕帅率属在公所送行，小坐片刻。行四十里至渝沟打尖。见客四次。饭后又行四十里。申正，至仲兴集住宿。见客五次。是日在轿中阅《通鉴》百六十九卷，又重阅一遍。又阅王壬秋所著《桂阳州记》前四卷。酉初清理文件。将《鉴》之大事略为题识。夜，倦甚，屡次小睡。见客二次。三更睡。

初四日

五更二点起。饭后行五里许，天始明。行五十里，巳正三刻至仰化集打尖。坐见之客四次，立见者二次。饭后，行五十五里，至宿迁县钟吾书院住宿。在桥中阅《通鉴》百七十卷，旋又阅一遍，又阅百七十一卷，未毕。阅《桂阳州志》官帅各传。酉初倦甚，屡睡。坐见之客五次，立见者三次。夜，壬秋、镜初来久谈。写纪泽信，约二百余字。二更三点睡，似在感冒之象。

初五日

早饭后，黎明起行。行四十里，至阜河打尖。中饭后又行五十里，至旧邳州住宿。此地颇陋，借民房为公馆。坐见之客四次。是日觉有微病，似初三早在清江登程时为风所袭，骨疼头痛，口绝无味，屡次小睡。是日轿中将《通鉴》百七十一卷阅毕，旋又阅一遍。夜将百七十、百七十一两卷大事略加识录。壬秋等来一谈。病中困殆殊甚。二更四点睡。

初六日

早，黎明起。饭后行卅里，至石睢打尖，系睢宁县辖境。因程太近，未经饮食。旋又开行四十里，未正二刻至双沟住宿。病势颇增，口渴出汗，不爱近饭。坐见之客四次，壬秋等来一谈，是日在轿阅《通鉴》百七十二卷，因病未能看毕。屡次小睡，二更即大睡矣，在近年为最早者。

初七日

早饭后，黎明行四十里，至杨家窪子打尖，吃饭甫半碗许，即大呕吐。盖二日内每饭皆作呕，幸忍而未发，而极不爱饭，至是不复能忍矣。旋又起行五十里，至徐州府住宿。是日程途皆蛮，上半日之四十里几如五十，下半日之五十里亦有所赢也。在轿将《通鉴》百七十二卷阅毕，又阅一遍。到徐后，坐见之客二次。小睡颇久。夜，吃绿豆稀饭一碗半。壬秋等来久谈，清理文件。二更二点睡。

初八日

因病未愈，歇息一日不看操。辰初二刻方起，近年无如此之晏者。饭后，坐见之客四次。清理文件。壬秋、镜初来问病，久谈。旋小睡二次，因病困难于支持也。申正始吃中饭，是日只吃两顿，每顿干饭、稀饭各半碗，绿豆粥一碗，止此已觉其多，平日自贪饕耳。申末，方子舸来一谈，因约壬秋、镜初来，与之久谈。渠三人旋又至幕中聚谈，余则小睡颇久。灯后，复小睡。旋核批稿各簿。二更二点睡。是日，睡时太多，夜辄不能成寐。四更大便一次，日内泄泻迄未愈耳。

初九日

早饭后，至校场阅大操，凡徐州中军、城守、萧县三营。其宿州营虽隶徐镇标下，而地属安徽，上年已经英中丞大阅矣。大队仍止中、城、萧三营，约共九百人跑队。跑毕，又就中抽出数百人跑藤牌队，又数百人为三叠枪队，又数百人为抬枪队。阅毕，又有各兵中另操之队，曰新兵左、右两营，又有勇丁曰凤字左、右两营，就四营中抽出约八百人跑洋枪队，阅毕。旋阅官弁兵丁之马箭，至未初一刻阅毕，凡九十余人。回寓，余俟明日再阅。清理文件。申初中饭。饭后，坐见之客三次。方元徵来，因与壬秋、镜初共谈。阅本日文件颇多。酉刻剃头一次。灯后，与壬秋等在院中一谈。旋写纪泽信三页，核批稿各簿，又写澄、沅弟信一页，未毕。眼蒙不敢多视。是日家信中，知筱澄侄于八月十九日生子，为之大喜。二更四点睡。

初十日

早饭后，至校场看视步箭。余看官员游击至千把止，仅廿五人。其余外额及候补之员、世职兵丁等，请吴子梅、吴小轩二人代为看箭。外兵丁有枪炮打靶者，请袁笃臣、欧阳健飞在云龙山代为阅看。箭毕，余阅看宿州营兵三叠枪，仅四十五人，即英中丞所未阅者也。阅毕即赏毕毕字衍，细为斟酌。午初三刻散。回寓，清理文件。小睡片刻。未正中饭。饭后，出门拜客数家，惟吴子梅、刘慈民两处得见，余一拜而已，傍夕归。夜，壬秋来久谈。将澄弟信写毕，核批稿各簿。二更四点睡。

附 记 吴子梅所指

郭金魁_{新兵左营管带。劣，纪律不明}
刘鹤年_{宿迁营游击。优，赞者极多}
马联彪_优

十一日

早饭后，黎明起行。行五十里，至杨家窪子打尖时，尚未午初，余即未吃饭，少坐半时许。午初二刻又起行，四十里，至双沟住宿。道甚蛮，前初七所记，几如五十者也。清理文件。坐见之客三次。酉初中饭。是日在轿，上半日阅《通鉴》百七十三卷，旋又阅一遍，下半日阅百七十四卷，旋又阅一遍。傍夕，将大事略为题识。灯后，小睡片刻。壬秋、镜初等来一谈。旋核科房批稿簿，改复李少荃等信稿二件。夜送客时，目一眩晃，辄已跌落在地。信稿核完时，又觉昏眩不自持，时二更五点，急登床睡歇。

十二日

黎明起，饭后起行。行四十里，至石牌地方打尖，为时太早，余未吃饭，小坐三刻许。又行卅里，至旧邳州住宿。清理文件。在轿中阅《通鉴》百七十五卷，旋又阅一遍。午后阅百七十六卷，旋又阅一遍。在店将大事略一题识。坐见之客三次。中饭后，袁笃臣等来一谈。傍夕，壬秋来久谈。小睡片刻。添写两弟信一页，写纪泽信一页，核科房批稿簿。眼蒙殊甚。二更四点睡。

十三日

黎明早饭后起行。行五十里，至阜河打尖，在大王庙小驻，以时仅已正，余未吃饭，见客二次。停半时许，旋又起行。行四十里，至宿迁县住宿，仍住钟吾书院，未正三刻已到。申初二刻中饭。是日在轿，午前阅《通鉴》百七十七卷。旋再阅一遍，午后阅百八十一卷，旋再阅一遍。其百七十八、九卷，百八十卷，在署中未带来，漏带一册也。坐见之客二次。清理文件。将《鉴》中大事略一题识。傍夕小睡。夜，吴小轩及曹镜初等先后来久谈。旋核批稿簿，改信稿二件。二更四点睡。将睡时，魏荫亭来一谈。

十四日

黎明早饭后起行。行三里许至运河边，登舟，一拜荫亭，与谈片刻，渠将由天津进京。余复起行，行五十里至仰化集地方打尖。余以时太早未吃饭。旋又起行，行五十里至仲兴集住宿。是日在轿阅《通鉴》百八十二卷、百八十三卷，俱阅二遍。尖时，坐见之客二次。申刻，坐见之客二次。将《鉴》中大事略一题识。灯后核科房批稿簿，改信稿一件。细雨不止，颇以道涂泥泞为虑。二更四点睡。

附记

董凤高号梧轩所指标下优者
赵光宗守备，署游击，新兵营管带
朱廷彪千总

十五日

是日下雨竟日，幸不甚大，路已烂矣。黎明，早饭后起行。行四十里，午初二刻至榆沟打尖，余未吃饭。午正二刻又起行，行四十里，申正至清江住宿。是日在轿阅《古文类纂·词赋类》。张友山迎至王家营，与之一相见，渠旋又至余船上一谈。又坐见之客一次。中饭后，壬秋来坐。旋坐见之客二次。傍夕小睡。夜写纪泽信，约三百字，核批稿簿，阅《左传·僖公》十余页。二更五点睡。

十六日

黎明起。早饭后，坐见之客二次。旋出门拜客，张漕帅、欧阳健飞两处会晤，余未得见。归，即开船。在船清理文件，作诗酬壬秋，仅作八句，已行卅里至淮安矣。泊船登岸，拜丁拓唐。渠因留吃面，谈宴一时有余。散，又拜客二处。归舟，张漕帅送至此间一叙。旋又开船，行十里许。约壬秋、镜初来便饭，因与久谈。客散，已上灯矣。旋坐见之客三次。壬秋将近年所著《周易燕说》、《尚书大传补注》、《禹贡笺》、《欲梁申义》、《庄子七篇注》、《湘绮楼文》等编见示，因泛为翻阅，不能细也。二更五点睡。是日，舟行至山阳以下四十里平桥泊宿。

十七日

黎明开船，王瑞亭甥已至船上，因与同饭，久谈。甥去后，清理文件，作酬壬秋诗，直至未正始毕。巳初，甥又来一谈，旋渠返宝应厘局。未末中饭。饭后阅壬秋所著《禹贡笺》。申正至马棚湾登岸看堤工，即同治七年所修者。当时，冒雨兴工，硪筑不固，今面上碎石已多坍卸，石下之土亦被水嚣卸入湖中矣，急须修补，而估计需五万二千串之多，又难于筹款也。旋又行十余里，至高邮州泊宿。壬秋来久谈。又坐见之客三次。阅壬秋所著《易说》，核批稿各簿。二更后，王子敷自通州来，久。五点睡。

十八日

黎明开船。清理文件，阅壬秋《禹贡笺》。倦甚，小睡。钱楞仙来拜，一谈。余旋至楞仙船上回步。别去，行六十里至邵伯。坐见之客三次，皆自扬州来接者也。未正，请壬秋、镜初来，略具酒肴，与之一饭。饭后即至扬州，坐见之客四次。余旋登岸至梅花岭，展谒史忠正公墓。其后人史兆霖在彼迎候，方子箴在彼备席三桌，请余宴饮。余阅看工程即退，未及登席。旋拜客五家，会者三处。灯后归船，坐见之客六次，何子永、曾善长、黎竹林坐甚久。旋核批稿簿，未毕。三更睡。

十九日

黎明起。饭后开船，行三里许，至南门外拜郑小山尚书。渠引病后，自清江回籍，因船坏，尚泊此也，与之久谈。归船后，清理文件。旋核批稿各簿。舟行四十里，至瓜洲稍一停泊。见客，坐见者三次，立见者二次，应敏斋谈甚久。申初过江，至金山看新修山寺，绝高者为留云亭，余亦游历周遍。旋登席，系方子箴、沈仲复、薛世香、吴朝杰、师竹庵暨京口副都统恒泽民惠六人为主也。酉初登席，戌正二刻方散。归舟后，见客三次。小睡片刻。核批稿簿，核改信稿二件。三更睡。

附 记

樊国钧 应补三还守备一缺。漕标。王显发呈

廿日

早饭后清理文件，未毕。坐见之客二次。黎明，自金山开船，行六里许，至镇江西门外湾泊。旋登岸至校场大阅，人数甚少，镇江或仅三百六十六人，淞北

营仅九十八人，淞南营仅一百六十一人，通共六百廿余人耳。初阅镇江营大阵，旋炮阵；毕，安营看三营藤牌队，又看三营九龙枪、五子炮；毕，看马射，官兵六十余人；毕，退堂小坐。再出升坐，看步箭，余自看四十四员，请方子箴、袁笃臣代看五十二人，请沈仲复、欧阳健飞代看枪炮把靶八十人。自巳初二刻起，至未正看毕。即在校场中饭小宴。饭后，发赏毕，归路，拜客三家，会者一人。本日看操人数少，而技亦劣，真如儿戏。归船，纪泽自江宁来镇省视，与之一谈。旋坐见之客四次。灯后，李质堂、欧健飞来久谈，壬秋来一谈。将早间文件清毕。二更后至壬秋船一谈，渠明日归去也。核批稿各簿。三更睡。

廿一日

早起，纪泽来船共饭。饭后，坐见之客三次。旋即开船，由镇江口入南运河，赶常州。清理文件。李军门来久坐，申初又来久坐。是日舟行共一百四十里。灯时，至吕城泊宿。在舟接见地方官四次，余皆阅《通鉴》一百七十八、九两卷，各阅二遍，未作他事，而一日已毕。甚矣，余目光之钝，精力之衰也。二更后温《左传·昭公》十余页。三更睡。

附 记

许先传江阴守备，似有瘾
富安常州游击，亦似有嗜好

廿二日

早起，李军门来，因留与共饭，一面开船行走。行五十里至常州，甫过午初。坐见之客六次，六见者三次。舟行时，阅《通鉴》百八十卷二遍。清理文件。未正中饭后，登岸拜客六家，晤史士良同年，畅谈最久。渠自宁绍道罢官归来，心情而体腴，晚景甚佳。酉初归船，见客二次。夜，李质堂来谈，曹镜初来谈，二更后，李勉亭来谈。核批稿各簿。三更睡。近来睡后，不甚成寐。一更许，辄须小解。一夕或须小便二次或三次，盖血虚而神昏，毕衰象也。

附 记

写荫甫书检兼跋数语　　核孙方与信稿
核叔耘信稿　　　　　　酬壬秋诗

无锡蔡敬熙浙江附生，指捐江苏。李相保二次，马丁保一次，十年委无锡，系初任。人尚明白。

金匮张佑璧湖北黄陂举人。考教习学正，挑誉录议叙知县，丁卯、庚午两次分房，办海运一次。有书卷气，稳练。

同乡魏畴先　上海魏晦先查街　曾广照以上皆衡阳　刘会元湘潭　吴朝龙凤凰厅人　赵树楷善化人　严其政湘阴

廿三日

早饭后，坐见之客二次，即至教场看操。常州、孟河两营合操，仅二百廿四人。江阴、靖江两营合操，仅七十人。旋看九龙枪，常、孟共十一牌，江、靖共六牌。大队阅毕，即看马箭，官兵共五十六人。退堂小息。旋阅步箭，余自考四十七员，袁笃臣代看兵五十五人，李勉亭、吴朝杰代看枪炮打靶者六十名。未初阅毕，即在教场中饭。宴毕回船，坐见之客二次。申正开船，行卅里，至七子燕地方泊宿。舟中，阅《通鉴》百八十四卷两遍。灯后，坐见之客三次。核科房批稿簿。二更四点睡。

廿四日

未明开船，行六十里，午初至无锡。清理文件。沿途有客来见，自辰正起直至无锡，客未尝断。在锡又见客三次，杨滨石坐甚久。旋登岸，至黄浦墩寺内楼上一览。又坐舢板至惠山下，登山游寺，吃惠泉茶。归至座船，许信臣中丞来一谈。余旋至渠船上回拜，一谈。归船已申正矣。中饭后开船行走，行廿里已黑。灯后，又行五里，至新安泊宿。酉刻核批稿各簿。夜，李勉亭、黎莼斋来久坐。又核稿一件，疲困殊甚。二更五点睡。

廿五日

黎明开船，行廿里至望亭。见客二次。清理文件。李军门两次来谈，坐皆甚久。行六十三里至红塔，季君梅来迎，久谈。旋李梅生自苏州来迎，坐谈尤久，申正后与之共饭。饭后，即至常熟矣。是日凡行百一十三里。自望亭而南四十五里至苏州，自望亭九十三里至常熟。余欲先看福山镇之操，故先来常熟也。因廿七日忌辰，改于廿六日阅操，故连夜赶赴福山。日晡换小舟，灯后开行。行卅六里，三更四点至福山。余辰巳间思作一诗，题俞荫甫《经子平议》，久未下笔。夜，在小舟作廿四句，未毕。三更即睡。因行船喧哗，竟夕不能成寐。

廿六日

早饭后，至校场看操。先看狼山镇标大队三百名，旋看狼标三叠枪藤牌一百六十一名，旋看福山镇标三叠枪及藤牌共一百七十二名，旋看福左狼右通海四营水师操洋枪队一百八十名，旋看马箭一百一十名，旋退堂小息。又出，余看步箭卅九名，袁笃臣代看步箭六十一名，滕茂廷代看步箭五十名，吴朝杰代看打靶兵五十名，又鸟枪官廿员。事毕小宴。饭后，申初出校场，登福山望内洋及对岸之狼山。山顶有碑卧地，系因土人误传高峰为殿山，其下小阜为福山，特立碑以辨其失言。高者实福山也。旋即回船。申正二刻开船行走，直至三更二点始抵常熟，仍搬归大船。酉初，剃头一次。灯下作诗廿二句，将昨夕三诗作毕。三点睡，较之昨日差能成寐。

廿七日

早饭后，坐见之客三次。清理文件，未毕。巳初进城，至季君梅、杨滨石二家一谈。旋谒子游之墓、虞仲之墓。墓碑凡四，皆题曰商逸民虞仲周公之墓。常熟虞山，约长十七八里，八分在城外，二分在城内，此二墓即在城内山麓。旋出城约六里许，至兴福寺小憩。即常建所题"曲径通幽处，禅房花木深"之寺也。点心后，又行四里余，至三峰寺，周览庙中各室。季、杨及府县在此设席，未正二刻登席，申末始散。归至船上，超更已久矣。开行廿余里，二更三点至湖塘泊宿。夜核批稿各簿。四点睡。

廿八日

早，开船行走。早饭后，坐见之客三次。曹镜初来久坐。写俞荫甫所著书署检。李质堂及镜初又来久坐，吴彤云自上海来，久坐。省中两司、八道来接，离省约廿里许；张子青中丞来接，约离省十七八里许。又见客四次，皆来接者。旋至苏州城外，由齐门、阊门以抵胥门。中丞以下皆在官厅迎候，茶话片时即进城。约行十里许，至吴园拜张中丞，坐谈颇久。行七里许，至湖南会馆，官借此为余行台也。旋见客二次，谈俱久。首县送席，留眉生、彤云共饮，二更四点方散。三更睡。

廿九日

是日忌辰。天雨竟日，不能看操。早饭后，见客四次，俞荫甫、何子贞坐较久。巳初出门拜客，至酉初二刻止。会晤者十二家，未见者八家。晡时，至张子青中丞处赴宴。灯后登席，二更回寓。坐见之客四次。阅新到文件。三更睡。下半日，雨甚大。明日尚不能看操，因改期候晴霁再看。

附　记

送魏传熙程仪　　　交魏、曾条与青
王子蕃二事须议定　船灯不碍海塘事　海塘工须先发后摊
邵二署事　　　　　黎莼斋署缺事
王鼎丞交代千二百串事

卅日

早饭后见客九次，许信臣、殷谱经、吕廷芷三起坐较久。清理文件。申刻出门，至织造衙门。织造德静山与李质堂、李眉生、潘季玉四人公请戏酒，共四席。申初二刻入座，至亥初饮毕。余即归寓，阅本日文件，核批札稿数件。三更睡。

十 月

初一日

早,见各贺朔之客。饭后清理文件。坐见之客二次。辰正二刻至恽小山家,为其父次山题主,陪客有潘季玉、费幼亭、俞荫甫诸人。题主礼毕,小宴。余吃菜四样,即归寓,因是日订与候补州县接见也。旋见候补同通州县,共见十班,每班十六人,又末班州县四人、外客二人,又另见客三次,织造坐较久。申初三刻吃饭二碗,即出门赴宴,张中丞率司道首府县公请,仍在织造衙门演戏也,共六席。申正二刻登席,亥初散。归寓后,眉生、质堂、勉亭、莼斋又久谈。旋阅本日文件。二更二点睡。

初二日

早饭后清理文件。见客一次。旋出门至教场阅操,请张子青同阅。先看抚标左右营兵及亲兵营勇大阵,共九百八十八名。原额三营共一千三百人。今来应操者约八成队有奇耳。凡演廿余阵,洋枪甚为整齐。又看杂技兵卅三名。又看太湖、平望两营九子枪兵卅六名。事竣,看庆字营洋枪大阵四百名,即淮军吴长庆之勇,拔驻苏州者也。午正二刻,退堂小息。旋看官兵马箭六十一人,旋看步箭。余亲看将、备、千、把四十七人,又饬恩方伯与袁笃臣看外额兵丁四十人,应臬司看太湖水师之放枪者廿九人,贾芸樵、滕镇看打靶之兵六十人。申初二刻看毕,即在教场小宴。午刻小雨,旋止。至申初三刻,则大风雨矣。申末散,回公馆,见客二次,吴子偲庶常坐较久。灯时,同乡文武公请,即在本馆音樽。三更先退,归房。潘季玉、李眉生来一谈,涂朗轩等自上海来接,一谈。略看本日文件。二点末睡。

初三日

早饭后见客二次,潘顺之谈颇久。旋出门至张子青中丞处辞行,谈颇久。出胥门城,将赴松江,中丞及司道以下皆在城外相送。登舟,见客二次。开船行七八里许,至梅渡桥停泊。司道八人来见一次,应敏斋独见一次,府县等见一次,客退已申正矣。吃中饭时,一面开船,行廿四五里,灯后至南北庄泊宿。是日,潘顺之送其祖奕俊、父世璜所著《居易金箴》等编,在舆中、舟中略一翻阅。酉刻阅本日文件,阅《王霞九文集》,其子其淦本日所送也。写日记,即常日所称清理文件者也。傍夕小睡。夜,李质堂来久谈。二更后阅朱彬所著《礼记训纂》,系座师朱文定公之父,本日朱曼伯所送也。三点睡。日来眼光尤蒙,故略早睡。

附记

复何子卢信,并其弟妇书事文
复何廉昉信,言吴事不能为力
会札四署三局,令将三年出入款系应解定款开折呈
武营总数复奏折
朱郁甫文集序
王霞九文集序
季伦全求海运省局
许谨身求署教官

初四日

黎明,开船行走。行六十里至昆山县,离城约十余里经过。又行六十余里,至四江口泊宿。在舟中,上半日清理文件,核批稿各簿,小睡良久。下半日见客二次,阅《通鉴》百八十五卷二遍,旋阅百八十六卷,未毕。傍夕小睡。夜,坐见之客二次。将前寄总理衙门信再一核改。李芋仙寄来《道蕴编》一本,皆言养生修道之法。本日午刻阅数页,二更后又阅数页。四点睡。

附记

华亭　张泽仁,直隶丰润人。指捐江苏知县,署娄县兼拓林通判,补华亭

县。善言语，微有烟气。

娄县　汪坤厚，大兴人，祖籍浙江萧山。捐县丞，保知县，回浙办团，署江阴，署丹徒二任，准补娄县。稳练。

金山　汪祖绶，盱眙人。乙卯北榜，丙辰庶常，改知县，选新阳县。丁忧后，奏留补金山县，署常熟、川沙二任。

奉贤　王起仁，浙江汤溪人。附贡捐输议叙训导，加捐知县，又捐分缺先五年补奉贤县。人尚老实。

南汇　叶廷眷，广东香山人。捐县丞，保举知县，迭保至知府，署上海，补南汇。与丁雨生密。言辞明晰，才具开展。

前上海　朱凤梯，大举人，祖籍浙江。捐从九，发山西，再捐同知，发江苏，署上海事三件。

涂朗山所递手折：

——各国在沪人数，廿国共二千七百名

——抄志、孙两星使，复丁雨生函稿

——上海各国领事官姓名

——赫德历引条约，除京都不准贸易外，其余天下各处洋商，均可自通商口岸载货前往，因余不以为然，请由道专禀余处，咨总署核办。

朗仙呈递赫德三照会三章程

常熟呈减厘状五纸

初五日

黎明开船，行廿七里至青浦县，又行四十五里至松江府。是日河多湾曲，而风势横斜，动辄吹靠一岸，至未末始抵云间。上半日，在船阅《通鉴》百八十六卷，清理文件。坐见之客一次。抵郡后，坐见之客五次，立见者两次。灯后，坐见之客二次，又质堂、镜初、勉亭等先后来见，均久谈。核批稿各簿。三更睡。

初六日

早饭后，登岸行十里许，至教场看操。初看提中、提右、提前、提后、城守、金山、拓林、青村八营大阵兵七百八十名。此八营中，有抽出之五百人练为新兵者，亦归此七百八十名之内合操。大阵跑毕，安营后，演藤牌小阵六十名。

撤营后，演九子枪一百卅名。收队后，新兵营又跑大阵四百卅名。阅毕，退堂小息。旋升堂阅凤凰山之洋枪队三营，本一千四百人，而来应操者仅一千名。凡演八营，尚不如吴长庆部伍之整齐。阅毕，接看马步箭。余看将官、都守、千把共五十名，先马而后步。派涂朗仙看外额步箭五十九名，自外额至兵马箭一百一十二名，先步而后马。又派袁笃臣、熊岳峰看步箭六十三名，派滕茂廷看打靶兵四十五名。申正，次第看毕，即在教场小宴，一面写发赏之单。傍夕事竣，灯后回船。李勉亭、涂阆仙先后来久坐。二更后，质堂来坐。清理文件，阅日本国人所著《新论》。四点睡。近来，每夜小便甚数，二次三次不等。是夜虽亦二次，而为候稍迟。因思养生之道，"视"、"息"、"眠"、"食"四字最为要紧。"息"必归海，"视"必垂帘，"食"必谈节，"眠"必虚恬。归海谓藏息于丹田气海也。垂帘谓半视不全开、不苦用也。虚谓心虚而无营，腹虚而不滞也。谨此四字，虽无医药丹诀，而足以却病矣。

初七日

早饭后开船，在松江附近河尚小，水尚浅，不能畅行。行十五六里许，至黄浦江大河，则水阔且深。又行四十余里，至闵行。彤云派大轮船二号前来迎接。又行六十里，申正至上海。在舟中清理文件，阅《通鉴》一百八十七卷二遍。在闵行见客三次。到沪后，登岸住于机器局，即同治七年闰四月所住之室也。初泊舟时，坐见之客三次，立见者一次。至公馆后，坐见之客七次，立见者一次，疲困极矣。旋涂朗轩、冯卓如备酒席小宴，席散已二更后矣。阅本日文件，清理各处所呈手折。五点睡。

附 记

凤皇山归李辖

初八日

早饭后清理文件。旋见徐翰臣等一次，见徐润等七人一次。阅机器局，周历一遍，约步行二里许。第五号轮船将次造成，长廿八丈，高四丈许，伟观也，午末看毕。中饭后，张中丞到，与余同居，与之一谈。李眉生来久谈，王子藩来久谈，李质堂来一谈。夜，曹镜初等来久谈。阅本日文件，核批稿各簿。二更四点睡。

初九日

早饭后，冯卓如等来，谈甚久，刘子迎来，谈亦久，又坐见之客三次。巳正，日本国领事官曰忠道、曰延长来见，一谈。总税务司赫德来见，一谈。午刻，同乡编修李郁华来见，一谈。英国护领事达文波、护副领事法礼士、翻译马夏礼、协办官马戈利、奥斯马加国领事施利克、翻译夏士六人同来见，一谈。法国总领事梅让及其副阿麟来见，一谈。税务司狄妥玛来见，一谈。未刻，美国领事西华、副领事晏玛太、总兵官墨格厘、水师提督金百厘，丹国领事庄纯北、德意志——即布国也——领事温策楞、翻译法朗真、西班牙——即日耳曼国也——领事官英班兰生八人同来见，一谈。皆余与张中丞同坐接见。见毕，吃饭。饭后出门，拜客七家，郭慕徐、刘融斋两处皆会。至涂朗仙处赴宴，凡三席，灯时入座，二更散。到公馆，见客四次，阅本日文件。三更后睡。

初十日

是日恭逢慈禧皇太后万寿。早起，黎明行三跪九叩礼，抚台与提台、藩台皆行装叩祝。地方官亦齐集于此。礼毕，饭后清理文件，见客五次。巳正出门拜客，即回拜昨日洋人来见者，共拜十家，只有一家未会，总税务司赫德已开船回京，税务司狄妥玛辞谢也。其余会者九家，皆设酒果点心，殷勤礼接。张子青、涂朗仙与余同行。申初事毕，进城赴宴。朗轩与吴彤云、刘芝田、冯卓儒及松江太仓府县各官廿一人公请，在卢姓家音尊。申正登席，至亥正始散，至寓已三更矣。与李勉亭订明日生日款客事，开一清单。三点睡。

十一日

是日为余六十一生日。早沐甫毕，李眉生、质堂等即来祝贺。以后各客纷来，皆相见一揖。州县及武营，或一请安，均不行礼。旋留吃面，内厅二席，抚藩提台山长等；外厅八席，府厅州县委员等；西厅二席，幕府及机器局员绅等；厢房四席，武职水陆营官等；余谦从人等数席，共廿二席。客散后，料理各事。至中丞处一坐。旋即上船开行。初开时，见客三次，孙家谷坐最久，渠出使外洋诸国三年，故与谈询洋务。客散始成行。晡时至吴淞口，见客，坐见者六次。夜写纪泽信一件，阅《中外古今年表》，系上海新翻之书。二更五点睡。

附　记

李军门最关心之事：

刘河营应归苏松标不归狼山标；

泰州游击应移驻通州，作为狼山中军，泰兴都司应移驻泰州。

又秦大发请补一缺

十二日

早饭后启行，至教场约五里许，辰正二刻入坐。阅吴淞，川沙，南汇，掘港，苏淞中、左、右，提右八营陆操大阵兵五百廿名，旋阅藤牌、杂技一百卅四名。收队后，阅九子枪一百八十八名，旋阅马箭官兵一百五十余名，其官弁之带水师炮船者廿人未来应操。旋出至堤上棚内。因水师被轮船搀入队内，不便遽操，遂至上游三里许阅布国人操钢炮，一靶东向打大子十二出，开花者十出，一靶西向打群子，均已中的。旋又回至堤上棚内，阅看水操。先看外海艇船十二号，每船四十人，凡演六阵。将毕，张中丞因查阅海塘过此，亦来棚内同阅。旋看内洋八团舢板五十号，每船廿人，亦演数阵。苏松等三镇总兵备酒席，且饮且观。水师旋操轮船三号，吴彤云所统者。操毕，回余座船。又至恬吉轮船看操演枪炮，及上桅放篷水龙舢板，灯后操毕。回船，见客四次，改信稿一件，清理文件。二更三点睡。

十三日

早饭后，天尚未明。点灯出门，黎明即至教场，补看马箭廿名。旋看步箭，分三靶。余自看五十三名，至千把止。派吴彤云看外额六十六名，袁笃臣看额外世职候补兵丁共七十八名，吴朝杰看枪炮打靶六十名。巳正事竣。王子藩备席宴饮，酒阑，张中丞来，同时饭毕。发赏后归船，因看艇船各水兵操上桅下水等技。旋登威靖轮船，将乘之以返金陵。午正三刻开船，行一百六十三里至阳路泊宿。是日顶风顶水顶潮，故行走甚迟也。未刻剃头一次。申刻清理文件。酉刻核批稿各簿。夜阅《通鉴》百八十八卷。二更三点睡。

附　记

李军门代送魏承熙廿四金，应还

赏艇船下水登桅者各四元，待查明再付

三次赏戏四十八千，二次赏片烧烤人四元，应还局员

上海生日用席费五十四元，应还蚂卓如

又记

江南武营全局折

将弁举劾折

江南水师续陈事宜折马廿五条

札勉亭赴机器局

核孙信稿一束

复郭、刘、李、丁等信

十四日

早间，因等候恬吉轮船，辰初始开船行走。辰刻，看船中操演枪炮、上桅放篷水龙等事，一面行船，直行至四更二点始至划子口泊宿。二更末，在七濠口稍为停车，余未少息也。共行五百里许，以福山之下即由北岸行走，较南岸迂数十里矣。在舟不能治他事，阅《通鉴》百八十九卷、百九十卷、百九十一卷各二遍，余皆偃息而已。二更五点睡

十五日

黎明起。饭后，由威靖轮船移至测海轮船。一面看操演枪炮、上桅放篷水龙等事，一面行走。行六十五里许，至下关停泊。约午初许，旋换小轮舟入内河。行廿里许，至水西门登岸，将军、织造、副都统、司道等皆在官厅迎接。司道先在下关登舟迎接。在厅小坐，即进城。未正入署，见客三次。中饭后又见客三次。阅本日文件。夜阅唐义渠所寄之《湖南阳秋》、王霞轩所寄之《王少鹤诗》《樾湖十子诗》等书。二更四点睡。

十六日

早，起较迟。饭后清理文件。坐见之客八次，立见者三次。午刻出城，至水西门外送魁将军玉赴四川新任也。旋至莫愁湖吊丧，莫子偲以九月十四死于兴化，柩停该处。观其子之悲痛，不胜感怆。旋进城拜织造，申初归。饭后，坐见

之客二次，本署钱子密、曹镜初、薛叔耘等来谈，天已暝矣。夜，黎竹林来谈，因与之围棋一局。本日来文极多，较常增至三倍，草草欲阅一过，而署内之客纷来，江龙三、李健斋、刘康侯各来，先后一谈，阅文至三更后乃毕。其科房之批稿簿，则不能阅核矣。三更一点睡，至四更二点成寐。

附　记

强汝询庚亭
强汝谌彦吉，五。举人，赣榆教
强汝谔星源，七，溧阳廪

十七日

早饭后清理文件。坐见之客三次。已末，出门拜客，会晤者七家，吴竹如处谈最久。渠新有次孙之丧，老怀凄冷也。申初归。饭后，坐见之客三次。阅本日文件，天黑甫毕。夜清理数事，批稿簿丛积成林，因眼蒙，竟不敢阅核。闭目背诵《诗经》，改信稿二件。二更四点睡。

十八日

早饭后清理文件。坐见之客六次，立见者一次，韩叔起坐最久。午刻核科房批稿簿，未毕。申刻中饭后，复阅核，未毕。张廉卿来久坐，已天黑矣。夜核昨日以前批稿薄，毕，阅本日文件，核本日批稿簿。二更四点睡。

十九日

早饭后清理文件。刘锦棠来最久。旋见客二次。围棋二局。午刻，洪琴西来久坐。未正见客，小宴，刘锦棠首座，余皆官亲，江龙三兄弟叔侄三人，王昆八兄弟郎舅三人，王瑞臣、李健斋、刘康侯、欧阳仲谐等。席散，已天黑矣。夜阅本日文件，核批稿各簿。二更后，阅霞仙近年所作诗文，渊懿畅达，较昔年已大进。五点睡。

廿日

早饭后清理文件。坐见之客六次。围棋二局。核批稿各簿。中饭后阅本日文件。昨夜受寒，本日腹泻三次，带思登厕，而所下无多。阅陶篁村所辑《浙江诗话》。江龙三来一谈。傍夕，静坐片刻。夜核改信稿三件。李健斋、刘康侯、黎竹林先后来谈。二更五点睡，多盖衣被，令极暖，差得安眠。盖老年阳衰之象也。

廿一日

早饭后清理文件。坐见之客十一次，疲困极矣。核科房批稿簿。未正中饭后，阅本日文件。梅方伯率府县来议狱，谈颇久。阅柳兴恩《谷梁大义述》。江农三来一坐，余旋同至农三室内一谈。夜核咨稿一件、信稿一件，共改五百许字。二更五点睡，梦中小解，竟湿被褥。甚矣，老年衰弱乃至此极！

廿二日

早饭后清理文件。坐见之客四次。日暮极短，已午初矣。出门拜客四家，黄昌期、薛慰农二处谈颇久。归署，中饭后会客一次，钱子密来一谈。写对联六付、寿扁一方。江氏冕三舅母九十寿辰，以白板绫求写扁，亦一奇也。阅本日文件，未毕。傍夕小睡。灯下，又看文件半时许，核科房批稿簿。旋阅《汉书》《司马相如传》、《张世安传》。三更睡。

廿三日

早饭后清理文件。见客二次，吴小轩谈甚久。改信稿二件。围棋二局。午刻，见客二次。中饭，因梅小岩送菜，请幕府梅、任陈等小酌，申初散。见客二次，唐协和坐颇久。阅本日文件。傍夕小睡。夜核批稿簿，写澄、沅两弟信，约六百余字。近日，接弟信甚密，而余之去函稀疏，深为歉然。纪鸿作文一首，送阅，全无精采。拟就国初名家及《墨选观止》中各选文数首授之。因阅《观止》文廿余篇。三更睡。

廿四日

早饭后清理文件。坐见之客三次。至内室一谈。又坐见之客四次，立见者一次。核科房批稿簿，未毕。未正出门，至织造庆云峰林处赴宴，同席为穆瑞亭将军腾阿、黄昌期、富桂卿。酉初归，见客一次。傍夕小睡。夜阅本日文件，将批稿簿核毕，改折稿二件，约共改四百字。日短客多，竟不能治一事。夜间，差能料理一两件。剑南诗云："贴补工夫有夜长。"信矣！而又于目疾大有妨碍，何以善之？三更睡。

廿五日

早饭后清理文件。见客三次，衙门期也。施又见唐协和，谈甚久。渠自京回，述及京中士大夫多言湖南哥老会系沅弟之旧部，沅弟有庇护之说，听之殊堪诧异。沅弟归里，已阅四年，闭门自伤，不与公事，乃有此等谣言相污耶！旋请人诊脉一次。围棋二局。核科房批稿簿。中饭后阅本日文件。至内室一坐。傍夕小睡。夜，曹镜初来久谈。改信稿三件。二更五点睡。

廿六日

早饭后清理文件。曹镜初本日回籍，来此一谈，余亦至渠房一谈。旋出门至南门，拜吴小轩长庆，渠住李忠勇公祠——即李承典也，谈乃渠昔年战事。旋至老湘左营，又至中营章合才处一谈，六营营哨官皆至。旋至炮厂拜刘佐禹、马格里，渠备洋酒点心，小饮刻许。阅新作之炮，卅六筒可以齐放，则卅六子同出如倾盆之雨；可以连环放，则各子继出如挝急鼓。又阅放火箭，每箭筒长尺许，圆径寸余，远约三里许。又阅放开花炮。未正三刻归署。中饭后阅本日文件，未毕。张啸山、欧阳小岑先后来谈。傍夕至内室一坐。夜阅本日文件，毕，李健斋、刘毅斋来谈，核批稿各簿。三更睡。

廿七日

早饭后清理文件。坐见之客六次，立见者一次。围棋二局。核科房批稿簿。中饭后阅本日文件。张廉卿来一谈，钱子密来一谈。上海道禀中，抄内地税单不准出海口复入内地一案，颇多胶葛。细阅一遍，未毕，已天黑矣。至幕府任棣香处一坐。夜将前海口案阅毕，核改一批，旋改信稿九件。三更睡，神气氐惫，如将眩晕之象。睡，久不成寐，略寐即醒，盖衰象迭见也。

廿八日

早饭后清理文件。坐见之客五次，立见者二次。将藩司所呈捐事折细批。围棋二局。核科房批稿簿。中饭后阅本日文件，未毕。李小湖、洪琴西先后来久谈，天已黑矣。接澄、沅两弟信，至内室一坐。灯后，将本日文件阅毕，核折稿一件、信稿五件，约改三百字。温《古诗选》中李东川、李太白等七古。三更睡。

廿九日

早饭后清理文件。坐见之客四次,立见者二次。将应保应劾之武员开一清单,以便交幕友加考缮单。旋改折稿一件、片稿一件,核科房批稿簿,未毕。子密来一坐。中饭后,将批稿簿核毕,阅本日文件。王笛楼甥来一谈。傍夕至内室一谈。夜,叶亭来一坐。核举劾加考毕,又改片稿一件。清理零件颇多。温韩、欧七古。三更睡。

十一月

初一日

早，止院不见诸客。饭后，坐见之客一次。清理文件。巳初出城，至上新河观新设木厘局，司道、府县皆至，小坐片刻。旋同至江边看木牌，步行里余，回至局中。汤小秋等备酒席小宴，宴毕归。申初至署，往返约四十里。阅本日文件，未毕。校对本日所发折件九折、二片，又查应发京信四件。傍夕至内室一坐。欧阳小岑来一谈。夜将文件阅毕。核科房批稿簿，二更后毕。阅《万首绝句选》。三更睡。

初二日

早饭后清理文件。坐见之客一次，立见者二次。核改信稿一件。围棋二局。核科房批稿簿。中饭后阅本日文件。坐见之客一次。天气甚寒。写祭帐二付，作莫子偲挽联一付。傍夕至内室一坐。夜改莫子偲挽联，又作刘寿卿挽联一付。核改复李少泉信稿，约改三百字。旋阅《万首绝句选》，又阅东坡七古，疲乏殊甚，若不克支持者。二更四点睡。

初三日

是日为先妣江太夫人八十有七冥寿。卯刻备祭席，率儿辈行礼。早饭后见客四次。清理文件。围棋二局。刘毅斋来久谈。中饭后阅本日文件，写挽联二付，又写对五付。日暮极短，天已暝矣。至内室小坐。夜李健斋、刘康侯来一谈。核科房批稿簿。二更后，温香山七古、昌黎七古，疲困之至。四点即睡。五更醒时，腹胀欲泄，急起大解，而裤已先污矣。近来，前溲之数，后溲之泄，皆气不固之征也。

初四日

早饭后清理文件。坐见之客七次，黄幼农、吴子登坐谈颇久。午正，静坐调息。中饭后阅本日文件，核科房批稿各簿，写对联五付。孙朗青来一谈。织辫发一次。傍夕至内室一坐。夜，再静坐数息。因日来眼蒙益甚，或谓调息养神尚可补救，因试为之。捧土而塞孟津，深恐其无当也。二更五点睡。

初五日

早饭后清理文件。坐见之客二次，立见者一次，衙门堂期也。阅《通鉴》百九十二卷，又阅百九十三卷十二页，未毕。围棋二局。静坐调息三刻许。王笛楼甥来久坐。中饭后，核科房批稿簿甚多。写对联六付。梅熙庵来一谈。傍夕，静坐片刻。夜阅本日文件，温《左传·成公》十余页。二更五点睡。

初六日

早饭后清理文件。坐见之客七次。出门拜黄幼农，一谈。旋至莫愁湖，莫子偲于是日开吊也。归，中饭后阅本日文件。黎竹林来一谈。核科房批稿簿，未毕。傍夕，静坐调息。夜将批稿核毕，核改信稿十余件。二更二点后，阅《周易传义音训》序例等。五点睡。

附 记

户部主事陈达
选用知县陈兆熙_{劝农一正一副}，廿，十六

初七日

早饭后，作欧阳牧云挽联一付，清理文件。坐见之客三次，汤小秋谈颇久，刘养素同年于浔自江西来晤，谈尤久。又立见之客二次。阅《通鉴》百九十三卷，未毕。未初，静坐调息。中饭后，将百九十三卷阅毕。旋再阅一遍，略识大事。写祭帐一悬、挽联一付。唐瑞甫来一谈。阅本日文件，未毕。傍夕，静坐调息，夜，将本日文件阅毕，核科房批稿簿。旋温《周易传义音训》《乾》、《坤》二卦卅页，又阅《李氏集解》二卦四十五页。二更五点睡。

初八日

早饭后清理文件。坐见之客五次，立见者一次。围棋二局。写澄、沅两弟信一封。中饭后阅本日文件，核科房批稿簿。出门拜客，至养素、竹如两处一谈，归来已灯初矣。阅吴子序所著书二种，改信稿二件，未毕。三更睡。

初九日

早饭后清理文件。坐见之客六次，王少岩、莫善徵坐颇久，立见者二次。阅《通鉴》百九十四卷，未毕。中饭后，将百九十四卷阅毕，旋又阅一遍，略识大事。阅本日文件，核科房批稿簿，坐见之客二次。又见女客一次，吴子序之妻韩夫人自南丰二千里而来，言子序阵亡之后，曾奏请建立专祠，至今未建，特来商办，再三拜恳。核泰州长牧捐务批一件，未毕。傍夕至内室一坐。夜将批核毕，又核信稿四件，其中云仙一件，即昨夜未核毕者也。温《周易传义音训》《屯》、《蒙》二卦。二更五点睡。

初十日

早饭后清理文件。坐见之客二次。围棋二局。午刻，坐见之客二次，杨仲乾坐颇久。改复霞仙信稿，未毕。未正请客，刘养素等小宴，至酉初席始散。至内室一坐。夜阅本日文件，核科房批稿簿，将霞仙信稿改毕，温《周易传义音训》《需》、《讼》二卦。二更五点睡。

十一日

早起，至文庙之明伦堂。黎明，率属行冬至拜牌礼。礼毕归署，僚从人等称贺。早饭后清理文件，将霞仙之文稿函送吴竹如一阅。围棋二局。立见之客二次。阅《通鉴》百九十五卷，旋又阅一遍。中饭后阅本日文件，核科房批稿簿。傍夕小睡。夜核木厘批二件，查核良久，尚未清晰。核改复许仙屏等信稿四件。二更五点睡。

十二日

早饭后清理文件。坐见之客四次，立见者一次。徘徊室中，久未治事。午刻核信稿一件，中饭后始毕。阅本日文件，核科房批稿簿。至内室一谈，至后园室中一览。与纪泽谈家事颇久。夜，将《周易》之"象"及常用之字分为条类，别而寻之，庶几取"象"于天文地理，取"象"于身于物者，一目了然。少壮不学，老年始为此謇浅之举，抑何陋也！三更睡，幸得酣眠。

十三日

早饭后清理文件。坐见之客一次，立见者一次。围棋二局。阅《通鉴》百九十六卷。坐见之客二次，冯竹如坐颇久。中饭后，再阅《通鉴》百九十六卷一遍，阅本日文件，核科房批稿簿。剃头一次。夜核改信稿二件，约改五百许字，又核一件。二更四点睡。

十四日

早饭后清理文件。坐见之客九次，立见者一次，中如李勉亭、冯卓如、汪梅村三起，谈俱甚久。客退倦甚，不能治事。中饭后阅本日文件。陈荔秋来一谈。欧阳小岑、钱子密各来一谈。傍夕小睡。夜核科房批稿各簿。温《周易传义音训》中《师》、《比》二卦，亦温《集解》，将"象"类分条记录。二更四点睡。

前曾以四语自儆，曰：慎独则心安，主敬则身强，求仁则人悦，习劳则神钦。近日又添四语：曰内讼以去恶，曰日新以希天，曰宏奖以育才，曰贞胜以蒙难。与前此四语，互相表里，而下手功夫各有切要之方。不知垂老尚能实践一二否？

十五日

早饭后清理文件。坐见之客六次，立见者一次。围棋二局。阅《通鉴》百九十七卷，中饭后又阅一遍，略识大事。李小湖来久谈。阅本日文件，未毕。傍夕小睡，夜将文件阅毕，核科房批稿簿，至二更二点毕。疲乏殊甚，怠于治事。阅《理学宗传》中朱、陆、薛、王四家语。五点睡。

十六日

早饭后清理文件。出门至朝阳门城外送穆将军之行，渠赴京口看操也。送客后，至新总督衙门一看。新衙门规模甚宏，房屋极多。司道一同往观览。午正三刻归署，核信稿四件。中饭后阅本日文件。坐见之客三次。蒋萃峰看脉，坐甚久。傍夕，刘启发来一谈。夜核科房批稿簿，温《周易传义音训》《小畜》、

《履》二卦，将"象"类分记。二更五点睡。

十七日

早饭后清理文件。坐见之客四次。阅《通鉴》百九十八卷。写澄、沅两弟信，专人送家信及八、九、十月日记。中饭后，将《通鉴》百九十八卷阅毕，阅本日文件。坐见之客二次。吴子序之夫人来辞行，又至上房与之相见，倏忽已曛黑矣。傍夕至上房一坐。夜核科房批稿簿，旋核改信稿五件，约改七百余字。三更一点睡。

十八日

早饭后清理文件。坐见之客四次，立见者三次。核改信稿一束。中秋应复之贺信，久未能核，今时已过矣，只得改为腊底贺年之信，内有复庞省三信，改三百余字，复陈小帆信，改五百余字，至申刻始改毕。阅本日文件。傍夕至内室一坐。夜核科房批稿簿，温《周易传义音训》《泰》、《否》二卦，将"象"类分条录记。又温《同人》《大有》二卦。三更睡。

十九日

早饭后清理文件。坐见之客四次，立见者二次。阅《通鉴》百九十九卷，未毕。围棋二局，须臾已中饭时矣。饭后阅《通鉴》百九十九卷毕，再阅一遍，略识大事。阅本日文件。本日有苏员外持示书十五种，要余购买，因翻阅数种。傍夕与刘康侯一谈。夜核科房批稿簿，改信稿四件，约改四百字，阅王渔洋《精华录》。三更睡。

廿日

早饭后清理文件。阅《吴文正公集》中《诸经叙录》等一卷。坐见之客四次，立见者二次。改信稿一件，约改三百字。中饭后阅本日文件，核科房批稿簿，阅《吴文正公集》中《字说》等篇。傍夕小睡。夜温《周易传义音训》《谦》、《豫》二卦，将《同人》《大有》等四卦"象"类分条录记。阅瞿塘来知德矣鲜氏《省觉录》。此二日翻阅之书数种，皆苏员外携来购买者也。三更睡。

廿一日

早饭后清理文件。坐见之客五次，立见者一次。阅《通鉴》二百卷。围棋二局。将二百卷再阅一遍。中饭后将《通鉴》大事略识。阅本日文件，核科房批稿簿，阅来矣鲜《省事录》。傍夕至衙门上下一看。明日将移新署，先将旧署一为检点，恐有损失也。小睡片刻。夜阅来矣鲜《圣学：功夫字义》，核改信稿一件，约改四百字。又阅《圣学字义》。二更五点睡。

廿二日

是日移居新衙门，即百余年江督旧署，乱后，洪逆据为伪宫者也。本年重新修造，自三月兴工，至是粗竣，惟西边花园工尚未毕，虽未能别出邱壑，而已备极宏壮矣。早饭后移居至新署，仪门行礼，大堂行拜牌礼。旋至各处观览。坐见之客十次，立见者十四次，至申刻，见客始毕。巳刻清理文件。申刻阅本日文件，阅邵子《击壤集》。傍夕小睡。夜温《周易传义音训》《随》、《蛊》二卦，"象"类分条录记。二更四点睡。是日咳嗽，不甚成寐。

廿三日

早饭后清理文件。坐见之客四次，立见者一次，出门拜穆瑞亭将军。归，黄昌岐来一谈。中饭后，坐见之客二次。阅本日文件。倦甚，在椅上坐而假寐。核批稿各簿。至内室观匠人改作屋溜，因房黑而思拆去一层以取光也。傍夕小睡。夜仍小坐闭目。折差自京归，阅京报多本，阅潘伯寅所刻邵位西诗页《润臣杂记》。旋改折稿一件，未毕。三更睡。

廿四日

早饭后清理文件，坐见之客七次。改信稿一件，将昨日折稿改毕。中饭后见客一次，李小湖谈颇久。出门拜客三家，水西门外拜冯展云，往返廿余里，灯后始归。阅本日文件，核科房批稿簿。二更后温《周易传义音训》《临》、《观》二卦，"象"类分条录记。三更睡。

廿五日

早饭后清理文件。坐见之客三次，衙门期也。写对联六付。围棋二局。阅本日文件一束。未末请客冯展云小宴，陪客为小岩、笃臣、勉亭三人，席散已黑矣。灯后阅本日文件，核科房批稿簿。二更后阅《宋元学案》中《百源学案》，于邵子言数之说一无所解，愧恨之至。三更睡。夜深，天气燥热，屡次掀翻衣被，不能成寐。

廿六日

早饭后清理文件。复阅《百源学案》。围棋二局。坐见之客二次。改折稿一件，未毕，中饭后改毕。阅本日文件，核房批稿簿。沈仲复来久谈。夜，改折稿一件，约改三百余字。二更后温《周易传义音训》《噬嗑》、《贲》二卦，将"象"类分条录记。二更五点睡。

廿七日

早饭后清理文件。坐见之客四次，立见者一次。围棋二局。拟改信稿而客来，间断，久不能成。中饭后坐见之客二次，又小岑来久谈。改信稿二件。夜又改二件，阅本日文件，核科房批稿各簿，又改信稿一件。阅陶诗数首。三更睡。天气极短，精神散漫，每所作事极少，深以为愧。

附记

王山　　查兵科卯册

廿八日

早饭后清理文件。坐见之客七次，李叔彦、沈仲复等及李勉亭谈均甚久，客散倦甚。围棋二局。料理信件，派折差进京。中饭后，坐见之客一次，立见者一次。阅本日文件。指甲反裂，出血颇多，疼不可忍。至花园一览。园在署西，现在修工未毕，正值赶办之时。偶一观玩，深愧居处太崇，享用太过。夜核科房批稿簿。温《周易传义音训》中《剥》、《复》二卦，将"象"类分条录记。三更睡。

廿九日

早饭后清理文件。坐见之客二次，坐见者一次。阅《宋元学案》。围棋二局。将本日应发之折八件、片三件校对一过，复阅《宋元学案》。中饭后阅本日文件，核科房批稿簿。倦甚，小坐，至内室一坐。夜阅陶诗全部，取其尤闲适者记出，初抄一册，合之杜、韦、白、苏、陆五家之闲适诗，纂成一集，以备朝夕讽诵，洗涤名利争胜之心。三更睡。

十二月

初一日

早饭后清理文件。坐见之客五次,立见者一次,其中新排六班府厅州县,每月轮分六次来见者,本日共见八人,与语颇久。阅《宋元学案·序录》一卷、胡安定一卷,未毕。中饭后阅本日文件。庞省三自直隶来,久谈。核科房批稿簿,未毕。傍夕小睡。夜将批稿簿核毕。阅《史通·削繁》数首,温《周易传义音训》《无妄》、《大畜》二卦,将"象"类分条录记。三更睡。

初二日

早饭后清理文件。坐见之客二次,立见者二次。阅《宋元学案》胡安定一卷,毕,又阅孙泰山一卷,未毕。围棋二局。未刻请将军、副都统、提督、织造四人小宴,酉初乃散。李辅堂来久坐。夜阅本日文件,核科房批稿簿,阅韦苏州诗四十页,选其尤闲适者以便讽诵。三更睡。

初三日

早饭后清理文件。坐见之客二次,立见者一次。阅《宋元学案》中《泰山学案》十余页,仍未毕。改信稿一件。午刻,勒少仲来久谈。中饭后阅本日文件,未毕。李辅堂一久谈。傍夕小睡。夜将本日文件阅毕。核批稿各簿,温《周易传义音训》《颐》、《大过》二卦,将"象"类分条录记。阅《集解》二卦。三更睡。

初四日

早饭后清理文件。出门拜客六家,会者五家,竹如处谈颇久。未正归,见客一次。中饭后阅本日文件。围棋二局。庞省三来久谈。傍夕小睡。夜，核科房批稿簿，阅韦苏州诗，选其尤闲适者，约阅十五页。倦甚，不复能得诗中深处。二更五点睡。日来衰颓殊甚，全无作新气象。

初五日

早饭后清理文件。坐见之客四次，立见者二次。阅《宋元学案》中泰山一卷，毕，阅《高平学案》，未毕。金眉生来一谈。未刻，请李辅堂小宴，庞省三、勒少仲、凌筱岚、汤小秋诸人同席。客散，已上灯矣。阅本日文件，核科房批稿簿。二更后温《周易传义音训》《坎》、《离》二卦，将"象"类分条录记。三更睡。

初六日

早饭后清理文件。坐见之客三次，阅《高平学案》毕，又阅《庐陵学案》八页。未初围棋二局。中饭后阅本日文件。核科房批稿簿。傍夕小睡。至上房一坐。夜，折差归，阅邸抄、京信等。将韦苏州诗阅毕，又阅杜诗，选其闲适者。而杜之五、七古中，绝少闲适一种，仅就其自然者，择取一二。渠固知道之君子，有德之至言，故余抄闲适诗，不能祧杜氏而不录也。三更睡。

初七日

早饭后清理文件。阅《庐陵学案》十余页。围棋二局。将作何子敬之夫人遗事状，而久不下笔，在室中徘徊偃仰，心思钝涩至矣。中饭后阅本日文件。坐见之客二次，李筱生坐颇久。核科房批稿簿，未毕。傍夕小睡。夜将批稿簿核毕。温《周易传义音训》《咸》、《恒》二卦，将"象"类分条录记。二更后。剃头匠李姓忽发病，细询，则吞服生鸦片烟，危在呼吸，殊以为虑。三更睡。

初八日

早饭后清理文件。坐见之客三次，立见者一次。阅《庐陵学案》毕。围棋二局。莫善徵来久谈，携其兄子偲诗来，请余决定去取。昨日折差自京归，龙世兄有函，寄其父翰臣诗文集，请余作序。两集共十册，余深以不能细阅为愧。中饭后阅本日文件。陈小浦来一谈。核科房批稿簿。至内室一坐。傍夕小睡。夜核江苏水师续议章程廿二条，尚有三条未核毕。三更睡。

初九日

早饭后清理文件。坐见之客四次，洪琴西坐颇久。阅《莫子偲诗集》《龙翰臣文外集》。围棋三局。老年尚贪游戏，愧赧熟甚！中饭后阅本日文件。坐见之客一次。核科房批稿簿。欧阳宗佶来久谈。傍夕小睡。夜将江苏水师续章末二条核毕，又核折稿一件。二更后温《周易传义音训》《遯》、《大壮》二卦，将"象"类分条录记，阅《周易集解》。三更睡。

初十日

早饭后清理文件。坐见之客五次，谈均久。客散，已午初矣。围棋二局。中饭后阅本日文件，核科房批稿簿。至内室一坐。傍夕小睡。夜改信稿十余件，改折稿、片稿二件。二更后阅杜诗五、七古二卷，选闲适一种，竟不可多得。阅《龙翰臣诗集》、《文外集》。三更睡。是日会客时，右脚麻木不仁，幸送客时尚能行走。近日手掌皱皮粗涩，面尤憔悴，盖血虚已极，全不腴润矣。

十一日

早饭后清理文件，阅莫子偲已刻诗集。坐见之客三次，英茂文谈颇久。将作《书何恭人事》文，而久不下笔。倦甚，在位倚睡。中饭后剃头一次。阅本日文件。庞省三来久谈。核科房批稿簿，未毕。傍夕小睡。夜作《书何恭人事》文，未毕。二更后温《周易传义音训》《晋》、《明夷》二卦，将"象"类分条录记，阅《周易集解》二卦，未毕。三更睡。

十二日

早饭后清理文件。坐见之客三次，孙琴西、吴小轩谈甚久。立见者二次。桂香亭来久谈。署东起一高楼，因与同登。四面皆见，但不见大江及元武湖耳。围棋二局。作《书何恭人事》文数行，未毕。中饭后阅本日文件。薛慰农来久谈，子密来一谈。核科房批稿簿，未毕。傍夕小睡。夜将作文，而久不能下笔。在坐沉吟，心如枯木，了无生机。二更后阅杜诗五、七古四十五页。三更睡。

十三日

早饭后清理文件。坐见之客三次，改信稿二件。围棋二局。穆将军来一谈。

中饭后阅本日文件，未毕。梅小岩、张廉卿、李季泉、应敏斋四人皆久谈，灯后许久始退。将本日文件阅毕，核科房批稿簿。二更后温《周易传义音训》《家人》、《睽》二卦，将"象"类分条录记。三更睡。是日将作文，又久不能下笔，衰竭如此，岂复能有所成耶？

十四日

早饭后清理文件。坐见之客三次。阅《通鉴》二百一卷。中饭后阅本日文件，核科房批稿簿。酉刻至署东楼上一望。傍夕小睡。夜将《书何恭人事》文作毕，约七百余字，而作至数日之久，真可愧可笑耳！温《右文辞类纂》中"序跋类"数首，恬吟密咏。三更睡。

十五日

早饭后出门，至水西门宫厅迎接苏虞阶凤文，渠由淮安来此商公事也。旋至船上拜之。归署，清理文件。坐见之客二次，苏虞阶旋来久坐，又坐见之客二次。有石琢堂之曾孙，名师铸，字似梅者，自湖南来，筠仙有书荐之，盛称其才，果俊才也。中饭后阅本日文件极多，未毕。接奉廷寄三道及批折等件。傍夕至内室一坐，夜将本日文件阅毕，核科房批稿簿，二更三点毕。疲乏非常，目光呆滞，不不衍一不字复能视，遂不治一事矣。四点睡。

十六日

早饭后出门，闻何小宋中丞昨夕住黄军门处，前往迎候。行至中途，则闻渠已出门至余署矣。仍至黄家一拜。旋即归署，与小宋久谈。客去，清理文件。坐见之客三次，立见者一次。围棋二局。阅本日文件三分之一。末末请苏漕帅、何中丞小宴，陪客为应敏斋、王晓莲，灯后席散。将本日文件阅毕，核科房批稿簿。二更三点后温《古文·识度之属》。三更睡。

十七日

早饭后清理文件。坐见之客四次。核信稿二件。苏漕帅来辞行，一谈。核折稿一件。中饭后，出门送苏、何二帅，而皆不遇。拜薛慰农，一谈。归，闻何小宋至余署辞行，因速回，与之畅谈，灯后去。阅本日文件，核科房批稿簿。在慰农处借得所抄对联一本，逐一翻阅。三更睡。

十八日

早饭后清理文件。坐见之客二次，武员衙门期也。阅《通鉴》二百二卷。围棋二局。旋将二百二卷阅毕，略识大事。中饭后阅本日文件。庞省三来久坐。又阅本日文件，毕，核科房批稿簿，未毕。钱子密来一谈。至署东高楼一眺。傍夕小睡。夜核批稿簿，毕，核改信稿三件，阅杜诗廿余首。三更睡。

十九日

早饭后清理文件。应敏斋等来一谈。坐见之客二次，立见者一次。方小东来一谈。渠有梁碑二种，潘伯寅有书向余索取，余因转乞于小东而与之。改信稿一件。中饭后阅本日文件，核科房批稿簿。至上房一坐。傍夕小睡。夜温《周易传义音训》《蹇》、《解》二卦，将"象"类分条录记，阅《集解》。杂览《邹资山诗集》。三更睡。

廿日

早饭后清理文件。坐见之客三次，阅《通鉴》二百三卷。午刻封印，行九叩礼。毕，傔从人等纷纷道喜。旋围棋二局。再阅《鉴》二百三卷，中饭后阅毕，将大事略一录识。阅本日文件，核科房批稿簿。织辫等事。至花园一览。傍夕小睡。夜，将作《王子怀侍郎墓志》，而久不能下笔，瞑坐已成寐矣。盖心血全枯，无水可汲，故作文艰窘异常耳！

廿一日

早饭后清理文件。巳刻见客一次，谈颇久。将核改信稿等件，而久不下笔，至午初始下笔为之，改应酬信十余件、公事信四件。中饭后阅本日文件。欧阳吉人来见，一谈，至幕应与钱子密一谈。灯下，核科房批稿簿，温《周易传义音训》《损》、《益》二卦，将"象"类分条录记。二更三点后，疲困殊甚，屡坐瞑成寐矣。三更睡。

廿二日

早饭后清理文件。立见之客一次，坐见者二次。易笏山佩绅观察自湖南来，与之久谈。阅《通鉴》二百四卷，中饭后毕，略识大事。阅本日文件。周学洙来一谈,缦云之弟也。围棋二局。傍夕小睡。夜核科房批稿簿。将作王子怀墓志,仍久不能下笔,因翻阅《孟子》,朗诵数十章。三更睡。

廿三日

早饭后,至小营考武员四人,定一游击缺以鞠登临补。旋阅新兵五营操洋枪队,至午初二刻阅毕。归署,清理文件。小坐假寐。旋改信稿二件。中饭后阅本日文件。庞省三来久谈。又阅本日文件,未毕。晡时登署东高楼。傍夕小睡。夜将本日文件阅毕,核科房批稿簿。二更二点后温《周易传义音训》《夬》、《姤》二卦。三更睡。

廿四日

早饭后清理文件。坐见之客二次,立见者一次。出门拜客,至庞省三、张啸山处,坐均久。归,坐见之客三次,杨仲乾等谈颇久。阅《通鉴》二百五卷。中饭请易笏山小宴,陪客为李笏生、杨商农。客散,已酉初矣。阅本日文件,未毕。傍夕至内室一坐。夜,将本日文件阅毕。核科房批稿簿。二更后,将《通鉴》二百五卷大事略识一二,将《夬》、《姤》二卦"象"类分条录记,将《黄左田诗集》翻阅。三更睡。

廿五日

早饭后清理文件。坐见之客六次,衙门期也。内有贵州庶常李端谈颇久。围棋二局。吴小轩来一谈。中饭后阅本日文件。出门至吴竹如处看渠之病,今年竹翁七十九岁,日内咳嗽多痰,神气尚好。归署,已灯初矣。核科房批稿簿,阅《周易传义音训》《萃》、《升》二卦,将"象"类分条录记。疲困殊甚。二更五点睡。

廿六日

早饭后清理文件。阅《通鉴》二百六卷。易笏山谈甚久,吴小轩来一谈,又坐见之客一次,立见者二次。吴小轩带来老湘营八十名新操洋枪队者,来此大堂下操演小队,约一时许毕,又坐见之客一次。再阅二百六卷一过,申初毕,将大事识录一二。阅本日文件,核批稿各簿。夜阅来知德之《弄圆篇》格物诸图。二更三点核信稿一件。三更睡。

廿七日

早饭后清理文件。出门至小营看老湘营操演，二营操洋枪队，四营操湘军旧队，午正操毕。回署，坐见之客一次。中饭后，凌晓岚来一谈。又坐见之客一次。阅本日文件，未毕。围棋二局。傍夕，至内室与罗亲家母一谈。夜将本日文件阅毕。核科房批稿簿。与二子、陈婿一谈，讲《孟子》"君子所以异于人者"一章。温《周易传义音训》《困》、《井》二卦，将"象"类分条录记。三更睡。

廿八日

早饭后清理文件。坐见之客四次。吴小轩谈甚久。阅《通鉴》二百七卷一遍，旋又阅一遍，未毕。围棋二局。中饭后，将第二遍阅毕，略识大事。阅本日文件。庞省三来久坐。钱子密来一谈。傍夕，至内室与罗亲家母一谈。夜将本日文件阅毕，核科房批稿簿。二更后与儿辈讲《孟子》"鱼，我所欲也"章。旋阅来知德《省觉录》。三更睡。

廿九日

早饭后清理文件。阅来知德《日录》。出门至梅小岩家道喜，渠新娶儿妇也。又至何祥垣家吊丧。归署，坐见之客一次。将改信稿而久未下笔。中饭后阅本日文件，核科房批稿簿。剃头一次。晡时，至内室与罗亲家母一谈。夜温《周易传义音训》《革》、《鼎》二卦，将"象"类分条录记。与儿辈讲《孟子》"舜发于畎亩之中"一章。三更睡。

卅日

早饭后清理文件。阅《通鉴》百八卷，旋又阅一遍，略识大事。倦甚，坐而假寐。核信稿十余件。中饭，与儿子陈婿及亲友等同食。下半日阅本日文件，核科房批稿簿，阅《通鉴》百九卷数页。晡时至内室一谈。夜阅《宋元学案》张横浦一卷。二更后，与儿辈讲"离娄之明"一章。至祖先前行辞年礼，眷属亦皆来行礼。三更睡。

日记

同治十一年

正 月

初一日

五更起，至贡院率属拜牌。黎明，行礼毕。归署，至祖宗神位前行礼。旋接见贺年之客十六起，退而早饭。又出见客七次，坐见者二次。出门至江宁府学圣庙拈香，拜客三家，黄昌期、薛慰农处一谈，午正归。坐见之客三次，立见者一次。清理文件。中饭后阅《通鉴》二百九卷，旋又阅一遍。倦甚，坐而假寐。傍夕至内室一坐。夜温《周易传义音训》《震》、《艮》二卦，将"象"类分条录记。二更后与儿辈讲《孟子》"牛山之木尝美矣"章。三更睡。

初二日

早饭后清理文件。坐见之客二次，出门贺年，将军、副都统、李长山、吴竹如、梅方伯、王粮道六处皆会，余则亲拜，未正归署。坐见之客二次。中饭请幕友小宴，凡十一人，孙方与莘畬、张埏昭晖垣二人，因有服辞不入坐。入坐者钱子密、任棣香、陈筱浦、薛叔耘、孙澄之、李竹岩、周小云、程柳堂及叶亭甥，共九人，两席，酉初散。阅本日文件一二束，已昏黑矣。夜将文件阅毕，核科房批稿簿，疲倦殊甚。二更，与儿辈讲《孟子》"不仁者可与言哉"章。将昨日所阅《通鉴》二百九卷大事略一录识，将二百十卷粗阅数页。三更睡。

初三日

早饭后清理文件。坐见之客四次，围棋三局。又坐见之客三次。将二百十卷《通鉴》略阅数页，中饭后阅本日文件，未毕。坐见之客二次。萧廉泉焕唐看脉开方，谈甚久。傍夕小睡。夜将本日文件阅毕，核科房批稿簿。洪琴西刻书，请署检五事。二更后，与儿辈讲《孟子》"伊尹割烹要汤"章。温《周易传义音训》《渐》、《归妹》二卦，将"象"类分条录记，未毕。三更睡。

初四日

早饭后清理文件。坐见之客九次，立见者三次。阅《通鉴》二百十卷，毕，旋又阅一遍，将大事略一题识。阅本日文件二束。未正出门，至梅方伯处小宴，渠与粮、盐公请也。席散归署，又阅本日文件二束，未毕。傍夕小睡。夜将本日文件阅毕，核科房批稿簿，未毕。二更后与儿辈讲《孟子》"以善服人者"章。旋将批稿核毕。将作《刘寿卿墓志》而久未下笔。三更睡。

初五日

早饭后清理文件。坐见之客九次，立见者一次。疲乏殊甚，不能治事。因围棋二局，以资消遣。中饭后阅本日文件。出门补拜客道新喜数家，灯后归。核科房批稿簿，温《易》《丰》、《旋》二卦。二更，与儿辈讲《孟子》"四端扩充"章。旋将《易》二卦温毕，将"象"类分条录记。三更睡。

初六日

早饭后清理文件。坐见之客七次，李仲彦、方子箴二起谈甚久。日内因见客过多，每疲乏不能治事。围棋二局。未初，至黄昌岐家赴宴，凡三席，申末散。顺道拜客数家。归署，阅本日文件。傍夕小睡。夜核科房批稿簿。二更后，与儿辈讲《孟子》"好辨"章。将作《刘忠壮墓志铭》，仅成二行许。三更睡。

初七日

早饭后清理文件。坐见之客五次，立见者一次。围棋二局。未刻，请欧阳健飞等五总兵小宴，酉初散。坐见之客一次。阅本日文件。傍夕小睡。夜核科房批稿簿，温《周易传义》《巽》、《兑》二卦。二更后，与儿辈讲《孟子》"必有名世"章，将《易》二卦"象"类分条录记。三更睡。

初八日

是日，恭逢王考星冈公九十八冥寿，早间备席，率属行礼。饭后清理文件。坐见之客十次。立见者一次，疲乏极矣。未正，至富桂卿都护处赴宴，渠演戏张饮，共三席。未正二刻登席，酉正二刻散，灯后归。阅本日文件，未毕。叶亭甥来一谈，渠将以明日登舟回籍。旋将本日文件阅毕，与儿辈讲《孟子》"闻知见知"章，核科房批稿簿。倦甚，坐而成寐。三更睡。

初九日

早饭后清理文件。坐见之客六次，立见者二次。核信稿二件。未正，请司道小宴，二席，十二客。酒半，梅方伯、王孙二观察辞席，渠亦于是日请将军小宴也。酉初客散，又坐见之客一次。阅本日文件。傍夕小睡。夜核科房批稿簿。二更后，与儿辈讲"当路于齐"章，温《周易传义》《涣》、《节》二卦。倦甚，坐而成寐。二更五点睡。

初十日

早饭后清理文件。坐见之客十二次，疲乏极矣。李质堂坐甚久。中饭后，坐见之客一次。阅本日文件，核科房批稿簿。傍夕小睡。夜阅刘伯山所撰《王船山年谱》。二更后，与儿辈讲《孟子》"墦间乞食"章。将作《刘寿卿墓志》，而疲倦似不能支。三更睡。

十一日

早饭后清理文件。坐见之客三次，阅《通鉴》二百十一卷。围棋三局。将《通鉴》大事略一录识。未正请客李质堂、黄昌岐等小宴，酉初散。坐见之客一次，立见者一次。阅本日文件。傍夕小睡。夜核科房批稿簿，核改信稿二件。二更，与儿辈讲"富岁子弟之赖"章，将《易》《涣》、《节》二卦"象"类分条录记，又改信稿一件。三更睡。

十二日

早饭后清理文件。坐见之客六次，立见者一次。阅《通鉴》二百十二卷十余页。围棋二局。未初出门，至织造庆云峰处小宴，同席为将军、提督、副都统，酉初散。归署，方子箴等来禀辞，一谈。是日折差自京归，夜阅京报、京信等件。阅本日文件，核科房批稿各簿。与儿辈讲《孟子》"求则得之"章，并下章。旋将《通鉴》二百十二章阅毕。三更睡。

十三日

早饭后清理文件。坐见之客五次，程尚斋坐甚久。围棋二局。未正，至合肥会馆赴宴，武员各营公请，共六席。余辞演戏而仍有戏，教令之不行，可愧已！傍夕归署。夜阅本日文件，核科房批稿簿。二更后，与儿辈讲《孟子》"狂獧乡原"章，温《周易》《中孚》、《小过》二卦。三更睡。

十四日

是日，为宣宗成皇帝忌辰。忆道光卅年，龙驭上升之日，余闻立文宗为皇太子之信，方将赴圆明园递如意。行至南海淀，乃得升遐之确耗，仓皇悲痛，今忽忽已廿三年。位日高而学日退，德日减，闻望日损，回首但增惭悚。

早饭后清理文件。坐见之客二次。将《通鉴》二百十二卷大事录识。围棋二局，至内室一谈。中饭后阅本日文件，核科房批稿簿，核改信稿十余件。傍夕至署东楼上一览。夜又改信稿三件。与儿辈讲《孟子》"乔木世臣"章，作《刘寿卿墓志》百余字。三更睡。

十五日

早饭后清理文件。坐见之客六次，立见者二次。疲乏殊甚，围棋二局，至上房一坐。中饭后阅本日文件，核科房批稿簿。坐见之客一次，夏葆生谈颇久，夏憩亭之子也。织辫等事。徘徊久之。傍夕小睡。夜温《易》《即济》、《未济》二卦。将《中孚》、《小过》、《既济》三卦"象"类分条录记。与儿辈讲《孟子》"有不召之臣"章，温韩文数首，用储选十家本。三更睡。

十六日

早饭后清理文件。阅《通鉴》二百十三卷。坐见之客七次，立见者一次。围棋二局。中饭后阅本日文件，将《通鉴》二百十三卷大事略为录识，核科房批稿簿。至内室一谈。傍夕小睡。夜与儿辈讲《孟子》"滕文公为世子"章，核改复总理衙门信稿三件。三更睡。

十七日

早饭后清理文件。坐见之客七次。阅《通鉴》二百十四卷。旋又阅一遍，将大事略一录识。围棋二局。中饭后阅本日文件，核批稿各簿。织辫子等事。至内室一坐。傍夕小睡。夜核改折稿一件，与湖北会奏盐务也。二更，与儿辈讲《孟子》"三年求艾"章，温韩文数首。三更睡。

十八日

早饭后坐见之客八次，立见者一次。阅《通鉴》二百十五卷。程尚斋来久谈，导之看花园、东楼等外。中饭后，又看《通鉴》二百十五卷，将大事略为录识。围棋二局。傍夕小睡。夜阅本日文件，核科房批稿簿。二更后与儿辈讲《孟子》"首辈"章，阅庞作人送所作《礼记反身录》诸书。三更睡。

十九日

早饭后清理文件。坐见之客五次，立见者一次。阅《通鉴》二百十六卷。旋又阅一遍，将大事略为录识。阅本日文件。中饭后核科房批稿簿。戴子高来久坐。剃头一次。傍夕小睡。夜阅来矣鲜《日录》。二更，与儿辈讲《孟子》"灵台灵沼"章，作《刘寿卿墓志》百余字。三更睡。

廿日

早饭后清理文件。坐见之客七次，立见者一次。围棋二局。未正请客小宴，王子敷、蒯子范、程尚斋、张石朋等。酉初散，阅本日文件，天已黑，不能治事矣。夜将本日文件阅毕，核科房批稿簿。二更后，与儿辈讲《孟子》"移民移粟"章。疲困殊甚，不能治事。三更睡。

廿一日

早饭后清理文件。坐见之客二次，立见者一次。午初开印行礼。僚从人等来贺，见客八次。改信稿三件。围棋二局。改折稿一件。中饭后，子密来一谈。阅本日文件。瞬息间天已黑，不能治事矣。傍夕睡颇久。夜核科房批稿簿，核复丁稚璜信稿。二更，与儿辈讲《孟子》"始作俑"章。旋将《未济》卦"象"类分条录记，温《系辞》上传六章。三更睡。

廿二日

早饭后清理文件。出门至校场考守备三缺。归署，坐见之客六次。阅《通鉴》二百一十七卷。旋又阅二百一十八卷。中饭后,将二百一十七卷大事录识一二,阅本日文件。围棋二局。傍夕小睡。夜核科房批稿簿,将二百十八卷大事录识一二。二更后,与儿辈讲《孟子》"仁者无敌"章,核年终密考单三分之一。三更睡,眼蒙殊甚。

廿三日

早饭后清理文件。阅《通鉴》二百十九卷。旋又阅一遍,将大事录识一二。将年终密考单一核。中饭后阅本日文件。钱子密来一谈。语次,余右脚麻木不仁,旋即发颤,若抽掣动风者,良久乃止。庞省三来一谈。阅《通鉴》二百廿卷。傍夕小睡。夜阅《宋元学案》吕东莱一卷。二更后,与儿辈讲《孟子》"定于"一章,又阅《吕氏学案》。三更睡。

廿四日

早饭后清理文件。坐见之客八次。核年终密考单,阅《宋元学案》张无垢一卷。中饭后阅本日文件。韩叔起、周士烺先后来久坐。核科房批稿簿。至内室一坐。傍夕小睡。夜将年终密考单核毕。二更后,与儿辈讲《孟子》"桓文之事"章,至一半而止。旋阅《二程全书》廿余页。三更睡。

附 记

李寿记　　苏挽对免幛　　萧挽对

廿五日

早饭后清理文件。坐见之客六次。围棋二局。中饭后阅本日文件。强庚臣汝询来,谈良久。将武职提镇密考注毕。至内室一坐。傍夕小睡。夜作学政密考片。阅《二程全书》,本日屡次阅十余页,夜又阅十余页。二更后,与儿辈讲《孟子》"桓文之章"章后一半,毕。核改信稿二件,约改三百余字。三更睡。

廿六日

早饭后清理文件。坐见之客五次,黄昌岐、易筠山谈均久。阅《二程全书》。中饭后,刘仲良来久谈。阅本日文件。申刻出门,至城外迎接苏赓堂河帅。在途中已觉痰迷心中,若昏昧不明者,欲与轿旁之戈什哈说话,而久说不出。至水西门官厅，欲与梅小岩方伯说话，又许久说不出，如欲动风者。然等候良久，而苏赓翁不至。又欲说话而久说不出，众人因劝余先归。到署后，与纪泽说话，又许久说不出，似将动风抽掣者。小坐半时。二更三点，早睡。

廿七日

早饭后清理文件。黄昌期来看病，一谈。请医诊脉二次。阅《二程外书》。围棋二局。小睡良久。中饭后阅本日文件，核科房两日批稿簿。至内室一坐。与子密一谈。傍夕小睡。夜阅《二程外书》。是日服药二煎，时时防将眩晕者。夜与纪泽略言身世事。二更四点睡。

廿八日

早饭后见客。清理文件。阅《二程遗书》。出门至水西门拜苏赓堂，久谈。归署，坐见之客三次，蒯子范坐较久。末正，苏赓堂来久坐。客去，中饭后，坐见之客一次，立见者一次。阅本日文件，核科房批稿簿。申刻拜发折件。夜阅《二程遗书》。二更四点睡。

廿九日

早诊脉二次，开方良久。早饭后清理文件。坐见之客五次。围棋二局。阅《二程遗书》。张真人仁晟来见，一谈。中饭后阅本日文件。坐见之客一次。核科房批稿簿。至上房一谈。傍夕小睡。夜核改信稿五件，约共改五百余字。是日，肝风之病已全退，仍服药一帖。余病患不能用心。昔道光廿六、七年间，每思作诗文，则身上癣疾大作，彻底不能成寐。近年或欲作文，亦觉心中恍惚不能自主，故眩晕、目疾、肝风等症，皆心肝血虚之所致也。不能溘先朝露，速归于尽，又不能振作精神，稍治应尽之职事，苟活人间，惭悚何极！二更五点睡。

二　月

初一日

早饭后清理文件。坐见之客五次，立见者一次。围棋二局。阅《二程遗书》。中饭后，坐见之客二次。阅本日文件。小睡片刻。核科房批稿簿。是日，刘康侯搭轮船归里。傍夕，小睡颇久。夜改信稿廿余件。余精神散漫已久，凡遇应了结之件，久不能完，应收拾之件，久不能检，如败叶满山，全无归宿，通籍卅余年，官至极品，而学业一无所成，德行一无可许，老大徒伤，不胜悚惶惭赧。二更五点睡。

附　记

书不复者单　　　　　杂稿箱一清
密件存者一包余俱烧之　故人寄信

初二日

早饭后清理文件。坐见之客三次，坐而假寐，疲甚，若不堪治一事者。围棋二局。至内室一坐。中饭后，坐见之客三次，厉伯苻谈颇久。阅本日文件，核科房批稿，内有一稿，略费思虑。又发病，如正月廿六日在城外官厅之状，手执笔而如颤，口欲言而不能出声，因停止不复阅核公事。登床小睡。请谢旭亭诊脉开方。夜又请蒋、萧二大令先后诊视。旋将批稿簿核毕，阅《二程遗书》。二更四点睡，尚能成寐。

初三日

早起，蒋、萧两大令来诊脉，良久去。早饭后清理文件，阅《理学宗传》。

围棋二局。至上房一坐。又阅《理学宗传》。中饭后阅本日文件。李绂生来一坐。屡次小睡。核科房批稿簿。傍夕久睡。又有手颤心摇之象,起吃点心后,又在洋床久睡。阅《理学宗传》中张子一卷。二更四点睡。